2011北京市国土资源年鉴

北京市国土资源局　编

中国质检出版社
北　京

图书在版编目（C I P）数据

2011 北京市国土资源年鉴 / 北京市国土资源局编. —北京：中国质检出版社, 2011.11
ISBN 978-7-5026-3509-1

Ⅰ. ①2… Ⅱ. ①北… Ⅲ. ①国土资源－资源管理－北京市－2011－年鉴
Ⅳ. ①F129.91-54

中国版本图书馆 CIP 数据核字（2011）第 204114 号

中国质检出版社出版发行
北京市朝阳区和平里西街甲 2 号（100013）
北京市西城区复外三里河北街 16 号（100045）
网址： www.spc.net.cn
总编室：（010）64275360 68523946
北京华宇信诺印刷有限公司印刷
各地新华书店经销
*
开本 880×1230mm 1/16 印张 27 字数 620 千字
2011 年 11 月第 1 版 2011 年 11 月第 1 次印刷
*
定价：200.00 元

陈刚副市长参观北京市土地利用总体规划（2006-2010）展

北京市土地利用总体规划展览开幕

张国玉书记率队参观全国检察机关法治与责任展览

魏成林局长参加市国土局系统党风廉政建设工作会

2010年汛期地质灾害防治工作会

市国土局巡查车辆（GPS）交接仪式

北京市基准地价更新报批前听证会

北京市国土资源局2010年春节联欢会

北京市国土资源局与北京土地学会共同举办北京土地科学管理学术论坛

在第二届北京青年土地学术论文交流会上，石景山分局和西城分局获得优秀组织奖

北京市国土资源局参加北京市直属机关第三届运动会

北京市国土资源局干部职工参加广播体操比赛

编者的话

《2011 年北京市国土资源年鉴》由北京市国土资源局编纂。本册年鉴主要记述 2010 年北京市国土资源管理工作进展情况，年鉴内容包括土地资源、矿产资源两部分。其中设有特稿、北京市国土资源局行政管理、专业管理、科教文化、北京市国土资源局各分局国土资源工作、附录和统计资料等 7 个常设栏目。

年鉴在资料收集、编写过程中，得到了有关单位、部门和学者的大力支持，在此表示衷心感谢。

《北京市国土资源年鉴》编辑部

2011 年 8 月

《2011 年北京市国土资源年鉴》

编　委　会

《2011年北京市国土资源年鉴》

编　辑　部

主　　编：曾赞荣

副 主 编：张继安　高英军　杨燕敏（常务）　刘俊兰

编　　辑：沈　彤　江　桥

撰稿人员：任慧铨　张乐刚　沈　彤　张宝贵　刘善顺

尹绪兵　丁加良　王　燕　周　岩　高　扬

张洪克　王　萌　孟文菊　黄　蔚　潘卫锋

李绍学　张砚君　宋　威　邓武中　高　红

华金玉　贾宏刚　付立恒　赵　舒　王　琨

李　艳　李　爽　马晓燕　范　晨　李晓文

石兆钱　高红亮　李建林　王　艳　陈惠池

庞荣珍　苏　洋　许绪明　杨燕敏　张　硕

薛守娥　崔雨萌　季　美　王雪菲　郝建颖

杨燕群　徐卫东　杨立新　李惠英　张学强

王　玥　张　键　蔺宝军　夏仁林　周继波

李晓林　张保红　贾　伟　赵中信　宋沛霖

王少军　王俊杰　王建春

目　　录

第一部分　特　稿

第二部分　北京市国土资源局行政管理

第三部分　专业管理

第四部分　科教文化

第五部分 北京市国土资源局各分局国土资源工作

第六部分 附 录

第七部分　统计资料

特稿

2010年2月27日在北京市农村工作会议上的讲话（摘录）

中共中央政治局委员、中共北京市委书记　刘　淇

二是提高郊区城镇化水平。规划是龙头，是关键。要更新规划思路，紧紧围绕加快经济发展方式转变的要求，统筹考虑山区和平原的城镇化进程，提高郊区城镇化规划的水平。规划要解放思想，加强包括新城、小城镇以及新农村中心社区在内的城镇体系研究，注重空间布局、土地利用、产业布局、生态规划和人口布局“五统一”，使之与首都的城市规划有机衔接。要通过规划，着力优化宅基地节约使用，腾出宝贵的建设用地，发展首都经济、富裕郊区农民。目前，平原地区约有村庄用地近800平方公里，如果集约使用，可以腾出三四百平方公里发展用地，这是推动发展、富裕农民的巨大资源。要统筹规划地铁、高速公路、燃气管线、热力管线等基础设施建设，推动郊区城镇化。

2010年11月29日在北京市委十届八次全会上的报告（摘录）

中共中央政治局委员、中共北京市委书记　刘　淇

主动调控投资结构，严格执行中央房地产调控政策，积极调控房地产市场结构，调控房地产业的投资比重，加大产业投资的比重，加大政策性住房建设和入市规模，积极推动房地产业发展方式的转变。

2010年1月25日在北京市第十三届人民代表大会第三次会议上的讲话（摘录）

中共中央委员、中共北京市委副书记、北京市人民政府市长　郭金龙

继续做好土地储备，完成1000亿元土地一级开发投资任务。坚持节约集约利用和“多储快供”，优化土地供应结构，推动二级开发投资稳定增长。

坚持最严格的耕地保护制度，加大土地执法力度。完善土地承包经营权流转支持保护政策，抓好集体土地所有权和建设用地使用权确权发证工作。

2010年2月5日在全市城建工作会议上的讲话（摘录）

北京市副市长　陈　刚

今年是全面完成“十一五”规划任务的最后一年，也是集中精力推动科学发展、全面推动“人文北京、科技北京、绿色北京”建设的重要之年。市委十届七次全会和市十三届人大三次会议对全市工作已经作了全面部署，城建工作的各项任务已经明确，归纳起来，关键就是需要我们全力以赴抓好十大任务建设。

第一，以高度的政治责任感和非凡的工作力度，确保完成保障性住房建设任务，竭力圆市民安居之梦。

住房保障是今年全市的一项重要工作，郭金龙市长亲自担任全市住房保障工作领导小组组长，凸显出市委市政府对这项工作的高度重视。各区县、各部门要充分认识我们所承担的责任，下更大的决心，采取更多的措施，确保再用两年时间解决全市低收入家庭住房困难。

加大政策性住房建设力度。要充分发挥政策性住房保障民生、调控市场的作用，加快廉租房、经济适用房、两限房、公共租赁房建设，做到“三个确保”。一是确保各类政策性住房供地占全市住宅供地的50%以上，二是确保新开工建设和收购各类政策性住房占全市住宅新开工套数的50%以上，三是确保完成新开工建设和收购13.4万套、竣工交用4.6万套的任务。有关部门要切实做好规划、供地等工作，统筹考虑地段、户型、容积率、配套设施等问题，不仅要设计精美、户型合理、质量合格，而且要节约土地，尽量少占地、多绿化，让群众住上放心房、满意房。完善廉租房、公共租赁房建设资金保障机制，抓好利用住房公积金贷款支持保障性住房建设试点，力争210亿元额度满额发放。发挥区县主体作用，进一步完善保障性住房建设和调配机制，加大对住房保障人口输入区的资金转移支付和政策倾斜力度，有效满足输入区加快城乡建设的合理需求。

大力发展公共租赁住房。公共租赁住房，是推动住房供应和消费模式从“以售为主”向“租售并举”转变的重大举措。发展公共租赁住房的主要目的，是统筹解决好中低收入“夹心层”群体的住房困难和过渡期住房需求，使廉租房、经济适用房、限价房政策合理衔接，逐步完善分层次的住房供应体系。要采取政府指定机构组织收购、鼓励国有企业建设收购、产业园区新建、支持单位自建，以及鼓励集体经济组织依照规划、利用存量建设用地发展公共租赁住房等方式，多渠道筹集房源。落实土地、税收、金融等各项支持政策，建立支持公共租赁住房发展的政策体系，多措并举支持公共租赁住房建设。

强化对住房保障政策执行监管。不断完善廉租住房、公共租赁住房、经济适用住房等的管理办法，对配租、补贴和配售实行严格审核和动态跟踪，做到公开、公平、公正，把住房保障资源分配好、管理好、运行好。严格政府资金使用、优惠政策落实的监督检查，加强规划、设计、建设和物业管理的监督，加强后期管理，确保各类保障住房的工程质量和服务水平。

第二，坚定不移贯彻落实中央和市委决策部署，努力保持房地产市场稳定健康发展。

房地产市场上联投资，下联消费，既是扩内需的重要力量，也是保民生的重要方面，社会各方面广泛关注，中央对此高度重视。去年底今年初，中央连续出台了促进房地产市场平稳健康发展的政策措施。市委市政府认真贯彻中央精神，确定了坚持结构调整、满足居民多层次住房需求的一系列重要举措，我们要切实抓好落实。

切实保证普通商品房有效供应。要以满足居民自住性、改善性住房需求为着眼点，努力扩大普通商品住房市场供应，促进存量房市场繁荣发展。进一步增加中小套型、中低价位普通商品房供应，综合运用土地、规划等调控手段，引导房地产企业特别是国有大中型企业积极开发建设，从项目审批、闲置土地清理、工程进度保障等各个方面入手，促开工、促入市。要加快发展存量房市场，强化市场监测和交易服务，合理引导存量房投资行为，促进市场稳定供应和规范发展。

促进高端市场健康发展。高端市场是房地产市场的有机组成部分。北京作为现代化国际大都市，有稳定增长的高端需求，必然存在房地产的高端市场，这也是首都经济的一个特征。要遵循市场规律，加强规划调控，完善管理与服务，进一步优化供给结构，规范市场秩序，促进高端房地产市场与首都经济社会发展相适应。

积极发展住房租赁市场。发展住房租赁市场，是实现住有所居的重要途径，对促进房地产市场稳定健康发展、缓解人口资源环境矛盾具有重要意义。北京流动人口多，市场需求和发展潜力巨大。要在加大公共租赁住房工作力度的同时，进一步完善政策，做好管理和服务，积极鼓励住房租赁市场有序发展。加强舆论宣传，引导居民转变住房消费观念，鼓励暂时没有购房能力的居民通过租房解决住房问题，形成租买并举的住房消费模式。

加强房地产市场监管。要加强房地产信贷风险管理，继续整顿房地产市场秩序。加大对捂盘惜售、囤积房源、虚假信息、哄抬房价、扰乱市场秩序等违法违规行为的查处力度，加强商品住房项目预售许可管理，加大交易资金监管力度，及时公开楼盘销售、预售许可、市场变化等信息。做好房地产市场统计、分析和监测，特别是要配合统计部门，尽快实现分类统计和发布高档商品房、普通商品房价格及相关信息，引导市场稳定运行。

第三，乘势而上搞好土地储备，着力优化土地供应结构。

土地储备是发挥资源优势、拓展发展空间、加快项目落地、支撑经济发展的关键所在。今年，我们将保持土地储备力度不减，继续实施1千亿元土地储备开发。各区县、各部门要及早动手，加快实施，确保完成任务。

更加积极主动开展工作。我们要主动思考、积极作为，加强土地储备前瞻性和预见性分析，努力做到早储多储。坚持以政府为主体实施土地储备，对于已经由企业实施的遗留项目，按照“尊重历史，逐步消化”的原则，采取多种措施，敦促企业加快完成开发。土地储备要与新城、小城镇、城乡结合部、重点功能区等建设相结合，带动重大基础设施、产业发展等项目建设，推进城乡一体化发展。加快制定土地储备落实计划，进一步明确土地储备的具体地块、开发时序、责任单位和融资模式，确保土地储备任务真正落到实处。

大力推进体制机制创新。加快出台《北京市土地储备办法》，学习借鉴上海、重庆等地区的土地储备开发模式，完善我市土地储备体制机制，建立部门联动、高效审批的长效机制，共同推进“多储快供”。不断创新土地储备开发模式，在坚持政府主导、市场运作的基础上，进一步调动乡、村积极性，有条件的地区可以积极探索组建开发联合体，共同承担征地拆迁责任，共享一级开发利润。着力破解征地拆迁难题，严格控制征地成本，探索多元化补偿方式，确保征地拆迁工作顺利完成。尽快研究出台“三定三限”安置房销售及售后管理有关政策、规定，加强定向安置房建设、销售及后期管理等工作的监督。同时，改进和加强土地储备开发成本审核、审计、资金监管等工作。

进一步优化土地供应结构。今年拟供地6360公顷，要配合重大项目建设和重点工作，有计划、有针对性地安排土地供应数量和节奏。继续加大住宅用地供应，全年拟供地2500公顷，提高政策性住房用地比例，全年拟供地1250公顷。继续保障基础设施、公共服务设施的土地供应，保障高效、高辐射力的优势产业用地需求，支持重点产业集聚区和功能区发展。土地供应要进一步向重点新城、城南、城乡结合部等地区倾斜，加快重点区域发展速度，促进城乡区域协调发展。

求真务实　开拓创新
努力为保障和促进首都
科学发展做出新贡献

——魏成林局长在2011年北京市国土资源工作会议上的讲话

北京市国土资源局党组副书记、北京市国土资源局局长　魏成林

各位领导、同志们：

2011年度国土资源工作会议的主要任务是认真贯彻落实党的十七届五中全会、市委十届八次全会、北京经济工作会议、全国国土资源工作会议精神，总结2010年工作、部署安排今年任务；会议主题是“求真务实、开拓创新，努力为保障和促进首都科学发展做出新贡献”。2010年是“十一五”收官之年，2011年是“十二五”开局之年，我们需要系统总结、科学谋划、统筹安排做好各项工作，为保障和促进首都科学发展做出新贡献。下面我受局党组和领导班子委托，讲三方面意见。

一、2010年工作全面总结和“十一五”工作简要回顾

2010年，在市委市政府的正确领导下，在国土资源部精心指导下，全市国土资源系统深入学习十七届三中、四中、五中全会精神，认真贯彻落实科学发展观，着眼建设世界城市，加快推进“人文北京、科技北京、绿色北京”建设，按照保增长、调结构、促转变的要求，巩固应对国际金融危机成果，积极落实国家和我市各项宏观调控政策要求，深入开展“双保工程”和“两整治一改革”专项行动，各项重点工作有序推进，努力为经济社会平稳较快发展服务。

2010年，全市通过建设用地预审项目1404个，总面积18911.6公顷，同比增加6.8%。审批建设用地4955.4公顷，同比减少41.1%，其中农转用2897.6公顷，同比减少47.9%，含耕地1806.5公顷，同比减少49.1%。全市土地实际供应总量6489公顷，完成计划101%。国有土地有偿使用收入征缴入库约1314.4亿元；全市矿产资源类收入入库9851万元。国土资源执法工作力度加大，依法用地意识不断增强。全市共立案查处各类土地违法违规案件501件、同比减少18.5%，结案875件、同比减少29.4%；立案查处各类矿产违法案件133件，同比增长177.1%。国土资源基础性工作

进一步加强，全面完成第二次全国土地大调查工作，全市国有土地登记发证14722宗，发证土地面积9145.9公顷，土地使用权抵押登记9232宗，贷款金额4569.2亿元。

（一）土地供应保障有力，重大项目加快落地，保障首都经济社会平稳较快发展

加强计划引导，有效供应土地。 2010年度实际供应土地总量6489公顷，完成年度土地供应计划101%，同比增长7%。住宅用地供应按计划完成，保障性住房用地供应提前超额完成。土地供应向新城、城南等重点发展区域倾斜。保障新增建设用地需求，共安排使用新增建设用地指标3488.4公顷，农用地指标3360.3公顷，耕地指标1999.3公顷，分别完成年度土地利用计划指标数的86%、94%和88%。转变土地利用方式，促进产业结构和布局优化调整。建立和完善我市建设项目节约用地标准管理机制。积极开展开发区土地集约利用评价工作。深入开展国土资源节约集约模范县（市）创建活动，西城区、石景山区和北京经济技术开发区经部批准选定为土地主导型创建试点。土地供应工作较好满足了经济平稳发展用地需求，有力保障全市经济社会发展目标的实现。

提高效率加强服务，积极推进重点项目投资落地。 落实责任分工，加大专项协调力度，建立多项制度措施，确保重大项目土地供应落到实处。持续不断推进绿色审批通道机制的普遍化、规范化、常态化，共采取12项具体措施，压缩审批时限约78个工作日。积极推进中关村国家自主创新示范区的建设，配合开展“十百千工程”。对于涉及占用耕地的非农建设项目，全面落实占补平衡任务，保障项目顺利落地。利用“先行用地”政策，向国土部上报了轨道交通房山线（房山段）、亦庄线、地铁M15号线等9个项目先行用地手续。

各分局积极作为，保障土地有效供应。 各分局与市局协调配合，全力保障土地有序供应，大力推进重大项目落地。通州、顺义、大兴三个重点新城土地供应量约占全市土地供应总量的48%，房山区土地供应的总量较上一年翻一番；昌平分局有力促进未来科技城、顺义分局积极推进北京汽车基地等重大项目投资落地；丰台区积极协调推进大兴线等6条重点交通线路的征地工作；密云分局扎实开展双保双服务行动，保障保护取得新成效。

（二）保障性住房供地亮点突出，保民生各项工作成效显著

全力供应保障性住房用地，保障中低收入居民住房需求。 优先优质供应保障性住房用地，全年供应保障性住房用地1332公顷，占已供应住宅用地的52.8%，提前超额完成计划任务，得到中央和市委市政府的充分肯定。保障性住房及自住性中小套型普通商品房用地供应量约占住宅用地供应总量的72%。深入研究制定支持公共租赁住房建设的土地供应政策，积极探索农村集体土地上发展公共租赁住房的用地政策，申报试点工作取得积极进展。

加强征地制度改革，保障农民合法权益和长远生计。 继续积极稳妥推进征地补偿安置多元化试点工作，在50个重点村整治项目中采取了一村一策的补偿安置方式。研究

制定北京市征地补偿区片指导价，进一步完善征地补偿价格确定机制。不断完善我市绿化隔离地区相关政策，合理安排绿隔产业用地。既保护被征地农民合法权益和长远生计，又加快相关重点工程用地进度。

加强地质灾害防治，保障人民群众生命财产安全。积极开展汛前地质灾害防治、危险性评估、应急管理工作。逐一落实重点区县、乡镇的地质灾害防灾责任制、应急预案，换发地质灾害防治“明白卡”1 万 4 千余张。加强地质灾害隐患再排查，重编北京市突发地质灾害现状及易发程度分区图并送至各区县政府，实现了本年度安全度汛。昌平、怀柔、延庆等十个山区县被国土部评为“地质灾害群测群防‘十有县’”。

（三）加强调控，创新政策，维护土地市场健康平稳发展

继续加大土地储备开发力度，夯实宏观调控基础。市级政府统筹、区县政府指挥、乡镇政府操作、土地储备机构为主体、委托开发公司具体实施的政府主导型土地储备开发模式不断完善。2010 年，全市新增土地储备开发面积约 6400 公顷；基本完成开发土地面积 4101 公顷；全市土地储备开发实现投资 1470 亿元，其中土地储备开发投资 1000 亿元，完成全年计划的 100%；重点区域土地储备开发专项投资 470 亿元。全年完成农居民搬迁改造约 4 万户。制定土地储备资金管理规范，确保资金安全、规范使用。朝阳分局坚持践行“大一级”开发理念；大兴分局从资金、指标、成本等方面进行全程监控、整体推进；丰台区项目在本年度取得较快进展；石景山区建立了较为规范的土地储备开发管理制度；其他分局各有亮点，全局系统土地储备开发工作水平不断提高。

切实执行调控要求，注重政策创新。在坚决执行中央调控政策的同时，探索稳定市场新政策，通过“限地价、竞政策性住房面积”等方式完善土地使用权招拍挂出让方式，抑制非理性竞价。积极开展全市基准地价更新工作，形成多层次立体化的基准地价管理体系。建立地价动态调整机制，有序组织城市地价动态监测。

保障土地市场平稳供应，规范土地市场秩序。2010 年，我市土地交易市场共成交土地 280 宗，土地面积 3012 公顷，住宅、商服用地供应充足、平稳。缩小单宗商品住宅用地出让规模，防止开发企业囤地，加强对房地产开发企业购地和融资的监管。实施国有建设用地开发利用申报和信息公示制度，禁止或限制出现不良信用和违约行为的公司及其关联公司参与土地竞买。积极开展房地产用地突出问题专项整治和在建工程领域专项治理工作。妥善对涉嫌闲置和违约的房地产项目用地进行分类处置。

（四）按照建设世界城市的总体目标，积极推进城乡一体化建设

加快推进区（县）、乡（镇）土地利用总体规划审批，构建科学合理的土地利用格局。围绕土地规划管理面临的重点难点问题开展专题研究，为规划修编奠定坚实基础。全面开展 14 个区县土地利用总体规划方案的技术审查工作。石景山等 4 个区县的区县级土地利用总体规划方案已经获得市政府批复；平谷、怀柔等 9 个区县的土地利用总体规划方案已上报市政府。乡镇土地利用总体规划进展顺利，所有乡镇级规划成果已通过

专家评审。新一轮市级规划实施的评估、监督检查项目招标工作进展顺利。

加强政策集成、模式创新，积极促进新农村和小城镇建设。联合市农委出台《关于加强土地管理推进小城镇建设的意见》，为解决小城镇建设过程中的资金瓶颈、产业发展和升级、农民长远生计等问题提供政策支持。积极探索农村集体建设用地流转相关政策，支持新农村建设。积极推进城乡结合部50个重点村城乡一体化建设，其中37个村以土地储备开发模式进行，目前完成拆迁的12个，正在拆迁的16个。海淀分局通过国有土地使用权收储后入市交易的方式为唐家岭项目解决了开发建设资金。鼓励和引导通过城镇化整理、生态搬迁、撤并改造等方式，促进缩减农村居民点用地规模。

加强地籍管理，同步推进国有和集体土地产权管理工作。全面上报第二次全国土地调查工作成果，加强二调成果在相关领域的应用。稳步推进二调信息系统建设，荣获中国地理信息优秀工程银奖。建立月清、季累、年更新的变更调查新机制。积极推进全市农村土地确权登记颁证工作，3个市级批准的试点区县工作进入了权属审查阶段。研究出台《地籍管理办法》，系统规范地籍管理工作。加强对区县分局土地登记审批工作的监督和指导。历史档案全部实现数字化，并与档案日常数字化进行有效衔接。

（五）切实保护耕地，加强执法监察，坚守耕地“红线”

落实耕地保护责任，加大土地开发整理力度。按照“总量不减少，用途不改变，质量有提高”的要求，积极推进基本农田示范区建设，积极落实基本农田上图工作。继续规范耕地储备库管理，全面落实非农建设占补平衡任务。顺利完成我市2009年度耕地保护责任目标履行情况检查工作。不断完善耕地破坏程度鉴定工作机制。积极研究出台设施农用地管理政策。进一步加大土地开发整理投入和工作力度。2010年已完成土地开发整理规划设计审查项目总规模13.1万亩，拟新增耕地4.5万亩，完成全年计划的150%；完成开发整理项目总验收35个，新增耕地2.79万亩，完成全年计划的111.6%；在施土地开发整理项目总数113个，正按项目实施计划有效推进。

加强执法监察，有效制止违法势头蔓延。严肃查处违法违规各类案件，行刑衔接连动机制得到加强，切实遏制乱占滥用土地行为。较好完成各专项执法检查任务，积极组织落实第10次土地卫片执法检查工作，违法违规用地处罚（理）率为100%、处罚（理）到位率为97.4%；开展未报即用违法用地清查工作，结案比例91.7%；首次开展矿产卫片执法检查，严厉打击矿产违法盗采行为，保证矿产资源合法利用。密云分局在县政府领导下，采取有效措施，严厉打击非法开采，取得了显著成效；丰台分局认真落实“百日整治行动”；房山、延庆、怀柔等分局有效开展联合执法行动。

积极建立“双巡查机制”，执法监管共同责任机制进一步加强。由国土系统巡查、地方政府巡查构建的“双巡查机制”正逐步建立，巡查“早发现、早制止、早报告”作用开始显现。加大装备投入，运用高科技手段辅助开展巡查工作。积极构建执法监察共同责任机制，土地违法约谈制度建立健全。各区县分局执法监察职能得到切实发挥。

石景山建立完善政府负总责机制，初步建立了“大土地执法”格局；通州区政府高度重视违法用地查处，对未按时完成整治任务的地区，暂停土地审批；怀柔分局创新普法方式，变“执法现场”为“普法课堂”，对国土部重点督办的“伍陆风情园”32 套违法别墅实施强制拆除，达到了“打击一个，教育一片”的效果；平谷分局通过技术手段、三级动态巡查和信访渠道及时发现问题并跟进查处；门头沟分局积极组织“百日会战”行动。

（六）地质矿产各项工作有序开展，长效机制建设不断完善

矿业权管理不断健全完善。制定《北京市矿业权出让和转让公开交易办法（试行）》，建立北京市统一的矿业权公开交易市场。2010 年本市共完成矿业权交易 36 个；整合关闭固体矿山 85 个。目前本市仅保留固体矿山 38 个，超额完成《矿产资源总体规划》确定的 2010 年底控制在 90 个以内的目标任务。矿业权实地核查工作顺利通过市级验收，并被评为“优秀”。

加大地质环境治理力度，推广清洁能源。编制全市矿山环境恢复治理规划，2010 年实施的治理项目 7 个，治理面积 5000 亩，基本完成工程施工任务，获取国家财政补助资金总额 7200 余万元。矿山环境恢复治理保证金制度基本建立，累计缴存额度已达 1.5 亿元。地质公园建设工作得到全面加强。房山世界地质公园通过联合国教科文组织的中期评估并实现揭碑开园。密云云蒙山、平谷黄松峪地质公园已批准为国家地质公园。加强地热资源勘查开发管理，2010 年共受理地热勘查、开采项目申请 70 件；大力推进浅层地热能开发利用，共登记答复浅层地温项目 16 件，供暖制冷面积共计 130 万平方米。组织实施“北京市浅层地热能资源调查评价及编制利用规划项目”，并建立我市浅层地热能开发利用信息平台。

地质勘查和储量管理不断探索推进。制定我市地质勘查资质监督管理办法，积极探索建立地质勘查行业管理相关制度。积极申请中央补助地方地质勘查项目和国外矿产资源风险勘查项目，有 15 个项目获得批准。加强地质资料管理，努力实现资料管理法制化、档案资料数字化、馆藏机构标准化、资料服务网络化。继续开展矿山储量动态管理工作，动态维护矿产资源储量登记统计数据库系统；调整完善建设项目压覆矿产资源核查工作程序，完成 116 个建设项目的压覆矿产资源核查工作；完成 52 份矿产资源储量评审报告的备案。

夯实矿产资源管理基础工作。国土资源部正式批准《北京市矿产资源总体规划（2008—2015 年）》，市级矿产资源规划编制工作全面完成。《“十二五”地质勘查发展规划》编制工作顺利进行。国土资源大调查的重点工作北京市矿产资源潜力评价、矿产资源储量利用调查接近尾声。

（七）行政效率不断提高，服务能力不断增强，有力支撑国土资源事业发展

信息化建设全面开展，科技支撑引领作用不断加强。矿政管理“一张图”调研工

作积极开展，已初步形成了“一张图”建设方案。网络信息化有力支撑各项业务顺利开展。网站群建设不断丰富内容，功能不断完善。门户网站成为我市两个进步较快的网站之一，土地市场栏目获得单项奖。成功申请国土资源部公益项目；积极开展科研课题研究和新技术应用，全面保障国土资源业务管理工作需要。国际合作工作得到加强，接待了四个外国代表团的来访，组团参加了国际矿业大会，展现了我市国土资源管理的新形象。不断完善各项统计管理制度，强化统计管理服务功能，荣获全国国土资源统计工作先进集体称号。

依法行政能力不断加强，行政效率不断提高。“五五”普法情况检查验收工作取得较好成效。行政复议和行政诉讼工作依法开展，市政府行政复议受理案件 67 件，较 2009 年减少 40%；人民法院受理行政诉讼案件 114 件，较 2009 年增加 23%，胜诉率为 97.9%。积极推进北京经济技术开发区和大兴区行政资源整合，理顺管理体制，拓展发展空间。2010 年全局系统共受理各类业务事项 36716 件，办结率 95%。加强信息公开制度建设，提高信息公开服务水平。行政办公有序运转，各项公文基本办复，信息工作成绩优秀。财务资金规范运行，做好预决算工作，加强专项资金监管，认真做好专项资金审计、项目绩效考评、离任审计等工作。成立新闻宣传办公室，加强媒体沟通和舆论引导，健全新闻宣传工作机制，取得明显成效。信访工作有效化解矛盾。后勤工作保障有力。老干部各项工作有序开展。

（八）加强队伍建设，深入开展创先争优和反腐倡廉工作，营造国土资源事业发展的和谐氛围

干部队伍建设不断加强，组织构架不断完善。市局“三定”工作正式落实。东城、西城分局实现机构整合平稳过渡。新批准增设了 33 个国土资源管理所，加强国土所标准化建设。通过合理调整领导班子、提拔交流干部、挂职锻炼等，加强干部队伍建设和分局领导班子建设。加大竞争性选拔干部工作力度，有效组织干部公开选拔工作。抓好干部选拔任用工作四项监督制度的学习、贯彻工作。

党群工作全面开展，创先争优深入进行。加强学习型机关建设，为完成中心任务提供思想保证。积极推进基层党组织和党员队伍建设，履职能力不断提高。深入开展“三进两促”活动，创先争优活动成效显著。加强党团工会和群众工作，通过精神文明创建考评、“送温暖”和“献爱心”活动，干部群众对党组织的向心力和凝聚力不断增强。市局机关获得 2009 年—2010 年“首都文明单位”称号。

着力加强反腐倡廉长效机制建设，深入推进廉政风险防范管理。扎实推进廉政风险防范管理工作“向上、向下”两个延伸；研究建立反腐倡廉工作长效机制的实施意见，完善了“三重一大”决策制度；完成了全市惩防体系建设赋予国土资源系统的 2 项牵头任务。以“两整治一改革”专项行动为契机，开展了国土资源领域腐败问题治理工作；组织学习了中央新颁布的廉政准则，编发了《国土资源系统警示教育案例选编》，

及时检查了党风廉政建设责任制的落实情况，增强了党员领导干部廉洁从政、依法行政的自觉性。认真做好清理“小金库”等专项治理工作；强化监督检查，政风行风建设取得了明显成效。

2010年是“十一五”的收官之年，在全面总结2010年各项工作的同时，回顾过去的五年，我市国土资源系统以“保障发展、保护资源”为主线，亮点突出、成效显著，目前“十一五”所确定的主要任务目标已全面完成，集中体现在以下三方面：

一是重点突出、保障有力，全力促进首都经济社会平稳较快发展。全力完成市委、市政府的重大部署和重点任务，有力保障2008年北京奥运会圆满召开，通过千亿土地储备开发投资应对国际金融危机深刻影响。为保障经济社会发展用地需求做出新贡献，促进首都经济发展方式转变。征地制度改革、新农村建设取得新进展，有力促进城乡一体化。储备开发、土地市场工作取得新成绩，增强和改善宏观调控能力。规划修编、地籍调查工作迈上新台阶，强化土地管理基础。地质矿产工作确定新方向，以城市地质为重点服务城市规划和建设。

二是切实保护耕地，节约集约利用资源，促进首都人口、资源、环境协调发展。耕地保护力度不断加大，落实土地利用基本国策，确保全市基本农田数量不减少，质量不降低。土地节约集约利用程度逐步提高，缓解人地矛盾突出局面。土地批后监管、土地执法监察不断加强，有效规范土地利用秩序。矿山治理整顿和环境恢复治理取得新突破，有力保护首都生态环境。

三是完善基础工作、推进体制改革，不断提高服务水平和依法行政能力。信息、科技水平不断提高，发挥支撑和引领作用。依法行政能力不断加强，保障服务水平不断提升。党群工作、干部队伍建设、廉政建设不断加强，队伍战斗力凝聚力得到提升。

同志们，2010年和“十一五”期间我市国土资源管理工作成效显著，成绩来之不易，这是市委市政府正确领导的结果，是国土资源部精心指导的结果，是相关部门协调配合、各区县党委和政府帮助、支持的结果，是国土资源系统广大干部职工团结努力的结果。在此，我代表市局党组和领导班子，向全系统广大干部职工表示崇高的敬意！

通过五年来，特别是2010年的工作，主要有以下四点体会：

第一，坚持融入首都经济社会发展的大局，把握国土资源事业发展的主动权。“十一五”时期是北京发展史上极不平凡的五年。在举办奥运盛会、筹办新中国成立60周年庆祝活动过程中，全局系统干部职工振奋精神、真抓实干，为全面实现“新北京、新奥运”战略构想做出积极贡献。在应对2009年国际金融危机过程中，敢于迎难而上、克服重重困难，全力以赴完成千亿储备任务，转“危”为“机”，发展壮大了土地储备事业。经过几年的探索完善，土地储备开发被市领导称为城市建设中的“金钥匙”。事实证明，机遇与挑战并存，压力可以转化为强大动力。关键是要方向正确、抓住机遇、顺势而为；关键是要把国土资源事业的发展融入首都经济社会发展的大局。几年来由于坚持了正确的政治方向，团结奋斗，经受住了大事、难事、急事的考验，工作更加主动，应对逐步从容。

第二，坚持统筹保障发展和保护资源，形成推动国土资源事业发展的合力。过去的五年是首都经济社会高速发展的五年，与2005年相比，地区生产总值等六项主要经济指标实现或大体实现翻番。面对经济快速发展和用地需求旺盛的局面，全系统干部职工紧紧围绕首都经济社会发展的主线、坚持走集约节约科学发展的路线、坚守保护耕地的“红线”、看住违法违规用地的问责线、筑牢清正廉洁的防线，为保障首都经济社会发展做出积极贡献。首都人地矛盾突出，用地关系复杂，利益驱动强劲，面对复杂多变的难点、热点问题，我们勇于承担责任，注重机制创新，通过构建共同责任机制，形成“市区联动、部门参与”的管理体系，既全力保障市、区经济社会发展的用地需求，又严厉打击违法违规用地行为，上下齐心，左右联动，努力化解首都人口、资源、环境之间的突出矛盾，在耕地保护、执法监察、土地储备开发、征地拆迁等工作中取得了明显成效。

第三，坚持以人为本、维护首都和谐稳定，在保障和改善民生方面积极作为。首都的和谐稳定是第一位的政治责任。几年来我们始终把国土资源管理中关系民生的工作作为大事，抓紧抓好。在集体土地征用过程中，通过征地补偿安置多元化等方式既保护了被征地农民的合法权益和长远生计，又促进了项目落地。在保障性住房供地工作中，把保障和改善民生作为推进保障性住房供地工作的出发点，把解决居民住房困难问题作为房地产市场调控的落脚点，把土地储备作为保障性住房供地的着力点，将保障性住房建设作为事关群众切身利益、事关经济社会发展全局的大事来抓，走在全国前列。几年来为维护首都和谐稳定，构建和谐社会首善之区做出了积极贡献，提升了我局的社会形象。

第四，坚持实事求是、改革创新，为推动国土资源事业发展提供不竭动力。随着土地使用制度改革的不断深入，遇到许多改革的深层次的问题，我们勇于探索、敢于尝试，先后在集体土地流转、农村土地确权登记颁证等领域开展试点，为解决问题积累了经验。随着市场经济的不断发展，房地产市场复杂多变，对土地参与宏观调控提出了更高的要求。几年来我们参与宏观调控的能力不断加强和改善。一方面是土地利用总体规划修编、第二次全国土地调查等工作的圆满完成，夯实了国土资源管理的基础；另一方面是们坚持实事求是原则，逐步探索市场发展的规律和特点，创新调控的手段。随着经济的快速发展，对管理的水平、服务的质量、审批的效率提出了更高的要求，我们结合“绿通”变“普通”，加快重大项目落地做了一些工作，但仍需探索提高。

在看到工作成绩的同时，还应该清醒地认识到我市国土资源管理还存在的问题和不足，主要有：土地管理基础工作薄弱，管理的精细化程度有待加强，行政审批的效率和质量有待提高，有效制止违法占地现象的手段需不断完善，耕地占补平衡的压力较大，土地利用的集约节约程度有待提高，宏观调控主动性、前瞻性、准确性尚待加强，为城市服务的地质基础性工作有待加强，矿山地质环境恢复治理和打击非法开采任务艰巨。

二、正确把握国土资源管理面临的新形势

“十二五”时期是实施“人文北京、科技北京、绿色北京”战略的关键时期，是构建世界城市基本框架的起步时期，是首都仍然处于可以大有作为的战略机遇期。做好今年和“十二五”时期的国土资源工作，我们必须科学研判经济社会发展形势的新变化和国土资源管理面临的新情况新问题，深刻领会中央和北京市的新要求，深化认识，统一思想，努力开好局、起好步。

（一）准确研判形势，深刻领会中央和国土资源部工作新要求

今年世界经济有望继续恢复增长，但不稳定不确定因素仍然很多，我国发展的外部环境更趋复杂。国内外货币政策的差异性带来流动性充裕、输入性通胀压力增大，维护房地产市场稳定的任务依然很重。从国内看，政府宏观调控和应对复杂局面能力明显提高。同时，我国发展中不平衡、不协调、不可持续问题依然突出，土地和矿产资源需求将持续上升，经济增长的资源环境约束强化，供需矛盾加大。

中央对“十二五”时期经济社会发展的总体要求是以科学发展为主题，以转变经济发展方式为主线，实现“五个坚持”①，国土资源部结合工作实际提出六个方面的要求：把保障和促进科学发展作为国土资源管理的首要任务，完善政策、主动服务；把强化国土资源保护作为国土资源管理的战略要求，坚守红线、毫不动摇；把推进资源节约集约利用作为破解发展与保护难题的根本途径，牢牢把握、大力推进；把维护权益、服务社会作为国土资源管理的工作准则，勇于担当、不断强化；把加强执法督察、维护土地矿产管理秩序作为国土资源管理的重大举措，敢于碰硬、毫不松懈；把解放思想、深化改革作为国土资源管理的强大动力，迎难而上、重点突破。对于上级的要求我们要深刻领会，并结合工作实际贯彻落实。

（二）正确认识首都在新的发展阶段面临的新形势、提出的新要求

市委市政府审时度势做出了首都进入了新的发展阶段，“十二五”时期首都仍然处于可以大有作为的战略机遇期的判断。“十二五”时期，北京市发展的总体思路概括起来是坚持主题、主线，推动“三个北京”② 战略、提高“四个服务”③ 水平，打造“五

---

① 坚持把经济结构战略性调整作为加快转变经济发展方式的主攻方向；
坚持把科技进步和创新作为加快转变经济发展方式的重要支撑；
坚持把保障和改善民生作为加快转变经济发展方式的根本出发点和落脚点；
坚持把建设资源节约型、环境友好型社会作为加快转变经济发展方式的重要着力点；
坚持把改革开放作为加快转变经济发展方式的强大动力。

② 人文北京、科技北京、绿色北京；

③ 为中央党政军领导机关服务、为日益扩大的国际交往服务、为国家教育、科技、文化和卫生事业的发展服务和为市民的工作和生活服务；

个之都”①。在未来五年内，北京将努力实现“两个率先”，即率先形成创新驱动的发展格局、率先形成城乡经济社会发展一体化新格局；加快形成“两城两带、六高四新”②的发展格局，强化功能定位对区县发展的引导作用，加快郊区城镇化步伐；顺应人民群众过上更好生活新期待，着力加强和改善民生，引导和促进公共服务均等化。中央近期对北京市指出的三件大事，分别是创新驱动、缓解交通压力、合理调控人口，北京市将围绕这些问题加大工作力度。我局去年保障性住房工作任务圆满完成，得到市领导充分肯定，今年必须确保保障性住房供地比例超过住宅用地比例50%。以上关键点，需要我们正确把握首都发展的主要方向，自觉融入首都发展的大局，结合国土资源管理的特点，主动作为、改革创新，为首都发展服好务。

（三）深入分析北京市国土资源管理面临的机遇和挑战

“十一五”期间，北京市国土资源管理取得显著成绩，虽然仍然面临很多两难问题，但“十二五”时期仍是北京市国土资源管理工作可以大有作为的重要机遇期。有利于国土资源事业发展的条件：一是科学发展的主题，为保护耕地、保护生态环境，实现土地和矿产资源可持续利用提供了价值导向和政策引领；二是加快经济方式转变，为优化土地利用结构，促进土地集约节约合理利用提供了更广阔的空间；三是率先形成城乡一体化新格局，为优化土地利用空间布局，完善集体土地和国有土地管理体制提供了有利契机；四是国土资源垂直管理体制的健全完善，为建立职责清晰、政令畅通、运转高效的行政管理体制提供了组织保障；五是社会各界依法用地、集约节约用地、通过市场方式供地意识的不断加强，改善了国土资源管理外部环境。

但北京资源环境约束紧、人地矛盾日益尖锐的现实状况没有根本改变，国土资源管理还面临一些问题：耕地后备资源不足，违规违法用地现象时有发生，耕地保护形势依然严峻；农村建设用地利用较为粗放，国有闲置土地清理和处置压力依然较大；土地储备开发的体制机制尚待完善，宏观调控的机制需进一步优化、能力尚待进一步加强；城市化进程中的征地难、拆迁难、手续慢等问题尚待解决；生态敏感地区建设用地有增加趋势，土地生态功能有待进一步完善；地质矿产工作为城市服务的基础性工作有待加强，矿山地质环境恢复治理任重道远。

---

① 国际活动聚集之都、世界高端企业总部聚集之都、世界高端人才聚集之都、中国特色社会主义先进文化之都、和谐宜居之都；

② “两城”即中关村科学城和未来科技城；“两带”即北部研发服务和高技术产业带、南部高技术制造业和战略性新兴产业发展带；

“六高”即中关村国家自主创新示范区、北京经济技术开发区、商务中心区、金融街、奥林匹克中心区、临空经济区等六大高端产业功能区；“四新”即通州高端商务服务区、首钢高端产业综合服务区、丽泽金融商务区、怀柔文化科技高端产业新区等四个高端产业新区。

三、"十二五"时期目标任务和2011年重点工作

（一）"十二五"时期总体思路

"十二五"时期，全市国土资源系统工作的基本思路是：高举中国特色社会主义伟大旗帜，以邓小平理论和"三个代表"重要思想为指导，深入贯彻落实科学发展观，以科学发展为主题，以加快转变经济发展方式为主线，以将北京建设成为充分体现人文、科技、绿色特征的中国特色世界城市为目标，全面提高国土资源对首都科学发展的保障能力，落实保护耕地和合理利用土地基本国策，通过促进土地节约集约合理利用切实转变土地利用方式。加强和改善土地参与宏观调控的能力，维护土地市场平稳有序健康发展。加强城市地质基础工作，为首都建设和发展提供科学地质支持。积极促进京津冀地区协调发展、优势互补，努力缓解首都作为特大城市面临的人地矛盾突出的局面。形成高效、协调、可持续的国土空间开发新格局，促进首都人口、资源、环境与经济社会全面、协调、可持续发展。

（二）"十二五"时期重点任务目标

1. 加强耕地和基本农田保护，加快土地综合整治。

到2015年北京市耕地保有量22万公顷（330万亩），基本农田保有量18.67万公顷（280万亩）。全面加强我市耕地保护责任目标制度建设，切实保护耕地和基本农田。加大土地开发整理力度，积极推进农村土地综合整治工作，全面落实耕地占补平衡任务。创新手段、加大力度，做好国土资源执法监察工作，有效遏制违规违法用地现象。

2. 引导建设用地节约集约利用，加强城乡统筹。

根据首都的产业功能定位和发展方向合理安排土地供应的总量、结构、布局，以土地供应结构引导产业结构向更加符合首都功能定位的方向调整。积极引导中心城功能和人口有序疏散，完善中心城用地功能，集约高效建设新城和重点镇。促进农村土地集约化使用，加强对现状产业用地特别是集体工矿用地的空间整合力度。加强日常监管、规范处置程序，加大国有闲置土地清理处置力度，促进土地有效利用。

3. 进一步健全和完善土地市场，增加宏观调控的能力。

加大土地储备力度，科学调控土地供应。"十二五"期间全市新增土地储备开发控制在20000公顷－25000公顷，完成开发土地18000公顷－24000公顷，土地储备开发投资控制在4500亿元－5000亿元。坚持"政府主导"和"多储快供"，进一步完善土地储备模式。积极探索运用市场机制盘活农村集体建设用地，建立城乡统一的土地市场。把保障和改善民生作为宏观调控的重要目标，切实实现保障性住房用地的有效供应。

4. 积极建设生态基础设施，构筑环城乡一体化的绿色生态空间。

着力建设首都绿色空间体系，构建土地生态安全格局，完善首都三个绿色圈层，积

极支持重大生态建设工程。促进城市及区域生态环境向绿化、净化、美化发展。到2015年，规划非建设用地比例占全市土地面积的比例力争保持在78%以上。

5. 加强地质矿产工作，为首都经济建设添砖加瓦。

以城市地质为核心，以地质基础调查工作为载体，全面提升地质工作为城市建设发展服务的能力。在完成城市基础地质等公益性地质调查基础上，建立北京城市地质信息管理与服务系统。开展浅山区和沟域经济发展区地质灾害调查和评价工作；加强地质灾害群防群策体系，探索多种形式防灾避灾。研究开展重点隐患区的监测试点工作，并加强应急队伍建设，不断提高防灾减灾能力。积极协调相关部门，开展《十二五地质勘查发展规划》确定项目的前期工作，加大财政资金对公益性项目的投入，引导社会资金积极参与，形成地质勘查投资多元化格局。

6. 加强国土资源管理基础工作，夯实国土资源管理基础。

加强土地利用规划引领作用，严格规划执行和评价制度。加强地籍管理法制化、信息化和社会化建设，强化规范化管理，深化二调成果应用，实现土地调查和土地登记全覆盖。积极推进信息化建设，提升科技创新水平，切实发挥科技引领支撑作用，深入推进"以图管地"、加快"一张图"工程建设。做好新闻宣传和政府信息公开工作。完善政策法规体系，加强依法行政的意识和能力。加强干部队伍建设，切实提高干部队伍的执行力。

（三）2011年重点工作

2011年是"十二五"规划实施的开局之年，做好国土资源管理工作，对于实现良好开局、推动建设中国特色世界城市迈出坚实步伐具有重要意义。重点做好以下六方面工作：

1. 保障土地供应平稳有序，促进经济社会平稳较快发展。

全力确保首都科学发展用地需求。认真做好"十二五"期间土地供应中期计划和2011年度土地供应计划编制实施工作。科学预测、全力保障首都经济社会平稳发展所需的用地需求。加强对投资和消费的引导，合理安排增量和存量建设用地。切实保障重点工程、重大项目的顺利落地。保障中关村国家自主创新示范区等重点发展的功能区和产业带的项目用地。加强"四个服务"，合理安排科教文卫体等社会事业、民生工程所需用地，加大交通设施用地供应力度。确保北京新机场建设用地供应，加快中心城两条新线、地铁6号线、S1号线、8号线二期等轨道建设用地审批。中心城将建设地下交通干道，应积极跟进研究相关供地政策和土地权属管理问题。

积极加强和改善民生。优先优质安排保障性住房建设用地，编制并确保完成政策性住房用地供应计划。确保2011年保障性住房建设用地占住宅用地供应的比例要超过50%，确保保障性住房、棚户区改造和自住性中小套型商品房用地不低于住宅用地供应总量的70%，确保2011年新开工、收购20万套保障性住房用地供应。

继续发挥好土地储备在参与宏观调控、实现城市规划、统筹城乡发展、重大项目落地方面的重要作用。按照“控制新增、消化存量、有效储备、有序供应”的原则，合理确定土地储备开发时序和投资计划，优化土地储备结构、空间布局，完成储备开发投资1000亿元。有效消化存量项目，保持合理储备库容，力争完成50个重点村中涉及项目、首钢新兴产业基地的储备开发投资。拓宽融资渠道，加强对土地储备资金使用的监管。加速资金回笼，研究市区储备开发贷款偿还机制。尽早研究国务院新出台的《国有土地上房屋征收与补偿条例》对土地储备开发工作的影响。

健全完善宏观调控机制，维护市场平稳健康发展。坚决贯彻中央房地产调控政策措施，进一步发挥市场配置土地资源的基础性作用，进一步加强地价动态监测工作，完善基准地价更新成果，深入开展地价形成机制和应用政策研究。系统总结2010年完善招拍挂出让制度采取的有效措施，合理规范提升为制度性政策。加强市场监管，注重供需双向调节，加大土地市场信息公开力度。探索推进城乡统一建设用地市场建设。

2. 严格保护耕地，有序推进集体建设用地利用，促进率先形成城乡经济社会发展一体化新格局。

健全完善耕地保护制度。着力加强耕地和基本农田保护的长效机制建设。会同有关部门迎接好2010年度耕地保护责任目标考核，按要求完成划定永久基本农田工作。严格落实耕地占补平衡任务，切实保障年度国家和我市重点工程的顺利落地。积极探索建立耕地保护经济补偿机制。加强土地开发整理工作力度，积极推进农村土地整治工作。

积极稳妥推进集体建设用地利用。继续推进征地制度改革。完善征地补偿机制，进一步完善征地补偿区片价，继续推进征地补偿多元化，切实保护被征地农民合法权益。探索缩小征地范围的途径和方式。探索推进农村集体建设用地使用权流转和集体土地上建设租赁住房试点工作。继续完善设施农用地管理政策，继续研究深化加强土地管理推进小城镇建设的实施意见。合理规范、有序引导在加快郊区城镇化和新农村居民社区建设过程中的集体土地利用。

3. 引导建设用地节约集约利用，促进经济结构战略性调整。

促进土地利用方式转变。根据首都的产业功能定位和发展方向合理安排土地供应的总量、结构、布局，实行差别化的供地政策，引导产业结构向更加符合首都功能定位的方向调整，优先支持战略新兴产业用地。鼓励存量挖潜，合理开发利用地下空间，进一步完善节约集约用地标准并扩大覆盖范围，促进各类产业向园区集中，深化开发区评价成果，为制定开发区管理政策和宏观决策提供依据。全面深入开展国土资源节约集约模范县（市）创建工作。积极破解闲置土地处理难题，促进农村土地集约化使用。

优化土地利用空间布局。土地供应要有利于加快构建城乡一体、多点支撑、均衡协调的发展格局，促进加快形成“两城两带、六高四新”的发展格局。要强化功能定位对区县发展的引导作用。加快郊区城镇化步伐，加强对现状工矿用地和农村居民点的空间整合力度，努力推动区域协调发展。

加大国土资源执法监察力度。进一步发挥土地执法预防和惩戒作用，强化问责制，落实耕地保护责任。加大案件查处力度，加强共同责任机制建设，健全违法违规重点地区的约谈制度，坚决遏止违法违规行为的抬头。加强国土资源卫片执法检查和常规监测，实施长效、广域、动态巡查，把违法用地行为消灭在萌芽状态。利用科技手段严厉打击偷挖盗采、非法开采矿产资源行为。

4. 深化本市地质矿产管理，更好为城市建设服务。

规范矿业权管理。进一步推进矿业权市场建设，提高矿产资源开发利用水平。做好矿山关闭后的环境治理工作，鼓励和扶持山区经济转型。

推广科学应用清洁能源。根据建设低碳城市目标，进一步加强重点地区地热资源综合评价和利用规划工作，加快地热及浅层地温能监测示范项目建设，推进部市共建全国浅层地温能研究推广中心和国家级重点实验室，完善地热能资源可持续利用政策措施和监管机制。

加强城市地质工作。积极推进地质资料信息服务集群化产业化工作。稳步开展城市地质土壤调查与评价工作。加强地质灾害防治工作，落实好防灾应急预案。完成北京平原区活动断裂监测专项地质调查工作。进一步加强地质遗迹保护工作。探索地质勘查行业管理新思路新办法。

5. 加强基础性工作，坚持依法行政，提升国土资源管理水平。

严格规划管理。继续做好建设用地预审工作，严格落实城市规划和土地利用总体规划，加强新一轮规划实施评估。力争上半年完成乡镇级土地利用总体规划审查和上报工作。

加强地籍管理。全面推进农村集体土地确权登记颁证工作。切实做好二调成果推广应用。健全完善土地变更调查新机制。认真抓好《地籍管理办法》贯彻落实。加强对地籍调查测绘市场的管理和规范。积极解决历史遗留土地权属纠纷。进一步做好新生成档案的数字化工作。

提高信息科技水平。严格按国土部“一张图”和国土资源综合监管平台总体建设方案要求开展工作，筹划综合监管信息平台总体框架，尽快将国土资源遥感监测“一张图”数据上图入库。加快推进金土工程二期总体方案和国土资源信息化“十二五”规划的编制工作。加快科技研究成果转化和应用，对局标准化工作进行系统管理。推广普及地球科学知识，积极申报“国土资源科普基地”。完善国土资源统计指标体系，加强数据口径准确性、一致性；推动基层统计工作管理规范化。

提高行政效率和质量。以深化改革为动力，减少前置条件，并联中间过程，充分发挥区县在推进项目中的主体作用，提高行政审批效率。加强国土资源管理依法行政制度建设，加大对抽象行政行为的监督力度。加强复议工作，发挥行政复议在监督行政执法、化解行政争议等方面的作用。充分认识加强国土资源新闻宣传工作的特殊意义，切实发挥新闻宣传和文化建设的特殊作用，为中心工作的开展提供精神动力和舆论支持。

确保资金安全、规范、高效使用，保障各项工作合理开支。更加认真细致做好信访维稳工作，化解信访突出问题，维护社会和谐稳定。继续提高行政办公运转效率，建立和完善工作规则和相关制度。继续做好后勤保障工作和老干部工作。

6. 加强党群工作、廉政建设、干部队伍建设。

积极推进学习型党组织建设，认真开展纪念建党90周年活动，深入进行“三进两促”活动，扎实推进创先争优活动，进一步加强基层党组织建设，抓好服务党员干部群众工作。加强机关党建工作的组织领导，组织落实机关党委换届选举工作。深入开展“两整治一改革”专项行动，加强制度建设。深入推进廉政风险防范管理工作，深化和完善惩治和预防腐败体系建设。进一步推动干部人事制度改革，加强领导班子建设。深化落实“三定”方案。编制国土资源系统“十二五”人才规划。抓好干部教育培训工作，做好干部轮岗交流工作，加快干部人才队伍的有序流动和良性循环，促进年轻优秀干部脱颖而出。继续推进国土所标准化建设工作。

同志们，过去五年，我们国土资源工作取得了巨大成绩，展望未来，“十二五”的任务更加艰巨而光荣。让我们在新的起点上以更高的标准推动“人文北京、科技北京、绿色北京”战略，努力为保障和促进首都科学发展做出新贡献！

春节将至，我代表局党组和领导班子，向全局系统广大干部职工和家属，致以诚挚的问候和衷心的祝福，祝大家工作顺利，身体健康，阖家幸福！

健全市场完善调控　加强执法规范秩序 积极推动北京土地市场健康平稳有序发展

北京市国土资源局党组副书记、北京市国土资源局局长　魏成林

（二〇一〇年十一月）

近年来，我市坚决贯彻落实党中央、国务院提出的国土资源参与宏观调控的重大决策部署，全面开展国土资源部部署的“双保”行动，积极落实房地产市场宏观调控各项政策，深入研究国土资源管理面临的新形势、新任务，一手抓土地市场建设与调控、一手抓土地批后监管与土地执法监察，健全机制、完善政策、统筹协调，积极推动北京土地市场健康平稳有序发展。

一、健全土地市场，完善宏观调控，维护土地市场平稳有序发展

我市土地市场建立以来，随着土地有偿使用制度改革的不断深化，市场配置土地资源的基础性作用逐步得到发挥。自2002年初我市土地交易市场成立到今年9月底，以招拍挂方式成交的土地共计971宗，土地面积9318公顷，成交价款3554亿元，实现政府土地收益约1839亿元。2010年1－9月，北京市土地交易市场共推出土地1663公顷，相当于去年同期的116%，其中经营性用地1056公顷，相当于去年同期的115%；工业用地约607公顷，相当于去年同期的123%。

（一）探索创新，构建土地市场调控体系

2005年，我市在全国率先探索编制实施年度土地供应计划。2007年，为进一步增强计划调控效果，我市结合国民经济发展五年规划，进一步编制实施了《北京市2007－2010年土地供应中期计划》，通过几年实践逐步形成了年度计划与中期计划纵向衔接，土地供应计划、土地储备计划和土地利用计划横向配合的土地参与宏观调控模式，参与宏观调控的效果也逐渐显现。

一是实现了土地供应总量与首都经济社会发展相协调，保障了经济社会发展用地需求。2005－2009年，我市供应国有建设用地约300平方公里，年均6000公顷左右（2008年最低为4634公顷，其他年份在6100～6500公顷左右）。

二是优化了住宅用地结构，突出了保民生和稳市场的调控导向。2005－2009年北

京市累计供应各类政策性住房用地2500多公顷，占住宅用地供应的比例由2005年的34%提高到2009年的43%。2010年计划供应住宅用地2500公顷，较2009年实际供应增加63%，其中政策性住房用地供应不低于50%。

三是确保了中央单位、军队用地需求，落实了“四个服务”要求，保障了奥运工程、轨道交通等重大项目和公共服务设施用地需求。2005－2009年基础设施和公共服务设施用地供应17520公顷，占土地供应总量的59%。

四是促进了产业结构调整和经济发展方式转变，落实了城市功能区定位，推进了城市总体规划实施。通过有保、有压、有控的计划土地供应政策，重点产业功能区和重点发展区域土地供应得到优先支持，高端产业用地所占比重进一步上升，“两高一资”、产能过剩和重复建设项目用地得到严格控制，城市功能拓展区和城市发展新区土地供应量占全市土地供应总量3/4以上。

（二）加强储备，奠定土地市场调控基础

近年来我市不断加强政府主导储备开发的力度，全面掌控了重点新城、轨道交通沿线的重大项目的储备开发。2008年，我市开始编制年度土地储备开发计划，政府主导土地储备开发量有序增长，已成为经营性用地的主要来源。2009年我市完成土地储备开发投资约1165亿元，完成开发土地面积4300公顷。2010年，全年计划安排土地储备开发投资1000亿元，土地储备开发专项投资1700亿元，计划完成开发8000公顷。截至9月30日，全市土地储备开发实现投资1090亿元，完成土地开发面积约3346公顷。2009年千亿土地储备开发项目圆满完成，和储备开发力度的进一步加大，使国土资源管理部门可以根据宏观调控要求和市场变化需要，及时从土地储备库中调度供应。同时，随着储备开发模式的不断完善，储备机构在资金平衡和成本控制方面有了更多的主导权，土地市场调控基础更加扎实。

（三）完善制度，促进土地市场有序运行

我市在不断加强土地交易市场硬件设备的基础上，自2004年底开始，围绕土地市场建立了入市交易规划联审会议制度、招标拍卖挂牌出让底价的四级会审制度、出让方案联合审议制度等三个联审会议制度，决策的公开性、民主性和科学性不断增强。同时，我市建立和完善了工业用地招拍挂出让程序，全市工业用地必须通过市场方式，按照规定的程序和办法公开出让。

土地招标拍卖挂牌出让是市场配置土地资源的重要表现形式，“价高者得”的原则充分实现了土地的市场价值。但随着房地产市场的发展，土地使用权招标拍卖挂牌出让的方式需要不断细化和完善以更好地适应宏观调控的要求，为此我市针对商品住宅用地采取了一系列的新措施：

一是坚持和完善商品住宅用地招拍挂出让方式。根据市场变化情况，在一段时期内商品住宅用地出让更多采用“综合条件最优者得”的综合评标方式，同时试点采用

“不设评标委员会”的招标方式，及“限房价、竞地价”或“限地价，竞政策性住房面积”的方式，引导企业理性拿地，抑制非理性竞价和地价房价过快增长。

二是缩小单宗商品住宅用地出让规模，防止开发企业囤地。原则上单宗商品住宅用地土地出让面积控制在10公顷左右，商品房建筑面积控制在20万平方米以下。对单个企业在6个月内的商品住房拿地规模，房地产开发一级资质的企业原则上不超过40万建筑平方米，其他企业原则上不超过20万建筑平方米。

三是进一步规范市场交易行为。各土地交易市场按照统一、规范的要求设置监控设备，并邀请公证及纪检监察人员到场监督，打造土地交易阳光市场。同时，土地出让环节的全过程公开，土地预申请、设立外币保证金账户等工作也有序开展。

四是加强对房地产开发企业购地和融资的监管。对商品住宅用地储备量大、未按期开竣工或存在严重违法违规行为的企业，暂取消土地竞买资格；房地产企业在参与土地竞买和开发建设过程中，其股东不得违规对其提供借款、转贷、担保或其他相关融资便利；严禁非房地产主业的国有及国有控股企业参与商业性土地开发和房地产经营业务，对存在土地闲置、炒地行为的房地产开发企业，商业银行不得发放新开发项目贷款。

（四）加强研究，为土地市场调控提供支撑

为适应国土资源管理部门参与宏观调控的新要求，我市坚持以创新理念为指导，以加强和改善土地市场管理为导向，围绕土地市场供需和价格，积极开展国土资源参与调控基础性研究，探索应用新方法、新手段、新技术，为土地市场运行提供支撑。

一是开展基准地价更新和应用管理政策研究工作。完成了《北京市2010年基准地价更新成果》，建立了包括级别基准地价、区片基准地价、街区地价、商业路线价在内的基准地价体系。实现级别地价宏观调控、区片地价中观控制、标定地价微观管理的多层次地价管理体系，满足土地市场调控和多层面国土资源管理的需要。

二是扎实做好城市地价动态监测工作。建立了政府主导、市区联动、行业监管、专业实施的工作管理模式，划分了212个地价区段、布设了498宗标准宗地作为监测样点，组建了由54家评估机构、229名土地估价师参与的地价动态监测工作队伍，标准宗地数量、参与估价师人数均居105个监测城市之首。

三是加强供给潜力研究和集约用地标准研究。2008年，我市开展了轨道交通沿线土地供给潜力调查，编制了轨道交通沿线土地储备规划。大兴、顺义、昌平等重点新城轨道交通站点周边土地已全部实施了土地一级开发。同时，为落实国家集约用地要求，我市在全国率先制定了《北京市城市建设节约用地指标》作为用地审批的重要标准。

四是加强对宏观形势研判分析工作。研发了“北京市土地市场监测预测预报信息系统”，形成了集市场动态监测、分析预测、预警预报于一体的土地市场动态监测技术标准，直接应用于全市土地市场分析研究工作，为全市宏观经济形势分析提供参考。

二、加强批后监管，加大执法力度，维护土地市场健康发展

（一）加强批后监管，加大闲置土地处置力度，促进土地有效利用

采取多项措施加强土地批后监管。一是建立房地产企业土地开发利用信息监管系统，向社会公示出让土地详细信息，接受社会监督。二是实施国有建设用地开发利用申报和信息公示制度，加强土地受让方开、竣工监管。三是禁止或限制出现不良信用和违约行为的公司及其关联公司参与土地竞买，并定期公布上述企业名单。

结合工程建设领域突出问题专项治理工作，加大闲置土地清理处置力度。我市开展了房地产用地专项整治工作，按要求完成了1992年以来全市出让和划拨项目的初步清查工作，共核查项目15965宗，涉及土地面积约43923公顷。另外我局对2007年和2008年招拍挂出让项目进行梳理，核实相关情况，进行现场踏勘和企业约谈，对存在闲置问题的项目拟定初步处理意见。今年，已先后4次发布了有关对闲置土地、不履约土地处理的公告，暂停了部分违规、违约企业参与北京市土地交易市场竞买活动的资格。

（二）加大国土资源执法监察力度，规范土地市场秩序

近年来，我市通过认真开展各项专项执法行动和着力建设土地执法监察长效机制两个抓手，不断加大国土资源执法监察力度，取得明显成效，有力的规范了土地市场秩序，维护了土地市场健康发展。

积极开展各项专项执法行动取得明显成效。近年来，我局按照国土部和北京市的安排部署开展了清查以农业设施为名进行违法建设、清查高尔夫球场、卫片执法检查、打击非法盗采、未报即用违法用地专项检查等专项执法行动，坚决拆除了一批严重违法、影响恶劣的违法违章建筑，取得了良好的社会反响。特别是积极组织、有力推进年度土地卫片执法检查工作取得明显进步。市委市政府对土地卫片执法检查工作高度重视，专门成立市检查工作协调小组，联合相关委办局抽查督导。我市在2009年度采取“双线并查”的方式，加强土地卫片执法检查工作，即在利用国土资源部卫星遥感监测成果对14个郊区县新增建设用地变化情况开展执法检查的同时，按季度开展“遥感二号”卫片违法违规用地纠改查处工作，以缩短监测周期，做到“早发现、早制止、早报告”。在自查阶段，制定并组织实施《2009年度土地卫片执法检查工作自查阶段交叉检查方案》，确保自查结果真实、准确。在处罚（理）阶段，区分不同情况采取立案或非立案方式处罚，同时对违法违纪人员依法追究责任。2009年度我市违法违规用地处罚（理）到位率达到95.5%。

积极建立“双巡查机制”，发挥土地执法预防作用。目前，以区县国土资源分局、国土所为巡查主体的国土系统巡查和以乡镇、村为巡查主体的地方政府巡查的“双巡查机制”正逐步建立，巡查“早发现、早制止、早报告”作用已开始显现。2010年1

至9月共发现违法违规用地239件，占地面积176公顷。

土地执法监管共同责任机制进一步加强。出台了《北京市人民政府印发关于建立制止和查处违法用地违法建设联动工作机制意见的意见》（京政发〔2010〕15号），明确由市规划、国土、住建、城管等部门和区县政府在规定的情形范围实施联动执法，其中区县以下政府为责任主体、分级负责，为提高土地执法水平、保障执法成效提供了机制保障。同时，市政府与区县政府签订《坚守耕地红线 依法依规用地责任书》，进一步强化区县政府的耕地保护意识。建立多层次的违法用地约谈机制，对遏止违法违规用地势头起到积极作用。对于违法违规用地较多的乡镇，由我局执法大队领导约谈乡镇政府主要领导；对于违法违规用地较多的区县，由我局局级领导约谈区县政府主要领导；对于违法违规用地较严重的区县由市主管领导组织市规划、国土、住建、城管等部门对区县领导进行联合约谈。

三、认清形势，积极作为，推动土地市场可持续发展

今年以来首都经济社会发展取得新成效，土地市场的建设与调控符合宏观调控方向和我市全年预期目标。党的十七届五中全会指出，目前我国发展仍处于可以大有作为的重要战略机遇期，既面临难得机遇、又面临诸多可以预见和难以预见的风险挑战。我们需要在准确分析判断国家和北京市宏观经济形势的前提下，认清形势、主动作为。当前我市土地市场面临的形势和问题主要有以下几方面：

一是巩固和扩大应对国际金融危机冲击成果是“十二五”时期的重要任务，维护市场平稳健康发展的任务依然任重道远，要抓住国家保持宏观经济政策稳定的有利契机，加大土地储备投资力度，保持土地平稳、有序供应，重视供需双向调节。同时要进一步拓展储备开发融资渠道，进一步健全储备资金的规范安全使用和良性循环的体制机制。

二是国家和北京市对土地参与宏观调控提出了更高的要求，国土部门需要紧密围绕科学发展的主题和转变经济发展方式的主线，在促进经济结构战略性调整、保障和改善民生、建设资源节约型社会等方面发挥更大作用。

三是在当前卫片检查覆盖全国、15号令的问责制已经全面执行、土地督察有效开展的形势下，土地违法违规案件、非法盗采行为依然频发。

首都经济正处在向稳定增长转变的关键时期，下一步我局要深入贯彻落实科学发展观，以转变经济发展方式为主线，按照建设中国特色世界城市目标，围绕建设“人文北京、科技北京、绿色北京”和落实市委、市政府工作部署开展工作，促进土地市场健康稳定可持续发展，着重抓好以下方面的工作：

一是从打牢土地市场调控基础着手，着力开展土地储备开发制度建设和机制创新工作。加快完善土地储备体制机制。着力推进重点地区和重点项目的储备开发工作，促进城乡统筹和结构调整。着力为储备机构破解拆迁难、征地难、审批慢等问题提供政策支

持和服务保障，确保年度土地储备开发计划顺利完成。着力解决可能面临的融资难问题，积极拓宽渠道、筹措资金，保障资金规范、安全使用。合理安排供地进度，提前谋划储备资金还贷问题，防范资金信贷风险。鼓励基层创造性的开展工作，破解瓶颈问题，同时要加强对土地储备资金使用的监管。

二是从总量、结构、价格等多角度入手，积极构建宏观调控有效机制，维护市场平稳健康发展。坚决贯彻中央房地产调控各项政策措施，认真执行年度土地供应计划，有序推进土地入市交易，保证土地市场持续、稳定土地供应，进一步发挥市场配置土地资源的基础性作用，完善土地价格确定机制。优先优质安排保障住房建设用地，确保完成全年政策性住房用地供应计划。加强土地批后监管、严查闲置土地，促进土地有效利用，以实现已供应土地形成房地产市场实际供应量。

三是进一步发挥土地执法预防和惩戒作用，强化问责。严格落实 15 号令，强化问责制。加大案件查处力度，坚决遏止违法违规行为的抬头。进一步加强土地管理共同责任机制，努力在全市形成党委政府主导、职能部门联动、全社会积极参与的土地执法监管共同责任机制。按照卫片执法检查的要求，落实相关拆违工作，提高结案率，遏制违法态势。扩大执法巡查覆盖范围，实施长期动态巡查，按照“预防为主，查防结合，以查促防”的方针，把违法用地行为消灭在萌芽状态。积极为基层执法监察队伍改善执法条件，加强科技投入，提高执法效率。

中共北京市委关于制定北京市国民经济和社会发展第十二个五年规划的建议

（2010 年 11 月 30 日中共北京市委十届八次全会通过）

党的十七届五中全会审议通过的《中共中央关于制定国民经济和社会发展第十二个五年规划的建议》，是指导今后五年我国经济社会发展的纲领性文件。中共北京市委十届八次全会根据党的十七届五中全会精神及中央对北京市工作的要求，结合北京实际，就制定《北京市国民经济和社会发展第十二个五年规划纲要》，提出以下建议。

一、“十二五”时期首都仍然处于可以大有作为的重要战略机遇期

“十一五”时期是北京发展史上极不平凡的五年。在党中央、国务院的坚强领导下，在全国人民的大力支持下，全市上下深入学习实践科学发展观，振奋精神、顽强拼搏，克服重重困难，成功举办了一届无与伦比的奥运盛会，圆满完成了新中国成立 60 周年庆祝活动筹办任务，积累了宝贵的经验，收获了丰厚的物质和精神财富，向党中央、国务院和全国人民交出了一份合格的答卷。坚持科学发展的理念，发挥体制优势，依靠人民群众，深化改革开放，全面实现了“新北京、新奥运”战略构想，预计全市地区生产总值年均增长达到10%以上，财政收入翻一番以上，人均地区生产总值超过 1 万美元，第三产业比重达到 75.5% 以上，城乡居民收入增长 50% 以上，空气质量二级及好于二级天数的比例达到 80% 左右，节能减排工作走在全国前列。认真落实国务院批复的北京城市总体规划，加大经济结构调整力度，推动首钢等一批大型企业搬迁改造和关停并转，生产性服务业、文化创意产业、高新技术产业、都市型现代农业快速发展。落实区县功能定位，优化城市空间布局，推动中关村、金融街、商务中心区、北京经济技术开发区、临空经济区、奥林匹克中心区等六大高端产业功能区建设，中关村国家自主创新示范区成为全国最重要的科技创新区域。确立了率先实现城乡一体化的目标，推动了城乡结合部城市化建设、重点新城建设、小城镇建设和新农村建设，郊区农村面貌明显改善、发展活力明显增强。着力加强以民生为重点的社会建设，创新了社会管理与服务，探索了村庄社区化管理新模式，基本建立了住房保障体系，实施“五无”目标管理，在全国率先实现城乡社会保障制度全覆盖，使人民群众共享改革发展带来的

实惠。不断提高城市建设管理服务水平，信息化建设水平显著提高，首都机场新航站楼、北京南站、京津城际高速铁路等一批世界水平的设施投入使用。优先发展公共交通，轨道交通运营总里程达到336公里。成功应对国际金融危机的挑战，确立了“人文北京、科技北京、绿色北京”发展战略，明确了推动科学发展和加快转变经济发展方式的目标和任务，调整了首都功能核心区行政区划，整合了大兴区与北京经济技术开发区行政资源，对首都长远发展进行了积极探索。与此同时，首都文化建设、民主法制建设、党的建设都取得了重大进展。这些巨大的成就，极大地增强了北京作为全国政治中心、文化中心和国际交往中心的城市功能，极大地提高了首都的影响力和竞争力，极大地激发了广大群众推动科学发展、建设和谐社会的积极性和创造性，标志着首都的发展进入了一个新的历史阶段。

纵观新的阶段首都发展所面临的形势，我们仍然处于可以大有作为的重要战略机遇期。加快转变经济发展方式，为发挥首都科技智力优势、提高自主创新能力，提供了更为广阔的空间；北京奥运盛会的圆满成功极大地增强了首都的国际影响力和吸引力，为首都在更高层次上推动科学发展创造了极好的条件；工业化、信息化、城镇化、市场化、国际化深入发展，特别是推进城乡一体化，为首都科学发展提供了巨大的需求；首都的功能定位、“四个服务”的工作特征和以服务业为主导的首都经济，聚集了一大批高端资源，提高了首都持续发展的能力；近年来首都工作所取得的巨大成就和所形成的浓厚发展氛围，为推动首都新的科学发展凝聚了心智，创造了条件，增强了动力，奠定了更加坚实的基础。站在新的历史起点，我们必须增强机遇意识、责任意识、忧患意识，增强推动首都科学发展的责任感、紧迫感和使命感，始终保持旺盛的发展热情，始终保持清醒的头脑，深刻认识推动首都科学发展面临的难题：首都经济的总体实力、竞争力和可持续发展能力需要进一步提高，结构优化升级任务仍然艰巨；科技创新能力有待进一步提高，首都科技智力资源优势还没有充分发挥；城市建设管理中面临着人口膨胀、交通拥堵等问题；城乡一体化建设任务仍然十分繁重，基本公共服务均等化水平需要进一步提高；社会管理工作亟待加强。我们必须紧紧抓住难得的发展机遇，以更加奋发有为的精神，下大力气破解难题，在更高的水平上推动首都的科学发展。

二、加快转变经济发展方式，以更高的标准推动“人文北京、科技北京、绿色北京”建设

“十二五”时期是推动首都科学发展的关键时期。我们要认真贯彻落实党的十七届五中全会精神，牢牢把握科学发展这个主题，更加注重以人为本，更加注重全面协调可持续发展，更加注重统筹兼顾，更加注重保障和改善民生，使首都的发展与城市性质和功能相协调；牢牢把握加快转变经济发展方式这条主线，坚持以经济结构战略性调整为主攻方向，坚持以科技进步和创新为重要支撑，坚持以保障和改善民生为根本出发点和落脚点，坚持以建设资源节约型、环境友好型社会为重要着力点，坚持以改革开放为强

大动力，使首都的发展与人口资源环境的承载能力相适应；牢牢把握可以大有作为的重要战略机遇期，认真落实国务院批复的北京城市总体规划提出的“以建设世界城市为努力目标，不断提高北京在世界城市体系中的地位和作用”的要求，大力弘扬北京奥运精神，以更高的标准推动首都的科学发展。

制定“十二五”规划的指导思想是：高举中国特色社会主义伟大旗帜，以邓小平理论和“三个代表”重要思想为指导，深入贯彻落实科学发展观，认真贯彻中央对北京市工作的一系列重要指示精神，以科学发展为主题，以加快转变经济发展方式为主线，顺应人民群众过上更好生活新期待，深化改革开放，全力推动“人文北京、科技北京、绿色北京”战略，进一步提高“四个服务”水平，努力打造国际活动聚集之都、世界高端企业总部聚集之都、世界高端人才聚集之都、中国特色社会主义先进文化之都、和谐宜居之都，推动北京向中国特色世界城市迈出坚实的步伐。

综合考虑未来发展趋势和条件，今后五年首都经济社会发展的主要目标是：

——经济平稳较快发展。率先形成创新驱动的发展格局，首都经济综合实力和竞争能力显著增强，为国家发展的服务功能进一步完善。中关村国家自主创新示范区初步建成具有全球影响力的科技创新中心，产业结构优化升级，单位地区生产总值能耗、水耗持续下降，战略性新兴产业的支柱地位初步形成，“北京服务”、“北京创造”品牌和影响力明显增强。

——居民收入较快增加。城乡居民收入基本实现与经济发展同步增长，低收入者收入明显增加，中等收入群体持续扩大，收入差距不断缩小，广大人民生活质量不断提高。

——城乡环境更加宜居。率先形成城乡经济社会发展一体化新格局。生态环境建设取得新进展，主要污染物排放总量持续削减，全市生态服务价值进一步提高。基础设施承载能力和城市运行保障能力显著提高，交通拥堵现象得到有效治理，维护公共安全、综合应急和防灾减灾能力进一步提高。城市服务管理的信息化、精细化水平进一步提高。

——社会发展和谐稳定。公共服务体系更加完善，城乡社会保障体系基本健全，区域发展更加协调，基本公共服务均等化程度明显提高，广大群众就学、就业、社保、就医条件不断改善，中低收入群众的住房条件得到明显改善，率先建立与经济发展相适应的社会福利制度。社会主义民主法制更加健全，社会管理和服务体制更加完善，人口调控服务管理能力进一步增强，防范和化解社会矛盾的机制更加健全，社会治安防控体系更加严密，社会更加和谐稳定。

——文化大发展大繁荣。社会主义核心价值体系建设更加深入，市民文明素质和城市文明程度进一步提高。首都历史文化资源得到有效保护、挖掘、传承和利用，文化创意产业和文化事业迅速发展，图书馆、博物馆、档案馆、文化馆等公共文化设施与服务质量达到世界先进水平，城市文化软实力显著提升，全国文化中心功能显著增强。

——改革开放深入推进。有利于推动科学发展、加快经济发展方式转变和推动自主创新的体制机制与制度进一步健全和完善，重要领域和关键环节改革取得明显进展，行政管理体制改革进一步深化，行政效能进一步提高，市场在资源配置中的基础性作用得到充分发挥。对外开放的深度和广度进一步拓展。

三、“十二五”时期推动首都科学发展的主要任务

（一）率先形成创新驱动的发展格局

积极实施“科技北京”战略。推动首都科学发展、加快经济发展方式转变的关键是实现创新驱动，重点是实施“科技北京”战略，加快中关村国家自主创新示范区建设，搭建科技创新平台，健全有利于推动自主创新的体制机制和制度，积极对接国家科技重大专项和重大科技基础设施建设，激发全社会的创新活力，发挥首都科技智力资源优势，建设创新型城市和国际创新枢纽，服务国家科技创新战略。

加快中关村国家自主创新示范区建设。认真贯彻落实国务院关于建设中关村国家自主创新示范区的批复精神，积极推动各项先行先试改革，集中力量打造中关村科学城、未来科技城和南北两个高端产业聚集区，建设好中关村软件园、生命科学园和环保园。实施知识产权战略，建设知识产权创造、运用、保护和管理的示范区。实施标准战略，推进标准创新试点。加快推进“十百千工程”、重大科技成果转化工程、关键技术示范工程、高端领军人才集聚工程、高端产业聚集工程和科技金融创新工程等六大工程，深入实施“瞪羚计划”，努力培养和聚集一批优秀创新人才特别是产业领军人才，着力研发和转化一批国际领先的科技成果，做强做大一批具有全球影响力的创新型企业，培育一批国际知名品牌，初步建成具有全球影响力的科技创新中心。

搭建科技创新平台。组建中关村科技创新和产业化促进中心，推进重大科技成果产业化平台、科技金融服务平台、创新型人才服务平台、新技术新产品政府采购和应用推广服务平台、政策先行先试工作平台等平台建设，进一步发挥首都科技条件平台的作用，建立标准创制和检测认证公共服务平台，构建高效有力的创新支持平台和服务体系，提高首都地区科技自主创新能力。健全产学研用合作机制，围绕推动首都科学发展的重大需求，大力实施重大项目建设和示范应用工程，充分发挥中央企业、高等院校、科研机构和民营经济以及外资企业的作用，集中力量攻克已经确定的战略性新兴产业的关键核心技术，抢占发展的制高点。健全企业创新激励机制，建立以企业为主体、市场为导向、产学研用相结合的技术创新体系，支持新兴产业组织发展，引导和支持创新要素向企业聚集，鼓励民间资本投资科技型中小企业，鼓励企业加大研发投入、多出创新成果。健全科技与资本的对接机制，健全创新成果发现和筛选机制，做好重大项目落地协调服务工作。健全政府资金支持机制，加强对国家科技重大专项和重大科技成果转化及产业化项目的支持，充分发挥政府采购政策支持企业自主创新的作用，加快科技成果

转化步伐。

发挥教育的引擎作用。制定和实施《北京市中长期教育改革和发展规划纲要（2010－2020年）》。坚持教育优先发展，发挥教育事业的先导性、全局性、基础性作用，重视教育对首都经济社会发展的重要支撑作用，满足首都及国家经济社会可持续发展对各类人才的需求。建设结构合理、特色鲜明、质量一流、开放融通的首都高等教育体系，大力提升首都高等教育的人才培养能力、知识创新能力、社会贡献能力，为国家建设和北京发展提供高端人才支撑和科技智力服务。积极支持中央在京高校建设世界一流大学、一流学科和高水平大学，加强中央院校和市属高校的沟通与合作，促进市属高校科学定位、特色发展，完成沙河、良乡高教园区建设。坚持以人才培养为中心，把创新人才和高技能人才培养作为学校评价的重要因素，推动教学资源向教学一线倾斜。支持高等院校建设一批重点实验室、工程研究中心和哲学社会科学研究基地，鼓励高等院校与海内外高水平教育科研机构、著名企业建立联合研发基地，加强北京市大学科技园建设，构建北京高校科技创新体系。

建设首都世界人才聚集高地。全面实施《首都中长期人才发展规划纲要（2010－2020年）》，创建优良的学术环境，注重人才、团队、项目一体化引进，集中力量建设好中关村人才特区。创新人才管理模式，落实“千人计划”、“海聚工程”、“高聚工程”等各项人才工作，培养和引进更多的科技创新人才和产业领军人才。完善创新创业服务体系，切实保障科技人员发明创造的权益，完善人才在企业、高等院校、科研院所之间的双向流动机制，发挥中央在京企业、科研院所、高等院校的人才优势，支持优秀人才进入产业技术联盟等新型产业组织，发挥企业家和科技领军人才在科技创新中的重要作用。

（二）进一步优化经济结构

推动首都经济优化升级。积极落实国家扩大内需战略，巩固消费、投资协调拉动的经济增长格局，进一步提高首都经济发展的质量。建立和完善扩大消费需求的体制机制和政策，优化消费环境，逐步提高消费对经济增长的贡献。积极培育本土品牌和特色消费街区，积极培育本土优势总部企业，积极引进国内、国际知名品牌，实施商标战略，发展品牌经济。建立统一高效、安全有序的市场监管体系。扩大文体休闲、养老服务等发展型与服务型消费，完善社区便民商业服务，扩大电子商务消费。积极调整投资结构，按照“优化一产、做强二产、做大三产”的思路，发挥政府投资的引导带动作用，加大重点产业投资力度，推动实体经济的发展。加快城市交通、能源、资源、信息等基础设施投资，不断提高城市运行保障能力。积极调整房地产投资结构，推动房地产业发展方式的转变，加快保障性住房建设，为解决广大群众的住房需求服务，为首都经济的可持续发展服务。

推动服务业转型升级。充分利用首都优势，加大规划引导和分类扶持力度，加快推进行业标准化建设，提高服务业的产业带动能力。大力发展生产性服务业，进一步强化文化创意产业的支柱地位，集中力量塑造“北京服务”品牌，建立辐射全国、具有较强国际影响力的现代服务业产业体系。着力挖掘首都金融发展资源，服务国家金融决策、管理、信息和服务中心功能，完善地方政府金融管理体制，进一步提升金融街品牌价值，打造具有国际影响力的金融中心城市。巩固和扩大软件和信息服务业发展优势，完善信息基础设施，建设智慧城市。进一步发挥总部经济的辐射带动作用，大力发展商务服务业，增强商务中心区的承载力和辐射力，建设国际商贸中心城市。全力推动旅游业、会展业的跨越式大发展，按照资源多样化、服务便利化、管理精细化、市场国际化的要求，打造国际一流旅游城市。运用现代科技手段、现代经营理念、现代管理方式以及新型业态改造提升传统服务业，大力发展健康、养老等新兴生活性服务业，积极规划建设现代化的食品物流体系和各类居民生活服务体系，提高生活性服务业的发展水平，方便群众生活、提高企业效益。发挥产业发展对人口、就业的引导作用。

提升现代制造业发展水平。坚持高端发展的方向，加大技术改造力度，增强产业配套能力，着力发展高端现代制造业。顺应产业融合发展的规律，积极推进工业化与信息化深度融合，促进制造业产业链向上下游两端延伸，提升制造业整体发展素质。把发展战略性新兴产业作为推动现代制造业发展的重中之重，依托首都科技智力资源和产业基础，加强关键核心技术和前沿技术研发，着力推动新一代信息技术、新能源汽车、节能环保、高端装备制造、生物医药、新能源、新材料和航空航天等产业的发展，着力建设好北京经济技术开发区，打造“北京创造”品牌，占领产业发展高端，努力使战略性新兴产业成为首都经济的先导产业和支柱产业。积极做好中央在京企业、科研机构的服务工作，实施重大项目带动工程，巩固和提高实体经济对首都经济的支撑作用。

全力推动都市型现代农业发展。加快转变郊区农村经济发展方式，以开发农业的生产、生活、生态功能为重点，以“221 信息平台”建设为支撑点，完善都市型现代农业的实现形式，在籽种农业、休闲农业、循环农业、会展农业等方面实现新的突破。建设好国家现代农业科技城，办好世界种子大会，发挥首都农业科技的示范辐射作用。积极培育大型农民专业合作社、大型农业企业集团，促进农业生产经营专业化、标准化、规模化、集约化。进一步加大投入，加强农业基础设施建设，健全农业的产前、产中、产后服务体系，加强农产品质量安全保障体系建设，为首都“菜篮子”工程建设提供坚实的保障，为市民提供更多安全放心的农产品。

优化产业布局。完善区县功能定位实现机制，强化功能定位对区县发展的引导作用。进一步加强六大高端产业功能区的建设，更好地集聚资源要素、引领产业方向、支撑高端发展。在首都功能核心区加大历史文化资源的保护、挖掘、传承和利用的力度，大力发展文化创意产业，展示中华民族优秀历史文化资源的风貌，强化首都政治中心、文化中心和国际交往中心的功能。在北部地区以推动中关村科学城与未来科技城建设为着力点，打造以海淀和昌平南部地区为依托的北部研发服务和高新技术产业聚集区。在东部地区聚焦通州新城建设，推动临空经济创新服务中心建设，发展高端商务、现代物流和战略性新兴产业。在南部地区全面落实“城南行动计划”，打造以北京经济技术开发区和大兴区整合后的空间资源为依托的南部高技术制造业和战略性新兴产业聚集区，抓好首都新机场、丽泽金融商务区等重点项目建设，推进房山高端制造业新区建设，举办好中国（北京）国际园林博览会，大幅提高城南发展水平。在西部地区加快推进永定河绿色生态发展带建设，建设绿色、低碳发展和循环经济的示范区，积极打造首钢高端产业综合服务区，推进石景山国家服务业综合改革试点区建设。

（三）着力保障和改善民生

办好人民满意的教育。大力推进教育公平，深化教育体制改革，加强教师队伍建设，全面推进素质教育，为所有学生成长提供良好教育。加强学前教育统筹规划和投入，基本满足适龄儿童的入园需求。统筹优化中小学教育资源配置，加快推进新城、郊区学校建设，基本实现区县之间基本教育资源的均等化，进一步提高城乡免费义务教育质量和水平。完成中小学校舍安全工程，加强校园安保工作。建立校企合作机制，完善职业教育体系。加大继续教育、民族教育、特殊教育的支持力度，提高优质高中教育资源的覆盖范围。鼓励和引导社会力量兴办教育。加大家庭经济困难学生就学支持力度。加强学习型城市建设，满足市民多样化的终身学习需求。

千方百计扩大就业。完善公共就业服务网络，建立城乡一体的就业管理制度、公共就业服务体系和就业援助体系，建立用人单位、劳动力、服务机构三方合作机制和一站式就业服务平台，保证城乡居民的就业需求。加强政策创新，鼓励企业吸纳就业，推行定向就业扶持，引导高校毕业生到中小企业、基层岗位就业。加快推进农民转移就业，努力解决好城镇化过程中的农民就业问题。有效开发公益性就业岗位，完善“零就业家庭”长效帮扶机制。积极倡导创业精神，加强创业指导，以创业带动就业。营造公平就业环境，加强实行劳动合同制度，形成劳动报酬随经济发展适度增长机制，加大劳动维权力度，构建和谐稳定的劳动关系。

建立城乡一体化的社会保障体系。加快社会保障制度整合与衔接，建立城乡居民一体化的社会保障体系，实现社会保障人群全覆盖，使城乡居民更好地享受到社会保障制度。健全公共财政对社会保障的投入机制，提高社会保障水平。拓展“社会保障卡”功能，加强信息集成和信息共享，全面推广使用“市民卡”，逐步实现社会公共服务领域一卡多用。统筹城乡社会救助制度，实现社会福利制度向适度普惠型转变。积极应对人口老龄化问题，加快构建城乡一体的社会化养老服务体系，进一步落实“九养”政策，全面推进居家养老服务，发展养老服务机构，促进老年人共享经济社会发展成果。完善残疾人社会保障和服务体系，发展残疾人事业。

建设健康城市。落实国家全民健身计划，深入开展全民健身行动，加强基层街道、乡镇体育设施建设，支持单位内部体育设施向社会开放，鼓励市民参与体育活动，不断提高广大市民的身体素质。大力发展健康产业，倡导文明健康生活方式，为无保障老年居民提供年度免费体检，实现“健康北京人”的目标。深化医药卫生体制改革，建立起政府主导的多元卫生投入机制、科学合理的医药价格形成机制和高效规范的医药卫生机构运行机制。全面加强公共卫生服务体系建设，完善重大疾病防控体系、突发公共卫生事件应急体系和医疗救治体系。优化医疗资源配置，促进医疗卫生资源合理布局。提高基层医疗卫生服务能力，完善城乡社区卫生服务网络，逐步形成社区首诊、分级就诊、双向转诊、康复在社区的医疗服务格局。完善基本药物制度和医疗保障制度，保证群众基本用药。大力发展中医药事业，加快国家中医药发展综合改革试验区建设。

加快保障性安居工程建设。全面实现住有所居目标，切实履行政府对中低收入群众住房保障的职责，大力发展公共租赁住房，完善政策性住房体系，增加土地供给，加大财政投入，加强监督管理，对符合保障条件的申请家庭做到应保尽保。合理引导住房消费，优化住房供应结构，建设多元化的住房租赁体系，积极鼓励住房租赁消费，引导群众通过租赁形式解决住房问题。进一步探索和创新公共租赁房建设管理机制和融资模式，鼓励农村集体经济组织开展公共租赁房服务。积极推进旧城区人口疏解和房屋保护性改造修缮工程，完成棚户区改造任务，加大农村抗震节能房改造建设力度，改善城乡居民的住房条件。进一步完善住房保障政策、管理体制、融资体系和长效机制，全面实施保障性住房全程阳光工程，建立健全符合北京实际、可持续的住房保障体系。

（四）加强首都文化软实力建设

加强社会主义核心价值体系建设。加强走中国特色社会主义道路和实现中华民族伟大复兴的理想信念教育。大力发展哲学社会科学，加强理论研究和决策研究。加强和改进大学生思想政治教育工作和未成年人思想道德建设，加强互联网文化建设与管理，净化社会文化环境。大力实施公共文明工程，深入推进社会公德、职业道德、家庭美德、个人品德建设，深入开展“爱首都、讲文明、树新风，做文明有礼的北京人”主题活动，完善市民文明素质教育体系，持续推进“六大文明引导行动”，健全群众广泛参与精神文明创建的工作机制，弘扬科学精神，加强人文关怀，注重心理疏导，培育奋发进取、理性平和、开放包容的社会心态。坚持正确的舆论导向，为首都科学发展营造昂扬向上的舆论氛围。

加快重大文化设施建设。全面提升国家大剧院运营水平，培育世界一流的标志性品牌。加大重大文化设施建设力度，完成国家国学中心、国家美术馆、中国工艺美术馆、中国非物质文化遗产展示馆、中国出版博物馆等国家级文化设施建设，积极争取新的国家大型文化设施落户北京。建成奥运博物馆、北京人艺国际戏剧中心、北京科学中心、北京市档案馆、北京儿童文化艺术中心、北京歌舞剧院剧场、中国（北京）美术馆、首都交响音乐厅、北方昆曲艺术中心、北京文化活动中心等标志性文化设施，恢复中和戏院、广和剧场、吉祥戏院和西单剧场等老字号演出场所的功能，增强公共文化服务能力。

全面提升公共文化服务水平。进一步加强基层公共文化设施建设，推动公共文化设施建设向城南地区、城乡结合部、重点新城、新建大型社区以及农村地区倾斜。大力实施文艺精品工程，努力创造出更多思想深刻、艺术精湛、群众喜闻乐见的文化产品。大力推进文化惠民工程，积极开拓和培育大众文化消费市场和农村文化市场，鼓励单位内部文化设施向社会开放，广泛开展面向基层的公益性群众文化活动，促进基本公共文化服务均等化，满足人民群众日益增长的精神文化需求。

加强文化创意产业的支柱地位。优化文化发展环境，营造文化创意氛围，努力建设具有全球影响力的文化创新、运营、交易和体验中心。着力抓好文艺演出、新闻出版、广播影视、艺术品交易等传统优势领域，巩固提升首都文化创意产业发展的优势地位。大力发展创意设计、动漫游戏、数字内容等新兴文化行业，抢占文化创意产业发展制高点。积极促进文化创意产业与旅游、会展、体育休闲、都市型现代农业等相关产业融合发展，丰富文化创意产业发展内涵。实施重大产业项目带动工程，重点抓好中国动漫游戏城、国际出版创意产业园、中华文化主题公园、中国艺术品交易中心、西山文化创意大道、天桥演艺园区、云居寺文化景区等重大文化创意产业项目。积极推动文化创意产业集聚区的发展建设，优化文化资源配置和产业分工协作，打造一批特色街区和经典文化旅游项目，培育首都文化品牌。完善投融资服务体系，加快文化与金融和社会资本的对接，鼓励和引导非公有制资本投资文化创意产业，加强各类文化产品市场和要素市场建设，形成一批具有国际影响力的大型文化产业集团，不断增强首都文化的竞争力和影响力。

提高历史文化名城保护水平。严格执行历史文化名城保护法律法规，发挥历史文化名城保护委员会的领导协调作用，创新体制机制，加大政府投入，积极鼓励专家参与，调动全社会的积极性，保护好历史文化名城。加强人才培养，传承与丰富首都的历史文化。强化首都功能核心区文物保护工作，加强文物保护单位的保护和占用腾退工作，抓好历史文化街区保护和利用工作，加强对非物质文化遗产的保护、挖掘、传承和利用。积极推进世界名园建设，推动故宫周边地区、城市中轴线、皇家园林、坛庙进入《世界遗产名录》。加强对地下文物保护的立法，做好地下文物的保护工作。

提升首都文化的国际影响力。深入挖掘和弘扬传统优秀文化，着力培育和塑造北京精神，不断增强全国文化中心功能，为提升国家文化软实力作出更大贡献。深化文化体制改革，全面完成经营性文化事业单位转企改制，深化公益性文化事业单位内部机制改革，完善国有文化资产管理体系，调动广大文化工作者的积极性，解放和发展文化生产力。充分利用首都的文化资源优势，着力抓好以中轴线和朝阜大街为中心的古都风貌核心区、以颐和园和天坛公园为代表的皇家园林文化展示区、以孔庙和国子监为中心的国学文化展示区、以什刹海和南锣鼓巷为中心的四合院休闲文化区、以“798”和宋庄为代表的现代文化创意产业集聚区等文化服务功能区建设，进一步向世界展示首都文化的魅力。加大文化领域对外开放力度，积极参与国际重大文化交流活动，办好文博会，积极申办世界科学与艺术大会等重大活动，推出北京国际电影季、北京国际儿童艺术节，搭建多元文化传播载体和文化营销网络，着力打造具有北京风格、中国特色、世界品位的文化交流品牌。深入实施文化“走出去”战略，以推进版权输出、培育出口品牌、抓好“就地出口”等为突破口，扶持文化产品和服务的出口，支持企业参与国际文化市场竞争。全方位多层次宽领域开展对外宣传，塑造良好的城市形象，为首都发展营造良好的国际舆论环境。

（五）推进社会建设与管理创新

全力加强社会建设。强化政治意识和首都意识，着眼巩固党的执政地位，健全完善社会建设的制度框架、组织机构、政策法规，建立与建设中国特色世界城市目标相适应的社会管理体系。创新社会建设管理服务，要坚持党的领导、坚持依法办事、坚持依靠群众、坚持走中国特色社会主义道路。整合社会建设资源，创新社会建设投入机制，从解决社会建设的突出问题着手，全面推进和谐社会首善之区建设。积极推动“大民政”建设，完善社会保障、社会福利、社会救助政策，加快慈善事业发展。

积极创新社会管理与服务。全面推进社区规范化建设，充分发挥行业协会、学会、商会等社会团体的社会功能，促进各种从事公益事业的社会组织和机构发展，发挥枢纽型社会组织的作用，全面推动商务楼宇“五站合一”建设，努力实现社会管理服务全覆盖，进一步夯实社会管理和服务基础。构建网格化管理服务体系，推进社会管理和服务的信息化建设，加快形成全面覆盖、动态跟踪、联通共享、功能齐全的社会管理和服务信息系统，提高掌控社会管理的力度。根据社会需求，加大政府购买公共服务力度，落实社区基本公共服务指导目录和社区“一刻钟服务圈”建设任务，提高社会公共服务的能力。进一步完善社会动员机制，加强专业化、职业化社工队伍建设，广泛开展志愿服务活动，提高社会公益和志愿服务水平。

确保首都安全稳定。健全安全稳定工作领导责任体系，完善考核评价、督促检查、责任追究机制，强化和落实各级党政主要领导维护稳定的第一责任。建立和完善社会稳定风险评估机制、诉求表达机制、矛盾纠纷滚动排查和预警机制、社会矛盾多元调解体系。健全社会舆情收集反馈机制，推广信访代理制，推动用群众工作统揽信访工作。加强基层综治维稳力量建设，健全网格化社会治安防控体系，完善区域警务合作机制，强化治安重点地区综合治理，严密防范、依法打击各种违法犯罪活动，切实保障人民群众生命财产安全。推进科技创安工程，扩大科技防控覆盖面，实现区县、部门、社会单位的技防设施互联互通、资源共享。完善社会稳定风险预警指标体系，加强突发事件应急处置，加大反恐防暴工作力度，提高应对处置群体性事件、涉外敏感事件的能力和水平。健全安全生产监管体制，严格落实各项安全监管措施，加大对消防、交通、建筑、危险化学品、高空作业、有限空间、地下空间、地铁、地下管线和食品药品安全等领域的安全隐患排查治理力度，防止重特大安全事故的发生。加强网络等新兴媒体的建设、运用、管理，加强网络监管队伍建设和监管技术创新，确保信息安全，营造和谐的网络舆论环境。

（六）大力推进民主法治建设

充分发挥社会主义民主政治制度的重要作用。坚持和完善人民代表大会制度，保障全市各级人大及其常委会依法履行职责，畅通人民群众的利益表达渠道，实现人民群众的有序政治参与，从制度上保证首都科学发展政策的连续性。坚持和完善中国共产党领导的多党合作和政治协商制度，发挥人民政协政治协商、民主监督、参政议政的重要作用，为推动首都科学发展和加快经济发展方式转变提供基本政治制度保障。全面贯彻党的统一战线方针政策和对台政策，促进政党关系、民族关系、宗教关系、阶层关系、海内外同胞关系的和谐，团结调动各方面的力量，共同推动首都的科学发展。进一步加强工会、共青团、妇联、科协等各群众团体的建设，充分发挥他们对推动首都科学发展的重要作用。切实加强基层民主政治建设，健全完善基层社区和村民自治制度，提高社区和村民自治水平，维护基层群众的合法权益，组织动员基层群众参与首都科学发展。完善以职工代表大会为基本形式的企事业单位民主管理制度，推进厂务公开，支持职工参与管理，维护职工合法权益，调动广大职工群众参与首都发展的积极性、主动性和创造性。加强国防后备力量建设，支持驻京解放军、武警部队现代化建设，深入开展双拥共建活动，不断巩固军政军民团结。

加快法治城市建设步伐。全面贯彻依法治国基本方略，进一步加强经济领域、社会领域、生态领域以及城市管理、新农村建设、公共安全等方面的立法，依法推动科学发展、保障人民权益。大力推进依法行政，提高行政执法水平。深化司法体制和工作机制改革，加大执法规范化、公开化、信息化建设力度，加强司法队伍建设，切实维护司法公正。加强法制宣传教育，在全社会形成自觉学法、守法、用法的氛围。

（七）率先形成城乡经济社会发展一体化新格局

加快郊区城镇化步伐。加快推进城乡结合部城市化建设。加快重点小城镇和新型农村社区建设，加快郊区农村基础设施和公共服务设施建设步伐，促进农村人口和产业向小城镇集聚，全面改善农村生产生活条件，推动郊区农村的科学发展。充分发挥农民的主体作用，培养新型农民，保护农民合法权益，调动农民参与城镇化建设的积极性，使更多郊区农民成为有资产、有住房、有社保、有工作的新市民。

加快建设现代化国际新城。明确功能定位，加强规划引导，发展适宜产业，使新城建设与首都城市发展的需求相适应、与人民群众提高生活水平的期盼相符合，切实承担起疏解中心城功能的责任。进一步完善新城建设的体制机制，高标准做好新城规划设计，加大政策支持力度，统筹市政基础设施建设，加快推进融资、行政审批和基础设施项目建设步伐。加快教育、行政、医疗卫生等公共服务资源向新城配置，加快商业、重大产业项目向新城布局，提升新城宜居宜业水平，形成与承载首都功能相配套的现代化国际新城。

增强郊区农村发展活力。坚持和完善农村基本经营制度，稳定和完善土地承包关系，健全土地承包经营权流转市场。稳步推进农村集体建设用地使用权确权工作，完善农村宅基地管理机制，建立城乡统一的建设用地市场。完成全市乡镇机构改革，增强乡镇政府社会管理和公共服务职能。完成集体经济产权制度改革，建立现代农村产权制度，加强集体资产的经营管理，提高运营效率。加快发展农民专业合作社，进一步提高农民的组织化程度和农村经济的发展活力，提高农民经营性收入。深化集体林权制度改革。完善农村金融和市场服务体系，促进村镇银行、小额贷款公司、农村资金互助社等农村金融机构规范发展，鼓励符合条件的区县依法设立社区银行。发育农村要素市场，促进城乡要素合理流动，不断增强农村经济发展活力。

提高郊区基本公共服务的水平。加大公共财政对郊区农村投入力度，基本建成城乡一体的基础设施、公共服务体系，实现城乡基本公共服务全覆盖和均等化。加强郊区农村水电气热路等设施建设，基本实现“村村通公交”和山区道路环线全线贯通，实现天然气“区区通”，基本实现光缆入村、网络入户，实现重点小城镇集中供热，基本消除城乡在社会公共服务方面的差距。推动城市管理服务向农村延伸，逐步实施村庄社区化管理。

统筹推进生态涵养发展区建设。加大对生态涵养发展区公益性基础设施建设的投入。完善生态补偿机制，加大对生态资源、水资源的保护和补偿力度，实施宜林荒山绿化、矿区生态修复和水源保护区等工程，推进生态清洁小流域建设，提升生态涵养保障能力。建设好怀柔文化科技产业新区、密云绿色休闲旅游综合示范区、平谷首都音乐文化创意产业集聚区和门头沟古道古村落文化创意产业集聚区，推进浅山区综合发展。推动沟域经济发展，引导旅游、会展、创意产业及总部研发服务机构到沟域发展，建设绿色、宜居的山区生态发展示范区。积极支持和推动中央在京企业与区县的合作。不断健全区县合作帮扶机制，形成优势互补、互惠互利、共同发展的长效机制，尽快缩小城乡、区域之间的差距。完成泥石流易发区、采空区农民搬迁。

（八）全面提高城乡规划建设管理服务水平

提高科学规划水平。认真落实国务院批复的北京城市总体规划，按照“两轴两带多中心”的规划要求，加快新城和重点镇建设，提升郊区城镇的建设水平、规模和产业聚集度。主动对接环首都周边地区的发展建设，进一步增强北京作为京津冀地区核心城市的综合辐射带动能力。发挥规划的龙头作用，推进土地、产业、空间、人口、生态、交通以及历史文化名城保护等规划协调融合，完成内容完整、覆盖城乡、调控有力的控制性详细规划。加强对地下空间的规划建设工作。

加强对人口总量的调控。统筹人口宏观调控与服务管理工作，完善区域人口规划，建立人口有序管理的体制机制，对新建项目实施人口评估，实行人口总量调控的属地责任。坚持通过转变经济发展方式，调整经济结构、提高产业组织化程度、规范出租房管理，遏制人口过快增长。在做好人口总量调控的同时，提高人口素质，优化人口布局。积极推进居住证工作，健全“以证管人、以房管人、以业控人”有机结合的服务管理模式，创新流动人口和外籍人口的服务管理方式，加强国际化社区建设，提高人口服务管理的信息化、精细化水平。加强区域协作，为首都人口有序流动提供新的出口。完善人口发展政策法规，继续做好计划生育工作。切实保障农民工合法权益。

着力解决城市交通问题。继续坚持公交优先的方针，建设公交城市。优先推进中心城轨道交通建设，建设交通快速通勤网络，优化公共交通布局，优化立体化公交换乘条件，构建以轨道交通为骨干、地面公交为主体、多种交通方式协调运转的绿色出行体系。实施中心城路网加密，大力推进微循环道路建设，建设市域现代综合交通体系，提高路网承载能力和运行效率。鼓励就近就业，从源头上减少市民出行需求。强化交通管理，加强机动车管理和引导使用，加强交通执法管理、停车秩序管理和安全隐患治理，制定防止机动车过快增长的措施，研究利用经济手段控制机动车污染和解决重点拥堵路段交通拥堵问题，不断完善交通应急预案，建设和完善城市智能交通系统。倡导文明交通理念，强化现代交通意识，鼓励自行车出行，提高绿色出行比例。

提高城乡建设管理服务水平。健全基础设施保障体系，大幅提升基础设施承载能力和能源资源保障能力。建立健全城市运行管理机制，加强首都防灾减灾体系建设，提高城市抗灾应急能力和重特大安全事故应急能力，完善政府重要物资储备制度，保障城市安全协调运行。明确垃圾处理的属地责任，提高垃圾处理能力，建立源头减量、全封闭运输、全过程分类管理体系，提高垃圾处理资源化水平，努力解决城市垃圾处理问题。加强南水北调工程建设，提高水资源供应安全保障能力。提高污水处理能力，完善政策，整合资源，提高水资源循环利用水平。充分发挥科技在城乡建设管理服务中的支撑作用，加快推进“三网融合”，推动智慧城市建设，加强信息通信高速网络和枢纽建设，强化经济社会发展基础信息资源开发利用，加强电子政务和公共服务平台建设，推动物联网应用实践，提升政府公共服务和城市管理的信息化水平。树立以人为本的管理理念，运用信息化手段，强化城市网格化和村庄社区化管理，实现城市管理精细化、智能化。

（九）推进生态文明建设

节约集约使用资源能源。落实“绿色北京”行动计划。落实节约优先战略，全面实行资源利用总量控制、供需双向调节、差别化管理，逐步实施阶梯水价、电价和热计量。实施最严格的水资源管理制度，积极推动节水型城市建设，推广使用节水器具，发展节水产业，加快中水利用管网配套建设，提高水资源再生利用水平。加快节约型机关建设。贯彻落实国务院对北京市土地利用总体规划的批复，落实最严格的耕地保护制度和节约用地制度，加强对耕地特别是基本农田的保护和建设，严格控制建设用地规模，加强对区域土地利用的统筹和管控，提高土地集约使用水平。弘扬生态文明理念，倡导绿色低碳生活方式。

大力发展绿色经济。加大节能减排力度，强化责任考核，执行最严格的能耗和环保标准，坚决淘汰高耗能、高污染企业，重点抓好工业、交通、建筑等领域节能减排，促进循环经济发展，建设资源节约型、环境友好型社会。加快推进低碳技术创新，加大节能新技术、新产品推广力度。加快构建安全、稳定、经济、清洁的现代能源产业体系，积极推进延庆新能源和可再生能源示范区建设，推广使用太阳能、生物质能等清洁能源，改善能源消费结构。完善环保科技和经济政策，建立健全污染者付费制度。建立多元环保投融资机制，大力发展环保产业。鼓励并支持新能源汽车的生产与使用。

提高生态环境建设水平。继续加强绿化隔离带建设。加大植树造林、绿化美化工作力度，积极推动城区立体绿化、屋顶绿化，加大“山区绿屏、平原绿网、城市绿景”三大生态体系建设力度，着力抓好国家森林公园等重大生态项目规划建设，逐步构建城市绿地系统和郊区、山区森林系统，努力使首都绿化达到国际先进水准。加强郊区、山区生态建设和修复。逐步恢复河道生态景观风貌，打造休闲滨水空间。全力做好城市环境整治工作，努力为群众营造更好的工作生活环境。深化大气污染阶段性治理制度，建立区域合作机制，推进联防联控，巩固和提高大气环境的质量。加大对水土、噪声等污染治理的力度。

（十）进一步深化改革开放

深化行政管理体制改革。进一步转变政府职能，积极探索实行职能有机统一的大部门体制，强化政府的社会管理和公共服务职能，减少对微观经济活动的干预，加快建设法治政府和服务型政府。进一步优化政府结构、职能责任，简化审批程序，下放审批权力，降低行政成本，加强行政效能监察，提高行政效率。深化行政审批制度改革，加快市级行政服务中心建设，为社会提供方便快捷的行政服务。完善科学民主决策机制，推进政务公开，增强公共决策透明度和公众参与度。建立促进科学发展的政府绩效评估指标体系，健全行政问责制度，提高政府执行力和公信力。积极稳妥推进事业单位分类改革。

加快推进财税体制改革。积极构建有利于转变经济发展方式的财税体制。在合理界定事权基础上，按照财力与事权相匹配的要求，进一步理顺市和区县政府间财政分配关系，完善转移支付制度，健全区县财政支出激励和约束机制。完善政府预算体系，实行公共财政预算、国有资本经营预算、政府性基金预算和社会保险基金预算等全口径预算管理，强化预算支出约束和预算执行监督，提高预算规范性和透明度。深化部门预算、国库集中收付、政府采购等管理制度改革，调整优化财政支出结构，提高财政资金使用效益。完善公共财政体制，加大对义务教育、医疗卫生、社会保障、公共文化服务、公共安全、生态环境等民生领域的财政投入。做好财政资金平衡保障和风险管理。

激发市场主体活力。坚持和完善基本经济制度，努力营造多种所有制经济依法平等使用生产要素、公平参与市场竞争、同等受到法律保护的体制环境。完善各类国有资产管理体制，深化国有企业改革，推进国有经济战略性调整，加大企业并购重组力度，培育大型企业集团和优势产业集群，增强国有经济的控制力、影响力和带动力。积极支持民营经济总部、研发中心、结算中心落户北京，积极支持民间资本进入基础设施、市政公用事业、社会事业等领域，鼓励和引导民营企业参与国有企业改制重组，拓宽民营企业投资渠道。创新中小企业融资机制，增强中小企业融资能力，多渠道解决中小企业融资难问题。

加快现代市场体系建设。坚持市场化改革方向，加快完善现代市场体系，进一步发挥市场在资源配置中的基础性作用，努力构建充满活力、富有效率、更加开放、有利于科学发展的体制机制。加快推进要素市场建设，重点培育和发展高端要素市场，推进中关村代办股份转让试点发展成为统一监管下的全国性场外交易市场，充分发挥北京产权交易所和中国技术交易所的示范作用，提升中国林业产权交易所、北京环境交易所、北京金融资产交易所、中国北京文化产权交易所、国际版权交易中心等的影响力和辐射力，发展壮大债券市场，提升价格形成和交易服务功能。构建大宗商品交易平台，逐步成为重要商品价格形成中心。积极推进资源环境价格改革，推进水、供热等公用事业改革，完善重要商品、服务、要素价格形成机制。加快社会信用体系建设，建设和完善实名制信息共享平台，营造诚实守信的社会信用环境。

推动收入分配制度改革。认真落实中央关于收入分配制度改革的意见，逐步提高居民收入在国民收入分配中的比重和劳动报酬在初次分配中的比重。进一步规范企业高管人员薪酬，合理调节企业负责人收入与职工工资的比例。进一步健全工资集体协商制度，完善企业职工工资正常增长机制和支付保障机制，逐步提高最低工资标准和最低生活保障标准。在继续提高农民工资性收入的同时，完善农民转移性收入的制度安排，力争使农民收入以较快速度持续增长。

提高对外开放水平。积极引进世界500强企业以及跨国公司地区总部和职能总部，集聚国内著名企业和大型企业集团总部，努力建设面向全球的总部经济和高端产业集聚地。充分运用海外华侨华人优势，引导海外优势资源服务首都发展，鼓励和支持企业特别是民营企业积极稳妥地实施国际并购、开展跨国经营、参与国际竞争，进入国际产业分工链条的高端。积极发展服务贸易。把利用外资同发展重点产业、推动产业升级结合起来，提高外资利用质量和水平。增强和发挥北京天竺综合保税区的作用，打造服务京津冀、辐射东北亚的重要功能平台，完善口岸功能，建设好北京平谷国际陆港，建立安全、高效、绿色、文明的进出通道。发挥民间组织对外交往的优势，加强与国际组织的合作，积极争取更多国际会展、国际演出和体育赛事在京举办，吸引国际组织落户北京。

积极开展区域合作和对口支援工作。落实国家区域发展总体部署，加强与津冀及环渤海地区在市政交通、城镇建设、资源能源、生态建设等领域和在农业、旅游、金融、商贸、口岸等方面的合作，推动区域合作全面纵深发展。按照区域产业分工协作要求，打造一批高新技术产业带、产业群，提升区域综合发展实力。完善区域合作协调机制，在规划编制、资源共享、政策集成等方面加强统筹协调和沟通协商，构建区域合作长效机制，形成协同推动区域发展的良好局面。加强与中西部资源优势地区的合作发展，按照科学援助、首善标准、民生优先的理念，进一步做好对口支援新疆、西藏、青海等地区的工作，加快形成科技、经济、干部、人才、教育全方位对口支援格局。加强与港、澳、台地区的交流合作。

四、加强党的领导，动员全市力量推动首都科学发展

推动“十二五”时期的科学发展，任务艰巨，责任重大。面对新形势新任务，全市各级党组织和广大共产党员都要切实增强机遇意识、忧患意识、责任意识、进取意识，深入开展调查研究，找准定位，履行职责，承担起深入贯彻落实科学发展观，加快转变经济发展方式，全面推动首都科学发展的重大责任。要准确把握发展大势，总揽全局、协调各方、创先争优，以模范行动团结带领广大群众共同推动首都的科学发展。

一要切实提高领导科学发展的能力。坚持发展这个党执政兴国的第一要务，深入学习实践科学发展观，认真贯彻中央对北京市工作的重要指示精神，加快推动经济发展方式转变，努力为首都的科学发展、为国家的伟大振兴作出新的更大的贡献。要牢固树立抓住机遇、加快发展的战略思想，不断完善领导经济工作的体制机制和方式方法，充分发挥市场在资源配置中的基础性作用，充分利用国际国内“两种资源”、“两个市场”，在更高的水平上推动首都的科学发展。要立足政治中心、文化中心和国际交往中心的城市性质和功能，全力做好“四个服务”，充分发挥首都的资源优势，在做好服务中推动首都的科学发展。要进一步深化干部人事制度改革，加强干部教育培训，注重在艰苦地区、复杂环境、关键岗位锻炼干部。要不断深化行政管理体制改革，运用经济和法律手段管理经济活动，集中精力抓好经济调节、市场监管、社会管理和公共服务，全力推动经济发展方式转变，按照科学规律推动科学发展。

二要切实提高科学管理的能力。提高科学管理能力和水平，不仅是推动科学发展、加快转变经济发展方式的关键环节和当务之急，也是保障城市有序运行的基础性工作，是迈向世界城市的一项重要任务。要把管理提高到与发展同等的高度，全力提高科学管理的能力和水平。要强化管理的意识，树立现代化的管理理念，推动管理的科学化、精细化，通过科学管理提高首都工作的质量、效益和水平。要加强管理的基础工作，健全各项管理制度，规范各项管理流程，加强关键环节的督促检查，提高管理的效能。要落实管理的责任，将人口、交通、环境、安全等各个方面的管理任务落实到区县、乡镇、街道、社区，层层健全管理责任制，明确管理责任，明确管理任务，明确管理要求，使

管理工作建立在坚实的基础之上。要积极借鉴和应用现代化的管理手段，认真学习国内外先进的管理方法，充分借鉴和运用信息化等各种现代化的管理手段，不断提高管理的效率。

三要切实提高做好群众工作的能力。群众是我们做好工作的力量源泉和胜利之本，群众工作是我们各项事业成功的关键。加强和改进新形势下的群众工作，是贯彻党的十七届五中全会精神，推动“十二五”时期首都科学发展的重要任务。要始终坚持马克思主义群众观和党的群众路线，坚持人民主体地位，发挥人民首创精神，不断改进党的群众工作，落实群众工作制度，密切党群、干群关系，不断提高组织群众、宣传群众、教育群众、服务群众的能力。要正确处理不同利益群体的利益关系，善于运用说服教育、示范引领和提供服务等方法把群众工作做深、做细、做实，组织带领、凝聚激励广大群众共同建设美好家园。要切实解决群众实际问题，不断改善群众生产生活条件，让广大群众共享改革发展的成果。要做好群众的示范引导工作，以广大党员干部的模范行动影响和带动群众，重视用群众中涌现出来的先进人物教育群众，使群众学有榜样、赶有目标，增强群众工作亲和力和感染力。

四要切实提高加强党的自身建设的能力。面对“十二五”时期的艰巨任务，加强党的基层组织建设的任务更加紧迫。要深入开展创先争优活动，不断提高基层党组织的创造力、凝聚力和战斗力，使基层党组织真正成为推动发展、服务群众、凝聚人心、促进和谐的坚强堡垒，使广大党员真正成为坚定信念、牢记宗旨、爱岗敬业、勇于进取的先锋模范。加强学习型党组织建设，不断提升广大党员的知识素养和工作本领。把加强党风廉政建设和反腐败斗争摆在更加重要的位置，严格执行党风廉政建设责任制，推广“廉洁奥运”成功经验，深入推进廉政风险防范管理工作，建立健全具有首都特色的惩治和预防腐败体系，不断提高反腐倡廉建设的科学化、制度化、规范化水平。加强对各级领导班子和领导干部的监督，加强对中央和市委重大决策部署落实情况的监督检查，确保中央政令畅通，切实维护党纪政纪的严肃性。坚决查办违纪违法案件，依法严惩腐败分子，以惩治腐败的实际成效取信于民。坚决纠正损害群众利益的不正之风。大力弘扬党的光荣传统和优良作风，以优良党风凝聚党心民心，形成推进首都科学发展的强大力量。

未来五年的任务艰巨而光荣。全市各级党组织和广大共产党员要紧密团结在以胡锦涛同志为总书记的党中央周围，高举中国特色社会主义伟大旗帜，团结带领全市各族人民，解放思想、开拓创新，求真务实、扎实工作，在新的起点上推动“人文北京、科技北京、绿色北京”战略，为圆满完成“十二五”规划各项任务而努力奋斗！

行政管理

综合行政

办公室

综合办公

【公文管理】

全年办公室办理外来公文 8919 件，其中：督办件 148 件，一般办文 3605 件，协执公函 1103 件，政府信息公开申请 924 件，建设用地申报表 235 件，人大政协建议提案 12 件，机要文 518 件，阅文 1844 件，杂文 530 件。并全部及时、准确地完成了公文登记、主附件扫描、拟办意见、领导批示系统录入等事务性工作。

共审核公文 3758 件。编号正式行政公文 663 个，便函 1812 个，党组公文 106 个，简报 44 期，信息、一周大事共 365 期，局长办公会议纪要 20 期，局长专题会议纪要 13 期，一般性会议纪要 37 期，党组会议纪要 17 期，内部情况通报 15 期，以局办公室名义发公文有 8 个，土地利用处代市政府发文（京政房地字）全年共 86 个，另外还有全年的人大 88 件、政协提案 38 件，平时不编文号的便函 446 件。

【会议管理】

共受理、批办各类外来会议 2335 件，并全部落实。组织全局系统年度工作会议 1 次，局长办公会 20 次，局领导专题会 13 次等。

【接待调研及组织重大活动】

共组织副部长、副市长以上领导出席的调研活动 4 次（1 月 19 日，贠小苏副部长就“小产权房”清理工作来京调研；4 月 29 日，胡存智总规划师就利用集体土地建设公租房问题来京调研；5 月 27 日，贠小苏副部长就北京出现的“地王”问题来京调研；8 月 18 日，贠小苏副部长就保障性住房建设土地供应问题来京调研）；承担国土资源部 6.25 全国土地日在鸟巢体育广场大型宣传活动场地安排及安保组织协调工作；与大兴分局共同承办了国土资源部中央媒体座谈会的会务工作等。

【外事工作】

共组织出访 31 批次、67 人，其中自行组团 4 批次、35 人，双跨团组 27 批次、32 人。由年初计划 7 个自组团组压缩为 3 个，出访费用总计为 293.875 万元。与 2009 年相比，自组团组数减少 4 个，压缩 57%；人次数减少 12 人，压缩 17%；出访总费用减少 29.382 万元，压缩10%。

按照“统一领导、归口管理、分级负责、协调配合”的外事管理工作原则，严格执行规定，严格履行职责，严格人员管理，严肃外事纪律，较好地完成了因公出入境考察、培训任务，证照收缴率100%，未发生出访人员逾期不归、违反外事纪律的情况。

【政府信息公开工作】

共收到政府信息公开申请2254件（市局916件）。其中，当面申请2144件，占总数的95.1%；通过互联网提交申请有0件，占总数的0%；以传真形式申请31件，占总数的1.4%；以信函形式申请79件，占总数的3.5%。

共答复政府信息公开申请1941件（市局914件），其中：“同意公开”的1356件，占总数的69.9%，主要涉及法规、征地、土地出让合同、土地登记等信息；“同意部分公开”的7件，占总数0.4%，主要涉及土地储备等信息；“不予公开”的25件，占总数1.3%，主要涉及征地、土地执法、土地利用等信息；“信息不存在”的291件，占总数的15%；“非本机关掌握”的180件，占总数的9.3%；“申请内容不明确”的59件，占总数的3%；“非政府信息”的18件，占总数的0.9%；“涉及第三方”的5件，占总数的0.3%。

【政务信息采编报送情况】

紧紧围绕中心工作，围绕“保增长、调结构、促转变”这条主线，着力为领导提供决策依据，及时有效地反映工作成效和亮点，为重点工作提供信息服务。在各分局、机关各处室、各事业单位信息工作者的大力支持下，全年收集各类信息1100余条，编辑《国土资源信息》330期。市委市政府共采用113条，其中市委《北京信息》采用54条，市政府《昨日市情》采用59条。市委采用调研信息3条，市政府约稿信息3条，领导批示4条。国土部《部内要情》采用138条，国办中办共采用3条。市委市政府采用率保持在前20名以内，国土部采用率处在全国第3名（仅落后于湖南、青海省国土资源厅），继续保持较好成绩。特别是储备中心报送的《北京市出台土地招拍挂新措施》作为《专报信息》被国务院办公厅采用。11月26日，李克强副总理批示，“请绍史同志阅。国土资源部要注意了解并总结地方好的做法与经验”，“抄刘淇、金龙并尤权”。陈刚副市长作出批示并专程来市局听取汇报。市政府办公厅给予通报表扬。

【人大、政协代表建议、提案办理情况】

共承办市十三届人大三次会议代表建议82件、议案1件；市政协十一届三次会议委员提案43件、党派团体提案2件；全国政协十一届三次会议委员提案1件。上述共计129件。主要涉及土地整理储备类36件，占28.1%；土地市场政策研究类22件，占17.1%；土地利用类20件，占15.6%；征地类16件，占12.5%；土地规划类14件，占10.9%；耕地保护类10件，占7.8%；地籍管理类6件，占4.6%；矿产资源开发保护类

3 件，占 2.3%；土地执法类 1 件，占 0.7%。

在已签署意见的办理报告中，代表和委员均未提出异议。其中，市人大代表对我局主办、分办的 3 件建议的办理报告给予了“满意”的评价，市政协委员对我局 12 件提案的办理报告给予了“满意”评价。

【市委、市政府、市局重大事项督办情况】

2010 年市政府折子工程涉及我局主办项目 15 项（序号为 19，20，21，41，53、76，78，88，92，97，100，171，174，175，177)，截止到 2010 年 12 月 31 日，各项折子工程已全部按时完成。2010 年市政府实事涉及我局主办项目 1 项（序号为 1)，截止到 2010 年 12 月 31 日，已按时完成。

2010 年我局共收到市政府等上级部门领导批示件 826 件，其中需研提意见及报送决策督查项目进展情况的公文 148 件，148 件督办文中已完成 115 件，办结率 77.7%。近期批转及其它原因正在办理中的 33 件；阅示、阅处、落实的公文 678 件（含我局上报市政府请示、报告的批示件)。截止 12 月底我局共上报市政府请示 338 件，报告 44 件，市领导阅后批示 311 件，印发各区县分局市领导批示转阅单 162 件。

【保密和档案管理工作】

按照“领导重视，组织健全，制度覆盖，责任落实，宣传到位，案例警示”的保密工作六原则对涉密人员进行保密意识和防范技能教育，制定保密规章制度。同时协调市保密局为市土地权属登记事务中心的 5 台涉密计算机安装了防护系统，严防泄密事件的发生。

在 2010 年 7 月组织开展了由 17 个区县分局、市局机关各处室、局属各事业单位参加的保密法制宣传月活动，做好“四个一”加强所属人员保密教育工作。

【绩效考核工作情况】

今年是市政府绩效改革工作的第二年，考核方式的变化需要调整我局相应的工作方案。

一是细化落实方案、层层落实责任。制定并下发了 2010 年度国土资源系统绩效管理工作任务手册，明确了局主管领导、各业务处室负责人及重点工作内容。二是强化各方协作，落实形成合力。要求牵头处室切实履行职责，协办处室主动参与并积极与主办处室沟通。三是加强过程监控，注重落实效果。局办公室每个季度都对重点工作内容进行进度计划描述，督促有关单位和处室推进工作的落实。

信访工作

【信访室的基本情况】

市国土资源局信访室于 2004 年 10 月成立，现有信访工作人员 8 名，其中办公室编制 2 人、借调 1 人、返聘 1 人、信访轮岗 4 人。

目前，局信访室主要接收群众来信、来访、“政风行风热线”、“市长信箱”、局外网投诉，以及国土资源部、市信访办等上级部门转办的信访件。主要工作有：一是接访。接待上访群众后，对属于我局职能范围的信访事项，首先进行盖章登记，领导批示后转相关部门办理，并书面告知信访人“受理”、“不受理”或“转送”。待承办部门办理完毕，信访室对《信访答复意见》进行审核、把关，再将符合要求的《信访答复意见》转交或邮寄给信访人；二是电子信访。主要有“政风行风热线”、“市长信箱”、局外网投诉等，要以电子版的方式在网上回复意见；三是办理群众来信。程序与办理来访件相同；四是统计报送。信访室每月、每季度、半年、全年对市局及全系统的信访情况进行统计并上报，同时在局内网上进行公示。每月还需将相关情况报国土资源部、市信访办、东城区公安分局等部门；五是催办、督办。为了能够按期答复信访人、向上级部门报情况，对办理时间紧、即将到期的信访件定期、适时进行催办、督办，与承办部门及时沟通情况，将督办情况及时向主管领导汇报。对久拖不决的案件采取书面督办、电话督办及现场督办的方式进行督办，按照答复意见的要求尽快落实；六是做好市局领导班子成员下访约访有关工作，每月进行约访统计，督促分局报送“局领导下访情况报告”、“下访接待的进展情况报告”，并统计汇总后上报局领导；七是完成领导交办的其他任务。

【信访工作的开展情况】

根据市委、市政府对信访工作的要求，结合我局的实际情况，2010年我局印发了《北京市国土资源局关于加大信访工作力度实行基层包案领导包片有关事项的通知》、《北京市国土资源局信访工作考核评比办法》、《北京市国土资源局关于开展信访工作人员作风建设活动的通知》、《关于印发2010年信访信访折子项目的通知》。

【2010年信访工作主要做法】

1. 局领导高度重视信访工作，为做好信访工作打下了坚实的基础。

2010年，我局信访工作一如既往的得到了市局、分局各级领导的关心和支持，在全局干部、职工的共同参与下，基本形成了信访工作“领导重视、上下联动、机构健全、责任落实”的大信访格局。2010年，面对经济发展对土地需求量大的实际，各级领导认真处理好“保护与保障”的关系，在积极规范和完善土地市场秩序、保障用地供应的同时，加大对违法违规用地信访问题的查处力度。局领导坚持每月定期接访，近65%以上的上访群众都选择在局领导接待日来访。局领导在接访中，认真倾听群众呼声，以“有理推断、有过判断和有解决策”的原则，面对面答复信访人的合理诉求，并在每件信访登记单上明确做出批示。

2010年，局主要领导和主管领导先后16次召开专题会议，化解了15件“骨头案”、“钉子案”。2010年8月，局党组书记张国玉上任不到一个月就主持召开了全局2010年上半年信访问题协调化解工作会议；局长魏成林先后到房山区、顺义区、通州区、大兴区等区县，与当地党委政府就信访人反映的违法用地问题进行交流和沟通；主管副局长张维几乎走遍了所有的近远郊区县，协调化解疑难信访问题；其它局领导也都利用到区县交流的机会，共同帮助化解重信重访问题。2010 年，市局梳理下发的“30 件信访折子”，目前除少数案件正在加紧做工作外，有 28 件已全部化解，基本达到了“息事宁人”的目标。

2. 固化已有措施的落实，创新信访工作新机制、新举措取得实效。

近几年来，市局在信访工作实践中，及时总结固化成功经验，并上升为制度性规范，提升了整体工作水平，先后出台了 20 多项意见、通知。2010 年初，市局下发了《关于加大信访工作力度实行基层领导包案市局领导包片有关事项的通知》，每个局领导包 2 至 3 个区县，每次局领导信访接待日后，信访部门都要及时汇总情况并通报包片领导，使包片领导随时掌握包片区县信访情况动态，适时与区县分局主要领导沟通，对一些区县分局难以化解的疑难信访问题，由包片领导直接与当地政府主管领导进行沟通，收到了较好的效果，据统计，该制度实行以来，先后化解了 50 多项疑难和重复信访事项；为进一步规范各级信访部门行为，强化信访工作人员责任，畅通信访渠道，2010 年 3 月份，市局下发了《关于开展信访工作人员作风建设活动的通知》。要求信访部门工作人员承担起“依法办事、为民办事、为民解难、解疑释惑、理顺情绪”的重任，强化“热情、依法、负责、奉献”的信访工作理念并提出了区县国土分局向信访人出具信访答复意见时，做到“三见面”，即信访人、信访部门工作人员和具体承办案件的人员要与信访人见面，同时填写《信访人信访事项答复意见“三见面”签收单》，“签收单”要求填写“四个方面”的内容：一是信访人对答复意见的满意度；二是信访人对疑问解答的满意度；三是信访人对承办工作人员的满意度；四是信访人对信访接待工作的满意度；2010 年 9 月份，市局主要领导针对下半年涉地信访量不断增多，化解难度不断加大，重复上访越来越多的情况，提出了各单位特别是各区县分局信访工作“召开两次会议，围绕两个重点，提高两种能力”的要求，即：各区县国土资源分局每月召开信访会议，并形成会议纪要上报市局，市局汇总后在局长办公会议上进行通报；信访会议要紧紧围绕市局每年下发的“信访折子”和局领导信访接待日反映的重点信访问题，提出解决问题的办法和化解措施，有针对性的开展工作；要把化解信访问题、解决信访矛盾作为各单位、各部门执政能力的体现和执行力的体现加以高度重视。

3. 加大信访事项的督查督办和通报力度，确保信访事项的交办“件件有着落，事事有回音”。

一是安排专人专门从事领导批示件和交办件的督查督办工作，有效实现了信访件的动态追踪。2010 年，共督办局领导批示件、交办件和国家土地督察北京局交办件、市政府信访办和国土资源部交办件 258 件次。

二是通过多种形式进行督办。一年

来，我局信访部门通过电话督办、会议督办、发督办单督办、到分局现场督办等形式扎实开展督办工作。同时，将经常性督办和专题督办相结合，一般性督办和重要事项督办相结合、信访部门督办与执法部门联合督办相结合，收到了良好的效果。全年共发督办单86份，落实率达到95%以上。

三是加大信访事项的通报力度，每月的局领导信访接待日情况、国土分局召开会议研究信访问题情况都要在局长办公会上进行通报，使各单位、各部门能及时掌握信访工作动态，推动了领导批示件的办理和信访事项的化解。

4. 深入基层，加强沟通，开展调查研究，使信访工作贴近实际。

2010年，市局信访室深入区县国土分局，先后到顺义分局、怀柔分局、密云分局、昌平分局、大兴分局、平谷分局指导信访工作。两次对新任的土地管理所的所长、副所长授课，并专门到大兴分局、顺义分局和怀柔分局进行授课，通过大量的信访案例的宣讲，提高了基层依法行政和按《信访条例》要求处理信访事项的能力和意识。针对海淀国土分局一年多时间没有信访人到局领导信访接待日上访的情况，局信访室于2010年11月份到海淀分局进行了调研，撰写了“海淀分局借助区政府建立遏制和查处违法建设长效管理机制信访工作取得新成效”的调研报告，局党组书记张国玉、局长魏成林分别做出了批示，要求各区县分局借鉴学习。国土部办公厅对海淀国土分局的做法专门出了简报，市政府信访办主要领导对此也高度重视。

2010年，市局还多次召开会议，就信访工作与各单位、各部门进行座谈和沟通。4月份，市局在顺义区召开信访工作座谈会。传达学习了中央领导同志关于信访工作的部分重要批示以及国务院、国土部领导关于信访工作的讲话精神，北京市关于做好新时期信访工作的意见，并就我局2010年信访工作进行了部署和安排。局党组成员、副局长张维出席会议并讲话。8月份，市局召开了2010年上半年信访问题协调化解工作会议。会议就我局信访工作中发现的重点难点信访问题与有关分局交换了意见并全面听取了市局交办各区县分局的“30件信访折子”化解情况，局党组书记张国玉、局长魏成林同志出席会议，市政府副秘书长、市信访办主任薄钢也专程参加会议并作了重要讲话。为认真总结2010年全局信访工作，谋划和做好2011年信访工作，12月份，市局在海淀区召开了信访工作座谈会。局党组书记张国玉、局长魏成林、副局长张维分别参加了会议并对全局信访工作提出了要求。为认真贯彻落实2010年5月份市局下发的《北京市国土资源局信访工作考核评比办法》，2011年1月，市局信访室组织局纪检监察处、人事处、机关党委、法制处、执法大队等，分两个小组，对16个区县分局2010年度信访工作进行了考核评比，通过听取汇报，检查资料和档案，与信访工作人员进行沟通，基本上了解和掌握了各区县分局开展信访工作的情况。

【2010年信访情况统计】

2010年，我局系统共办理来信、来访5294件次，与2009年相比，信访量上升了2.9%，其中市局信访室办理来信、来访2659件次，与2009年同期相比上升3.3%，登记受理信访件2310件次，与2009年同期相比上升11.2%；区县分局共处理来访、来信2635件，与2009年同期相比上升2.6%。

2010年，市局信访室办理的2659件次信访中，来访1081批次/6085人次，同比批次下降1.6%、人次上升128.6%，其中，登记来访732批次/4745人次，同比批次、人次分别上升38.7%、160.2%，集体访142批次/3721人次，同比批次、人次分别上升87.6%、292.5%，重访328批次/3449人次，同比批次、人次分别上升16.2%、268.8%。

2010年，我局处理来信1125件次，同比上升22.9%，其中，初信628件次，重信497件次。

2010年，我局处理网上信访（局网投诉、市长信箱、政风行风热线、市信访办网上转件等）共计453件次，同比增长12%。

市局信访室登记受理的2310件次信访件按反映主要问题性质，大体可分为以下七个方面：

（1）违法占地问题1675件次，占登记信访总数72.5%；

（2）政策咨询和建议等其他问题187件次，占登记信访总数8.1%；

（3）非法盗采沙、矿石问题116件次，占登记信访总数5%；

（4）征占地补偿安置问题76件次，占登记信访总数3.3%；

（5）宅基地问题49件次，占登记信访总数2.1%；

（6）私房土地登记等问题34件次，占登记信访总数1.5%；

（7）其他问题173件次，占登记信访总数7.5%。

2010年1至12月，市局信访室共受理信访复查申请217件次，与2009年同期相比上升37.3%，占区县分局受理信访总量的8.2%。

调查研究

研究室

【调研工作概况】

2010年，全局坚持以科学发展观为统领，紧紧围绕着国土资源管理工作中的重点问题和重大决策，在保障首都经济社会全面、协调、可持续发展和支持社会主义新农村建设方面，开展了深入的调查研究，全局调查研究工作取得了比较丰硕的成果。据初步统计，全年全局系统完成118篇调研报告（各单位调研报告数量详见表1，调研报告题目详见第四部分）。其中：分局完成71篇，机关和事业单位完成47篇。

表1　2010年北京市国土资源局调研成果统计表

全局总计（篇）	118		
局机关和事业单位小计（篇）	47	分局小计（篇）	71
研究室	3	东城	7
耕保处	3	西城	8
地籍处	6	朝阳	16
利用处	5	海淀	11
地热处	3	丰台	2
征地处	1	石景山	8
人事处	2	通州	1
机关党委	2	大兴	1
监察处	1	门头沟	2
执法大队	2	顺义	1
储备中心	3	平谷	4
规划中心	4	延庆	6
登记中心	5	怀柔	4
信息中心	6		
服务中心	1		

【政策研究】

年内，研究室重点加强政策研究工作，在政策创新，促进政策集成方面开展了以下工作：

一是加强理论研究。我处与首佳公司共同开展《土地调控政策对经济形势的影响评价研究——以北京市为例》课题研究工作，为加强和改善我市土地参与宏观调控能力，促进经济社会平稳较快发展强化理论支撑。

二是加强政策集成。为促进小城镇建设，推进城乡统筹发展，根据局领导指示，我处牵头完成并出台了《关于加强土地管理推进小城镇建设的意见》，为解决小城镇建设过程中的资金瓶颈、产业发展升级、农民长远生计等问题提供政策支持。

三是加强实际调查研究。在有关处室配合下，完成了《门头沟区发展沟域经济中土地节约集约利用问题调研报告》，为领导提供决策参考。

【综合性文稿撰写】

年内，研究室共计完成了几十篇综合性文稿的撰写工作，主要包括组织撰写了全局系统年度工作总结及计划和张国玉书记在全局系统年度工作会上的讲话等；组织撰写了国土部对北京市土地市场的调研报告；组织撰写了全国十八城市国土资源局长联席会第21次年会北京市国土资源局发言稿；组织撰写了北京保障性住房供地经验总结；组织撰写了贠小苏副部长到我局调研的汇报材料；组织撰写了市政府工作报告补充专题材料中国土资源工作情况；组织撰写了4.22地球日、6.25土地日等相关宣传文章。

【宣传工作】

在局领导的重视和相关处室部门的配合下，仅用一个月时间完成了新闻宣传办公室的筹建工作。与市委宣传部、市外宣办、市网管办等新闻宣传主管部门取得有效联系，并在实际工作中得到主管部门的支持；已与包括北京电视台、北京日报、国土资源报在内的十余家媒体建立有效联系，保持顺畅沟通。初步构建我局新闻宣传工作的制度框架。出台了我局新闻宣传工作方案，努力构建包括统一进口、分工协作的媒体接待制度在内的八项新闻宣传工作制度。顺利完成王宏胜副巡视员带队做客北京市政风行风热线“走进直播间”现场直播工作和33台执法巡查车发车仪式的新闻宣传报道工作。加强舆情监测和舆论引导工作，舆情每日监测，热点问题跟踪监测，及时发现不实报道并采取妥善处置。积极主动与媒体联系，引导舆论。参与6.25土地日、4.22地球日、政风行风热线走进直播间等宣传工作。

【史志年鉴工作】

《北京志·国土资源志》全面开展了资料收集整理工作，开展了资料长编的试写，进行了队伍建设；组织完成了《北京市国土资源年鉴2010》、《北京市房地产年鉴2010》国土资源部分的编撰工作；完成了国土部《国土资源年鉴》、北京市《北京年鉴》的相关供稿工作。

【其他工作】

组织完成了 2010 年社会主义新农村建设折子工程和北京市重点改革任务涉地工作的牵头汇总；组织完成了关于落实中央巡视组对北京工作意见和建议整改方案工作分工牵头事项整改措施的意见；组织完成了“十二五”国土资源改革规划专题研究等工作。

法制建设

法制处

【规范行政审批事项】

结合我市行政审批制度改革的具体要求，广泛征求意见，全面系统梳理，继续推进《北京市国土资源局行政许可事项》和《北京市国土资源局行政服务事项》的修改完善工作，确保修改完善工作切实符合“加快、简化、下放、取消、协调”工作方针及市政府“绿色审批通道”工作机制要求。

【推进行政审批权限下放】

为积极推进北京经济技术开发区和大兴区行政资源整合，理顺管理体制，拓展发展空间，经市政府批准，由市政府授权北京经济技术开发区管理委员会对亦庄新城范围内大兴区12平方公里产业及配套用地实行统一开发和管理，具体用地手续在符合相关规划的前提下，由开发区国土资源管理部门执行。对于以区（县）土地储备机构作为主体的土地一级开发项目，市局授权在经过市土地储备联席会议审查通过后，由各分局向区（县）土地储备机构作出一级开发批复。对于划拨用地审批，除中央国家机关及直属单位、驻京部队以及跨区县的建设项目用地划拨仍由市政府审批外，将北京市实施国土资源部《划拨用地目录》细则范围内的用地审批权下放至区县政府。

【行政复议和行政诉讼】

2010年行政诉讼应诉案件共计114件，比2009年增加23%，案件类型以政府信息公开、要求履行法定职责等为主。截止至2010年12月31日，除尚未审结的20件案件外，人民法院判决驳回原告诉讼请求及裁定驳回起诉共计83件，原告主动撤诉8件，判决撤销被诉具体行政行为3件。

2010年行政复议案件共计65件，比2009年减少40%。截止到2010年12月31日，共审查完毕60件，其中维持52件（维持后申请国务院裁决的10件，均未审结），驳回复议申请2件，终止审理6件。

国土资源规划

规划处

【土地利用总体规划】

1. 市级土地利用总体规划 为贯彻落实国务院《关于北京市土地利用总体规划的批复》(国函［2009］116号)(以下简称《批复》)精神，市政府出台了《北京市人民政府贯彻落实国务院关于北京市土地利用总体规划批复的意见》(以下简称《意见》)，并将经国务院批准我市的各用地指标分解到各区县政府。《意见》要求各区县政府、各委办局：一要组织领导干部认真学习《规划》，利用宣传媒体开展多种形式的宣传工作，使广大干部群众自觉参与规划、遵守规划、监督规划。二要加快编制区(县)、乡(镇)土地利用总体规划，确保《北京市土地利用总体规划(2006—2020年)》(以下简称《规划》)得到落实。三要强化土地利用总体规划的整体控制作用，要将《规划》确定的主要目标和指标纳入国民经济和社会发展规划，其它各类规划要与土地利用总体规划相衔接。四要强化土地利用计划管控，健全规划实施的计划管理制度。五要定期组织开展《规划》实施评估，建立健全《规划》实施情况和土地利用年度计划执行情况的考核机制。六要各区县政府主要负责人要对本区县内土地利用总体规划实施情况及土地利用计划执行情况负总责，确保本区县的约束性指标不被突破。七要加快制订和完善保障规划实施的其它法律、经济以及必要的行政等措施，保障《规划》有效实施。

北京市区(县)土地利用总体规划的主要调控指标表(2006—2020年)

区县	基本农田(万亩*)	耕地保有量(万亩)	建设用地(平方公里)			近期新增建设用地(万亩)	近期新增建设占用农用地(万亩)	近期新增建设占用耕地规模(万亩)	近期整理复垦开发补充耕地规模(万亩)
			总量	城乡建设用地	交通、水利设施及其他用地				
城四区	0	0	92	92	0	0	0	0	0
朝阳区	4.5	5.1	335	269	66	2.5	1.9	0.9	0
丰台区	1.3	3.9	228	173	55	0.9	0.6	0.3	0.1

1亩≈666.7m^2

续表

区县	基本农田（万亩）	耕地保有量（万亩）	建设用地（平方公里）			近期新增建设用地（万亩）	近期新增建设占用农用地（万亩）	近期新增建设占用耕地规模（万亩）	近期整理复垦开发补充耕地规模（万亩）
			总量	城乡建设用地	交通、水利设施及其他用地				
石景山区	0	0	69	57	12	1.2	0.7	0.3	0
海淀区	2.4	3.1	277	227	50	2.6	2	0.8	0
功能拓展区	8.2	12.1	909	726	183	7.2	5.2	2.3	0.1
顺义区	40.6	44	385	277	108	6.9	5.2	3.9	1.9
通州区	41.6	49.6	360	275	85	7	5.8	4	1.6
亦庄新城集中建设区外	41.6	49.6	302	217	85	4	3	2.2	1.6
亦庄新城集中建设区内	0	0	58	58	0	3	2.8	1.8	0
大兴区	47.7	55	377	296	81	4.5	4	3.2	2.6
亦庄新城集中建设区外	47.7	55	332	251	81	3.1	2.9	2.2	2.6
亦庄新城集中建设区内	0	0	45	45	0	1.4	1.1	1	0
房山区	32.3	38.8	375	282	93	3.1	2.4	2	2.5
昌平区	15	16.4	401	262	139	3.6	2.6	1.5	0.6
城市发展新区	177.2	203.8	1897	1392	505	25.1	20	14.6	9.2
平谷区	18.4	16.8	144	104	40	2.3	2	1	1.3
怀柔区	11.1	13.5	148	96	52	2.1	1.7	0.8	2.1
密云县	27.8	31.8	241	132	109	2	1.3	0.7	2.3
延庆县	36.3	42.3	147	88	59	1	0.8	0.4	4.1
门头沟区	1	1.7	109	70	39	1.3	1	0.2	0.9
生态涵养区	94.6	106.1	789	490	299	8.7	6.8	3.1	10.7
机动	0	0	130	0	130	0	0	0	0
合计	280	322	3817	2700	1117	41	32	20	20

2. 区（县）级土地利用总体规划修编 加快推进区（县）级规划审批工作，促进市级规划落地。2010 年，市政府已批复朝阳区、石景山区、大兴区、通州区等 4 个区级土地利用总体规划，预计于 2011 年一季度完成我市区（县）级土地

利用总体规划审批工作。

3. 乡（镇）级土地利用总体规划修编 加快推进乡（镇）级土地利用总体规划编制工作，目前各区县已完成了初步成果，其中通州区台湖镇和于家务乡等2个乡（镇）级规划已获市政府批准，其它乡（镇）级规划待区（县）级规划批复后，再启动报审工作。

4. 北京市土地利用总体规划宣传工作 为更好地向社会各界展示新一轮北京市土地利用总体规划成果，提高公众参与程度，增强全社会对土地资源的忧患意识，全面提升土地利用总体规划在国家经济宏观调控中的地位和作用，为规划实施奠定良好的社会基础。按照市政府领导有关批示精神，在2009年5月至7月成功举办《北京市土地利用总体规划（2006—2020年）》公示展基础上，开展了《北京市土地利用总体规划（2006—2020年）》长期展览的准备工作，于2010年5月份在北京市规划展览馆正式开展。本次长期展受到了国土资源部、市政府领导、相关委办局、专家学者以及参观展览的广大市民的一致好评。

【矿产资源规划】

《北京市矿产资源总体规划（2008—2015年）》（以下简称《规划》）于2010年3月10日获国土资源部批复。批复要求：(1) 要严格执行《规划》，坚持生态建设和环境保护优先，提高对北京经济社会可持续发展的资源环境保障能力，着力构建与环境保护相协调的地质运行机制。(2) 深化城市地质调查，推进山区地质灾害调查和防治，加强地下水和地面沉降动态监测，加大地热和浅层地温能调查评价力度。（3）合理开发利用地热、浅层地温能、矿泉水资源，严格控制煤炭、铁、石炭岩等矿产资源开采总量，禁止开采建筑用砂石、砖瓦用粘土和金矿。优化开发利用布局，积极探索新机制，加大矿山治理和复垦力度。（4）建立城市地质信息管理与服务平台，完善资料汇交和信息共享机制。（5）建立健全规划实施管理制度，对不符合规划的地质勘查、矿产资源开发与利用、矿产环境治理和复垦等项目，不得批准立项。

【土地利用年度计划】

根据《北京市土地利用总体规划（2006—2020年）》总体安排，结合过去几年本市土地利用年度计划实施情况、经济社会发展对土地利用的需求及中央经济工作会议精神，编制了2011年土地利用计划（草案）。草案建议2011年我市耕地转用计划指标控制在2200公顷，经市政府批准后上报国土资源部。2010年我市实际批准新增建设用地总面积为3026.2059公顷，其中耕地转建设用地面积为1806.5247公顷。

【土地利用规划实施管理】

土地利用总体规划局部修改 根据《土地管理法》有关规定，为维护土地利用总体规划的严肃性，保障我市重大项目和我局承担1千亿投资的土地储备开发项目及早落地，及早开工，促进经济较快发展，依据国家法律法规有关政策，在依法的基础上，大胆创新规划调整审查机制，优化规划调整审查程序，缩短审查时间。截至2010年底，共组织审查、论证国家、市级、区县级基础设施项目和重点工程项目48个，总用地面积为1021.78公顷，其中报国务院审批项目9个，用地面积为200公顷；报市政府审批项目39个，用地面积为821.78公顷。

【援藏工作】

按照国土资源部规划司和拉萨市国土资源规划局关于援助编制拉萨市矿产资源总体规划的有关要求，我局委托中国国土资源经济研究院承担拉萨市矿产资源总体规划的修编任务。于2010年9月份将新一轮拉萨市矿产资源规划成果正式移交拉萨市国土资源规划局。

科技与对外合作

科技与对外合作处

【职责概况】

2010年1月—9月为信息科技处，2010年10月按照国土局新“三定”职责，信息科技处改为科技与对外合作处。科技与对外合作处承担本市国土资源科技管理工作；拟订国土资源科技工作的发展规划和年度计划，并组织实施；拟定国土资源对外交流与合作工作规划、计划，并组织实施；承担本系统外事工作；组织协调国土资源科研发展、新技术推广、科技成果评审、学术交流等工作；承担有关软科学项目的管理工作。人员编制4人，其中，处长1名，副处长1名，其他工作人员2名。

【科技管理工作】

1. 制订《局科技研究项目管理办法》

为规范局科研项目管理夯实了基础。为规范北京市国土资源科技项目管理工作，推动行业管理机制创新和科技创新，结合国土资源科技工作实际，完成了《局科技研究项目管理办法》的制订工作。

2. 初步完成了《北京市国土资源“十二五”科技发展规划》（以下简称“科技规划”）研究和编制工作

根据国土资源部科技司关于各省市自治区国土厅（局）做好国土资源“十二五”科技工作规划的要求，组织开展了《科技规划》工作。同时，根据《科技规划》编制研究工作要求，首先开展了北京市国土资源系统（包括市国土局和市地勘局所属各单位）“十一五”期间的国土资源科技工作总结并上报国土资源部科技管理部门。

3. 完成《北京市国土资源“十一五”期间科技工作总结报告》

“十一五”期间，北京市国土资源系统在国土资源部和市委市政府的正确领导下，广泛开展本系统的科学研究和技术创新，在土地资源调查与评价、矿产资源勘查、地质环境保护与地质灾害防治、国土资源信息化建设等领域取得了一批具有重大影响的科技成果。

（1）土地资源管理领域科技成果显著

土地资源调查新技术成果得到广泛的推广应用，土地资源调查中科技手段不断完善。“3S”技术在地籍管理、土地利用管理、征地管理、规划管理、信息管理、耕地保护等方面的深入应用，取得了一大批优秀成果。

土地资源开发管理政策、理论不断

创新，完成了《土地确权政策研究》、《城乡土地开发利用一体化模式研究》、《土地、经济、环境、人口可持续发展理论研究》、《集约节约用地机制及标准研究》、《北京市土地利用规划修编研究》等课题研究并应用在具体的业务中，提高了土地行政业务的水平。

（2）地质环境与地质灾害防治领域取得新进展

完成《北京市重大地质问题战略研究》系列科研课题，形成地质灾害预警体系，提出理念发展型城市地质工作模式，创建城市地质调查工作方法体系，通过项目实施设置专题研究，提高地质科技水平。

（3）资源领域获得新突破

完成了地热资源调查及潜力评价与技术标准研究。开展了城市地下水和应急供水勘查技术研究，完善了北京市地下水资源应急供水的体系。开展了北京密云—怀柔地区深部铁矿资源潜力评估、北京西山地区新型环保建材用页岩资源普查等。

（4）国土资源信息化建设

基础数据库和门户网站建设初具规模；国土资源电子政务基础信息平台逐步形成；专业领域应用系统建设取得成效。如：土地市场监测预测预报信息系统，市场动态监测、分析预测、预警预报系统，北京市城市地质信息管理与服务系统等。

（5）国土资源科普工作

为实施国土资源部《国土资源科学技术普及行动纲要（2004—2010）》做了大量科普工作。举办“土地日”、“地球日”、“北京科技周”等活动，向公众介绍国土地保护与利用、地球与地质环境、防灾减灾等科普知识，增强社会各界对国土资源的忧患和保护意识。申报北京市“中国房山世界地质公园”、“延庆硅化木国家地质公园”为国土资源科普基地。

【科技成果管理】

1. 组织全系统开展了申报年度国土部科技奖的工作

推荐《北京一号卫星北京国土资源监管系统研发与应用工程》等项成果参加国土部2010年度科技奖励项目评审。其中于2007年完成的《北京市土地污染地区治理与预防需求分析与技术选择研究》和2008年完成的《北京一号卫星北京国土资源监管系统研发与应用工程》被批准推荐申报国土部科技奖。

2. 申请国土资源部公益项目获批，实现了国家项目在北京落地

根据国土资源部办公厅《关于报送2010年度和2011年度国土资源公益性行业科研专项项目建议的通知》要求，组织了北京市范围内公益项目的申报工作。经汇总、研究和审查，推荐了3个项目参加2010年度和2011年度国土资源公益性行业科研专项项目申报。其中，《北京市城镇村群落节地技术开发与示范》和《浅层地温能开发利用重点实验室建设》项目通过了国土资源部初审、科技部中审和财政部终审。

我局申报的公益性行业科研专项《北京市城镇村群落节地技术开发与示范》根据部科技司的意见与广东、云南省同类项目合并，形成《城镇村节地技术研究与示范》项目，由北京市土地整理储备中心牵头组织开展课题攻关。

3. 完成先进实用技术成果推荐工作

根据国土部《关于推荐先进实用技术的通知》文件精神，科技合作处会同市地勘局勘查处审核推荐了《基于遥感的城市土地快速调查与监管一体化技术（土地管理与信息化技术）》、《浅层地温能热、冷响应测试车（新装备）》、《一孔多层地下水监测（新方法、工艺）》、《地下水分层抽水装置（新装备）》、《隔水双管单动取芯钻具（新工艺）》、《间接式再生水热能综合利用系统（新系统）》、《直接式再生水热能综合利用系统（新系统）》、《板式换热器CIP在线清洗系统（新系统）》、《一种地源热泵室外地埋管换热系统的监测设备（新装备）》、《分层标标底（新方法）》等十个项目为北京市国土资源先进使用技术成果。

4. 组织编制“重点实验室建设”和“科研基础条件平台”建设计划

根据国土部重点实验室建设和科研基础条件平台“十二五”发展规划座谈会的要求，组织编制了北京市国土资源“重点实验室建设”和“科研基础条件平台”建设计划。将《国土资源部城市地下工程安全与防灾减灾（重点）实验室“十二五”建设规划》、《浅层地热能开发利用实验室建设规划》、《地学科普实验室建设规划》等三个项目申请列入国家支持的重点实验室建设项目。

【城镇村节地技术研究与示范】

本项目针对我国典型城市化地区城—镇—村土地利用中存在的突出问题和难题，从节地技术的内涵出发，以开发、集成、引进再创新、试验示范为主线，研究节地标准编制、情景模拟预测、节地动态监管、节地链动模式和村庄空间优化整合等共性技术；通过典型城—镇—村试验示范，建立大都市地区城乡互动的节地技术体系，创建湖滨城市地区生态约束型节地模式、产业演替型城市地区厂矿废弃地节地优化模式，开发节地动态监管和季报技术平台，形成节地标准编制技术规范，为完整辖区内城—镇—村链动的建设用地节约集约利用提供技术支撑。项目的研究不仅为建设“两型社会”、提高城乡可持续发展能力、促进新农村建设提供技术支持，而且对改善“旧区”（旧矿、旧场、旧城、旧村）工农关系、确保18亿亩耕地红线、改善生态环境等具有重要意义。

【涉外活动】

2010年12月20日，越南自然资源与环境部代表团一行19人在国土资源部法律事务中心的陪同下到我局经济技术开发区分局参观考察。局科技与对外合作处、开发区分局会见了来访客人，介绍了开发区的基本情况以及开发区土地管理和土地集约节约利用情况，双方就土地管理政策等方面问题进行了深入交流。代表团一行还参观了开发区以及园区企业北京同仁堂科技发展股份有限公司。

征地管理

征地处

【征地管理工作情况】

1. 继续稳步推进征地制度改革

突出保障重点，进一步简化审批程序，2010年市政府改变了绿色审批通道方式，将“绿通机制常态化，变绿通为普通”，为了适应这一要求，我处严格按照简化审批程序的要求，加快集体土地征收及农用地转用项目的办理工作；认真研究“先行用地”有关政策，对重点工程采取先行用地报批。积极落实国土部相关用地政策，对一些重点急需用地工程，在积极推进正式用地报批进度的同时，组织先行用地报批工作协调会，加快办理先行用地手续。先后为轨道交通房山线（房山段）、轨道交通亦庄线、地铁M15号线、京石客专（房山段）、蒲黄榆路南延、108复线和北京动车段及走行线等10个项目向国土部上报了先行用地手续，为我市依法用地提供了保障。

2. 组织拟定了我市征地补偿区片价

为保护被征地农民利益，完善征地补偿机制，在综合考虑实际补偿标准、当地经济发展水平、农民生活水平、社会平均保障水平、土地区位、土地供求关系等多方面因素的基础上，形成了我市征地补偿区片价初步成果并征求了区县政府和有关部门意见，组织开展了《北京市征地补偿区片价》听证工作，待市政府批准后正式实施。

3. 加强批后监管工作

严格对征地补偿费的及时到位进行监管，同时利用北京一号小卫星继续开展对2007年、2008年、2009年集体土地征收及农用地转用项目批后的利用情况进行监测。

【征（占）地及农用地转用审批情况】

2010年，国务院及市政府共审批征（占）用集体土地及农用地转用总用地面积4955.36公顷，其中经国务院批准用地面积712.71公顷，经市政府批准用地面积4242.64公顷。为机场南线（京承高速—东六环）公路工程、111国道（立水桥—朝阳区界）等市政基础设施工程及地铁九号线郭公庄车辆段、大兴新城核心区重点项目落地提供了保障。

【土地利用年度计划执行情况】

2010年，国土资源部下达及奖励我市新增建设用地指标为4063公顷，其中农用地 3583 公顷，耕地指标 2277 公顷。我市安排使用 2010 年新增建设用地指标 3488 公顷，农转用指标 3360 公顷，耕地指标 1999 公顷。（详见统计资料：审批建设用地情况表）

耕地保护

耕保处

【基本职能】

耕地保护处负责本市耕地保护、集体建设用地利用、农用地使用等方面的监督管理，拟订有关管理办法和政策措施，依法承担相关的行政许可工作；编制土地复垦、整理的工作规划和年度计划，拟订耕地开发复垦费标准，并组织实施；监督落实占用耕地的建设项目的占补平衡措施；组织实施土地整理储备以及宜耕土地后备资源库、补充耕地储备库建设管理等工作。

【基本农田保护】

按照《国土资源部农业部国家统计局关于印发〈2009年度省级政府耕地保护责任目标履行情况检查工作方案〉的通知》（国土资发〔2010〕19号）要求，我局会同市农委、市农业局、市统计局、国家统计局北京调查总队，顺利完成北京市2009年度耕地保护责任目标履行情况的自查和国务院两部一局的抽查工作。通过检查，检查组认为我市在履行耕地保护责任方面领导重视、责任明确、措施得力、效果较好。主要表现在：一是注重责任落实，层层签订了《基本农田保护责任状》，将“耕地面积保有量增长率”纳入了区县经济社会实绩考核评价指标体系，不断健全和完善耕地保护责任机制；二是注重制度创新，初步提出并建立了区县间补充耕地指标有偿转让机制，积极探索建立北京市耕地保护经济补偿机制，充分调动各方面的耕地保护积极性；三是注重质量建设，大力推进土地开发整理，整合土地开发整理、农业综合开发、农田水利建设等方面的政策和资金，着力进行农田培肥、水利改善、田园清洁循环和景观建设等基础建设和综合开发，切实提高了耕地生产能力；四是注重土地执法，加强基层国土所建设，积极推进执法关口前移，构建国土、规划、建设、监察、公安和司法等多部门联动机制，切实强化执法监察工作。

不断完善耕地破坏程度鉴定工作机制。针对一些区县非法占地违法建设用地行为涉嫌构成非法占用农用地罪（《刑法》第342条第一款）的实际情况，按照国土资源部、最高人民检察院、公安部《关于国土资源行政主管部门移送涉嫌国土资源犯罪案件的若干意见》（国土资发［2008］203号）的相关规定，先后共对6宗土地违法案件进行了耕地破坏程度鉴定，涉及通州、怀柔、平谷、昌平、丰台5个区县，为切实加大土地违法案件查处力度、及时顺利移送涉嫌国土资源犯罪案件提供了重要依据。

【耕地占补平衡】

2010年，我们继续本着“一个入口、一个出口”的原则，严格管理我市耕地储备库。同时，按照《土地管理法》关于耕地占补平衡的规定，结合我市管理工作实际，制定并下发了《关于切实加强耕地占补平衡监督管理的通知》（京国土耕〔2010〕368号），进一步建立健全管理机制，统筹安排使用全市补充耕地指标。

2010年，我市经国务院和市政府批准的非农建设项目占用耕地1962公顷，均按照“占补平衡”的原则全面落实了补充耕地任务。补充耕地数量和质量均符合有关要求，并认真落实了占用耕地的建设项目与补充耕地的土地开发整理项目挂钩制度。

此外，结合我市建设用地项目补充耕地方案审查前置的规定和要求，在建设项目报批前，完成审查77个项目补充耕地方案，共涉及补充耕地面积563公顷。切实保障了国家和我市扩内需，保稳定、促增长等重点工程项目的顺利落地。

【土地开发整理】

2010年，我们进一步加大土地开发整理投入和工作力度，严格按照年初制定的土地开发整理计划，积极推进项目立项和验收工作。全年共批准实施土地开发整理项目43个、总规模5.4万亩、拟新增耕地2.8万亩，总预算约3.5亿元。完成开发整理项目总验收34个、新增耕地2.9万亩；在施土地开发整理项目总数122个、总规模39万亩、拟新增耕地6万亩，正按项目实施计划有效推进（详见表1）。

同时，结合我市区（县）、乡（镇）土地利用总体规划修编、小城镇和新民居建设工作，我们加强与国土资源部的沟通协调，起草了《北京市土地综合整治试点工作总体方案》，拟在全市范围内平原区、浅山区等选择一批有代表性的区域，试点给予城镇建设用地增加与集体建设用地减少挂钩、置换和周转等政策。

【农村集体建设用地管理】

继续规范集体建设用地审批和备案管理工作。2010年，我市区县政府共审批农村宅基地724宗，占地11.5275公顷，主要分布在密云、昌平、怀柔、大兴、房山、延庆和通州；审核乡镇村公益事业占用现状农村集体建设用地项目1宗，占地0.96公顷。同时，按照国土资源部的相关要求对上述数据进行了网上报备。

按照2010年我市政府工作报告要求，我们会同市住房城乡建设委等相关部门，积极研究探索利用农村集体土地建设租赁住房用地政策，拟订了《北京市集体土地上建设租赁住房试点方案》，并经市政府同意，正式上报国土资源部，拟在我市城乡结合部50个市级重点村开展相关试点工作。

表 1　2010 年北京市土地开发整理情况统计表

单位：亩

分类/区县	新立项			正在施			已验收		
	项目个数	建设规模	新增耕地	项目个数	建设规模	新增耕地	项目个数	建设规模	新增耕地
昌平	2	2416.79	2416.79	8	19626.96	1201.97	2	2416.79	2416.79
大兴	2	5552.73	3499.89	7	104623.58	7448.61	8	109837.57	15854.91
房山	9	11217.1	7932.54	23	44297.37	11796.66	3	5586.34	819.07
怀柔	0	0	0	11	11162.93	2672.25	3	4264.44	680.58
门头沟	0	0	0	2	1310.29	821.71	1	250.05	244.20
密云	0	0	0	0	0	0	3	4016.19	2918.71
平谷	7	2452.65	1850.85	12	19735.46	4135.95	4	3679.81	2174.87
顺义	8	16054.58	3182.79	19	52399.21	6275.55	4	699.96	569.30
通州	3	7701.44	5019.55	12	97745.28	5585.31	1	1083.16	1083.16
延庆	12	8971.31	4550.61	28	39502.76	20686.61	5	4098.45	2257.02
合计	43	54366.60	28453.02	122	390403.84	60624.62	34	135932.76	29018.61

积极探索和规范设施农用地管理政策。一方面，依据国土资源部《关于促进农业稳定发展农民持续增收推动城乡统筹发展的若干意见》(国土资发〔2009〕27 号）的相关规定，结合我市农村道路管理实际，正式下发了《关于农村道路用地管理有关问题的通知》(京国土耕〔2010〕440 号)，对我市农村道路的认定标准和用地管理程序进行了明确规定，进一步规范我市农村道路用地管理，并指导区县认真做好农村道路用地备案工作。另一方面，按照国土资源部农业部《关于完善设施农用地管理有关问题的通知》，进一步加强设施农用地的规范管理。

土地市场管理

调控和监测处（综合处）

土地供应计划

【年度土地供应计划编制】

依据《北京市人民政府关于印发北京市2007至2010年土地供应中期计划的通知》（京政发［2007］20号），结合本市2010年的社会经济发展形势，市国土局会同市发展改革委、市规划委共同编制了2010年土地供应计划，并下发了《关于印发北京市2010年度土地供应计划的通知》（京国土市［2010］218号）正式公布实施。

2010年土地供应计划安排供应总量为6400公顷，其中新增建设用地3200公顷，占50%，存量建设用地3200公顷，占50%。

2010年土地供应总量按用途类型分：基础设施用地2300公顷；工业仓储及其他产业用地1100公顷；科技、教育、文化、卫生、体育和行政办公用地200公顷；住宅用地2500公顷，其中：廉租住房及公共租赁房用地50公顷，经济适用住房类用地200公顷，限价商品房及定向安置房用地1000公顷，商品房用地1250公顷；商服用地300公顷。

2010年土地供应总量按空间结构分，城市功能拓展区和城市发展新区的土地供应量占全市土地供应总量的75%，首都功能核心区和生态涵养区的土地供应量占全市土地供应总量的25%。重点新城规划范围内土地供应量约占全市土地供应总量的18%，城南地区土地供应量约占全市土地供应总量的30%，城乡结合部土地供应量约占全市土地供应总量的35%。

【年度供应计划实施】

2010年度全市计划安排土地供应总量6400公顷，全年实际供应总量6489公顷，完成计划101%，较去年同期增长7%，顺利完成年度土地供应计划任务。（详见图1、表1）

1. 住宅用地供应计划提前完成，保障性住房用地供应超额完成。2010年，全市住宅用地实际供应2525公顷，完成计划的101%，较2009年增长65%。其中，保障性住房用地实际供应1332公顷，完成计划的107%，较2009年增长1倍。保障性住房用地实际供应量约占住宅用地供应总量的53%，超过50%的计划目标，保障性住房及自住型中小套型普通商品房用地供应量约占住宅用地供应总量的72%，初步实现了住宅用地供应结构的优化。

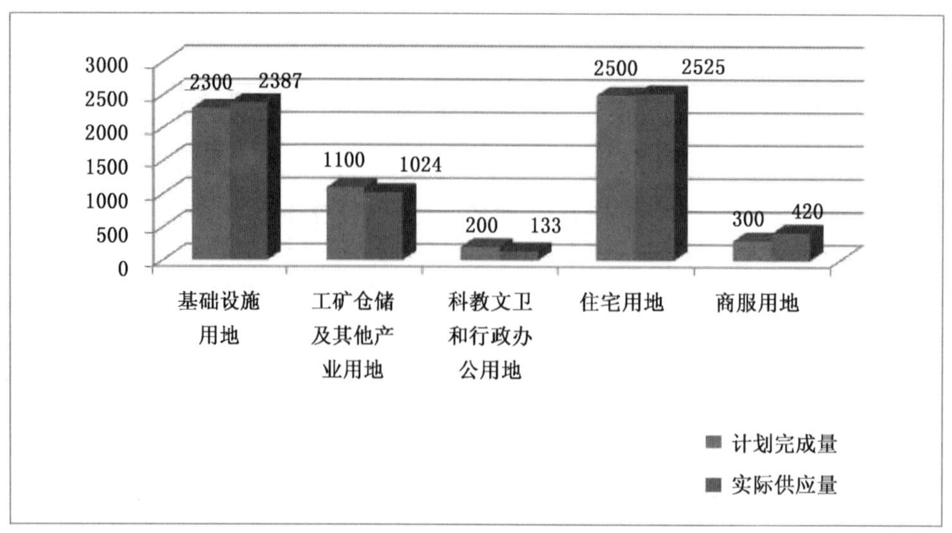

图1　2010年土地供应计划执行情况　（单位：公顷）

表1　2010年土地供应计划执行情况　单位：公顷

<table>
<tr><th rowspan="2"></th><th rowspan="2">合计</th><th rowspan="2">基础设施用地</th><th rowspan="2">工矿仓储及其他产业用地</th><th rowspan="2">科教文卫体和行政办公用地</th><th colspan="5">住宅用地</th><th rowspan="2">商服用地</th></tr>
<tr><th>合计</th><th>廉租住房及公共租赁房用地</th><th>经济适用住房类用地</th><th>限价商品房及定向安置房用地</th><th>其他商品房用地</th></tr>
<tr><td>计划指标</td><td>6400</td><td>2300</td><td>1100</td><td>200</td><td>2500</td><td>50</td><td>200</td><td>1000</td><td>1250</td><td>300</td></tr>
<tr><td>实际供应</td><td>6489</td><td>2387</td><td>1024</td><td>133</td><td>2525</td><td>65</td><td>164</td><td>1103</td><td>1193</td><td>420</td></tr>
</table>

2. 商服用地、工矿仓储等产业用地供应节奏加快，为扩大内需、提升经济总量奠定基础。2010年，全市商服用地供应420公顷，完成全年计划的140%，较去年同期增长63%。全市工矿仓储用地供应1024公顷，完成全年计划的93%，较去年同期增长22%。

3. 基础设施用地、科教文卫体和行政办公用地供应高峰过后回落，进入平稳发展阶段。2010年，全市基础设施用地供应2387公顷，完成计划的104%，较去年同期下降26%。全市科教文卫体和行政办公用地供应133公顷，完成计划的67%，较去年同期下降36%。

4. 重点发展区域土地供应力度不断加大。2010年，全市土地供应向重点新城、城南、城乡结合部等重点发展区域倾斜。通州、顺义、大兴三个重点新城土地供应量约占全市土地供应总量的48%，城南地区（包括原崇文区、原宣武区、丰台区、房山区、大兴区）约占全市土地实际供应量的30%。

建设项目用地预审

【建设项目用地预审工作措施】

切实加强用地预审管理，实现“绿通”机制常态化。按照市委市政府关于绿通变普通部署要求，结合工程领域治理整顿工作，建设项目用地预审工作紧密围绕国家及本市各级各类重点工程，以规范化审批为目标，以制度建设为抓手，以方法创新为手段，不断提高审批效率、行政效能和服务意识。2010 年用地预审各项指标保持了 2009 年以来的高位势头，总量指标整体实现同比平稳增长，结构突出重点，布局持续优化。全年共批复用地预审项目 1404 个，涉及用地总面积约 18912 公顷，同比增长 6.7%，其中，涉及农用地约 7879 公顷，耕地约 4983 公顷。在结构方面，储备类项目仍占用地规模首位，约占总用地的 61%。城市功能拓展区和新区资源承载能力进一步增强，全市用地需求显现向朝阳、丰台、顺义、大兴、昌平等区域集中的态势。

2010 年，用地预审工作着重加大了对分局的政策指导和批后监管力度，针对绝大部分保障性住房由分局受理预审的特点，梳理保障性住房用地预审审批要点，印发通知，明确保障性住房审批时限、备案和审查要求，各相关分局形成了靠前服务、及时办理、实时反馈的保障性住房审批模式。在工程领域治理整顿过程中，分五批对全市近 7000 个项目土地利用行为和决策行为相关指标进行梳理、核查、整改等工作。

【全市建设项目用地预审总量】

全年共批复用地预审项目 1404 个，涉及用地总面积约 18912 公顷，同比增长 6.7%，其中，涉及农用地约 7879 公顷，耕地约 4983 公顷。

【全市建设项目用地预审用途结构】

2010 年排在前 4 位的用地类型分别是储备类 11485.26 公顷，同比增长 3.46%；基础设施类 3575.47 公顷，同比降低约 5.25%；住宅类项目约 1855.79 公顷，同比增长约 78.26%；科教文卫类项目约 990.73 公顷，同比降低约 2.74%。储备类项目面积占 2010 年批复预审总面积的约 61%，规模同比降低约 2%，储备类项目仍占用地规模首位。（详见表 2）

表 2 2010 年建设项目用地预审批复情况 单位：公顷

占地用途	项目个数	建设用地规模					
			农用地			建设用地	未利用地
				耕地	占用基本农田		
合计	1404	18911.64	7879.04	4982.52	646.04	10668.00	364.60
办公	57	90.81	15.82	13.00		74.62	0.37
科教文卫	320	990.73	174.60	98.80	1.39	808.81	7.32
工业	61	456.95	181.61	121.37	4.52	273.33	2.01
基础设施、绿地	334	3575.47	1781.08	1118.07	146.88	1610.89	183.50
商业	54	181.95	58.51	24.55		122.14	1.30
储备	330	11485.26	5216.93	3308.64	449.95	6105.82	162.51
住宅	157	1855.79	416.28	279.38	43.01	1432.37	7.14
仓储	15	73.56				73.56	
特殊用地	76	201.12	34.21	18.71	0.29	166.46	0.45

【全市建设项目用地预审空间结构】

2010 年用地预审批复规模排在前几位的区县分别是朝阳区 4082.36 公顷，同比增长约 64.10%；丰台区 2292.98 公顷，同比增长约 172.40%；顺义区 2253.04 公顷，同比降低约 0.06%；房山区 1590.79 公顷，同比降低约 22.80%，用地需求向城市发展新区集中趋势明显，城市功能拓展区和新区资源承载能力进一步增强，全市用地需求显现向朝阳、丰台、顺义、房山、大兴、昌平等区域集中。（详见表 3）

表 3　2010 年建设项目用地预审批复情况（按区县分列）　　单位：公顷

占地用途	项目个数	建设用地规模					
			农用地			建设用地	未利用地
				耕地	占用基本农田		
合　计	1404	18911.6400	7879.0400	4982.5200	646.0400	10668.0000	364.6000
东城区	19	34.4300				34.4300	
西城区	23	25.4700				25.4700	
崇文区	13	76.0400				76.0400	
宣武区	13	28.5900				28.5900	
朝阳区	191	4082.3600	1085.2900	634.5400	10.3900	2980.2800	16.7900
海淀区	173	947.7000	283.9100	164.7000	20.7700	653.8900	9.9000
丰台区	129	2292.9800	863.8900	500.7500	217.4200	1424.1200	4.9700
石景山区	35	304.6800	49.7600	11.4400		254.9200	
门头沟区	53	699.5500	366.3300	129.9100		328.9400	4.2800
房山区	107	1590.7900	807.9800	633.8000	47.9600	720.0300	62.7800
通州区	53	396.5900	215.8800	147.0200	0.8000	166.7800	13.9300
顺义区	195	2253.0400	1039.9000	719.6100	16.3600	1205.8200	7.3200
昌平区	128	1919.1900	1107.0500	802.1100	246.5900	722.0700	90.0700
大兴区	121	1937.0000	930.1800	681.9200	76.0200	971.8700	34.9500
怀柔区	31	600.2600	361.3500	99.3800	0.0600	214.3800	24.5300
平谷区	30	164.3100	74.7500	44.2700		89.5600	
密云县	51	338.3800	98.3800	57.7800		232.5300	7.4700
延庆县	30	333.7800	144.6500	99.4000	9.5700	167.8600	21.2700
跨区县项目	9	886.5000	449.7400	255.8900	0.1000	370.4200	66.3400

城市地价动态监测

【城市地价动态监测工作安排】

作为 105 个国家级城市地价动态监测重点城市之一，2010 年北京市严格按照国土资源部《关于进一步加强城市地价动态监测工作的通知》（国土资发［2008］51 号）和《城市地价动态监测技术规范》要求开展城市地价监测工作。2010 年全市范围共划定 212 个区段，布设标准宗地

498宗，其中国家级监测范围内布设标准宗地257宗，市级监测范围内布设标准宗地241宗。全市53家土地估价机构，共229名土地估价师参与了标准宗地信息采集工作。监测结果客观地反映了北京市土地价格水平变化状况，为开展土地市场宏观调控提供了参考依据。（详见表4）

表4　北京市2010年地价监测标准宗地

土地用途	居住	商业	综合	工业	合计
国家级监测	105	91	——	61	257
市级监测	55	53	133	——	241
总　计	160	144	133	61	498

【城市地价动态监测结果】

以2001年地价指数100为基准，2010年北京市平均定基地价指数为269，较2009年上涨49点。居住用途地价指数为373，较2009年上涨72点；商业用途地价指数为221，较2009年上涨34点；工业用途地价指数为196，较2009年上涨28点。2001年至2010年各用途地价指数见图2。

2010年第一至四季度北京市国家级监测范围内各用途地价水平环比增长率见表5。

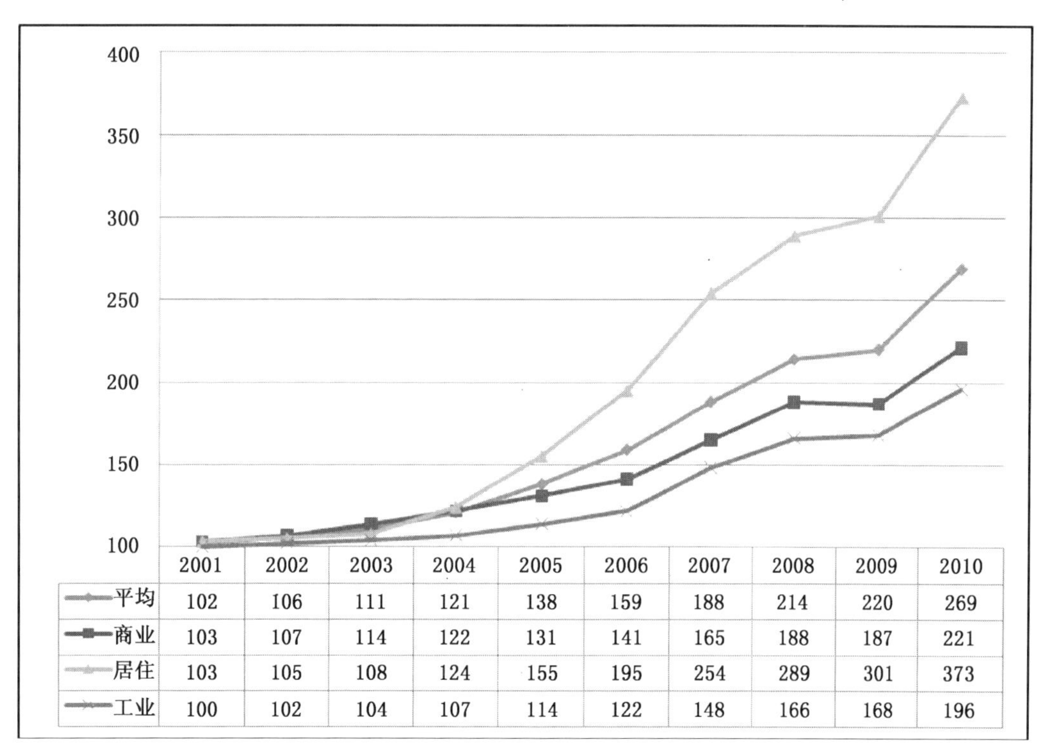

图2　2001－2010年北京市国家级监测范围各用途地价指数

表5　2010年1－4季度国家级监测范围各用途地价环比增长率　　单位:%

	平均	商业	住宅	工业
一季度	5.4	3.2	6.16	4.51
二季度	4.69	3.55	5.07	4.23
三季度	4.75	3.94	5.04	4.21
四季度	5.72	6.57	5.72	2.72

政府信息公开

【主动公开】

主动公开政府信息3448条，全文电子化率100%。其中机构职能类32条，占0.9%；法规文件类12条，占0.3%；规划计划类2条，占0.06%；行政职责类2条，占0.06%；业务动态类3400条，占98.7%。

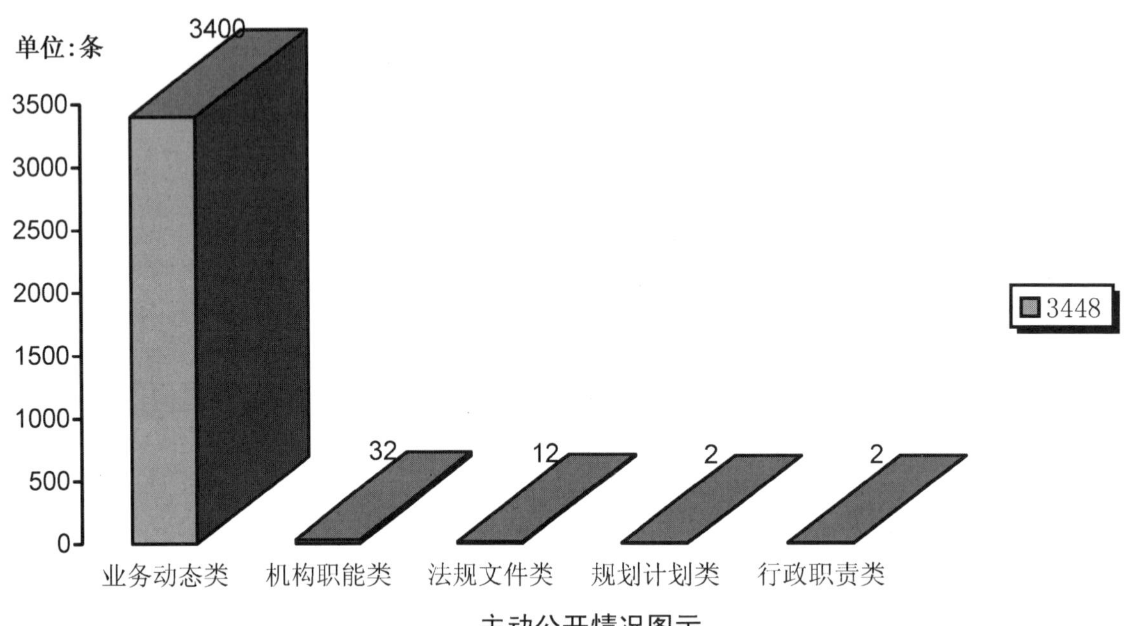

主动公开情况图示

【依申请公开】

收到公民、法人和其他组织提交的政府信息公开申请2254件。其中当面申请2144件，占95.1%；以传真形式申请31件，占1.4%；以信函形式申请79件，占3.5%。答复政府信息公开申请1941件。其中"同意公开"1356件，占69.9%；"同意部分公开"7件，占0.4%；"不予公开"25件，占1.3%；"信息不存在"291件，占15%；"非本机关掌握"180件，占9.3%；"申请内容不明确"59件，占3%；"非政府信息"18件，占0.9%；"涉及第三方"5件，占0.3%。

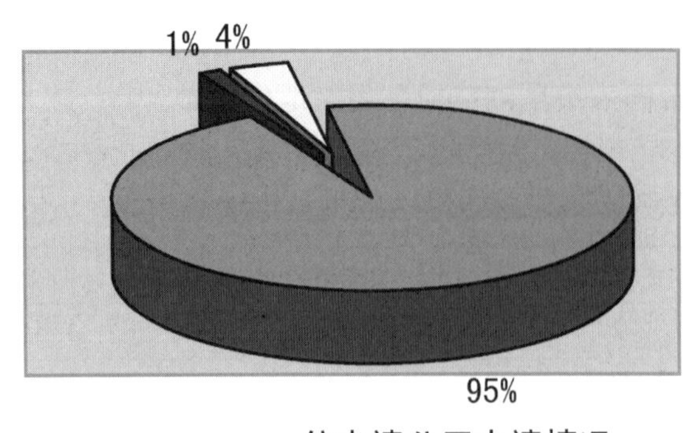

依申请公开申请情况

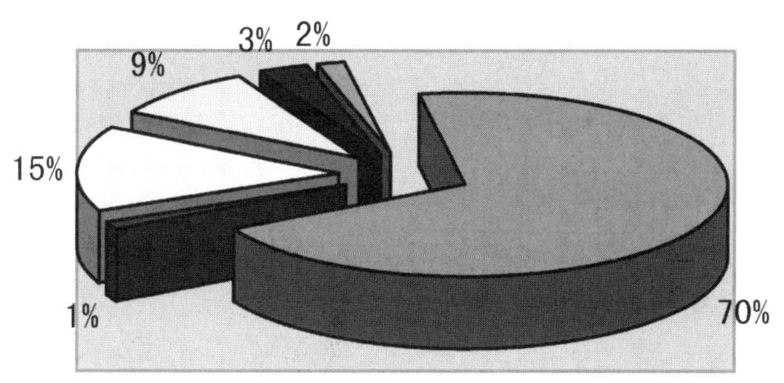

依申请公开答复情况

【咨询服务】

接受公民、法人及其他组织政府信息公开方面的咨询8423人次。其中现场咨询4760人次，占总数的56.5%；电话咨询3663人次，占总数的43.5%。

【其他工作】

1. 进一步拓宽公开渠道，加强主动公开。10月中旬，局设立了新闻宣传办公室，加强与媒体沟通合作，主动向社会公开重要信息，解读宣传政策；建立健全新闻宣传工作机制，关注舆情，追踪热点问题，及时发现不实报道，进行澄清。

2. 拟定了依申请公开政府信息收费实施方案（试行），组织对全局系统相关人员进行了培训，并于12月30日启动收费工作。

3. 对分局的业务工作进行了规范。11月份开始，组织各分局启用了政府信息公开管理系统，提高了行政效率和信息公开服务水平。

土地利用管理

土地利用处

【国有土地使用权出让】

1. 2010 年北京市国有土地使用权出让概况

2010 年北京市共出让土地 622 宗，出让土地总面积约 2367. 3378 公顷，合同地价款总额约为人民币 1458. 47 亿元（表 1）。其中出让新建项目用地 360 宗，出让土地面积约为 2129. 022 公顷，占出让总土地面积的 89. 93%，合同地价款总额约为人民币 1436. 01 亿元，占出让地价款总额的 98. 46%；以现状补办出让项目用地 262 宗，出让土地面积约 238. 3158 公顷，占出让总土地面积的 10. 07%，合同地价款总额约为人民币 22. 46 亿元，占全市出让地价款总额的 1. 54%。

表 1　按区域划分 2010 年北京市国有土地使用权出让情况

区县	宗数	宗地面积（公顷）	合同地价款（万元）
东城区	35	5. 8124	101687. 21
西城区	25	2. 5102	14737. 4
崇文区	8	1. 0263	38898. 53
宣武区	23	2. 8256	6607. 87
朝阳区	69	97. 8502	3000044. 13
丰台区	46	126. 1237	1426490. 06
石景山区	8	12. 4488	155559. 1
海淀区	32	67. 8948	926689. 01
门头沟区	9	30. 1919	108946. 2
房山区	34	197. 1963	1677581. 59
通州区	30	194. 3157	1375543. 16
顺义区	74	537. 0377	1311996. 54
昌平区	70	281. 4241	1196815. 15
大兴区	53	301. 4755	2082410. 35
怀柔区	7	19. 9662	39745. 71
平谷区	20	106. 7942	317819. 16
亦庄开发区	47	214. 0709	321490. 44
密云县	22	121. 4669	445479. 76
延庆县	9	46. 9064	36127. 48
合计	622	2367. 3378	14584668. 85

按出让方式来分，其中以招拍挂方式出让项目用地272宗，出让土地面积约1806.84公顷，占出让总土地面积的76.32%，合同地价款总额约为人民币1409.51亿元，占出让地价款总额的96.64%；以协议方式出让项目用地350宗，出让土地面积约560.50公顷，占出让总土地面积的23.68%，合同地价款总额约为人民币48.96亿元，占全市出让地价款总额的3.36%。

2. 2010年北京市国有土地使用权协议出让情况

2010年北京市共协议出让土地350宗（包括现状经营性用地补办出让手续、教科文卫用地等），出让土地总面积约560.4977公顷，合同地价款总额为人民币48.96亿元（表2）。其中协议出让新建项目用地88宗，出让土地面积约为322.1819公顷，占协议出让总土地面积的57.48%，合同地价款总额约为人民币26.50亿元，占出让地价款总额的54.13%；以现状补办出让项目用地262宗，出让土地面积约238.3158公顷，占出让总土地面积的42.52%，合同地价款总额约为人民币22.46亿元，占全市出让地价款总额的45.87%。

表2 按用途划分2010年北京市国有土地使用权协议出让情况

（单位：宗、公顷、万平方米、万元）

<table>
<tr><td colspan="2" rowspan="2"></td><td rowspan="2">宗地数</td><td colspan="2">土地面积</td><td rowspan="2">规划建筑面积</td><td rowspan="2">成交价款</td><td rowspan="2">纯收益</td></tr>
<tr><td></td><td>新增</td></tr>
<tr><td colspan="2">甲</td><td>1</td><td>2</td><td>3</td><td>4</td><td>5</td><td>6</td></tr>
<tr><td colspan="2">合　计</td><td>350</td><td>560.4977</td><td>322.6847</td><td>823.0972</td><td>489561.37</td><td>465524.24</td></tr>
<tr><td colspan="2">商服用地</td><td>185</td><td>84.5326</td><td>28.6596</td><td>176.5985</td><td>191033.92</td><td>190384.48</td></tr>
<tr><td colspan="2">工矿仓储用地</td><td>59</td><td>156.0802</td><td>70.7502</td><td>107.1633</td><td>21964.81</td><td>19458.98</td></tr>
<tr><td colspan="2">住宅用地</td><td>65</td><td>134.0085</td><td>111.9973</td><td>319.8132</td><td>159526.97</td><td>139235.33</td></tr>
<tr><td rowspan="6">其中</td><td>高档住宅用地</td><td></td><td></td><td></td><td></td><td></td><td></td></tr>
<tr><td>普通商品住房用地</td><td>34</td><td>47.0673</td><td>43.4392</td><td>117.7632</td><td>57428.55</td><td>57428.55</td></tr>
<tr><td>中低价位、中小套型用地</td><td></td><td></td><td></td><td></td><td></td><td></td></tr>
<tr><td>经济适用住房用地</td><td></td><td></td><td></td><td></td><td></td><td></td></tr>
<tr><td>廉租住房用地</td><td></td><td></td><td></td><td></td><td></td><td></td></tr>
<tr><td>其他住房用地</td><td>31</td><td>86.9412</td><td>68.5581</td><td>202.05</td><td>102098.42</td><td>81806.78</td></tr>
<tr><td colspan="2">公共管理与公共服务用地</td><td>41</td><td>185.8764</td><td>111.2776</td><td>219.5222</td><td>117035.67</td><td>116445.45</td></tr>
<tr><td colspan="2">特殊用地</td><td></td><td></td><td></td><td></td><td></td><td></td></tr>
<tr><td colspan="2">交通运输用地</td><td></td><td></td><td></td><td></td><td></td><td></td></tr>
<tr><td colspan="2">水利设施用地</td><td></td><td></td><td></td><td></td><td></td><td></td></tr>
</table>

3. 2001年—2010年北京市国有土地使用权出让情况

2001年—2010年北京市国土资源局共审批出让国有土地使用权7812宗，涉及土地面积约20544公顷，规划建筑面积约32837万平方米。

4. 2010 年北京国有土地使用权出让地价评审会情况

北京市国土资源局召开地价评审专家会四次，共审定453宗地价水平。其中，审定现状项目、处罚后补办项目、研发项目等428宗，调整规划项目25宗。

【国有土地使用权划拨】

1. 2010 年北京国有土地使用权划拨情况

2010 年市局办理划拨用地涉及我市 18 个区县，从用地位置来看，各区县办理件数以及用地面积相差不大。（详见表 3）

表 3　2010 年按各项目用地位置分类统计表　（单位：宗、公顷）

区县	宗数	比例	用地面积	比例
东城	3	3.23%	0.86	0.33%
西城	1	1.08%	0.18	0.07%
崇文	7	7.53%	22.25	8.43%
宣武	5	5.38%	7.50	2.84%
朝阳	8	8.60%	6.64	2.51%
海淀	7	7.53%	53.81	20.38%
丰台	6	6.45%	6.83	2.59%
石景山	2	2.15%	1.28	0.49%
门头沟	4	4.30%	7.90	2.99%
大兴	3	3.23%	28.24	10.70%
通州	6	6.45%	10.22	3.87%
昌平	6	6.45%	42.82	16.22%
顺义	7	7.53%	13.23	5.01%
平谷	5	5.38%	9.37	3.55%
房山	10	10.75%	27.63	10.47%
怀柔	5	5.38%	2.61	0.99%
密云	4	4.30%	5.91	2.24%
延庆	4	4.30%	16.70	6.33%
亦庄	3	3.23%	0.86	0.33%
总计	93	100.00%	264.00	100.00%

2. 1992 年—2010 年国有土地使用权划拨情况

1992—2010 年的 19 年间，共办理划拨城镇建设用地 1595 宗，总用地面积 9821.25 公顷。（详见表 4）

表4　划拨城镇建设用地分年度统计表　（单位：宗、公顷）

年度	宗数	比例	面积	比例
1992	25	1.57%	204.64	2.08%
1993	36	2.26%	241.02	2.45%
1994	39	2.45%	404.80	4.12%
1995	36	2.26%	215.33	2.19%
1996	24	1.50%	55.16	0.56%
1997	33	2.07%	122.24	1.24%
1998	38	2.38%	157.76	1.61%
1999	33	2.07%	187.10	1.91%
2000	35	2.19%	67.40	0.69%
2001	72	4.51%	412.95	4.20%
2002	65	4.08%	311.21	3.17%
2003	79	4.95%	501.66	5.11%
2004	73	4.58%	447.67	4.56%
2005	123	7.71%	611.16	6.22%
2006	183	11.47%	2086.16	21.24%
2007	294	18.43%	1400.08	14.26%
2008	181	11.35%	1409.29	14.35%
2009	133	8.34%	721.62	7.35%
2010	93	5.83%	264.00	2.69%
总计	1595	100.00%	9821.25	100.00%

（1）从用地宗数来看，从1992年的25宗开始逐年增加，至1994年达到最高点39宗，之后1995年开始下降，至1996年下降至最低点24宗，从1997年开始又逐年上升，到2007年达到最高点294宗，从2008年开始又逐年下降，至2010年下降至93宗。

从用地面积来看，从1992年的204.64公顷开始逐年增加，至1994年达到最高峰宗404.8公顷，之后1995年开始直线下降，至1996年下降至最低点55.16公顷，从1997年开始又开始逐步上升，到1999年达到一个小高峰187.1公顷，2000年有所下降至67.4公顷，2003年达到又一个高点501.66公顷，2004年稍有回落至447.67公顷，到2006年达到最高点2086.16公顷，从2009年开始又逐年下降，至2010年下降至264.00公顷。

（2）从用地项目来看，公共管理和公共服务用地最多，共677宗，占42.45%，用地面积2704.00公顷，占27.56%，其次是其他住房项目共364宗，占22.82%，用地面积2800.26公顷，占28.54%；随后是交通运输用地，共305宗，占19.12%，用地面积2439.68公顷，占24.86%；经济适用住房共145宗，占9.09%，用地面积1302.41公顷，占13.27%；最少的是特殊用地共104宗，占6.52%，用地面积565.91公顷，占5.77%。（详见表5）

表5　划拨城镇建设用地分项目统计表　（单位：宗、公顷）

项目名称	宗数	比例	用地面积	比例
公共管理和公共服务	677	42.45%	2704.00	27.56%
经济适用住房	145	9.09%	1302.41	13.27%
其他住房	364	22.82%	2800.26	28.54%
交通运输用地	305	19.12%	2439.68	24.86%
特殊用地	104	6.52%	565.91	5.77%
总　　计	1595	100.00%	9812.25	100.00%

（3）自1992—2010年的19年间，市局办理划拨用地涉及我市19个区、县，从用地位置来看，东城、西城、崇文、宣武、朝阳、海淀、丰台等七城区办理的最多，共1244宗，占80.00%，用地面积6787.07公顷，占69.11%。（详见表6）

表6　划拨城镇建设用地分区县统计表　（单位：宗、公顷）

区县	宗数	比例	用地面积	比例
东城	134	8.40%	551.66	5.62%
西城	194	12.16%	710.39	7.23%
崇文	116	7.27%	631.45	6.43%
宣武	139	8.71%	537.94	5.48%
朝阳	268	16.80%	2069.31	21.07%
海淀	242	15.17%	1562.63	15.91%
丰台	151	9.47%	723.68	7.37%
石景山	40	2.51%	137.88	1.40%
门头沟	20	1.25%	82.66	0.84%
大兴	26	1.63%	255.55	2.60%
通州	34	2.13%	140.73	1.43%
昌平	57	3.57%	610.16	6.21%
顺义	32	2.01%	1213.99	12.36%
平谷	15	0.94%	49.23	0.50%
房山	28	1.76%	160.33	1.63%
怀柔	27	1.69%	75.43	0.77%
密云	47	2.95%	155.59	1.58%
延庆	20	1.25%	93.76	0.95%
亦庄	5	0.31%	58.85	0.60%
总计	1595	100.00%	9821.25	100.00%

2010年共办理划拨城镇建设用地93宗，总用地面积264.00公顷。(详见表7)

表7 2010年按划拨土地用途分类统计表 (单位：宗、公顷)

项目类型用地	宗数	比例	面积	比例
公共管理和公共服务	63	67.74%	107.09	40.56%
经济适用住房	18	19.35%	81.14	30.73%
其他住房	3	3.23%	0.63	0.24%
交通运输用地	4	4.30%	22.20	8.41%
特殊用地	5	5.38%	52.95	20.06%
总　　计	93	100%	264..00	100%

【专题调研】

1. 完成《国有土地租赁合同》示范文本编制工作

按照国土资源部土地利用司要求，在充分调研的基础上完成承担《国有土地租赁合同》示范文本的编制工作。按时上报国土资源部土地利用司，为国土资源部相关政策研究、决策提供参考。

2. 完成北京市产业用地地价政策研究初步成果

北京市产业用地类型复杂多样，包括高新技术研发产业、金融后台服务产业、文化创意产业等多种产业，目前产业用地土地价格是根据项目的情况进行具体审议，对不同类型产业的划分，具体地价水平的确定较为复杂。

北京市产业用地地价政策研究在系统总结与借鉴本市及外省市经验的基础上，对部分典型产业与产业集聚区进行调研；在相关经济理论的支持下，重点分析土地价格变化对企业用地行为的数量影响，比较土地、财政、税收、金融等各种政策的不同变化对促进优势企业落地发展的现实效应，研究地价政策的不同变化对本市产业发展与结构调整的近、中期影响；形成并提出有助于推动本市节约集约用地，提升产业结构优化的地价政策与措施建议，为政府决策、加强产业用地管理提供参考和依据。

3. 推进北京标定地价研究工作

北京市土地市场经过20多年的建设与发展，已经逐渐形成包括各种市场交易价格，不同政府规定地价等多层面的城市地价体系。城市地价运行体系的形成，对于政府进行土地利用调整和土地市场调控发挥着越来越重要的基础性作用。为了反映土地市场最新的发展状况，满足政府土地市场出让标准适应市场变动的动态要求，依据中华人民共和国国土资源部《招标拍卖挂牌出让国有建设用地使用权规定》（第39号令）等文件的精神，对北京市标定地价的作用和确定方法等进行研究。

4. 开展北京市出让土地使用权价格和划拨土地使用权价格差异研究工作

《关于改革土地估价结果确认和土地资产处置审批办法的通知》（国土资发［2001］44号）明确规定：企业改制时，

可依据划拨土地的平均取得和开发成本，评定划拨土地使用权价格，作为原土地使用者的权益。划拨土地需要转为有偿使用土地的，应按出让土地使用权价格与划拨土地使用权差额部分核算出让金，并以此计算租金或增加国家资本金、国家股本金。按照国土资源部办公厅《国土资源部办公厅关于完善企业改制土地估价报告备案有关事宜的通知》（国土资厅函［2009］311号）要求北京市出让土地使用权价格和划拨土地使用权价格差异测算和研究准备工作。

地籍管理

地籍处

【全市地籍管理概况】

1. 人员编制

截止到2010年12月底，全市地籍系统从业人员共计336人，其中：行政在编109人，事业编157人，临时聘用70人。

2. 地籍调查

全市年内城市市区应完成地籍调查面积1078.83平方公里，完成率达100%；149个建制镇应完成地籍调查面积488.85平方公里，完成率达100%；4294个行政村应完成地籍调查面积1129.74平方公里，已完成了555.71平方公里，完成率达49.19%。

3. 权属争议调处

年度内处理土地权属争议179件，累计处理争议1060件，尚有623件未处理。

4. 地籍资料公开查询

年内受理公开查询1879次，累计受理公开查询41565次。

5. 业务（技术）培训

市级组织业务（技术）培训3期，培训320余人。区县级组织业务（技术）培训2期，参加600余人。

【第二次全国土地调查】

1. 完成了成果的上报

1月份向全国调查办上报了标准时点成果，3月份参加了全国数据对接工作，5月份按照对接统一口径对上报成果进行了完善，9月上旬完成了全市数据库成果最终确认工作。

2. 开展二调经费使用检查

4月份市调查办成立专项检查组开展了二调经费使用专项检查，并通过了市财政2009年度二调项目绩效考评。

3. 开展二调成果整理

市局及各分局拟写了二调工作报告、技术报告、监理报告、专项用地调查报告和成果分析报告。市局完成了二调图集、数据集及《北京土地专著》初稿。

4. 二调成果得到广泛应用

调查成果应用到了全市人口普查、水务普查、文物普查、林权制度改革和浅山区开发利用规划等工作中，为土地利用总体规划编制、土地执法查处、北京新机场选址、市重大项目落地，以及全市区县届中考察等工作提供了土地利用现状数据。

【农村土地确权登记颁证】

1. 总体情况

全市农村集体所有权宗地数为21981宗，年内主要完成了朝阳、通州、平谷区各一个乡镇的试点工作。

2. 试点工作完成情况

通州区于家务乡，共有23个行政村，土地总面积65.36平方公里。其中：集体土地所有权163宗，确权登记153宗，确权率93.87%；集体建设用地使用权306宗，确权登记263宗，确权率85.95%；平谷区镇罗营镇，共有20个行政村，土地总面积80.60平方公里。其中：集体土地所有权99宗，全部确权登记，确权率100%；集体建设用地使用权76宗，确权登记54宗，确权率71.05%；朝阳区黑庄户乡，共有16个行政村，土地总面积24.10平方公里。其中：集体土地所有权130宗，确权登记66宗，确权率50.77%；集体建设用地使用权261宗，未确权。

3. 制定有关政策文件

拟定并下发了《北京市农村土地确权登记颁证试点工作实施细则（试行）》和《北京市农村土地确权登记颁证工作政策百题问答》。同时，针对公路、河流沟渠以及农村地区中小学、农村商业银行、供销社以及国有农场等确权难等问题，研究制订相关政策。

【土地利用现状调查】

1. 完成年度变更调查与遥感监测工作

以二次调查标准时点更新数据为基础，采取市局统一组织招标确定作业队伍实施的工作模式，全面查清了年度各地类变化情况。

2. 完成遥感监测新增建设用地季报工作

充分利用每季初与季末的卫星遥感正射影像叠加对比分析，完成了全市14个区县季度新增建设用地成果上报工作。

3. 开展了年度城镇地籍调查数据汇总工作

充分利用已建成的城乡一体化地籍数据库，组织开展了城镇地籍调查数据汇总和年度地籍进度汇总统计。

4. 建立土地调查工作新机制

采取市局统一组织、多部门联合、区县分局协助、作业单位实施的组织方式，把年度变更调查、遥感监测、新增建设用地季报和协助卫片执法检查中地类认定等工作统筹起来，建立了月清季累年更新的变更调查工作模式。这种新机制工作模式，2010年12月3日，《中国国土资源报》以侧记的形式给予了肯定。

【土地登记】

1. 日常土地登记情况

截止到2010年底，全市国有土地使用权应发证226068本，已发94420本。集体土地所有权应发证21838本，已发29本。集体建设用地使用权应发68933本，已发证9134本。全市完成抵押登记9232宗，抵押土地面积7056.63万平方米，贷款金额456.92亿。完成报批中央用地手续194件、军产保密产用地手续103件、储备用地手续21件。

2. 规范土地登记行为

下发了《关于进一步规范土地登记

工作行为的通知》，建立土地登记工作年检、季检制度，开展了土地登记规范化检查。严格执行土地登记持证上岗制度，加强土地证书管理，规范了军用土地登记，完善了国有土地登记工作规范。

3. 主动为土地产权人服务

开展了全市农垦系统国有农场和北京市农村商业银行网点土地登记工作，配合国资委开展了企业改制、非经营资产移交及破产企业土地产权核定工作，主动按时完成了市重点工程、折子工程的土地登记发证工作。

【土地权属管理】

1. 加强土地确权和权属纠纷调处的政策研究

主要对城镇私房、20 世纪 50 年代房地产权证效力、农村宅基地、信访复查复核和涉及在土地调查、确权、登记颁证工作中出现的相关问题进行了分类疏理，对带普遍性、共性的问题进行了研究，出台了《北京市国土资源局关于城镇私有房屋国有土地使用权登记发证有关问题的意见》，下发了北京市国土资源局关于转发市政府法制办《关于对 20 世纪 50 年代房地产权证照效力问题的意见》的通知，配合局信访办下发《关于转发市政府信访办复查复核委员会办公室关于印发宅基地信访投诉办理复查机关职责权限划分办法（试行）的通知》等政策性文件。

2. 完成了重点项目确权工作

确认了京门铁路五路至金安桥区间土地权属问题，完成了丰台园博会、丽泽商务区等重点项目的权属和地类确认，对昌平、海淀有关东小口镇区界接边权属进行了确认，协调处理了密云百合园等住宅项目的土地权属问题。

3. 处理了各类权属纠纷和信访

采取市局与分局联动的工作模式，调查处理了北京经中实业开发总公司权属问题，解决了 66150 部队与房山区长阳镇长阳一村土地权属争议，完成了国家奥林匹克体育中心北门停车场和北京残疾人服务中心权属确认，对空军指挥学院有关权属问题进行了调查处理，研究处理了东亚骨病研究所土地使用证变更和公安部丰管路 56 号院土地登记问题。

【地籍信息系统建设】

在完成标准时点更新数据库成果的上报和数据对接的基础上，完成了 80 数据库成果到地方数据库的更新工作，确保了数据成果的一致性和完整性。同时对全市地籍管理信息系统试运行情况进行跟踪指导，不断完善了系统功能，2010 年 10 月份，该系统荣获中国地理信息优秀工程银奖。

【课题研究】

按照任务牵引、理论先行的思路，较为系统的开展了地籍管理相关课题研究。先后出台了《地籍管理办法》和《地籍调查技术规程》（北京市地方标准）。并对近年来的研究成果进行了整理，编写《北京市国土资源“十一五”地籍管理课题研究成果汇编》，主要对《地籍管理办法》、《北京市地籍调查成果参与国民经济宏观调控指标研究》、《北京市城乡地籍统一管理制度规范化研究》、《北京市农村土地确权研究》、《北京市农村宅基地确权政策研究》、《北京市城市私房土地使用权研究》、《北京市住宅小区内土地使用权权属确认及登记政策研究》、《北京市公共基础设施用地权属确认与登记调查研究》、《北京市城市地上地下土地权利调查研究》、《北京市日常地籍调查管理机制与质量控制研究》、《北京市土地变更地籍调查技术细则》、《北京市土地利用变更调查机制研究》、《北京市地籍调查与测绘技术规程》等13个课题调研成果进行了汇编。

矿产资源储量管理

勘查储量处

地质勘查管理

【2010 年地质勘查工作指导思想】

2010 年是“十一五”规划的结束年，我市地质勘查工作紧紧围绕局中心工作和《北京市“十一五”时期地质勘查发展规划》（以下简称《规划》）开展，在城市地质、环境地质、城市土壤地质、新型清洁能源等方面取得明显成效；矿产资源勘查登记严格有序的进行；地质勘查资质管理严格按照《地质勘查资质管理条例》（国务院令 520 号）及国土资源部配套文件执行，完成了 2010 年的资质审批及监督管理工作。

【《规划》实施情况】

《规划》主要内容有序实施、按计划基本完成了主要工作，取得了明显成效。

1. 矿产资源勘查

2010 年，北京市共开展野外施工矿产勘查项目 34 个，其中地热项目 28 个、地下水项目 5 个、煤炭项目（矿山生产勘探）1 个。矿产资源勘查投入资金总额达 9753 万元，其中社会资金投入 8043 万元。主要实物工作量为钻探进尺，共 39096 米，其中地热钻探进尺为 35918 米，地下水为 1597 米。新增查明的矿产资源储量 3 处，煤炭、地热、地下水各一处。

2. 水文地质调查评价

“北京市平原区地下水环境监测网运行”项目的实施，建立了地下水环境监测的长效机制，通过区域地下水环境网络的监测，查明了北京市平原区 4 个含水层组的水质特征，从平面上和垂向上即空间上分析了水质分布规律；通过重点污染源专项监控网络的实施，初步分析了北京市平原区重点污染源对地下水影响的态势。该项目全面准确地掌握北京市平原区地下水环境质量状况及其变化规律，为健全和完善北京市环境质量发布系统，提供地下水环境质量信息，特别是集中地下水饮用水源地水质信息提供技术支持，为研究制定地下水污染整治方案，为强化水污染源和水环境管理以及地下水污染防治决策提供科学依据。

3. 环境地质调查

2009 年 7 月 –2010 年 12 月，“北京大兴等 8 个规划新城前期区域工程地质勘查”项目的实施，对大兴、房山、门头沟、昌平、密云、怀柔、平谷、延庆共 8

个规划新城的隐伏活动构造、滑坡、崩塌、泥石流、地面沉降和地裂缝、地面塌陷（采空区）、砂土液化等主要地质问题进行了分析；对地质灾害的危险性程度进行了综合评价；查清了8个新城地区范围内主要工程地质问题，并对工程地质条件进行了分区；结合新城的建设规划，对八个新城区建设场地稳定性和适宜性做出了评价；从可持续发展的角度，对大兴等8个新城的规划和建设提出科学合理的建议，从而保证新城建设的安全。

2010年，北京市开展了“非正规垃圾填埋场勘察和风险评价”项目，投入市财政资金770万元，调查面积3400m^2，调查填埋场1011处，该项目在填埋场基本调查工作基础上，从分析填埋场污染因素和环境条件两方面开展研究，采用科学合理的评价方法，制定出非正规垃圾填埋场风险等级的划分方法。项目成果对治理非正规垃圾填埋场的污染具有重要作用和工程意义，对改善北京市市容环境卫生状况和环境保护有着现实意义。

正在实施的“北京地区主要活动断裂工程地质稳定性评价与地应力测量”项目，取得了阶段性的成果。截至目前，项目组已完成1∶5万工程地质调查660km^2，其中2010年度完成320km^2；完成1∶1万工程地质调查200km^2，其中2010年度完成80km^2。项目完成30个微震台网监测台站建设，目前正在监测获取数据，已获取了大量的微地震信息；目前已完成800m地应力测量及监测钻探工程，正进行地应力测量和监测仪器安装，完成1个地应力实时监测台站。目前项目进度良好，项目的主要成果将揭示北京地区活动断裂带（尤其是隐伏地段）的存在及其三维空间产状展布，查明该断裂带的三维结构、分段性及其活动性，并配合地应力测量与监测，结合已有断层位移监测数据，揭示该断裂的活动方式和定量活动速率，评价其工程地质稳定性、危险性及工程地质效应；通过在平谷、十三陵等地区进行深孔（500m～800m）地应力测量与监测，建立北京地区地应力实时监测网，填补北京地区没有深孔地应力测量与监测的空白，揭示北京地区现今地应力环境，为首都安全增加一份保障，为北京地区活动断裂评价以及首都重大工程规划、城市安全建设等提供科学依据。

4. 地质灾害调查与评价

为查明北京市地质灾害危害现状，2010年度北京市国土局委托北京市地质研究所开展了“北京市突发地质灾害区划综合研究”项目。该项目首次集成了近10年来的北京地区区县地质灾害调查与区划成果，首次采用“地质灾害综合危险性指数法”和“层次分析法”相结合的地质灾害易发程度评价方法。重新调查核实了全市地质灾害隐患点的个数，类型及受威胁的人数。查明北京地区受突发性地质灾害威胁的有10个区县、64个乡镇、242个行政村，共4775户、14643人。截至2010年7月，全市共有突发性地质灾害隐患点597处，其中崩塌隐患点290处，不稳定斜坡隐患点62处，地面塌陷隐患点23处，滑坡隐患点2处，泥石流隐患点220处。项目已经为北京市的城市发展规划、地质灾害防治和山区规划的实施、新农村的建设、城市生态屏障的保护、减灾防灾提供了更为科学的依据。

5. **地热勘查**

北京地热勘查获得重大突破，北京市凤河营地热田（采育部分）整装勘查与综合开发项目第一眼勘探井于2010年4月成功打出了103℃高温自流地热水。

该地热井位于大兴区采育镇凤河营村北，井深3623m，出水温度103℃，日出水量逾1500m^3，日自流水量近800m^3。该眼勘探井验证了凤河营地热田是本市温度最高的地热田的推论，开创了北京勘探中温地热资源的先河（90℃～150℃的地热资源被称为中温地热资源）。

北京市平谷区地热资源潜力调查及利用研究项目，首次对平谷区的地热资源潜力进行了面积性的普查，基本查明了平谷区构造格架和地热地质条件，圈出了具有地热开发潜力的三个地热远景区；在后北宫地区成功实施了一眼地热勘探井，首次在太古界片麻岩地层中勘探出地热水，填补了北京片麻岩地区采出地热的空白，具有一定的示范作用。

【矿产资源勘查登记】

北京市矿产资源勘查登记严格按照《矿产资源勘查区块登记管理办法》（国务院240号令）、《北京市矿产资源规划》、《北京市"十一五"时期地质勘查发展规划》、《北京市矿业权出让转让公开交易办法（试行）》等规定执行，为了保护北京的生态环境，为"绿色北京"做贡献，北京市审批出让的主要是地热勘查登记的探矿权。

2009年探矿权登记项目为20个，按项目性质分：新立17个，延续2个，保留1个；登记矿种全部为地热。

2010年探矿权登记项目为18个，按项目性质分：新立16个，延续1个，保留1个，登记矿种全部为地热。（见2010年矿产资源勘查登记情况通报表）。

2009年与2010年相比，勘查登记项目数没有大的变化，登记矿种都为地热。

【探矿权有偿取得】

按照《北京市矿业权出让转让公开交易办法（试行）》的规定，我市近年来登记的矿种主要是地热，都按照规定在指定的矿业权交易市场进行了公开交易。

【地质勘查资质管理】

2008年3月3日国务院《地质勘查资质管理条例》颁布后，国土资源部出台了配套文件，从7月1日起开始实施。2010年1月25日，国土资源部制定了《地质勘查资质监督管理办法》，地质勘查资质管理工作重点开始由资质审批向监督管理转移。

截止到2010年底，我市共有111家地质勘查单位取得了地质勘查资质证书，其中58家单位通过国土资源部审批，获得甲级资质（包括石油天然气、航空物探、航空遥感），我局批准了91个单位的乙级、丙级地质勘查资质（有38家单位同时取得了部、局颁发的资质）。（见截止到2010年12月31日北京市国土资源局颁发地质勘查资质证书统计表、截止到2010年12月31日国土资源部颁发的北京地区地质勘查资质证书统计表）

【地质勘查“走出去”】

2010年度，北京地质勘查工作“走出去”取得较大突破，争取中央财政国外矿产资源风险勘查项目及资金较上一年度有明显增加，共有4家单位的11个项目获得中央财政8039万元补助；除去国家投资的境外项目之外，我市还有5家企事业单位到境外开展矿产资源勘查工作，承担的项目16个，资金额度近亿元。已初步查明的境外矿产地有3处，其中大型1处（铜矿），中型2处（金矿、铁矿各1处），成效显著。

矿产资源现状

截止2010年底，我市共发现各类矿产127种（含亚矿种，下同），其中固体矿产121种，水气矿产6种。有查明资源储量并已编入《北京市矿产资源储量表》的有67种363处矿产地。上储量表的固体矿产矿区67种297处，其中有能源矿产1种28个矿区；金属矿产19种72处矿区；非金属矿产47种197处矿区（详见统计资料表10）。

【分布特点】

我市矿产资源分布不均衡，具有分布广泛、矿种相对集中，以远郊区（县）为主的特点：

煤矿80%以上的查明资源储量分布于京西门头沟区和房山区；铁矿90%以上的查明资源储量分布于密云县；有色金属矿产主要集中分布于密云县、延庆县及怀柔区；化工、冶金及建筑用各类石灰岩、白云岩等矿产主要分布于山区与平原交界的西部与北部山前地带。

【保有资源储量】

《固体矿产资源/储量分类》（GB/T17766—1999），将资源储量分为储量、基础储量、资源量三大类十六种类型。储量是指基础储量中的经济可采部分；基础储量是经详查、勘探所获控制的、探明的资源量中通过可行性研究、预可行性研究认为属于经济的、边际经济的部分；资源量包括经可行性研究或预可行性研究证实为次边际经济的矿产资源、经过勘查未进行可行性研究的内蕴经济的矿产资源，以及经过预查后预测的矿产资源。

截止2010年底，我市矿产资源储量保有情况详见统计资料表12。

【饮用天然矿泉水资源】

我市矿泉水主要为低钠、低矿化度或中等矿化度的淡矿泉水，有四种类型：锶型、锶—偏硅酸型、偏硅酸型、高矿化度型（溶解性总固体＞1000mg/L）。截止2010年底，共勘查评价矿泉水水源地147处，批准每日允许开采量31166立方米，每年允许开采量1137.56万立方米。按类型划分：

锶型：有75处，约占全市矿泉水总量的一半，主要分布在西部奥陶系灰岩地层中；

锶—偏硅酸型：有50处，约占总量的1/3，主要为平原区第四系承压水；

偏硅酸型：有20处，占总量的1/7以上，主要分布在北部山区岩浆岩中；

高矿化度型：有2处，分别位于门头沟区和房山区。经勘查评价属三项达标的高矿化度矿泉水。

矿产资源储量管理

【矿山储量动态监督管理】

矿山储量动态监管工作得到进一步加强。在工作思路上，由过去以推动为主逐步向全面推进与提高质量相结合转变。在业务指导上，进一步规范了工作方法和要求，完成《北京市矿山资源储量动态监管工作参考资料汇编》的编写并发送相关单位参考使用。结合我市实际情况确定了检测范围。加强了过程管理，会同局相关处室及各分局，开展了全市矿山储量动态监管工作情况专项检查。

【矿产资源储量评审备案工作】

严格按规定开展矿产资源储量评审备案工作。2010年完成矿产资源储量评审备案并出具备案证明52份，其中固体矿产储量核实6份、地热勘查报告17份、建设项目压覆矿产储量评估报告29份。完成了占用储量登记工作。

【矿产资源登记统计】

开展年度矿产资源统计工作，根据矿山企业报送的年度统计基础表，审核汇总并录入数据库，建立我市年度矿产资源储量统计数据库。掌握矿山企业开采消耗资源储量情况及矿山保有资源储量情况。

2009年度登记统计数据顺利通过国土资源部的验收。根据统计结果，印制了《截至2009年底北京市矿产资源储量表》。

【建设项目压覆矿产资源核查】

为贯彻落实扩内需、保增长、保红线精神，缩短审批时限，减少审批环节，提高办事效率，调整完善了建设项目压覆矿产资源核查工作程序。组织编制并印发了《北京市建设项目压覆矿产资源储量核查技术要求》。全年共对116个建设项目进行了核查工作，与2009年基本持平，2003年以来共完成577个建设项目是否压覆矿产资源核查工作。

结合我市行政管理工作的实际，将经核查未压覆矿产资源的建设项目下放到分局，由分局直接出具证明材料，压覆矿产资源的，由分局提出初审意见后报市局审批。

【编制矿产资源年报】

组织编写了《2009年度北京市矿产资源年报》，系统反映了我市矿产资源家底和矿产资源勘查、资源储量、开发利用、地质环境的管理情况。

地质资料管理

【成果地质资料管理】

按照国土部关于开展全国地质资料管理专项检查工作的要求，开展了我局地质资料管理情况的检查工作，系统总结了近十年来地质资料管理有关制度建设、馆藏机构建设、开展的工作、存在的主要问题等，为下一步提升地质资料管理水平和服务能力奠定了基础。同时加大了地质资料汇交管理力度，2010年接收整理入库成果地质资料492档，比上年增加155档。截至目前，我市地质资料馆馆藏成果地质资料达5699档。

【实物地质资料收集】

实物地质资料管理取得突出成效。制度建设上，制定并印发了《关于加强地热井实物地质资料整理汇交工作的通知》（京国土勘函〔2009〕1005号），指导规范地热井实物地质资料的汇交、保管和利用。实物地质资料由原来临时租用的场所搬迁到新的比较规范的场所。2010年接收了25口地热井实物地质资料，完成的地热井实物资料全部汇交，地热井年度实物资料汇交率经过努力历史性的从零汇交达到100%汇交。截至2010年底，共接收了84口地热井实物地质资料。

【地质资料信息服务】

积极开展地质资料信息服务，为贯彻落实国土资源部《保增长保红线行动》，以最大限度地满足新增投资计划项目对地质信息的需求，为工程选址和施工提供基础地质信息服务与支撑。制定了《为扩大内需项目做好地质资料信息服务工作方案》，采取多种措施大力推进地质资料信息服务扩大内需项目工作。共为道路改建、天然气管道建设、旧城改造、建设用地压覆矿产资源核查、地质灾害危险性评估等扩大内需项目提供地质资料查询364人次，利用资料1339份次计20085件次。为有关项目的选址、基础勘查争取了时间和节约了资金，对建设项目的顺利实施起到了促进作用。加强地质资料信息服务工作，受到国土部的好评。

【项目管理】

北京城市地质土壤调查

完成了北京城市地质土壤调查与评价前期研究，确定了调查工作方法、工作区域、工作内容等。编写了北京城市地质土壤调查与评价工作立项建议书，向市政府报送了开展北京城市地质土壤调查与评价工作请示，市政府已批准。目前正在开展野外工作。这项工作的实质性开展，将对全面推进我市城市地质工作，对我局地质管理工作实现由传统的矿产地质向城市地质的进一步转变将产生深远的影响。

北京市矿产资源潜力评价项目

矿产资源潜力评价工作，是我市历史上第一次关于矿产资源潜力方面的矿情摸底调查。本年度开展本市煤炭、金、铜、铅锌、钨矿资源预测评价工作，编写金、铜、铅锌、钨矿预测资源潜力预测评价成果报告和各专业专题报告，共计完成报告8份，编制图件344张，图件说明书334份，图件数据库334个。市财政绩效考评评为优秀。

北京市矿产资源储量利用调查项目

矿产资源利用现状调查工作，是我市历史上第一次关于资源储量方面的矿情摸底调查。目的是查清矿区保有储量、累计查明储量、矿山占用储量、采出情况、压覆储量等各种储量情况。按照总体实施方案，计划开展176个矿区的核查工作，完成单矿种汇总及相关专题研究工作。截止2010年底，完成153个矿区成果报告及成果数据库，已评审验收147个单矿区成果报告和数据库，完成13个单矿种汇总报告。我市工作得到国土部及全国项目办的好评，其中铁矿调查还被全国项目办选定为全国的工作试点矿种。市财政绩效考评评为优秀。

矿产资源开发管理

矿产资源开发处

【采矿登记与采矿权管理】

2010年采矿权延续5个，变更4个，转让2个，注销25个。收缴采矿权价款4805.35万元。

按照《北京市矿产资源总体规划》（2008—2015年）提出的固体矿山数量控制在90个以内的要求，2010年全市固体矿山数量减少85个。截至2010年底，全市保留固体矿山38个，矿泉水36个，超额完成《北京市矿产资源总体规划》提出的目标任务。

为加强我市矿业权实地核查成果应用，贯彻落实《国土资源部办公厅关于印发〈矿业权登记数据更新与换证工作方案〉的通知》（国土资厅发［2010］2号）和《国土资源部办公厅关于加强矿业权实地核查成果应用的通知》（国土资厅函［2010］1012号）要求，2010年10月对换发采矿许可证工作进行了部署，于2010年12月底前全部完成，共计换发采矿许可证85个。

【矿业权市场建设】

为保证我市矿业权公开、公平、公正交易，培育和发展我市矿业权交易市场，规范矿业权出让转让行为，会同有关处室联合制定、并以京国土矿〔2010〕256号文印发《北京市矿业权出让和转让公开交易办法（试行）》，于2010年6月1日起施行。办法中规定市级负责审批的矿业权出让和转让工作，在市国土局监督指导下，通过市国土局指定的矿业权交易机构进行。

目前，我局指定北京国际矿业权交易所有限公司（简称北矿所）为我市的矿业权公开交易机构（京国土矿函〔2010〕976号）。截至2010年底，我市已有38个矿业权（含地热）进入北矿所进行公开交易，其中36个已经完成公开交易。

【矿产资源开发监督管理】

通过年检、日常检查等手段，按照属地管理、分级监督的原则，对矿山企业矿产资源开发利用情况进行检查和抽查。2010年全市矿山企业矿产资源开发利用年检率为100%，为加强年检工作，我局聘请三位国家级矿产督察员参加现场抽检，并填写了《矿产现场督察备案表》。通过年检，发现我市矿山企业基本做到依法开采，自觉履行各项义务。

按照《北京市人民政府办公厅转发

市安全监管局北京煤矿安全监察分局关于北京市2010年小煤矿整顿关闭工作方案的通知》(京政办发〔2010〕22号)要求，我市地方煤矿于2010年6月底前全部关闭。为将这些煤矿的基础资料加以保存，为今后的矿产资源管理工作服务，从2010年5月中旬至12月，我局分别委托北京天地鸿图测绘有限公司对房山区的16家地方小煤矿、北京新兴华安测绘有限公司对门头沟区6家地方小煤矿开展了测绘工作。重点测量22家地方小煤矿的矿界范围、井巷工程和采掘工作面，绘制1∶2000采掘工程平面图和井上下对照图。

组织并完成了2009年度北京市矿产资源开发利用情况统计表的审核和汇总工作。全市矿产资源开发利用情况详见表1、表2。

【矿产资源节约与综合利用专项工作】

按照《财政部、国土资源部关于印发〈矿产资源节约与综合利用专项资金管理办法〉的通知》(财建〔2010〕312号)、《国土资源部关于印发〈矿产资源节约与综合利用专项工作管理办法〉的通知》(国土资发〔2010〕122号)要求，从2010年开始开展矿产资源节约与综合利用专项工作(以下简称专项工作)。专项工作包括“以奖代补”和示范工程，专项资金由中央财政通过分成的矿产资源补偿费及探矿权采矿权使用费和价款收入安排。2010年北京市申报“以奖代补”项目3个、示范工程项目3个，通过财政部、国土资源部评审的“以奖代补”项目2个、示范工程项目2个，共获得专项资金4612万元。

【矿产资源补偿费征收管理】

2010年征收矿产资源补偿费2902.84万元(不含地热)。

【矿业权实地核查工作】

按照国土资源部开展矿业权实地核查工作的统一部署，经过两年的努力，我市全面完成了探矿权和采矿权的野外实地测量和室内数据库建设工作，核准了全市矿业权的实际范围，建立了全市矿业权实地核查空间数据库和属性数据库，明确了矿业权实际范围与许可范围不一致问题的解决办法。我市水气矿产矿业权实地核查的做法以及运用网络RTK测量在全国起到了率先示范作用，得到了全国矿业权实地核查项目办的充分肯定。2010年6月10日，我市矿业权实地核查成果通过国土资源部全国矿业权实地核查第三批省级成果验收会的验收，验收等级为优秀。

【市政府折子工程完成情况】

我处承办的市政府折子工程是：关闭不符合《北京市矿产资源总体规划》的采石企业。

截至2010年底，我市有82个采石企业的采矿许可证到期(其中石灰石开采企业41个，其他采石企业41个)。凡是到期不予延续的矿山企业，我局将按照有关规定，为其办理采矿权注销手续，并提请采石企业所在的区县政府对其进行关闭。

【打击非法开采矿产资源工作】

受利益驱动，房山、门头沟地区盗采、非法开采煤炭资源现象屡禁不止。除加强地方政府的属地监管责任外，拟利用卫星遥感和航空遥感等技术快速、实时、准确的优势，作为打击非法开采矿产资源违法行为的监测手段。因此拟定了监测非法开采煤炭资源工作方案，现正在进行前期准备工作。

按照《国务院安委会关于集中开展严厉打击非法违法生产经营建设行为专项行动的通知》（安委〔2010〕5号）精神和我市《关于集中开展严厉打击非法违法生产经营建设行为专项行动的工作方案》要求，我局制定了全市《严厉打击非法开采矿产资源专项行动实施方案》，并积极贯彻落实。

按照市安委会办公室制定的《北京市“打非”专项行动联合执法检查工作安排》的统一部署，市国土局作为第四（矿产资源）联合执法检查组的组长单位，会同市安全监管局、北京煤监分局、市公安局、市工商局等单位，于2010年11月23日、24日分别在房山区、门头沟区开展“打击非法开采矿产资源联合执法检查”行动。

独立或会同有关部门对30起涉及非法开采的举报信访进行了调查、处理。

【非法采矿、破坏性采矿造成矿产资源破坏价值鉴定工作】

按照《北京市非法采矿、破坏性采矿造成矿产资源破坏价值鉴定实施办法》（京国土矿〔2005〕745号）的规定，2010年组织完成并出具非法采矿造成矿产资源破坏价值鉴定意见44份。

【“矿政管理一张图”工程启动】

为加强矿政管理，深化矿业权实地核查成果的应用，按照李燕飞副局长的指示精神，2010年7月由局矿产资源开发处、局信息中心、矿产资源勘查储量处、地热处、地质环境处等共同启动“矿政管理一张图”工程。本着先易后难，逐步完善的原则，分步实施。目前工作进展顺利。

表 1　北京市 2010 年度各经济类型矿山矿产资源开发利用情况汇总表

序号	企业经济类型	矿山企业数					从业人员（个）	年产矿量	工业总产值（万元）	矿产品销售收入（万元）	利润总额（万元）
		合计	大型	中型	小型	小矿		万吨			
	合计	74	5	16	43	10	21462	1834. 98	443776. 09	384920. 71	87479. 79
一	内资企业	69	4	15	41	9	21264	1734. 78	409488. 74	382259. 92	87356. 79
1	国有企业	12	0	4	7	1	389	202. 09	5120. 05	3355. 71	418. 46
2	集体企业	17	0	2	12	3	826	342. 8	28420. 8	29505. 46	5969. 83
3	股份合作企业	7	1	1	4	1	87	56. 2	320	320	80
4	联营企业	1	0	0	1	0	20	0. 11	75	12. 6	0. 5
5	有限责任公司	12	0	1	11	0	1727	61. 95	55520. 5	39774. 4	12803. 96
6	股份有限公司	11	3	3	5	0	18090	976. 29	319526. 71	308786. 07	68041. 54
7	私营企业	9	0	4	1	4	125	95. 34	505. 69	505. 69	42. 5
二	港、澳台商投资企业	2	0	0	2	0	137	1	2272. 4	2134. 3	113
三	外商投资企业	3	1	1	0	1	61	99. 2	32014. 95	526. 49	10

表 2 北京市 2010 年度各矿种矿产资源开发利用情况

序号	矿种	矿山企业数					从业人员（个）	年产矿量	工业总产值（万元）	矿产品销售收入（万元）	利润总额（万元）
		合计	大型	中型	小型	小矿		万吨			
	合计	74	5	16	43	10	21462	1834. 98	443776. 09	384920. 71	87479. 79
1	煤炭	5	2	3	0	0	15707	500. 02	155960. 51	152557. 11	15297. 71
2	铁矿	7	1	3	3	0	4257	583. 14	241989	220136. 86	70777
3	熔剂用灰岩	1	0	1	0	0	89	53. 29	1376	1376	95
4	制碱用灰岩	1	1	0	0	0	40	64. 2	18256. 95	246. 49	0
5	水泥用灰岩	8	0	4	1	3	267	278	17688	2986	460
6	建筑石料用灰岩	3	0	0	3	0	97	62	470	470	30
7	建筑用白云岩	3	0	0	3	0	63	185. 45	1023. 67	1023. 67	106. 5
8	玻璃用砂岩	1	0	0	0	1	15	0. 5	297. 5	12. 5	7. 5
9	砖瓦用页岩	5	1	4	0	0	125	88. 2	420	420	90
10	建筑用花岗岩	1	0	1	0	0	24	7. 32	63. 08	63. 08	1
11	建筑用大理岩	2	0	0	0	2	90	0. 14	200	200	9
12	饰面用板岩	1	0	0	1	0	50	5	30	30	10
13	矿泉水	36	0	0	32	4	638	7. 74	6001. 39	5399. 01	596. 08

地热管理

地热处

【地热资源分布】

本市地热资源主要分布于平原地区（含延庆盆地）。地热出水温度一般为50℃~70℃（目前最高为103℃）。地热开发除作为能源利用热能外，还有一定的医疗、保健、养生作用，但不宜直接饮用。

经对已有的地质资料和地热勘查成果进行研究分析，北京平原地区深度3000m内温度大于50℃的地区面积约2760km²，构成相对独立又有一定联系的10个地热田。（详见图1、表1）

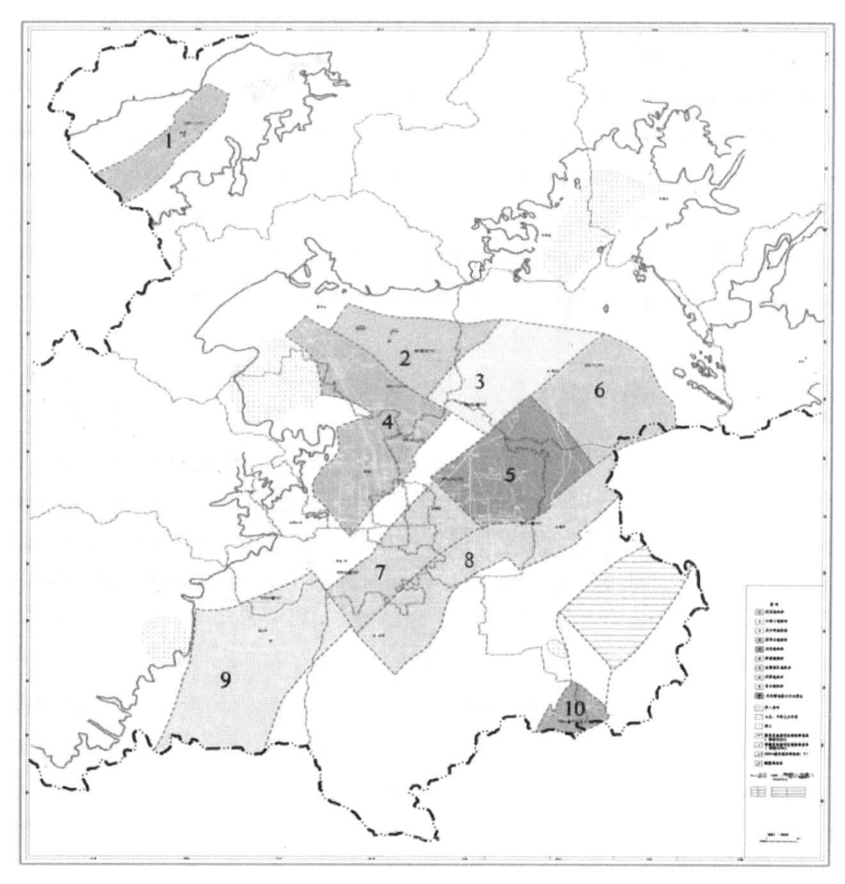

图1 北京市地热田分区示意图

表 1　地热田基本情况一览表

序号	地热田	面积（平方公里）	地热田最高温度地热井		
			编号	温度/℃	井深/m
1	延　庆	121.88	延热 -2	70	2500
2	小汤山	186.42	汤热 -30	70	1905
3	后沙峪	239.85	顺后热 -2	75	2920
4	京西北（沙河）	363.21	沙热 -13	76	2603
5	天　竺	290.75	京热 -128	89	3688
6	李　遂	273.04	遂热 -13	55	1300
7	东南城区	207.44	京热 -59	88	3610
8	双　桥	339	通热 -4	58	2509
9	良　乡	475.77	京热 -96	70	2950
10	凤河营	262.51	兴热 -9	103	3623

至2010年底，北京市已有地热井近450眼，主要分布于东南城区、小汤山和良乡地热田。最大单井深度已超过4000米，最高地热井出口温度103℃。（详见图2）

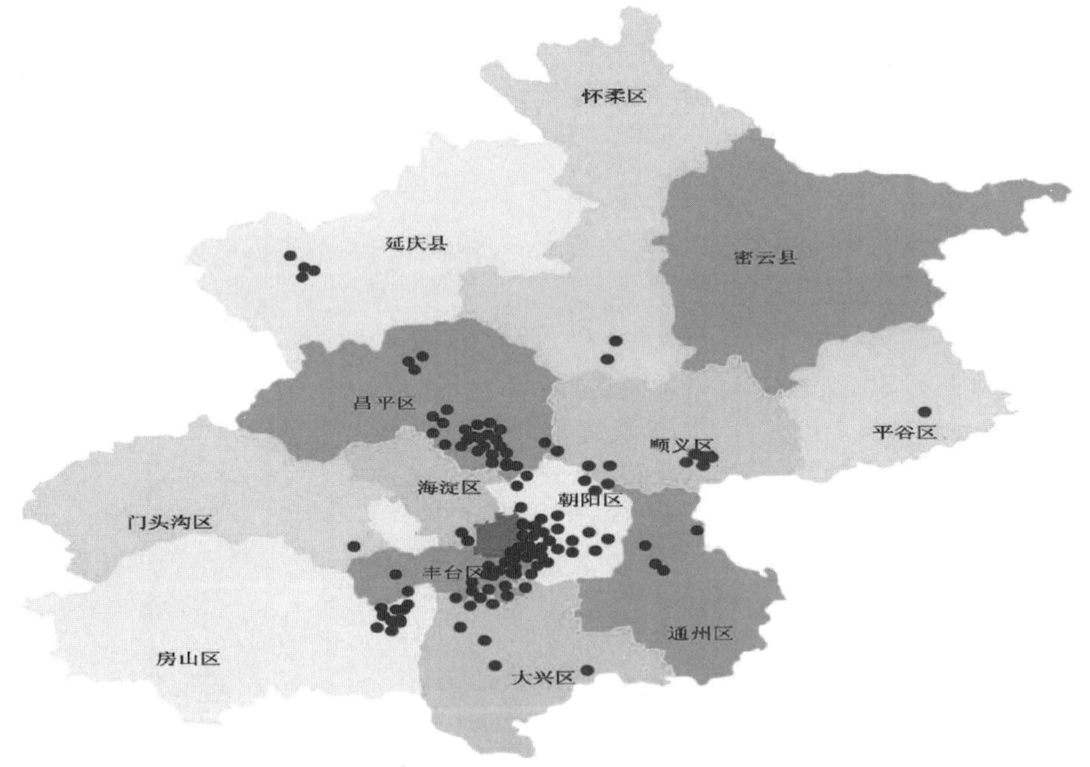

图 2　北京市地热井分布示意图

【地热资源勘查管理】

北京地热资源勘查始于1956年，20世纪70年代初期，开始在有利于地热资源分布的平原区进行了有计划的地热勘查，已取得了许多重要的地质资料和地热勘查成果。

2010年在北京市大兴区采育镇地热勘查工作中，成功钻探出103℃的地热井，该井是北京第一眼出口温度超过100℃的地热井，实现了北京市地热资源勘查工作的突破，为进一步提高对大兴区凤河营地热田地热地质条件的认识提供了难得的实钻地质资料，也为北京市大兴区采育镇的地热集中开发奠定了基础。

2010年本市严格按照地热资源规划的要求，对地热勘查申请项目实行从严审批、严格控制，全年共受理地热勘查新立16件、地热答复意见40件，全部办结。共批准地热钻井29眼，其中回灌井9眼，回灌项目8个，占批准项目的50%。

【地热资源开发利用管理】

2010年，共受理采矿证注销6件、地热开采新立4件、地热开采变更3件、地热开采延续7件、地热采矿权批准转让1件，年内办结新立地热采矿权4件，变更1件，采矿证注销4件。至2010年年底，本市共设置地热采矿权154个。

全年开采量为778万立方米，回灌量293万立方米。全年征收矿产资源补偿费（地热）1785.45万元。

根据国土部《关于加强矿业权实地核查成果应用的通知》和《矿业权登记数据更新与换证工作方案》的要求，本市安排开展本市地热矿业权的数据更新及换证工作，主要对本市登记的地热矿业权进行内容审查、实地核查数据更新、统一配号和许可证更换。2010年11月已按要求完成全部地热采矿许可证的换证工作。

【地热资源动态监测】

北京市地热动态监测工作已经进行了40多年的时间，70年代城区地热开发初期开始进行连续监测。最初地热监测工作主要对地热开采量和开采热储的水质进行监测。到了80年代，随着地热井数量的增多，地热开采量迅速增大，城区、小汤山等开发程度较高的热田陆续设立了专门的水位监测点，对主要开采热储的水位也开始实施人工监测。90年代，监测范围进一步扩大到良乡、李遂热田。

2010年继续对各热田的开采量以及各主要热田的热储水位、水温和水质实施监测。（详见表2）

表2　2010年全市各监测井水位监测汇总表

地热田	井号	观测储层	水位埋深/m				
			最大	最小	年平均	比上年下降	年均下降
东南城区	京热-8	雾迷山	81.20	69.20	74.96	0.96	0.96
	京热-2	铁岭	87.90	82.20	84.22	——	0.50
	京热-51		86.60	76.20	79.94	0.50	
小汤山	汤热观-1	雾迷山	45.30	33.70	39.47	2.36	2.36
	苗圃观测井	铁岭	40.60	31.90	35.88	2.47	2.47
李遂	208-4	雾迷山	45.52	42.70	44.22	3.49	3.49
良乡	碧溪-4	雾迷山	93.10	85.70	89.99	2.89	2.89

2010年东南城区热田两个热储的水位较2009年度仍然在下降，下降幅度比去年都略有减小，雾迷山组热储水位下降0.96m，铁岭组热储水位下降0.50m。（详见图3、图4）

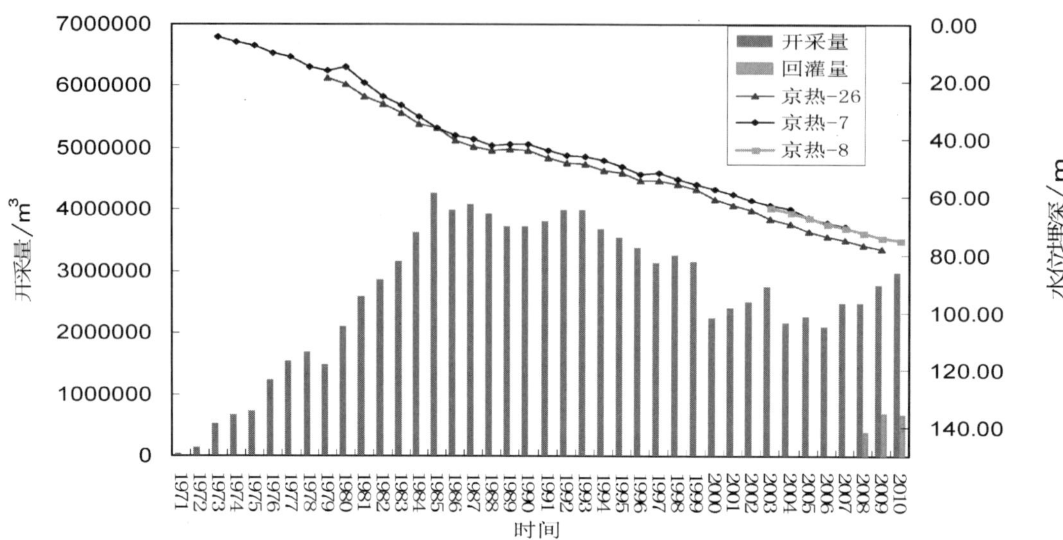

图3 东南城区热田雾迷山组热储多年开采量与水位动态关系

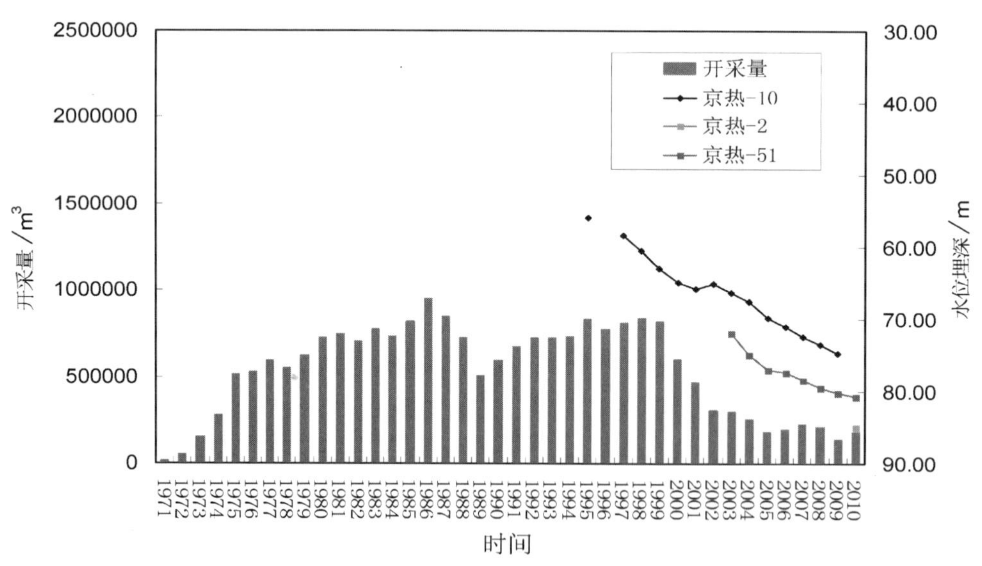

图4 东南城区热田铁岭组热储多年开采量与水位动态关系

2010年小汤山热田年度热储水位有所下降，雾迷山组年平均水位比去年下降2.36m（去年水位下降1.82m），铁岭组年平均水位比去年下降2.47m。（详见图5、图6）

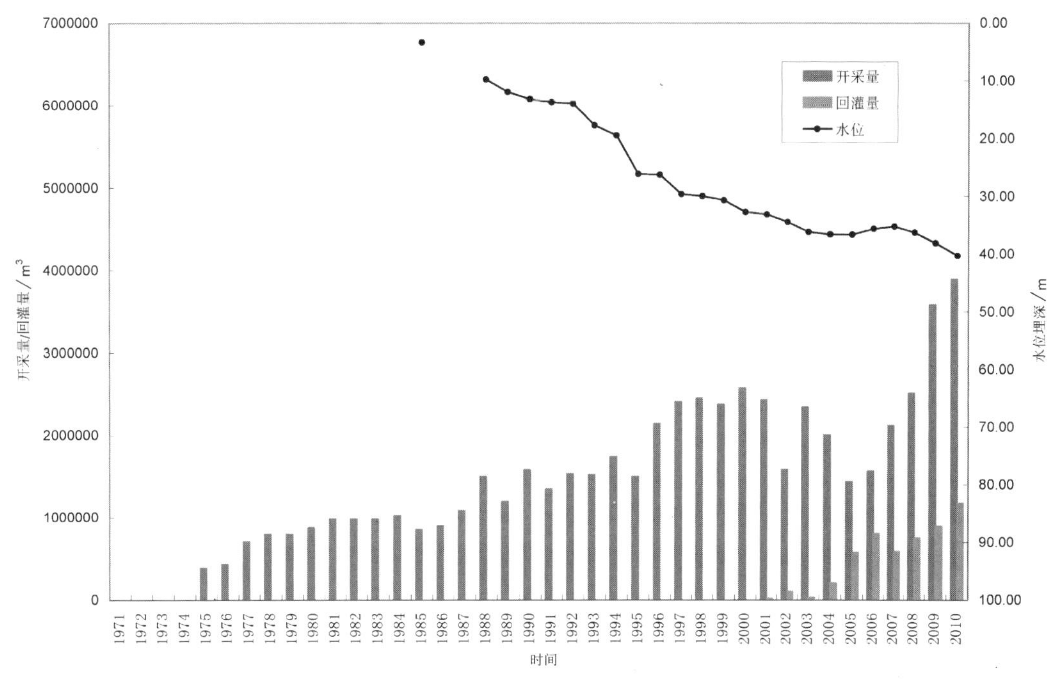

图 5 小汤山热田雾迷山组热储多年地热开采量与水位动态关系

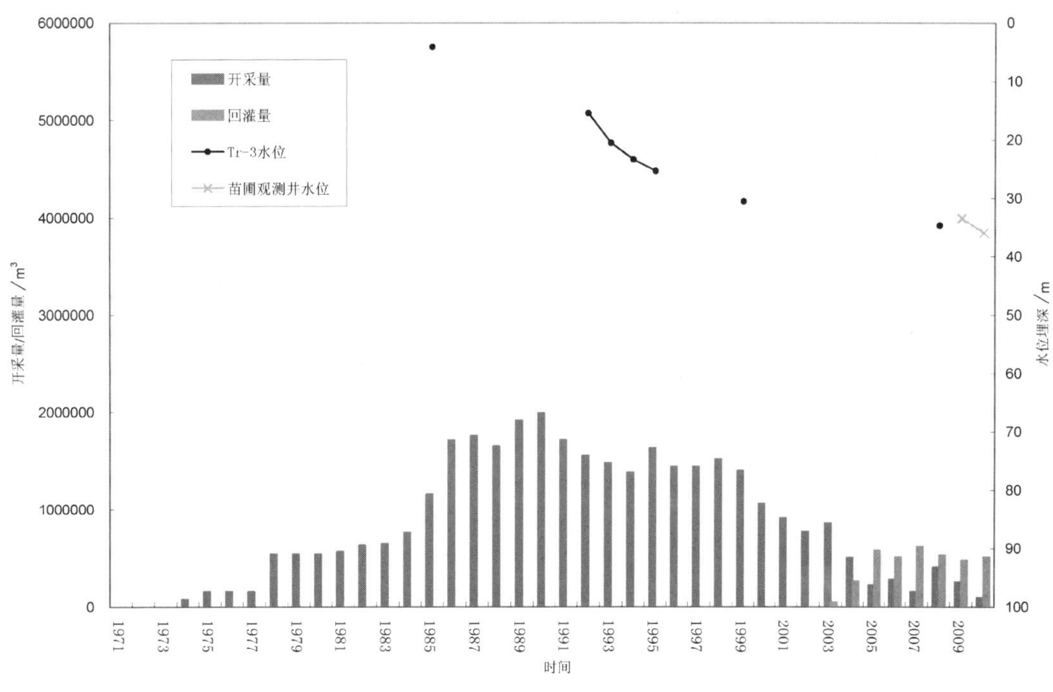

图 6 小汤山热田铁岭组热储多年地热开采量与水位动态关系

2010 年良乡热田的水位下降 2.89m（去年水位下降 2.06m）。（详见图 7）

2010 年李遂热田年度该热田水位下降 3.49m（去年下降 2.48m）。（详见图 8）

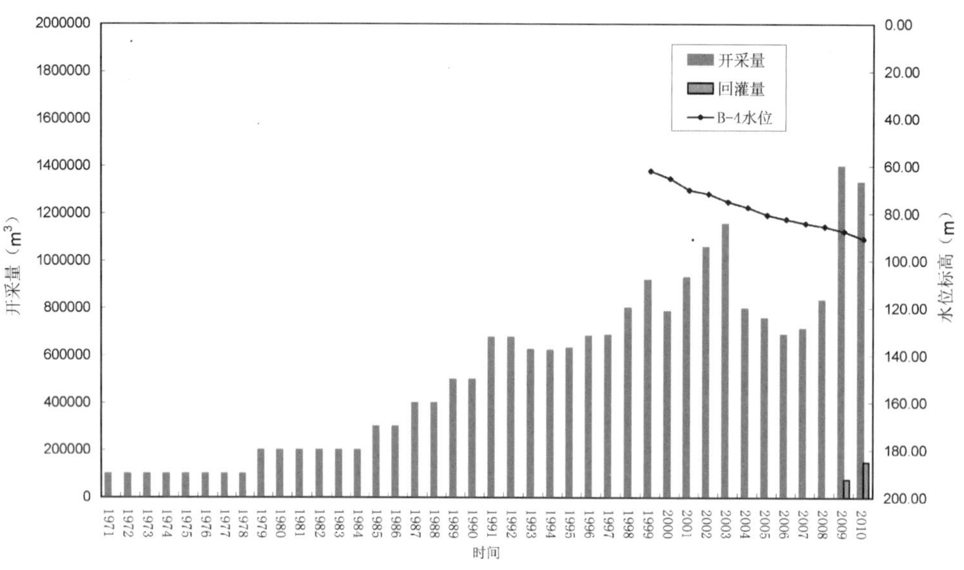

图 7　良乡热田雾迷山组开采与水位变化关系

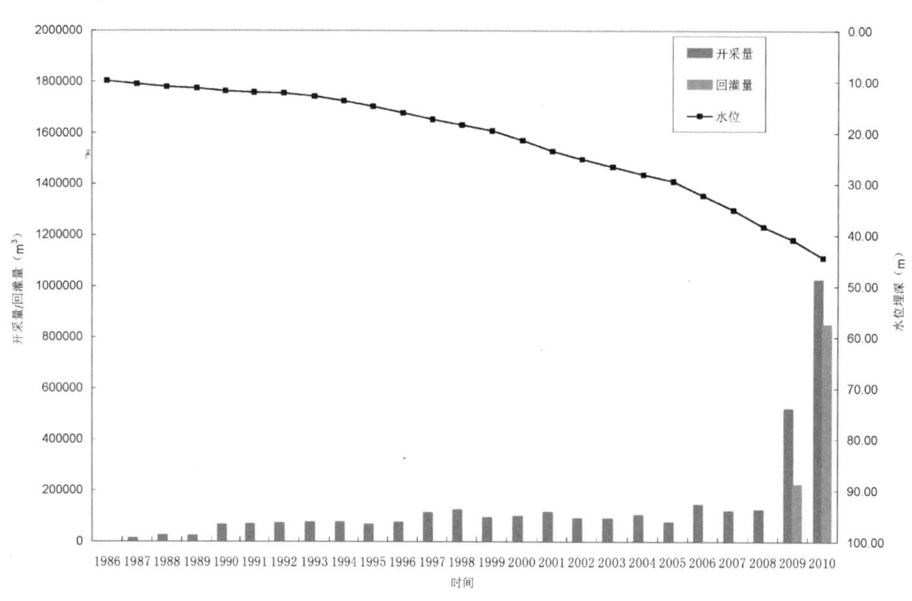

图 8　李遂热田雾迷山组开采、回灌与水位变化关系

全市各热田的多年水质动态表现出基本统一的规律。它们显示了冷地下水补给和深部热源水补给两个方面的变化。代表冷地下水补给的表现是：重碳酸根毫克当量百分数增加，总溶解固体减少，钾镁温标温度下降。另一方面，代表深部热源水补给的表现是：钠钾的毫克当量百分数增加，总溶解固体增加，石英温标温度增加。城区热田和小汤山热田基本继续既往的规律，虽然阳离子钠钾毫克当量百分数近年略有下降，但同时表现为总溶解固体含量略增，因此仍可以说，其冷、热补给接近平衡，在维持目前开采水平的条件下地热资源能保障热田的可持续开发。李遂热田显示热补给大于冷补给，开发规模的扩大尚具潜力。良乡热田雾迷山组热储局部出露地表造成冷水补给捷径，易

导致变化的波动，但尚未形成趋势性影响。（详见表3）

表3　2010年度水质动态监测采样工作量表

热　田	采样点	春末样	冬初样	说　明
城区热田	京热-35（Jxw）	2010. 3. 26	2010. 11. 1	2000年春起
	京热-45（Jxt，w）	2010. 3. 26	2010. 11. 1	2002年冬起接续京热-42系列
	京热灌-1（Jxt）	2010. 3. 26	2010. 11. 1	2000年春起
	京热-44（Jxt）	2010. 3. 26	2010. 11. 1	2003年冬起接续京热-9系列
小汤山热田	锡热-1（Jxw）	2010. 3. 17		2009年冬起接续汤热-1系列
	龙脉-1（Jxw）		2010. 11. 2	2010年冬接替锡热-1
	汤热-7（Jxt）	2010. 4. 2	2010. 11. 2	2005年冬起接续汤热-4系列
	汤热-16（∈）	2010. 4. 1	2010. 11. 2	2001年春起
李遂热田	顺热-15（Jxw）	2010. 4. 2	2010. 11. 2	2008年春起接续遂热-1系列
良乡热田	良热-23更（Jxw）	2010. 4. 15	2010. 11. 18	1972年起
总计	10个采样点	9个样	9个样	全年共18个样

【地热项目】

按照《北京市地热资源2006—2020年可持续利用规划》要求，结合本市地热管理工作实际，2010年安排地热科研项目3个。

1. 北京市地热资源动态监测、回灌监测及地热回灌示踪试验研究项目；

2. 北京市地热井远程监控系统跟踪维修项目；

3. 北京市浅层地热能资源调查评价及编制利用规划项目。

前两个项目为常年延续性项目，已按照设计要求和进度安排开展各项工作。第三个项目为2009年的延续项目，已按计划完成项目野外工作专家验收工作，并提交了浅层地热能资源利用规划初稿。

【支持发展浅层地热能（地源热泵）的推广利用】

随着热泵技术发展进步，浅层地温资源作为可再生能源重要的组成部分，体现出其广阔的发展前景。

2010年1月—12月，我局共接到地源热泵项目地质条件评估申请16件，并全部予以答复，申报项目供暖制冷面积共计130万平方米。

据不完全统计，截止到2010年底地源热泵项目数量已达到724个，实现供暖、制冷建筑物面积约为1957.06万平方米，其中，地下水地源热泵项目数量515个，实现供暖、制冷建筑物面积约为1209.39万平方米，占62%，地埋管地源热泵项目209个，实现供暖、制冷建筑物面积约为747.67万平方米，占38%。地下水地源热泵项目主要分布在海淀、朝阳、丰台三区，占服务面积总数的54%；而地埋管地源热泵项目主要分布在顺义、海淀、朝阳三区，占服务面积总数的61%。项目应用以公共建筑为主，其服务面积达到总服务面积的73%。（详见图9、图10、图11）

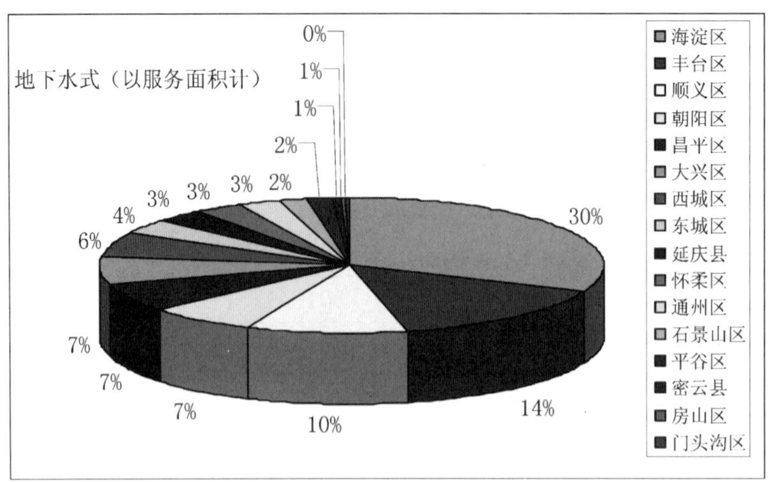

图9　北京市地下水地源热泵项目分布百分比图

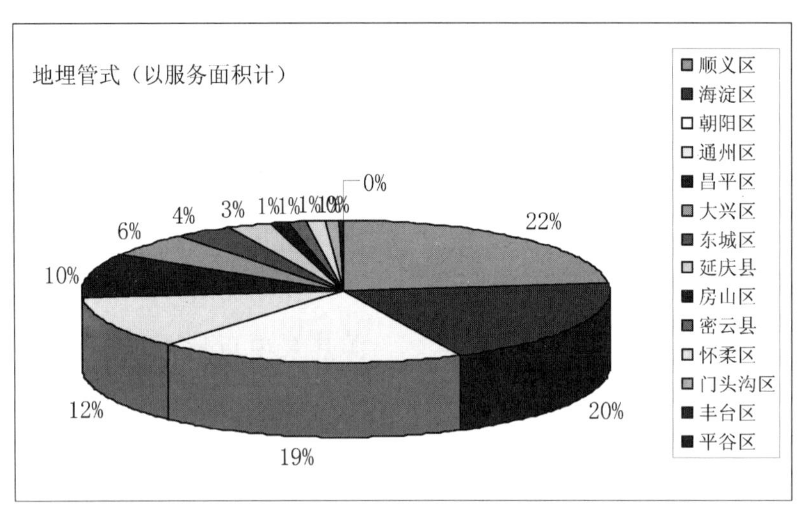

图10　北京市地埋管地源热泵项目分布百分比图

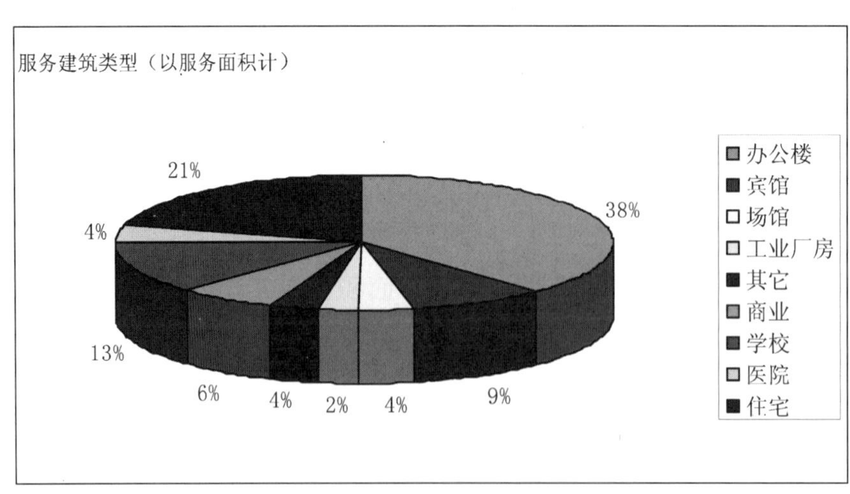

图11　北京市地源热泵项目服务建筑类型百分比图

本市组织开展的北京市浅层地热能资源调查评价及编制利用规划项目，已取得如下成果：

1. 开展专项地源热泵项目调查，获

取工作区目前地源热泵工程项目开发利用现状以及不同开发利用方式的地源热泵项目的分布情况。

2. 在以往工作的基础上开展浅层地热能资源调查，查明了北京市平原区（含延庆县平原区）150m 内浅层地热能资源的赋存背景和分布特点。

3. 结合浅层地热能资源调查结果和试验测试取得的相关技术参数，研究浅层地热能资源与地质、水文地质条件以及水环境因素之间的相互关系，对地下水地源热泵系统适宜区和地埋管地源热泵系统经济区进行划分，并对浅层地热能开发利用可利用资源量和开发利用潜力进行了评价。

4. 根据地源热泵项目调查结果，对地源热泵系统前期投资、能耗和运行成本进行经济性分析；

5. 建立了浅层地热能地温场监测系统，研究浅层地热能开发利用对地质环境影响；

6. 建立了北京市浅层地热能开发利用信息化平台，为政府宏观规划、管理，科学合理、高效、可持续利用浅层地热能资源提供依据；

7. 编制了《北京市浅层地热能资源开发利用规划（2011—2020 年）》，并提交初稿。

地质环境管理

地质环境管理处

地质灾害防治工作

【我市地质灾害基本情况】

我市地质灾害种类分为突发地质灾害和缓发地质灾害两大类，突发地质灾害主要有泥石流、崩塌、采空塌陷和滑坡等类型，主要分布在西山和北山的沟谷、陡坡、采煤集中地区及构造活动较强烈的地区。其中，泥石流是山区最严重、最具有破坏性的地质灾害；崩塌是较常见的一种地质灾害；采空塌陷则多发生在西部采煤区；滑坡不甚发育，多由人类工程活动引起。缓发地质灾害主要有地面沉降和地裂缝两种，主要分布在朝阳区、昌平区、顺义区、大兴区和通州区等平原区。

【2010 年地质灾害发生情况】

1. 突发地质灾害

2010 年，全市共发生突发地质灾害 7 起，造成一人受伤，二次道路中断。灾害类型主要以塌陷、崩塌为主，主要发生在6—8 月份的雨季，发生在延庆、门头沟、昌平等区县，详见表1。

表 1　北京市 2010 年突发地质灾害发生情况一览表

序号	时间	地点	灾害种类	损失情况
1	2010 年 5 月 24 日	门头沟区东辛房办事处圈门社区 48 号	塌陷	未造成人员伤亡和直接经济损失
2	2010 年 6 月 3 日	延庆县千家店镇滦赤路 135 公里 +400 米处	崩塌	未造成人员伤亡和直接经济损失
3	2010 年 7 月 3 日	海淀区香山村普安店 73 号	塌陷	造成 1 人受伤
4	2010 年 8 月 21 日	延庆县刘千路 9 公里 +400 米处	崩塌	未造成人员伤亡和直接经济损失
5	2010 年 8 月 22 日	昌平区兴寿镇桃下路（桃松峪—下庄）6.3 公里处	崩塌	未造成人员伤亡和直接经济损失
6	2010 年 9 月 30 日	门头沟 S219 南雁路（原高芹路）K29 +400 米处	崩塌	道路中断，未造成人员伤亡和直接经济损失
7	2010 年 10 月 9 日	延庆县玉海路 4 公里 +350 米处	崩塌	道路受阻，未造成人员伤亡和直接经济损失

2. 缓发地质灾害

（1）地面沉降

2010年度，我市地面沉降仍进一步发展，沉降量持续增加，范围逐渐扩大。据监测，年平均沉降量28.76mm，年沉降量≥10mm的沉降面积为3245.45km^2，详见表2。

表2 2010年各沉降区最大年沉降量统计表

沉降区			最大年沉降量/mm		
			2010年	2009年	同比变化量
北区	昌平沙河—八仙庄		83.1	75.14	7.96
	朝阳区来广营		131.4	137.51	-6.11
	东郊八里庄—大郊亭	三间房	129.9	111.68	18.22
		通州城区	90.7	89.32	1.38
		台湖—黑庄户	135.8	91.37	44.43
南区	大兴榆垡—礼贤		78.7	53.82	24.88

（2）地裂缝

截至2010年底，我市发现较大的地裂缝主要为顺义地裂缝和高丽营地裂缝。地裂缝危害主要体现在建筑物破损、道路变形、农田毁坏、绿地塌陷、管道破裂等，威胁着人民群众的生活和生产安全。据不完全统计，从2006—2010年，我市地裂缝共引起房屋破坏46处，地表或道路破坏32处。

【汛期地质灾害防治】

1. 加强领导，严格执行岗位责任制

2010年5月，召开了汛期地质灾害防治工作会议，要求各相关单位把地质灾害防治作为重点工作，认真研究部署、狠抓落实，建立完善的岗位责任制，行政首长负总责，分管领导具体负责，一级抓一级，层层抓落实。

2. 加强管理，加大力度，落实各项制度

下发《北京市国土资源局关于做好2010年汛期地质灾害防治工作的通知》，要求各有关区县分局以高度的责任感做好汛期地质灾害防治工作，严格落实汛期值班制度、地质灾害报告制度、险情巡查检查制度，把防灾责任制贯穿到地质灾害防治工作全过程。特别强调应急值守、地质灾害险情巡查、应急预案、灾情报告、灾情速报等各项制度。

3. 健全机制、快速反映，完善突发地质灾害应急预案体系

完善突发地质灾害应急体系和制度建设，制定了《北京市国土资源局2010年汛期突发地质灾害应急预案》，要求各有关区县分局结合本区县的特点，在大预案的基础上制定分局系统内突发地质灾害应急预案或年度地质灾害防治方案，并报市局备案。同时加大对预案的宣传力度，提高广大人民群众对应急预案的认知度，在有条件的区县组织预案演练，以检验和校正预案的可操作性。印发《北京市国土资源局2010年汛期地质灾害防治工作方案》，确保全市汛期地质灾

害防治工作规范有序的开展。

4. 夯实基础、提高能力，建立健全地质灾害群测群防监测网

继续完善地质灾害群测群防网络，将监测预警责任制落实到具体单位、具体责任人。换发地质灾害防治防灾“明白卡”近1万张，填发至受威胁的每一户居民手中。调整了群测群防人员，更新并下发了市、区、镇、村四级“北京市地质灾害群测群防网通讯录”。

5. 提早动手、突出重点，加强地质灾害检查巡查工作

从5月中旬开始，由局领导带队对有关区县地质灾害防治工作进行了全面检查，重点检查防灾责任制和“四包七落实”制度的落实情况和重要隐患点地质灾害防灾方案的编制和执行情况，并深入到地质灾害易发区重要隐患点进行现场调研。

6. 加强协调、形成合力，开展汛期地质灾害气象预警预报

继续加强和市气象局气象台的合作，完善汛期地质灾害气象预报预警方案，继续做好汛期地质灾害气象预报预警工作，2010年共发布三期地质灾害气象预报。

7. 开展地质灾害防治基本知识培训工作

2010年5月中旬，举办了全市乡（镇）国土资源所地质灾害防治“五到位”（评估、巡查、预案、宣传和人员到位）培训班。市局地质灾害防治工作领导小组成员单位负责人、从事地质环境和地质灾害防治管理的工作人员、农村党员干部和地质灾害群测群防员约200人参加培训。

8. 加强宣传，提高防灾减灾意识和自救能力

入汛前，我局组织编制了《北京市突发地质灾害》科普宣传手册，印制一万册，分发到每一个地质灾害险村险户手中。并且充分利用“防灾减灾日”、“地球日”、“土地日”、“环境日”等特殊纪念日，以现场咨询、专题讲座、广播媒体等形式广泛宣传防治地质灾害的基本知识，切实提高人民群众的防灾减灾意识和遇险自救能力。在地质灾害高风险源点，重点是交通干线两侧、旅游景区（点）竖立泥石流、滑坡、崩塌突发地质灾害隐患警示牌，提醒过往车辆和游人注意安全。

【地质灾害应急调查】

2010年全市共发生地质灾害7起，其中崩塌5起，塌陷2起。组织应急调查队共开展15次应急调查，是多年平均应急次数的3倍。

【地质灾害危险性评估】

2010年共完成397份地质灾害危险性评估报告的备案工作，编制完成“北京市地质灾害危险性评估技术规范”（送审稿）并已送至市质监局进行审查。

【地质灾害资质管理】

截至2010年底，全市共有87家单位获得地质灾害危险性评估（治理工程）资质，共178项。2010年共完成7家单位的资质审批申请工作，其中2家单位为换证，5家单位为新申请。

【“十有县”建设】

继2009年昌平区获批“十有县”

（有组织、有经费、有规划、有预案、有制度、有宣传、有预案、有监测、有手段、有警示）后，2010 年又有房山区、门头沟区、怀柔区、密云县、延庆县、石景山区、丰台区、海淀区、平谷区 9 个区县被部里批准为“十有县”。

【地质灾害项目管理】

1. 完成了“北京市地质灾害调查与区划综合研究”项目，在地质灾害隐患再排查及以往调查工作基础上，更新了全市突发地质灾害隐患点统计表，重新编制了北京市突发地质灾害现状及易发程度分区图，成果分送到区县政府，受到好评。

2. 实施启动“北京平原区活动断裂专项地质调查”项目，2010 年投资 2000 万元资金，完成前期项目设计及部分野外工作任务。

3. 开展昌平流村镇白羊沟崩塌、门头沟雁翅镇田庄不稳定斜坡、门头沟清水达么沟泥石流三个地质灾害治理工程，资金 800 余万元。

4. 启动“北京市十二五地质灾害防治规划”编制工作，初稿已完成。

5. 组织三个资质单位实施完成四川省地震灾区 18 个重大地质灾害应急勘查项目设计工作。

地质遗迹与地质公园

【地质遗迹】

为了保护不可再生的珍贵地质遗迹资源，我市积极推进地质遗迹保护工作。2010 年实施了延庆硅化木、房山十渡与石花洞三个国家级地质公园地质遗迹保护工程。

1. 延庆硅化木国家级地质遗迹保护

2010 年在园区内修建 2 座硅化木保护亭和保护罩、3 组地质科普长廊，布设 1 个 LED 彩色大型电子科普宣传屏幕，进一步完善宣教及监控系统。该项目的实施在很大程度上改善硅化木地质以及保护区的自然生态环境，实现地质资源的永续利用，同时带动了更多相关产业的发展与繁荣。

2. 十渡国家级地质遗迹保护

2010 年在园区内对标识系统进行了更新与补建、建设了孤山寨景区地质遗迹景观护栏、完成了东湖港及孤山寨清渣工程、园区典型地质遗迹观景亭建设、仙栖洞景区地质遗迹保护工程、地质遗迹科普宣传文化长廊等工程。

3. 石花洞国家级地质遗迹保护

2010 年主要为石花洞洞内进行补水设施建设，涉及的主要工程有水源井、蓄水池、输水管和电力改善、银狐洞景区地质遗迹保护等工程。

【地质公园】

截至 2010 年底，北京市共批准建立了 7 处地质公园，其中 1 处世界地质公园、5 处国家级地质公园、1 处市级地质公园，详见表 3。

表3　北京地区地质公园一览表

序号	地质公园名称	遗迹类型	面积/km²	审批部门及文号	批建时间
1	中国房山世界地质公园	古人类、古生物遗迹、碳酸盐岩地貌	953.95	联合国教科文组织	2006.9.18
2	北京石花洞国家地质公园	地质地貌类型遗迹（碳酸盐岩地貌）	36.5	国土资发［2001］388号	2001.12.10
3	延庆硅化木国家地质公园	古生物遗迹、水文遗迹	226	国土资发［2001］388号	2001.12.10
4	北京十渡国家地质公园	碳酸盐岩地貌、水文遗迹	301	国土资发［2004］16号	2004.1.19
5	平谷黄松峪国家地质公园	火山遗迹、岩溶遗迹、构造遗迹	64.4	国土资发［2009］110号	2009.8.19
6	密云云蒙山国家地质公园	地质地貌类型遗迹（花岗岩地貌）	280	国土资发［2009］110号	2009.8.19
7	房山圣莲山地质公园	碳酸盐岩地貌、水文遗迹	28	市国土房管环［2004］666号	2004.6.10

1. 中国房山世界地质公园

中国房山世界地质公园位于首都北京的西南部，地处燕山山脉与太行山山脉的交汇处，是世界上第一个位于首都城市的世界地质公园，园区分布在北京市房山区和河北省保定市涞水县、涞源县境内，总面积953.95平方公里，主要分为：周口店北京人遗址科普区、石花洞溶洞群观光区、十渡岩溶峡谷综合旅游区、上方山—云居寺宗教文化游览区、圣莲山观光体验区、百花山—白草畔生态旅游区、野三坡综合旅游园区和白石山拒马源峰丛瀑布旅游区八大园区。2010年中国房山世界地质公园顺利通过了联合国教科文组织世界地质公园网络执行局组织的中期评估，执行局对公园过去四年的工作给予了充分肯定，认为公园的保护与建设引领了世界地质公园的发展态势，可以成为亚太地区世界地质公园的表率和其他国家世界地质公园学习的榜样。

2. 平谷黄松峪国家地质公园

平谷黄松峪国家地质公园位于平谷区黄松峪乡境内，园区面积64.4平方公里，有中国北方干旱地区典型的砂岩峰丛峰林地貌、对中国华北地区产生重大影响的吕梁运动形成的角度不整合接触面及其上覆的中元古界底砾岩、距今14—16亿年的古火山活动遗迹和出露在华北地区最古老的碳酸盐中的岩溶洞穴—京东大溶洞等地质遗迹景观，有深厚的人文历史积淀和良好的自然生态环境。

2010年平谷区相关部门继续全力以赴做好揭碑开园的各项准备工作。

3. 密云云蒙山国家地质公园

密云云蒙山国家地质公园位于北京市密云县石城镇、溪翁庄镇和西田各庄镇境内，公园总面积280平方公里，主要地质遗迹面积占210平方公里，以其独特的变质核杂岩构造和雄伟的花岗岩地貌景观为公园最主要的类型特征。园区内的地质遗迹景观和资源具有自然性、代表性、典型性和独特性，同时拥有密云水库水源保护区、云蒙山自然保护区的地质公园。2010年密云县相关部门继续全力以赴做好揭碑开园的各项准备工作。

4. 国家地质公园监督检查工作

为了更好地贯彻地质公园“保护地质遗迹，普及地球科学知识，促进地方经济发展”的理念和目标，保障地质公园事业的健康发展，2010年按照国土资源部对地质公园的相关要求，聘请有关专家和国家地质公园督察员组成检查小组，对十渡、石花洞和硅化木国家地质公园的建设情况进行了检查。

【矿山公园】

矿山公园是以展示人类矿业遗迹为主体，体现矿业发展历史内涵，具有研究价值和教育功能，可供游客观赏、进行科学考察与科学知识普及的特定的空间地域。矿山公园的建设有效地保护了矿业遗址，促进了矿山地质环境修复，改善了矿区生态环境，并调整了矿区经济结构，它是一种新的地质资源利用方式。矿山公园具备六大功能：保护矿业遗迹、科学考察、科普教育、游览观赏与休闲娱乐、治理与恢复矿山生态环境的示范、节约与集约利用土地。截止到2010年，我市批准建立了3处国家矿山公园，详见表4。

表4　北京市矿山公园一览表

序号	矿山公园名称	地区	面积/km^2	批建时间
1	平谷黄松峪国家矿山公园	平谷区	44.55	2005年
2	北京首云国家矿山公园	密云县	16.3	2009年
3	北京圆金梦国家矿山公园	怀柔区	5.56	2009年

矿山地质环境

【矿山地质环境问题】

北京市矿山地质环境问题主要表现为矿山地质灾害、地貌景观破坏、水环境破坏、占用破坏土地资源、环境污染5种类型。

截至2010年底，全市矿山地质灾害有139处，主要分布在西山煤矿区，影响范围约2.91平方公里。主要有地面塌陷70处，地裂缝32处。北京市矿山开采方式多为露天，由此造成了对地形地貌的改变和地貌景观的破坏。水资源破坏主要表现为地下采矿形成大面积水位下降漏斗区、地下水资源漏失和地下水污染三个方面。占用损坏土地资源主要表现为矿山采场、固体废弃物、尾矿和煤矿地面塌陷对土地资源的占用和破坏。环境污染主要表现为不同程度的土壤、地下水和大气污染。

【矿山地质环境治理】

1. 组织编制完成了《北京市关闭固体矿山地质环境治理恢复规划》，并报市政府批准。

2. 实施了7个矿山地质环境恢复治理项目，中央财政补助资金5500万元、市财政补助资金1500万元。截止到年底，工程施工任务基本完成；组织完成了13个矿山环境治理项目的可研报告编写及评审工作；2010年向财政部、国土资源部申报获批准的中央与市财政的矿山地质环境恢复治理项目7个，中央财政补助资金7200万元、市财政补助资金2116万元，这些项目将于2011年实施。

3. 2010年是矿山环境恢复治理保证金制度建立的第二年，2010年度矿山企业缴存保证金7000余万元，二年累计缴存保证金1.5亿元左右。截止到年底，已有15家矿山企业编制了恢复治理方案并通过了专家评审，3家矿山企业使用缴存的保证金完成了恢复治理任务，并通过了验收，详见表5。

表5　2010年北京市矿山地质环境治理项目一览表

编号	项目名称	治理面积（公顷）
1	北京市房山区大石窝镇辛庄大理石矿矿山地质环境治理项目	70.0
2	北京市门头沟区斋堂北山洪水峪煤矿矿山地质环境治理项目（北山矿区、黄岭西矿区）	45.0
	北京市门头沟区斋堂北山洪水峪煤矿矿山地质环境治理项目（洪水峪矿区）	53.0
3	北京市密云县鲁家沟铁矿矿山地质环境治理项目（高岭镇鲁家沟、王家会治理区）	24.7
	北京市密云县鲁家沟铁矿矿山地质环境治理项目（陡岭子南沟矿区）	19.0
4	门头沟区清水镇达摩庄废弃煤矿矿山地质环境治理项目	20.00
5	房山区大石窝镇岩上大理石矿区矿山地质环境治理项目	63.00
6	昌平区兴寿镇白云岩矿矿山地质环境治理项目	9.33
7	延庆县刘斌堡乡观头西沟页岩矿矿山地质环境治理项目	5.00
合计		309.03

【地质科普】

2010年4月22日，北京市国土资源局与北京市地质勘查开发局、中国地质博物馆联合，在王府井大街举行了以“珍惜地球资源、转变发展方式、倡导低碳生活”为主题的世界地球日宣传活动。活动期间共发放地球日专刊1500余份，宣传知识手册及其他相关材料1000余份。

【矿泉水年检】

北京市矿泉水以低钠、低矿化度淡矿泉水，主要分布于城近郊区和部分山区。矿泉水类型主要包括锶型、锶—偏硅酸型、偏硅酸型、锶—锂高矿化度型四种。2010年，组织了矿泉水年检工作，目前北京市共有饮用天然矿泉水水源水质检验合格品牌共27个。

人事教育

人事处

【机构设置和人员编制情况】

市国土资源局设16个内设机构，同时按照规定设立机关党委（基层工作处）、工会、离退休干部处及市纪委、市监察局派驻纪检监察处。下设17个国土资源分局（16个区县分局及亦庄经济开发区分局），1个行政执法机构，9个市局属事业单位。截止2010年底，市国土资源系统人员编制共计2416名。其中机关行政编制678名，机关工勤编制73名，事业编制1665名。

截止2010年底，市国土资源系统共有在职干部职工2117人，其中局级干部13人，处级干部211人，科级干部731人。全局系统具有大学学历的干部1258人，研究生学历的干部188人，其中博士19人，硕士150人。女干部780人，少数民族干部67人。

【机构编制工作】

1. 完成城四区分局机构改革工作。根据上级有关首都行政区划调整的指示精神，对城四区分局机构和人员编制进行整合。上报了《市国土局实施首都功能核心区行政区划调整后机构调整设置方案的函》，获得了市编办批复，明确了主要职责、内设机构和人员编制规定。原东城、崇文分局合并成立新的东城分局，原西城、宣武分局合并后成立新的西城分局，各设置9个内设机构，机关人员编制均为40名，处级领导职数由原来的1正3副调整为2正4副，实行党政分设。

2. 启动市局新“三定”落实工作。召开动员部署会，印发了机关处室主要职责细化和人员编制的规定和填报表样，重新任命了机关处级领导干部。与2004年“三定”规定相比，新“三定”规定中我局的职责从9条增至12条，更换了3个内设机构名称，增设了总规划师和工会专职副主席，机关行政编制由原来的117名增至134名。

3. 完成为市储备中心朝阳分中心增加编制工作。经市编办批复，同意独立设置市储备中心商务区分中心，为朝阳分局所属相当正科级全额拨款事业单位，核定全额拨款事业编制12名。

4. 完成国土资源执法监察机构管理体制改革前期调研工作。向市编办提交改革国土资源执法监察机构管理体制的函，申请将北京市国土资源执法监察大队更名为北京市国土资源执法监察总队。

并提出进一步整合现有资源，提升执法监察工作效能的具体建议措施。

5. 推进基层国土所标准化建设工作。制定并下发了《北京市国土资源局关于加强区县分局国土资源管理所标准化建设的指导意见》，对基层国土所的工作职责、岗位设置、管理制度及硬件建设等方面作出明确规定，提出具体要求。

【领导班子和干部队伍建设工作】

1. 抓好干部选拔任用工作四项监督制度的学习、贯彻。转发了《中共北京市委组织部关于认真学习贯彻干部选拔任用工作四项监督制度的通知》，制定了实施方案，切实抓好广大干部特别是领导干部对“四项监督制度”的学习、培训和执行。将学习贯彻“四项监督制度”情况，列为2010年度领导干部民主生活会重要内容，各级党组织理论学习中心组组织了专题学习讨论。向处级及以上领导干部发放“四项监督制度”测试题，对各单位贯彻实施情况进行了督促检查。

2. 加大干部交流轮岗工作力度。全年共调整处级领导班子19个，提拔调整交流正、副处级干部124人次。其中：按照“新三定”规定，对市局机关内设机构重新任命37人；提拔正处级领导干部7名、副处级领导干部14名、调研员11名、副调研员11名；调整、交流正、副处级领导干部35名；对接收的7名军转干部进行了任职；免去了2名不胜任现职干部的职务。结合落实局“新三定”方案和城四区行政区划调整工作方案，深入分析处级领导班子运行情况，根据人员配置情况，以机关处室为重点，推动关键岗位和任职时间较长的处级领导干部进行交流工作。拟定了《北京市国土资源局关于关键岗位干部定期轮岗交流暂行办法》（试行），制定了实施方案，下发了征求意见表，2010年10月，工作正式启动以来，已对16名处级领导干部进行了平职或提拔交流任职，交流岗位以局机关、局属事业单位为主，包括了部分区县分局。

3. 加大竞争性选拔干部工作力度。根据北京市2010年公开选拔领导干部工作的总体决策，组织开展了公开选拔领导干部报名工作，抓好宣传发动、组织推荐和资格审查等阶段各项任务的落实。全局系统共有102人报名参加公开选拔，有15人进入面试，1人通过组织考察被选拔为副局级干部，5人被选拔为区县政府或国有企事业单位处级领导干部。落实市委组织部《关于协助推荐市委组织部有关岗位人选的通知》要求，组织推荐了7名年轻干部参加市委组织部差额选调干部笔试。转发了《北京市2010年公开遴选公务员公告》，开展了动员报名工作。首次大规模面向全市范围开展国土所所长公开招聘工作，53人通过竞争方式走上科级领导干部岗位。针对22个空缺副处级领导岗位开展了干部竞争上岗工作，2010年底完成笔试和面试工作，进入组织考察阶段。

4. 加大人才培养和干部教育培训工作力度。召开全局系统人才工作会议，开展全局系统人力资源专业结构状况调查工作，着手开展局“十二五”人才规划前期调研工作。落实全市组织部长会议精神及“三个一百”工作部署，2010

年选派了1名局级后备到海淀区街道交流任职，1名局级后备到建设部交流挂职；接收1名区县政府部门处级领导干部到我局任职，1名重庆市国土局局级后备干部、1名中科院局级后备干部、1名金隅集团局级后备干部和5名金融系统干部到我局交流挂职；选派12名处级后备干部到金融系统挂职。此外，按照国土部的安排，接受了3名青海省国土系统干部到我局挂职。推动人才横向、纵向交流，从分局和事业单位抽调了一批年轻干部充实到市局机关。开展了选派优秀年轻干部到基层锻炼工作，分期分批、有计划有步骤地选派基层工作经历不满两年的优秀年轻干部参加实践锻炼。坚持全员培训原则和分级分类培训办法，采取多种形式，开展大规模教育培训工作。全年共开展3次全局系统干部素质教育培训；组织3名局级干部、4名处级干部参加组织部选调培训；4名干部参加全市专题班培训；10名干部参加国土部师资力量培训，27人参加国土部市（地）、县国土资源局长培训班。8名干部参加处级干部任职培训；组织两期为期10天的国土所所长、副所长培训班，共110人参加培训。

5. 完成2009年度干部考核和系统评优工作。89人获三等功，393人获嘉奖；东城分局等10个单位、王桂忠等10名同志被评为“2009年度北京市国土资源管理先进集体、先进工作者”；朝阳分局、征地处、市土地整理储备中心等3个单位被评为全国国土资源系统先进集体，任振秋、张建国同志被评为全国国土资源系统先进工作者；局办公室、海淀分局被评为信访工作先进集体，朱兵等4名同志被评为信访工作先进个人。

【军转安置和人员招考工作】

完成军转安置任务，接收17名军转干部。面向社会公开招考了具有2年工作经历的公务员8人。在全市范围开展了国土所正、副所长及普通工作人员公开招聘工作，公开招聘了53名正副所长，其中包括区县、乡镇政府及相关委、办、局工作人员10人，大学生村官8人。

【职位管理工作】

全年共办理机关、事业单位处科级干部任免手续220人次，公务员调任及转任手续31人次，办理干部调京及夫妻分居调京11人次。

【工资管理工作】

按月完成了局系统工资统发的接收、汇总、报送等日常工作；完成局系统2009年度考核工资统发人员的奖励兑现工作；完成局机关工作人员福利补助工作；完成了事业单位2009年工资总额执行情况报表的审核、上报，完成了2010年度事业单位工资总额下达工作，完成了市人力社保局下发的机关事业单位工资统计年报工作；2010年度为局系统280人办理了工资变动、确定手续；完成机关事业单位离退休人员增加补贴、事业单位补发核增绩效工资工作。

【“两整治一改革”专项工作】

贯彻局《关于开展“两整治一改革”专项行动近期工作安排的通知》的部署，

切实执行领导小组办公室各项工作要求，强化组织领导，健全工作机制，制定了实施方案，明确了工作内容，落实了工作步骤。组织了“两整治一改革”专项行动学习及答题工作，开展了干部人事工作满意度调查，认真查找并切实整改干部人事工作中存在问题；全面排查漏洞和廉政风险点，共细化43项岗位职责，查找风险点46个，对我局成立以来制定的“三重一大”工作制度和12项干部人事工作规章和进行了梳理完善；基本完成两项需要马上整改的项目，针对需要逐步整改的项目拟定了落实计划。结合开展创先争优工作，加大组织人事干部培训、学习力度，不断增强和提升全局系统组织人事干部政治鉴别、政策运用、知人善任、拒腐防变的能力和水平。

党群工作

机关党委

【北京市国土资源局机关党委工作职责及总体概貌】

北京市国土资源局机关党委负责机关及直属单位的党群工作；承担本系统思想政治及基层建设工作。截至2010年底，北京市国土资源部系统共有中共党员1148人。局机关及直属单位中共党员409人，党总支、支部26个；局直属机关工会会员511人，分工会、工会小组26个；局机关及直属单位青年156人，其中共青团员20人。

党建工作

【积极推进学习型党组织建设，为完成中心任务提供思想保证】

1. 坚持以学习贯彻科学发展观为学习主题

组织学习党的最新理论成果，组织学习党的路线方针政策，组织学习国土资源法律法规，组织学习市委市政府重要决策部署。局党组书记张国玉同志在主持学习十七届五中全会精神会议上的学习体会，被市直机关工委转发；局长魏成林同志以“弘扬延安精神——做好新时期国土资源管理工作”为题为全系统干部职工讲的党课，被市委宣传部评为优秀党课一等奖。为增强学习贯彻科学发展观的自觉性，党组中心组还组织了经济形势分析、建设世界城市、依法行政等内容的学习。

2. 坚持以各级领导干部学习为学习重点

市局党组中心组每次集中学习，扩大到系统处级领导干部参加，去年，共组织中心组扩大学习7次。利用每周局长办公会，及时传达学习上级精神和重要政策法规，扩大吸纳机关处室及事业单位和分局主要领导参加。抓好网上学习，组织市局机关科级以上干部、分局副处级以上干部共300多人开展40学时的在线学习。组织21名新任正副处级领导干部参加任职培训。组织新选拔任用的53名国土所所长进行集中学习。市局事业单位和各分局还重视抓好科级以上干部集中学习，全年共组织70次。

3. 坚持集中学习和个人自学相结合

每次党中央国务院、市委市政府、国土资源部的重大部署、重要会议，每一个重大政策出台，都采取人员相对集中、时间相对固定的方式进行学习，其他基础性、经常性的知识安排个人自学。市局采取视频学习大讲堂方式集中学习，基本做到每月一次，各处室及局属事业单位、各分局每周相对固定半天时间组织集中学习。积极组织开展“读书、荐书、评书”活动，为干部职工购买下发了《毛泽东箴言》、《部级领导干部历史文化讲座》等六本书，开展了四次读书知识答题活动。组织参加了市直机关工委的“首都学习之星”评选活动，我局组织开展的“百名青年宣讲团”被评为学习品牌。

4. 坚持以提高政治素质、提高领导能力为目的

组织开展干部素质教育，着力提高党员干部的学习力、执行力、创新力。全年共组织素质教育集中学习10次，邀请政治、经济、法律、国土资源管理等方面的专家教授做辅导。结合年终考核，对党员干部德、能、勤、绩、廉五个基本素质和思想要求进行总结考评，督促党员干部通过不断的学习和实践，努力提高思想道德品质和专业素质能力。还采取研讨、交流、论坛等方式提高党员干部的思想认识水平。通过学习，全系统党员干部贯彻落实科学发展观的自觉性和完成市委、市政府年度任务的积极性大大提高，服务经济发展、严格国土资源管理的能力不断增强。

【推进基层党组织建设，为完成中心任务提供组织保证】

1. 加强基层党支部建设，自主开展活动的能力不断增强

调整配齐党务干部，结合落实“三定”和四城区改革，提拔调整10名处级党务干部，市局机关及时增补支部委员3名，形成了机关处室有支部、局属事业单位配有专职副书记、分局党组、总支、支部比较完备的党建组织工作格局。指导基层党支部提高自主开展活动的能力，做到按时召开民主生活会，开展批评和自我批评，认真落实“三会一课”、“党员民主评议”、服务党员服务群众等制度。围绕建党89周年，组织全系统开展了“颂歌献给党”主题演唱会、“纪念建党89周年——以实际行动做贡献”等主题党日活动。指导基层党支部创新党建工作方式，组织党员到服务对象、新农村联系点、爱国主义教育基地开展活动，使党员党性得到锻炼，组织能力、服务水平同步提升。

2. 加强领导班子和领导干部队伍建设，积极推进干部人事制度改革

坚持把党的干部建设作为党组织建设的重点。重视加强干部队伍和领导班子建设，去年，全局系统共调整处级领导班子38个，调整处级领导干部89人次，其中提拔任职41人，交流提拔12人，平职改任27人。重视加强干部挂职锻炼工作，选派13名干部到部、市有关单位进行挂职锻炼。改革人事制度，推进干部工作科学化、民主化、制度化，采取报名与资格审查、笔试、面试、组织考察、决定任用、谈话和任职培训等6个工作步骤，对22个副处级职位进行了择优选拔。组织103名同志参加全市公开选拔局、处级领导干部竞争上岗，有16名同志进入面试，6名同志提拔任用，被选拔的干部位于全市各委办局前列。进一步理顺部门职责关系，切实解决职责交叉问题，按照权责一致的原则，明确和强化部门责任，优化整合内设机构，重新核定人员编制和领导职数，顺利完成新“三定”工作，完成各区县分局“三定”修订工作。东城分局、西城分局实现机构整合平稳过渡，人员岗位有效衔接。

3. **着力加强党员队伍建设，履职能力不断提高**

按照“坚持标准、保证质量、改善结构、慎重发展”的方针认真做好发展新党员工作，做到不经支部考察一年以上的不发展、不经集中培训40学时的不发展，不经支部公示的不发展，进一步增强了发展党员工作的规范性和透明度。市局机关全年发展党员11名，转正12名，为党组织增添了新鲜血液。认真做好积极分子培养工作，指导支部制定培养计划，确定培养联系人，定期汇报思想，政治上关心帮助，工作中压担子，使其尽快成熟，组织12名入党积极分子参加了市直工委组织的集中培训。充分发挥党员先锋模范作用，在完成重大任务、重点工程中重视以党员干部为骨干，做到带头调查研究，带头解决实际问题，带头推动工作创新。去年，全系统有224名党员受到市、区县和局党组的表彰，116名党员经层层评选被局党组评为“群众心目中的好党员”。

【“三进两促”活动】

2009年，有45个基层党组织，2892人次党员走进农村、社区、企业，为促和谐、促发展做贡献。积极参与支援新农村建设，了解基层、服务基层、帮助基层解决实际困难，成为广大党员的共识。系统有36个单位与45个乡镇、村结对，实施帮扶项目50多个，投入各种资金7亿多元。实施绩效管理、创新创优，建立绿色通道，优化工作流程，加快办事效率，保证项目落地，成为广大党员的自觉行动，营造了重实际、讲效率、抓落实的氛围，促进了各项工作的落实。开展调查研究，围绕履行职责，针对工作中的重点难点问题深入开展调研，已经成为各单位的重要工作方式，全年深入基层调研961批次，2340人次，形成调研成果856个，将400多个调研课题成果汇编成20多册，为推动工作提供了科学依据。通过“三进两促”活动开展，使三进两促的过程成为党员干部转变作风的过程。

【精神文明建设取得新成果】

加强对创建“文明单位”“文明处室”工作的领导，成立创建活动领导小组及办公室，坚持把创建活动与年终工作总结、年度重点工作完成情况、单位领导班子考核以及检查落实党风廉政建设责任制相结合，注重考评实效，实行八个方面的一票否决。坚持本系统、区县、市直机关系统、首都“文明单位”和“文明单位标兵”多级连创，取得丰硕成果。土地储备中心、土地利用中心、执法大队和后勤中心获得2009—2010年度“市直机关系统文明单位”称号，市局机关获2009—2010年“首都文明单位”称号。

【立足本职创先争优，为完成中心任务提供有效载体】

加强教育，增强创先争优的自觉性 成立领导小组，制定工作方案，采取多种形式、多层次的进行广泛动员，提高党员干部对创先争优活动的认识。以支部书记会、支委会、党小组会等形式，组织党员干部认真学习贯彻《中共北京市委关于在全市基层党组织和党员中深入开展创先争优活动实施意见》、学习习近平副主席在视察国土资源部机关党的建设和创先争优活动时的讲话精神，增强了党员干部创先争优的自觉性。积极搭建内网交流、简报交流、会议交流等三个平台，开展创先争优交流活动，充分调动了参与热情。组织开展了“远学‘双先’事迹，近学身边典型”活动，营造了创先争优的良好氛围。

立足实际，调动创先争优的积极性 组织开展领导点评活动，紧密结合系统精神文明建设考核、年度民主生活会、两整治一改革专项活动、完成本部门中心工作开展点评，按照党组织隶属关系，党组成员对分管的支部书记进行点评，党支部书记对党员进行点评。市局机关25个党支部、2个党总支、300多名在职党员参加了领导点评活动，16个分局党组、市局机关及局属事业单位党总支、支部全部召开了民主生活会，以本职工作为切入点，以岗位创先争优活动为目标，开展了批评和自我批评，查找问题，明确方向。组织党员开展责任和义务教育，注重发挥基层党组织和党员创先争优的主体作用，调动党员干部的积极性、主动性和创造性，以创先争优的精神和高标准、严要求、快节奏的作风，勇于创新，奋力进取，推进各项工作。通过开展创先争优活动，干部职工大局意识强，工作务实，风气正，士气高，在工作、学习和生活方面，大家都能统筹安排，以工作为重，深入农村，深入基层一线，争先创优，争创佳绩，各项工作都呈现出蓬勃发展的良好势头。

选准载体，增强全局“创先争优”的先进性 以“立足本职、创先争优”暨“双承诺”主题实践活动为载体，动员各基层党支部结合年度工作目标任务，重点围绕“五个好”内容，结合部门业务工作，从提高效能、推动重点工作完成等方面做出承诺，制定《党支部公开承诺书》。党员干部结合岗位特点和本人实际重点围绕“五带头”内容做出承诺。市局机关25个党支部、2个党总支，300多名在职党员做出了书面承诺。突出实践特色，做到“五结合”，即：与年度总体工作部署相结合，与完成市政府确定的年度重点工程任务相结合，与“三进两促”活动相结合，与上级有关要求相结合，与推动国土资源科学发展相结合。通过双承诺活动开展，在创新机制，推动工作上实现创先争优；在改进作风、提高效率上实现创先争优；在高标准完成重点工程任务上实现创先争优；在建设团结和谐、凝心聚力上实现创先争优。

纪检工作

【加强党风廉政建设，为完成中心任务保驾护航】

1. 一抓教育

收集整理近年来全国国土资源系统典型案例，汇编成《国土资源系统警示教育案例选编》一书，系统干部职工人手一册，对系统干部职工起到了以案说法、以案明纪、以案示人、以案促廉的警示教育作用，增强了廉政教育的现实感和针对性。组织学习贯彻《廉政准则》，邀请市纪委领导做《廉政准则》学习的辅导报告，开展《廉政准则》知识答题活动，市局机关副处级以上干部、各分局、事业单位科级以上干部500多人参加了廉政知识测试。组织纪检监察干部70多人到井冈山、延安等革命圣地，接受革命传统再教育。组织系统党员干部1000多人参观“法治与责任——全国检察机关惩治和预防渎职侵权犯罪展览”。开展了“两整治一改革”廉政警句格言书法展活动。

2. 二抓制度

狠抓制度的建立和完善，针对转变管理职能、加大干部队伍建设、提高反腐倡廉自觉性3个方面，建立了9项制度。围绕财务核算、资金管理、内控制度等方面研究制定了《土地储备融资管理办法》、《土地储备项目资金预算管理办法》、《土地储备资金使用审批管理办法》。全年共完善和制定整改措施34项，建立健全规章制度70个。在完善制度的基础上，坚持把落实党风廉政建设的各项制度与推进各单位的行政、业务、财务、审计等工作紧密结合，坚持述职述廉制度、离任审计制度、发展党员公示制度、党务公开等制度。

3. 三抓监督

组织对直接负责千亿土地储备开发投资项目的市土地储备中心和各分中心、土地储备开发项目涉及的行政审批部门，开展了立项效能监察。对行政许可事项开展了立项行政检查，组织对10个行政许可事项的案卷，进行了重点检查，对检查中发现的4个方面问题进行整改，对行政执法、重大项目招投标工作进行40余次的监督检查。开展了保障性住房供地工作和50个重点村城市化建设行政效能检查。

工会工作

【学习型工会建设】

在全系统范围内积极组织开展“读书”活动，进一步推进、深化和加强市国土系统创建“学习型机关”、“学习型工会组织”和文化建设，全面提升干部职工综合素质。购买市委、市直机关工委和我局推荐书目10本。其中有刘淇书记推荐的两本；全国两会学习用书四本；《礼仪常识全知道》、《六好》、《三会》等学习用书4本。各事业单位和国土分局根据干部职工学习需求购买了相应学习用书。要求科级以下干部职工每人从推荐书目中至少选读2本，自选国土资源管理书目至少1本，多读不限；副处级以上干部每人从推荐书目中至少选读3本，自选国土资源管理书目至少2本，多读不限。组织开展了4次读书答题活动，系统干部职工5000人次参加。并把“读书”活动纳入本系统年终精神文明建设考评内容。

【职工之家建设】

在市直工会工委和局党组的指导帮助下，继续深入推进创建“职工之家”工作。强化了职工民主管理，调动和保护职工的工作积极性，促进两个文明建设。基层工会组织积极按照“职工之家”建设标准建设职工小家。局后勤中心工会分会以服务全局为理念，以提高职工素质为目标，开展了形式多样的建家活动。北京市土地储备整理中心工会分会在继2006年获得市直机关工会工委“先进职工小家”荣誉称号之后，今年已组织进行“全国模范职工小家”申报工作。

【积极开展健康向上的文体活动】

积极参加市直机关第三届职工运动会，取得了总成绩前十六的好成绩，并荣获了组委会颁发的“优秀组织奖”；组织参加市直机关第四届台球比赛获得团体第四名；参加市直机关第二届乒乓球团体比赛，获得优胜奖杯；举办了第四届“国土杯”桥牌邀请赛，利用业余时间和中午休息时间组织台球、乒乓球、象棋、围棋、桥牌等适合机关特点的各种娱乐比赛活动。

【满腔热情地关心职工生活】

“三八节”100周年之际，组织局机关和事业单位女干部职工100余人参观新中国科技馆。

坚持“四必访”制度，看望走访困难党员和干部职工。为困难党员发放补助金每人800元。为患重病党员申请困难党员帮扶专项基金3000元。及时看望生病职工和生育小孩的女职工。局机关工会为425名工会会员办理了京卡·服务卡；购买电影票和生日蛋糕票；为168名女职工上重大疾病保险。关心干部职工生活，举办健康知识讲座，开办舞蹈班、瑜伽班，组织干部职工体检，改善食堂环境，提高就餐标准。

【积极踊跃开展爱心捐款活动】

市局为青海玉树捐款50万元。去年5月和9月，全系统党员干部职工3241人次积极踊跃参加了为甘肃舟曲和青海玉树灾区捐款活动，捐款总额344825元。我局荣获北京市总工会等联合颁发的“优秀组织奖”。

共青团工作

【开展多种形式的学习培训活动，引导团员青年坚定理想信念】

组织机关及事业单位35岁以下青年、团员近40人，参观了北京市水生野生动物救治中心、参观了延庆县井庄镇柳沟村和香营乡新庄堡村的新农村建设，亲眼目睹了改革开放以来和农村经济结构调整给北京郊区带来的巨大变化。

财务管理

财务处

【加强收费管理规范票据使用】

1. 非税征收突破千亿，成本返还及时到位

全年土地出让收入1314亿元，直接缴入财政专户的同时，加快了储备前期成本的返还，127亿元及时返还市中心及各区县分中心，保证了远郊区县的收入返还和个别退款工作的落实。积极会同矿业权管理部门，将收缴的矿产资源专项收入按比例全额上缴两级国库。2010年征缴入库矿产资源专项收入9851.05万元，其中矿产资源补偿费4656.2万元，按5:5比例上缴中央和地方国库，探矿权采矿权及价款收入5194.85万元，按2:8比例上缴中央和地方国库。

2. 推进财务票据改革，及时完善管理制度

财政部门2010年7月1日起废止银钱收据，改为使用资金往来结算票据。在使用新票据前，及时清理全局旧版票据，做好新旧票据的换发工作并下发了《资金往来结算收据管理和使用通知》，进一步强化系统内票据使用的规范性；为满足土地储备部门对大额往来资金票据的需求，在结合国土部门实际工作特点的基础上，在全市范围内率先试运行资金往来票据网络版。实现了对储备机构大额往来资金票据使用的实时监控，同时对推进财政票据改革起到了积极作用。

【完善部门预算管理不断提高管理水平】

1. 加强立项前的可研，提高预算执行力度

为保障项目立项后的及时开展，后期执行组织措施到位，提高预算执行力度和资金使用效率，加强了对项目前期立项、方案论证的要求。凡上报项目，需同时上交工作方案及可行性研究，包括立项依据、实施方案、技术路线等，为扎实前期立项，推动项目进展打好基础。

2. 加强项目合同管理，严格审核环节

对外委托项目严格签订委托合同或项目协议书，业务部门起草后需先报局法规处和财务处审核完善后报局领导审批。审核中重点关注了合同约定的双方责任、成果提交、核算方式及资金支付。项目执行中严格按照合同约定，如有变更事项，须经领导审核后签订补充合同。

3. 严格项目招投标程序，推进采购活动公开规范

纳入年度政府采购项目，及时启动政府采购程序。招标代理公司委托、技术标准制定、招标结果公告、投标单位资质审核等工作严格按照程序开展，部分工作提前准备，积极推进，保障项目的顺利进行。重大项目招标文件经局政府采购领导小组审核。2010年公开招投标项目12个，涉及项目金额3520万元。

4. 继续推行报账制管理，不断加强资金监管力度

年度预算中需要委托，但又未达到采购限额的项目，继续推行项目报账制管理。加强对外包项目委托及资金使用的监督管理。申请支付项目款需同时提交项目资金支出明细账，经审核后支付。项目验收合格后承担处室申请后支付尾款时，提交项目验收意见同时提供项目成果的汇交情况，推进项目成果的归档管理。

5. 试行同类项目集中考评，促进项目整体管理水平

2010年纳入考评项目共25个，其中市财政考评项目4个，局自评项目21个。自评项目在土地开发整理和矿山环境治理项目中集中开展绩效评价。同类项目间相互比较，反应出不同单位管理水平，提供相互学习的平台，推广好的经验做法。通过开展同类项目集中考评，促进项目整体管理水平的不断提高。

【规范审计监督强化内部管理】

1. 公开招标审计公司，二十家中介机构纳入备选

2010年，围绕规范审计，加强内审的要求，通过公开招标的方式，从40家投标单位中择优选择了20家项目审计公司纳入备选库。全系统开展的项目审计，须从招标入库的社会审计公司中择优选取审计承担单位，逐步规范全局审计工作。

2. 开展经济责任审计，加强内部监督

将开展内部审计，加强内部监管纳入财务年度工作计划，6个单位的7位党政领导列入经济责任审计计划。及时开展内部经济责任审计专项培训，2010年组织局系统财务骨干及审计公司进驻对局机关党委、储备中心、宣武分局、利用中心、登记中心、规划中心等6个单位领导干部及时开展了经济责任审计工作。

3. 组织开展“小金库”专项治理，接受市审计局专项检查

根据市纪委等六部门要求，2010年认真开展小金库专项治理和打击假发票工作。及时召开专项治理工作动员部署大会，组织系统财务人员参加专项治理业务培训和假发票鉴别专题讲座培训。在各单位组织自查自纠的基础上，市审计局专项检查组重点检查了市储备中心的“小金库”自查工作。

4. 利用资金动态监管系统，监督大额资金使用

2010年开展的“两整治一改革”专项工作，大额资金监管纳入财务部门的主要任务。在全局信息网络系统和财务核算实行集中软件管理基础上，建立了局系统大额资金动态监管窗口，监管资金支出方向、内容以及土地储备账户资金情况，加强资金使用的透明度和监督力度。

【加强学习研究提升综合管理水平】

1. 结合实际开展研究，不断完善各项财务制度

2010年财务部门积极参与到与业务相关的专项研究中，主要包括参与市财政局开展的关于远郊区县土地收益比例问题研究；参与市矿业评估委员会组织的地热资源探矿权、采矿权使用费征收政策的研究；会同市地税局等部门完善印花税的征缴管理，开展税收政策研究；开展2011年全市土地出让收入分析预测研究；与市审计局、市发改委等部门开展经营性收费“收支两条线”等收入收费政策研究，不断提高政策理论水平，完善财务制度。

2. 主动了解业务工作，深入项目参与管理

为规范资金使用，更好的为业务部门提供服务，财务人员从单一的资金审核，逐渐参与到项目的立项论证研究、招标采购、合同审核、成果验收、项目决算和项目绩效考评的全过程中。严格资金审核程序，促进预算执行进度，提高资金管理水平。

3. 开展财务专业培训，提高业务人员素质

2010年分两批完成了全系统会计持证人员继续教育培训，结合局重点工作，侧重资金监管、内部控制等专项的学习；参加市财政组织的部门预算培训、财务决算培训和绩效考评培训，拓宽财务人员视野，提高整体素质和业务水平。

【稳步推行财务管理各项基本工作】

落实市委市政府关于开展厉行节约的文件精神，切实做好压缩出国（境）、车辆运行费和接待费用等三项经费的工作，局内实行经费总额控制。

落实非统发无房新职工住房补贴核定和发放工作。

结合全市土地储备财务资金量大的情况，参与纪检监察处联合市发改委、市财政局、市监察局、市审计局等单位对全市土地储备工作的专项检查。

按国土所标准化建设要求，追加预算落实区县国土所人员、办公专项经费600万元，落实国土所车辆编制33辆，采购资金905万元。

加大土地储备银行账户管理，严格各单位银行账户审核批复管理，编印了《土地储备资金银行账户汇总表》，为监管检查提供基础资料。

协助审计局和审计署京津冀特派办分别开展分局和市储备中心政府债务调查的前期调研，摸清政府债务，提高资金使用效益。

为推进土地储备的资金监管工作，开展各分局工作交流，编印了《土地储备资金监管政策汇编》，促进各分局建立和完善资金监管制度。

组织完成2009年度决算工作，连续取得全市评比的优秀表彰。

纪检监察

驻局纪检组监察处

【部署2010年党风廉政建设工作，狠抓责任制落实】

1. 年初，局党组组织召开全系统党风廉政建设和反腐败工作电视电话会议，传达学习中纪委十七届五次全会、国务院第三次廉政工作会议、全国国土资源系统党风廉政建设工作会议精神和市纪委十届六次全会精神，全面部署2010年国土资源系统党风廉政建设和反腐败工作，制发了局党组《2010年党风廉政建设和反腐败工作要点》及任务分工，并进行教育动员。要求进一步提高扎实开展党风廉政建设和反腐败工作的自觉性。

2. 局党组重新梳理了局班子成员和各单位、各部门领导干部“一岗双责”的内容，明确各自责任和目标，签订了“责任书”；结合绩效考核，每季度对市局机关各处室落实年度责任制分工情况进行评估打分，对责任制分工任务落实不及时、不到位的单位进行督查。并对领导干部廉洁自律情况进行评估分析，及时发现倾向性、苗头性问题；结合半年、全年工作总结，组织对局班子成员和各单位、各部门领导干部落实“一岗双责”和“三个抓好”、“五个亲自”的情况进行了督查和抽查。

【强化学习宣传，深入开展警示教育】

1. 组织对全系统纪检监察干部和局属事业单位分管纪检监察工作的专职副书记共43人进行为期一周的专题培训。分别邀请市检察院反渎职侵权局领导、市纪委监察局相关部门领导，就如何预防职务犯罪、如何抓好党员领导干部廉洁自律工作、如何加强效能监察、如何做好当前纪检监察信访工作进行了辅导讲课。局领导班子成员、各部门和各单位党政主要领导，参加了“如何预防职务犯罪”法制教育讲课。

2. 组织党员干部参加国土部举办的“惩防体系与廉政建设”视频辅导报告会，组织科以上领导干部参观“全国检察机关惩治和预防渎职侵权犯罪展览”；组织编写了《国土资源系统警示教育案例选编》，作为全系统干部警示教育教材；在局内网开辟以“警钟长鸣”为题的反腐倡廉宣教专栏，为干部职工提供廉政风险防范音视频和文字教育材料，深入开展警示教育。

3. 学习宣传、贯彻落实《中国共产党党员领导干部廉洁从政若干准则》（以下简称《廉政准则》）。局党组制定贯彻落实《廉政准则》的具体工作方案，将学习宣传贯彻《廉政准则》分解为三个方面11项具体任务，分工落实到具体部门和单位。

【深化廉政风险防控工作】

1. 狠抓廉政风险防范“向上、向下延伸”工作。按照市委市政府、市纪委关于推进廉政风险防范管理工作的统一部署，在局党组的统一领导下，着力抓好廉政风险防范管理向局、处级领导班子和基层重点部门重点岗位的延伸，突出抓好对权力运行的重点监控。重新梳理细化《局领导班子“三重一大”廉政风险识别、防控一览表》、《局领导班子及成员廉政风险识别、防控一览表》，组织签订了廉政承诺书》并进行公示，接受群众监督；指导市局机关各处室、局属事业单位和各分局深化廉政风险点查找和防控工作，重新梳理完善防控措施。

2. 先后针对土地储备投资监管和廉政风险防范管理工作、反腐倡廉制度建设等内容，组织进行专题调研，并充分利用调研成果指导基层抓好反腐倡廉制度机制建设和廉政风险防范管理工作。2010年10月25日《中国纪检监察报》、11月25日《北京日报》刊登了我市土地储备开发健康运行的相关经验做法。

3. 围绕深化国土资源管理改革，强化治本抓源头工作。根据国土资源部党组有关要求，制定贯彻落实中共国土资源部党组《深化改革创新制度建立国土资源系统反腐倡廉工作长效机制实施方案》的实施意见，就转变管理职能、发挥市场配置资源作用，创新管理制度、加大制度防腐力度，加强干部队伍建设、提高反腐倡廉自觉性等3个方面，明确9项国土系统反腐倡廉长效制度机制的具体内容和部门责任分工及完成时限，监督相关职能部门按计划抓好分工任务的落实。

4. 针对市审计局对市国土局专项审计中提出的财务核算、资金管理、内控制度等方面问题，与相关职能部门共同研究，先后出台了《土地储备融资管理办法》、《土地储备项目资金预算管理办法》、《土地储备资金使用审批管理办法》等。完善和制定整改措施34项，建立健全规章制度70个，累计整改资金达18亿元。健全完善土地储备资金监管的长效机制。

【围绕市委市政府重大决策部署，加大监督检查力度】

1. 以落实中央和市委、市政府重大决策部署为重点，加大监督检查力度。对负责千亿土地储备开发投资项目的市土地储备中心、各分中心和项目涉及的行政审批部门，组织开展立项效能监察。针对检查中发现的项目管理不规范、履行程序不合规等问题，向相关单位和部门提出了整改建议并督促抓好落实。

2. 对行政许可事项开展立项行政检查。组织对2009年办理的10个行政许可事项的案卷，进行重点检查。针对检查中发现的申请材料不齐全、受理申请和审查过程无记录、审批方式和许可批准文件制作不规范、电子件与纸质审批卷流转不同步等4个方面的问题，分析产生问题的主要原因，向有关单位和部门提出具体整改建议并得到有效落实。纪检监察部门共计40余人次对行政执法、重大项目招投标工作进行了监督检查。

3. 开展对保障性住房供地工作效能监察和50个重点村城市化建设行政效能检查，督促市土地整理储备中心等部门按照市政府要求，加快工作进度，按时完成任务。

【深入开展专项治理工作】

1. 继续推进2009年10月开始的工程建设领域突出问题专项治理工作，落实整改阶段的工作任务。配合局工程建设领域突出问题专项治理工作领导小组，积极推进中央规定的涉及国土资源系统排查范围内的5579个项目的排查任务完成，督促相关部门结合实际健全完善《北京市矿业权出让和转让公开交易办法（试行）》、《国土资源违法违规案件通报和挂牌督办办法》等长效机制。发现并督促240个存在土地违规问题的项目进行整改，梳理违规项目的主要类型，分析产生违规的主要原因，整改率达到100%。

2. 开展“两整治一改革”专项行动。根据2010年8月19日中纪委、最高人民检察院、监察部、国土部联合召开的国土资源领域腐败问题专项治理工作电视电话会议精神、《中共国土资源部党组关于国土资源系统开展“两整治一改革”专项行动的通知（国土资党发［2010］45号）》和《关于国土资源部机关深入开展廉政专项行动的通知（国土资厅发［2010］50号）》要求，北京市国土系统自2010年9月始，开展“两整治一改革”专项行动，整治土地和矿业权交易市场存在的突出问题，整治干部队伍廉洁从政存在的突出问题，深化国土资源管理制度改革，切实纠正工作不落实、监管不到位的问题，严肃查处违纪违法案件，建立健全制度，有效遏制腐败案件易发多发的态势。

“两整治一改革”专项行动分为动员部署（9—10月）、自查自纠（10—11月）、整改（11—12月）、全面规范（2011年1—6月）、总结巩固（2011年7—12月）五个阶段进行。成立北京市国土系统“两整治一改革”专项行动领导小组。组长：张国玉、魏成林，副组长：刘辉、周新华，小组成员有：李燕飞、张维、曾赞荣、谢俊奇、李军、郭创兴、王宏胜等7名局领导。

领导小组下设办公室。王宏胜副巡视员兼主任，土地利用处副处长曹慧任常务副主任，相关部门领导任副主任。办公室设综合组、土地市场治理组、矿业权市场治理组、深化改革研究组、案件协查组、机关组，具体负责“两整治一改革”中的各项工作任务。各分局参照市局组织领导机构的组成，建立相应专门工作机构。

局党组要求全系统各级领导班子要发挥主体作用，落实工作责任，加强正面教育，扎实有序推进，加强协调联动。把专项行动纳入工程建设领域突出问题专项治理之中，相互结合，整体推进。及时解决各项建设中存在的问题，有力推动国土资源管理工作。

3. 积极开展“小金库”及假发票专项治理工作。协调局相关职能部门认真开展全系统“小金库”及假发票专项治理工作。通过自查、互查和重点抽查，发现的主要问题有：对个别单位的房屋出租收入问题、以前年度代收代缴契税等形成的利息问题、假发票问题，已督促相关单位按要求立即进行整改。

结合专项治理工作，协调局相关职能部门对部分资产划分、资产权属归属、代管区县政府所属单位及历史遗存账户等问题进行清理；对全市已开设的150多个土地储备银行账户及票据使用管理进行清理和规范；统一各区县分局行政事业收费许可项目，统一办理收费许可证书，遏制“小金库”形成的源头。

协调局相关职能部门加强对项目资金的监督管理。通过全局的财务网络核算平台，对重点单位、大额资金的管理实施动态监控；积极推行项目资金报账制管理，出台项目报账制管理办法，有效控制了外包项目的资金使用。

4. 厉行节约活动取得明显成效。按照市关于开展厉行节约活动的有关要求，从严控制经费支出，2010年1—10月份与2009年同期比较，国土局共减少各项行政经费计508.52万元，压缩17%。其中：车辆购置及运行费用减少373.19万元，压缩33%；公务接待费用减少33.16万元，压缩33%；会议费减少184.22万元，压缩25%；通信费减少10万元，压缩8%；因公出国费用减少29.382万元，压缩10%。

【加大党内监督制度落实力度，促进领导机关和领导干部民主意识的提高】

1. 坚持组处领导参加局党组会议、局长办公会制度，重点监督“三重一大”决策事项的决策过程、决策程序是否依法合规，针对重要决策、重大事项、重要干部任免和大额度资金使用事项，及时提出意见建议。

2. 认真监督执行述职述廉和民主生活会等制度。对全系统处以上领导干部落实述职述廉和民主生活会制度情况进行监督检查。结合“两整治一改革”专项行动，组处人员参加并指导部分分局、局属单位的民主生活会。全系统处以上领导干部落实了个人收入申报和重大事项报告制度。

3. 加强群众监督，坚持权力运行过程、结果的公开透明。要求相关职能部门积极利用内部信息交流网络平台，主动向干部群众宣传党内监督等有关政策法规，及时将局党组“三重一大”有关事项的会议纪要、干部公示等情况在局内网公开，充分保障全系统广大党员干部的知情权、参与权、选择权、监督权。全系统未发生群众反映强烈的相关问题。

【维护人民群众切身利益，认真解决群众反映的突出问题】

截至12月15日，共收到群众信访投诉131件次，属于纪检部门受理范围的62件次，目前已办结55件次。在信访件办理过程中，做到服务态度热情，审批流程规范，初核要件齐全，案卷归档及时。

针对土地市场处原调研员柴生清受贿案和群众对国土部门个别工作人员在依法行政、廉洁自律、工作作风等方面的举报，剖析原因教训，查找薄弱环节，提出整改要求。对个别工作人员不正确履行职责而导致影响群众切身利益的问题，不回避、不袒护，及时通报批评，要求限期整改，起到警示教育效果。

离退休干部管理

离退休干部处、老干部活动站

【离退休干部管理概况】

截至2010年底，国土资源局机关共有离退休干部职工353人，其中，共产党员286人。

离休干部共42人，其中，党员39人。

退休干部职工共311人，其中，共产党员247人。

设机关离退休干部党总支1个，党支部7个。其中，离休干部党支部2个，退休干部党支部5个。

离退休干部处（站）在职职工12人，其中离退休干部处6人，老干部活动站6人。

【离退休干部职工服务与管理】

1. 局党组不断加强对离退休干部工作的领导

局党组高度重视离退休干部服务管理工作，认真贯彻《北京市离退休干部工作领导责任制》，继续加强对离退休干部工作的领导力度。春节前夕，魏成林局长带领局领导和局老干部工作领导小组成员参加了老同志新春团拜会，与全体老同志共贺新春佳节。下半年，张国玉书记到任后，立刻到老干部处（站）进行调研，认真听取老干部工作汇报。并于中秋节前，与其他新上任的局领导一起与老同志见面，与老同志认真进行座谈。主管离退休干部工作的局领导周新华同志多次深入离退休干部处（站），密切联系离退休老同志，及时了解情况、及时指导工作。8月份，在局“老干部工作政策业务培训班”动员会上，他对全局系统离退休干部工作形势进行了分析，对离退休干部工作的领导、政策学习、工作开展等提出了具体要求，有力推动了全局系统离退休干部工作的科学发展。局老干部工作领导小组成员单位齐抓共管，认真履行各项离退休干部工作制度，保证了《责任制》落到实处。上、下半年，分别按照市委组织部、市老干部局《关于对〈进一步加强新形势下离退休干部工作的意见〉贯彻落实情况进行督促检查的通知》和《关于对〈北京市离退休干部工作领导责任制〉落实情况进行检查的通知》要求，认真组织开展了自查工作，并将自查情况及时进行了上报，得到了市直机关的表扬。

2. 落实好离退休干部的政治待遇

坚持定期向老同志通报工作。春节、国庆前夕，局长魏成林同志和局党组书记张国玉同志分别向老同志通报了北京市国土资源建设的情况。继续抓好党支部建设。党总支通过开展“远学‘双先’事迹，近学身边典型”活动和评选“优秀共产党员”活动，推动了离退休干部党支部和离退休干部党员创先争优活动的深入开展；通过修订《党支部干事职责》和《党小组长职责》、在职工作人员到离退休干部党支部担任专职干事和在退休干部党支部增设党小组等方式，进一步提高了离退休干部党支部在组织、教育、管理党员等方面的核心作用。继续采取自学与集中学习相结合的方式组织开展离退休干部政治理论学习。在加大印发简报、自学计划、辅导材料、提供理论辅导光盘等措施力度的同时，认真调研论证了局机关离退休工作网页的方案，并及时开通了工作网页，丰富了老同志的学习形式和方法，促进了离退休干部服务管理工作水平的提高。

3. 落实好离退休干部的生活待遇

一是坚持做好走访慰问工作。重大节日前夕，局领导、老干部工作领导小组成员深入老同志家中、疗养院、医院，看望慰问联系对象。元旦、春节、“五一”、“十一”前，处（站）工作人员对全体离休干部、离休干部遗属及部分退休干部进行入户走访慰问，达530多人次；二是继续做好医疗保健工作。组织260多位离退休干部、职工参加体检，及时为离休干部提高了特需费标准，共编印《保健与养生》12期，宣传健康科学养身知识，提高自我保健能力；三是认真做好老同志活动的安全防范、医疗保障工作。年内分别组织了离退休老同志参观北京国际鲜花港和“南海子”公园等活动，每次活动前都要制定详尽的工作计划和《安全工作预案》，确保老同志活动的绝对安全；四是继续做好新退休人员的接收工作和去世人员的善后工作。2010年接收新退休干部5人，协助家属为8名去世离退休干部办理善后事宜。

【开展各类文体活动】

丰富老同志的精神文化生活。上半年，在广泛听取老同志的意见后，对原有的兴趣小组进行了调整，在坚持活动小型化的原则下，增加了摄影、篆刻、手工制作等兴趣小组，通过不定期地举办讲座，聘请专业授课老师教授相关技艺，努力提高兴趣小组的活动质量。组队参加了国土部系统“京华杯”离退休职工象棋邀请赛，取得了团体第五名，个人第八名和第十名的佳绩。下半年，围绕“学先进创‘五好’，健身心乐晚年”这一主题，举办了老同志书画摄影篆刻手工制作展，共展出离退休干部书画、摄影、篆刻、手工制作作品460多件。全年分别为18位老同志祝金婚、贺寿，继续为每一位过生日的离退休干部寄送生日贺卡，并根据离休老同志的身体情况，为他们添置了电子血压仪等物品。

【自身建设】

继续加强作风建设。上半年，按照局党组的统一部署，认真组织工作人员学习了作风建设和党风廉政建设的相关文件，通过抓好《“一岗双责”责任书》的落实、开展“小金库”专项治理自查自纠和厉行节约等工作，把作风建设和党风廉政建设工作落到了实处。下半年，结合“两整治一改革”专项行动的开展，全体工作人员认真学习了国土部和局党组关于开展“两整治一改革”专项行动的精神和实施方案等相关文件，制定了处（站）“两整治一改革”专项行动实施方案，把作风建设和党风廉政建设与实际工作相结合，促进了各项工作的开展。

认真组织开展老干部工作政策业务知识学习活动。8 月初至 10 月底，按照局党组的要求，认真组织开展了全局系统的老干部工作政策业务知识学习活动。局领导以及各分局、局属事业单位、局机关各处室的主要领导和各单位分管老干部工作的领导及专（兼）职老干部工作人员共 150 多人参加了学习活动。为检验学习成效，还以书面答题的形式，组织了全局系统的老干部工作政策业务知识竞赛活动，局机关、各分局、局属事业单位共 99 人参加，既达到了检测政策水平的目的，又进一步激发了学习老干部工作业务知识的积极性和主动性。

继续做好调研及信息宣传工作。通过《老干部工作信息》和《资料选编》较为全面地反映了离退休干部工作状况，并定期把理论学习资料、国土资源政策法规和局工作动态介绍给老同志。撰写的《新形势下离退休干部思想政治建设的调查与思考》的调研报告，受到市老干部局的表彰。

做好各项基础工作。年初，对临时用工人员进行了调整，通过专门聘请保安人员，进一步加强了处（站）安全保卫工作。多次请消防部门的人员对处（站）消防工作进行认真检查，增添了消防器材和设备。对处（站）房屋状况认真进行了检查，并及时进行了维修和粉刷。全年还积极参加了向青海玉树地震灾区和甘肃特大泥石流灾区的捐款活动，在较短的时间内筹齐、上缴了捐款。

专业管理

北京市土地整理储备中心

【机构与职责】

北京市土地整理储备中心于2001年4月28日成立，主要承担全市土地储备开发、建立政府土地储备库和土地市场交易相关职责，为北京市国土资源局直属差额拨款事业单位，人员编制100人，2010年12月中心法定代表人由中心主任曾赞荣同志变更为中心常务副主任师宏亚同志，内设“七部一室”，即财务管理部、储备管理部、开发管理部、市场交易部、项目开发一部、项目开发二部、项目开发三部、综合办公室。

【2010年工作情况】

1. 土地市场供应

2010年，市土地交易市场和10个远郊区县、北京经济技术开发区土地交易分市场共成交土地280宗，土地面积约3012.04万平方米，规划建筑面积约3350.46万平方米，成交价款1677.27亿元，其中，政府土地收益948亿元。

2010年，土地市场通过调整综合评标分值比例、试点“不设评标委员会”招标、“限房价、竞地价”、“限地价，竞政策性住房面积”等举措，进一步完善土地招拍挂制度，在抑制地价非理性过快上涨方面发挥重要作用。

2. 土地一级开发

2010年，核批土地一级开发授权批复154个（含延期），土地总面积7767公顷。全市新增土地储备开发面积6400公顷，基本完成土地储备开发面积4100公顷，实现土地储备开发投资及重点区域专项投资1470亿元。

3. 政府土地储备

全年新增收购储备项目9个，土地面积130公顷；新增市、区联合储备项目8个，土地总面积1300公顷。全年组织办理储备土地证宗地41宗，土地面积421公顷，可实现抵押贷款额约762亿元。

4. 土地储备资金筹措管理

全年通过银行贷款和市财政拨款等方式筹措市级土地储备开发项目资金约258亿元，其中银行贷款229亿元。同时，积极拓展融资渠道，启动引入保险基金投资计划。

5. 年度土地储备开发计划编制及实施

编制了《北京市2009年度土地储备开发计划》，计划全市土地储备开发年初结转14000公顷，年度新增8000公顷，年度基本完成开发8000公顷（其中年度供应3000公顷），年末结存14400公顷，安排土地储备开发投资1000亿元，重点区域土地储备开发专项投资1700亿元（含50个重点村、永定河绿色生态发展带、首钢新兴产业基地、通州新城核心区）。

全年实际新增土地储备量6400公顷，基本完成土地储备开发面积4100公顷，实现土地储备开发投资1000亿元，实现重点区域土地储备开发专项投资470亿元。

6. **政策及课题研究**

《关于坚持和完善土地招拍挂制度的意见（试行）》于2010年4月报请市政府批准后实施，其中包括调整综合评标分值比例、试点限地价、竞政策性住房面积的挂牌方式等完善招拍挂出让方式内容。

《北京市国有土地收购补偿价格标准》课题完成验收，《北京市土地储备开发战略研究》被列入了市委2010年关注类课题。

【2010年国有建设用地使用权交易】

2010年，市土地交易市场和10个远郊区县、北京经济技术开发区土地交易分市场共成交土地280宗，土地面积约3012.04万平方米，规划建筑面积约3350.46万平方米，成交价款1677.27亿元，其中，政府土地收益948亿元，为成交价款的57%。（详见表1、表2、表3）

表1　2010年北京市国有建设用地使用权入市交易成交统计表

交易地点	成交宗数	土地总面积（万平方米）		规划建筑面积（万平方米）	成交价款（亿元）
		合计	其中建设用地		
市土地交易市场	106	1446.30	875.51	1786.71	1433.08
远郊区县土地交易市场	174	1565.74	1194.64	1563.65	244.19
合计	280	3012.04	2070.15	3350.46	1677.27

表2　按用途分类

	合计	住宅用地	商业用地	工业用地
面积（公顷）	3012.04	1277.94	557.65	1176.45
结构比例	100%	42.4%	18.5%	39.1%

表3　按区域分类

区域	面积（公顷）	比例
首都功能核心区	2.66	0.1%
城市功能拓展区	298.12	9.9%
城市发展新区	2375.86	78.9%
生态涵养发展区	335.4	11.1%
合计	3012.04	100%

【历年土地市场公开出让交易情况】

截至2010年12月31日，全市共有1082宗9666.21万平方米土地入市成交，成交价款为4185.92亿元，其中政府土地收益2078.81亿元。（详见表4）

表4 2001－2010年北京市国有建设用地使用权入市交易成交统计表

年度	成交宗数	交易类型			土地面积（万平方米）		规划建筑面积（万平方米）	成交价款（亿元）	
		招标	拍卖	挂牌	合计	其中建设用地		合计	其中政府收益
2001	1	1	0	0	13.97	13.97	14.14	3.17	0.59
2002	8	2	1	5	250.48	174.79	331.26	61.35	14.93
2003	48	3	1	44	201.7	158.7	277.87	49.14	19.05
2004	89	4	0	85	537.92	403.53	609.51	115.31	32.85
2005	50	2	0	48	357.39	242.12	451.97	117.51	39.31
2006	87	29	1	57	856.2	594.96	935.05	257.67	92.11
2007	85	41	0	44	897.92	600.63	1233.01	438.1	204.34
2008	184	26	0	158	1573.43	1110.19	1810.43	500.12	170.82
2009	250	20	1	229	1965.16	1385.27	2391.19	966.28	556.76
2010	280	81	0	199	3012.04	2070.15	3350.46	1677.27	948.05
合计	1082	209	4	869	9666.21	6754.31	11404.89	4185.92	2078.81

北京市土地权属登记事务中心

【机构与编制】

北京市土地权属登记事务中心（北京市矿产资源储量评审中心）内设“四部、两馆、一室”，即登记部、权属部、调查部、信息统计部、档案馆、地质资料馆和办公室。主要职责是：负责本市的地籍调查、地籍测绘工作；负责本系统的档案管理、地质资料汇交及管理；矿产资源储量评审等事务性、服务性工作；对全市系统权属登记业务进行指导、监督、统计管理。

【国有土地使用权初始登记概况】

2010年北京市国有土地使用权初始登记共累计发证：2074宗，累计发证面积为：5268.35公顷，发证宗数同比减少3474宗，同比降幅为：62.62%；发证面积同比减少4747.33公顷，同比降幅为：47.40%。与2009年相比，发证宗数和发证面积降幅较大。

发证宗数同比降幅较大的原因主要为：2009年受我市开展总登记工作的影响，全市土地初始登记发证量有较大的增长。2010年全市划拨用地发证宗数比2009年减少了3015宗。

发证面积同比降幅较大的原因主要为：2010年政府储备用地初始登记发证面积同比去年降幅较大，同比减少了3691.44公顷。（详见图1）

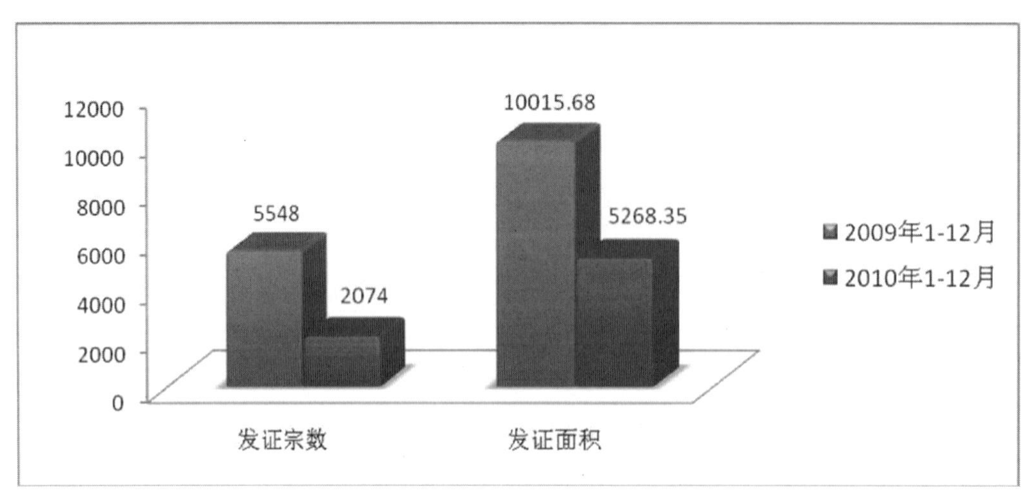

图1 2010年1－12月国有土地使用权初始登记发证宗数、面积（公顷）对比图

2010 年我市初始登记累计发证 2074 宗，从土地使用权类型来看，出让用地累计发证 643 宗；划拨用地累计发证 1305 宗（同比减少 3015 宗，降幅较为明显）；政府储备用地累计发证 124 宗；授权经营用地累计发证 2 宗。其中，划拨用地累计发证数居首位，约占初始登记累计发证总数的 62.92%。(详见图 2)

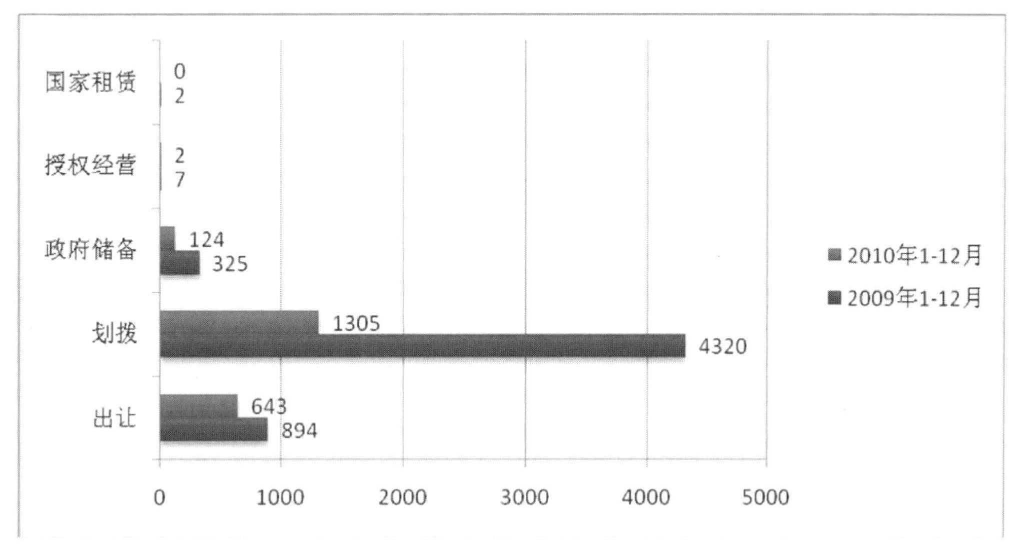

图 2　2010 年 1－12 月国有土地使用权初始登记发证宗数对比图

【国有土地使用权变更登记概况】

2010 年全市国有土地使用权变更登记共累计发证 12648 宗，累计发证面积为：3877.5 公顷。其中：转移登记累计发证 11641 宗，发证面积为 912.08 公顷；其他类登记累计发证 1007 宗，发证面积为 2965.42 公顷。与 2009 年 1—12 月相比较，发证宗数同比减少 1177 宗，发证面积同比增加 142.38 公顷，变更登记发证面积与去年相比略有上升。（详见图 3）

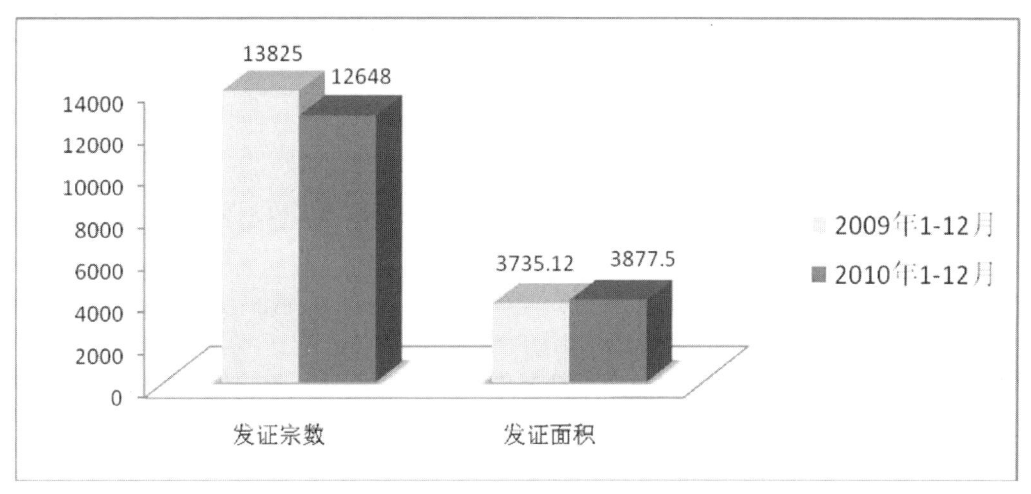

图 3　2010 年 1－12 月国有土地使用权变更登记发证宗数、面积（公顷）对比表

从2010年全市变更登记发证数来看，个人购买商品房和二手商品房转让（小业主变更登记）占据了主导地位，2010年全市小业主变更登记累计发证为11010宗，约占全市变更登记发证总数的87%，同比减少1192宗。（详见图4）

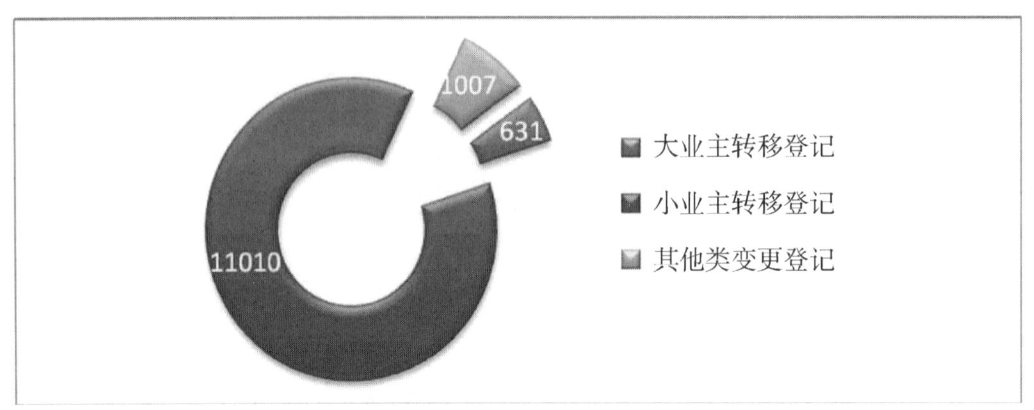

图4　2010年1－12月国有土地使用权变更登记发证宗数图示

2010年，我市城镇成套住宅分摊用地土地使用权（以下简称：小业主）转移登记累计发证宗数为：11010宗。从发证折线图上看，受到政府楼市调控政策的影响，我市小业主转移登记发证宗数呈现曲线下降的态势，交易量最多的出现在1月（1529宗），交易量最低的为11月（320宗），到12月起交易量出现拐点，从11月的320宗上升到本月的999宗。（详见图5）

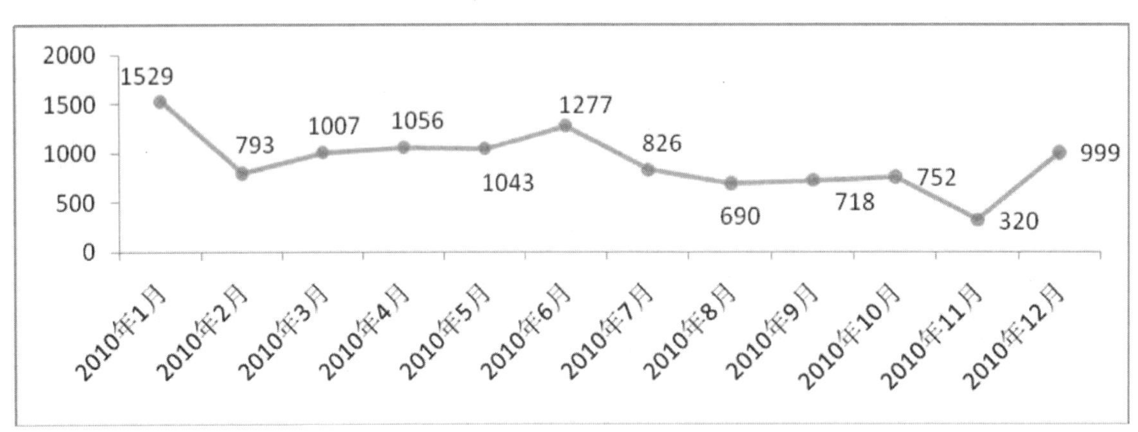

图5　2010年1－12月全市小业主（城镇成套住宅分摊用地土地使用权）转移登记发证宗数折线图

【国有土地使用权注销登记概况】

2010年我市国有土地使用权累计注销登记为74宗，累计注销宗地面积为：187.65公顷，本月国有土地使用权注销登记为7宗，注销宗地面积为6.59公顷；分别为大兴区1宗，平谷区2宗，延庆县4宗。

【国有土地使用权抵押权登记概况】

从2010年全市国有土地使用权抵押登记统计数据来看，全市共累计抵押土地为9232宗（含小业主抵押6835宗），累计抵押土地面积为7056.63公顷，累计土地抵押贷款额为4569.18亿元。同比

2009年，抵押土地宗数增加2238宗，抵押土地面积减少5103.16公顷，贷款金额减少328.03亿元。

从下图可以看出，用2010年我市国有土地使用权抵押统计数据减去2009年抵押数据得到的差额数据（同比）可以看出，影响抵押宗数增加的主要指标为住宅用地（同比增加了2412宗）；影响抵押面积同比减少的主要指标为政府储备用地、工矿仓储用地和住宅用地（同比减少了3501.72公顷、600.63公顷和561.62公顷）。（详见表1）

表1　2010年1－12月全市土地抵押情况与2009年1－12月全市土地抵押情况增减变动情况表

注：红色为减少	宗 数	面 积（公顷）	贷款金额（亿元）
增减变动情况（总计）	2238	-5103.16	-328.03
商服用地	-60	-87.19	-514.21
工矿仓储用地	-108	-600.63	67.83
公用管理与公共服务用地	-1	116.82	-26.73
住宅用地	2412	-561.62	113.93
交通运输用地	1	2.09	0.10
政府储备用地	-24	-3501.72	-319.09
综合用地	39	-154.29	401.77
特殊用地	0	0.00	0.00
其他土地	-21	-316.62	-51.64

从本市抵押数据与2009年抵押数据对比图来看，我市土地抵押宗数继续呈现明显增长趋势，土地抵押贷款金额有小幅下降，土地抵押面积降幅较大。（详见图6）

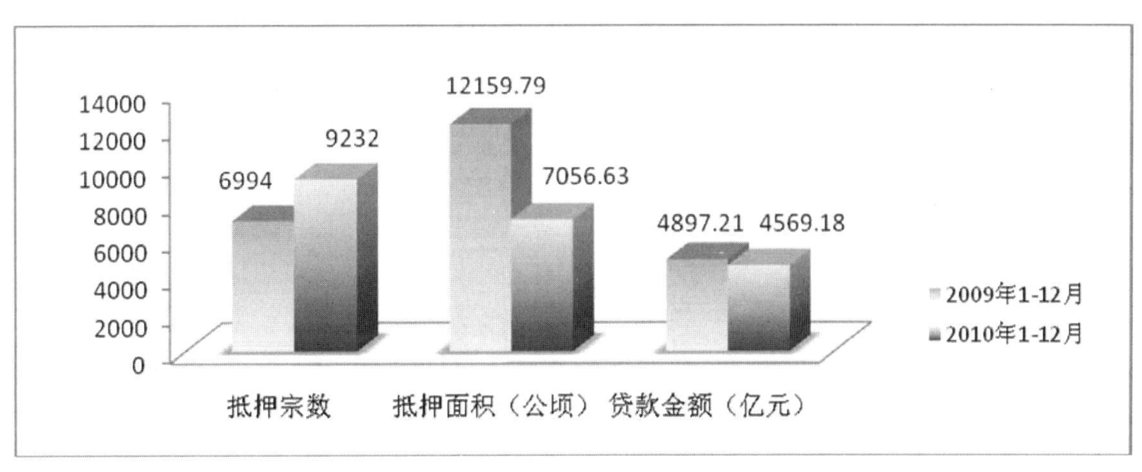

图6　2010年1－12月全市国有土地使用权抵押登记对比图

从我市国有土地使用权抵押登记发证宗数和贷款额的折线图可以看出：2010年，土地抵押发证宗数1－6月呈逐月增长态势，到6月达到最高（1049宗），从7月起发证宗数呈逐月减少，其中：9月、10月发证宗数持平；土地抵押贷款金额波动较大，贷

款金额最多的是10月（494.14亿元），最少的为2月（293.51亿元）。（详见图7）

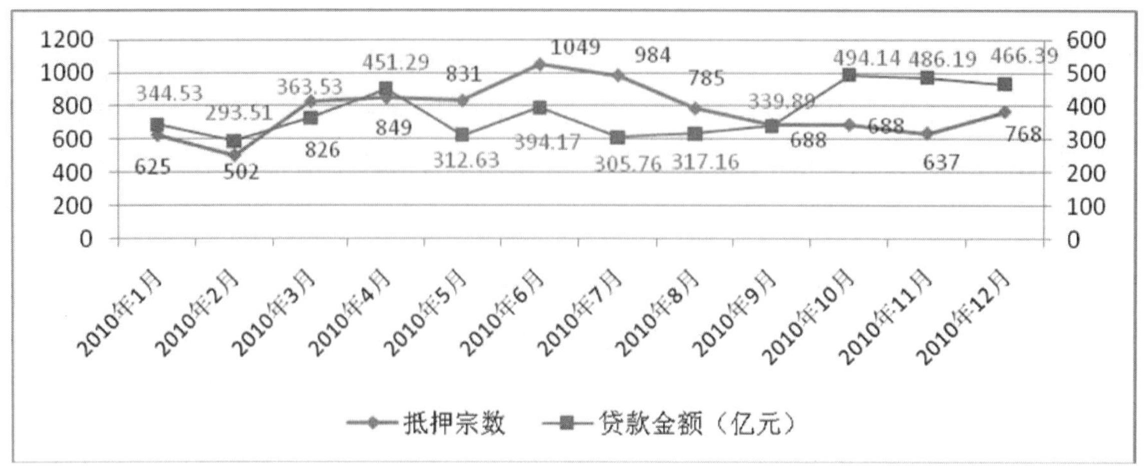

图7　2010年1－12月全市抵押登记发证宗数及抵押贷款额度折线图

从2010年全市国有土地抵押统计数据来看，主要的抵押土地类别集中在住宅用地、商服用地和工矿仓储用地上。

2010年，住宅用地抵押发证宗数约占土地抵押发证总数的71.26%，抵押面积约占土地抵押面积总量的20.01%，抵押金额约占土地抵押金额总量的23.89%（在住宅用地中，普通商品房抵押所占比重较大：抵押发证宗数占住宅用地发证总数的62.03%，抵押面积占81.50%，抵押金额占到77.46%）；商服用地抵押发证宗数约占10.81%，抵押面积约占抵押面积总量的10.01%，抵押金额约占17.11%；工矿仓储用地抵押发证宗数约占9.68%，抵押面积约占30.75%，抵押金额约占7.69%。以上三类用地抵押发证宗数约占总抵押发证宗数的91.76%，抵押面积约占60.77%；抵押贷款金额约占48.69%。（详见图8、图9、图10）

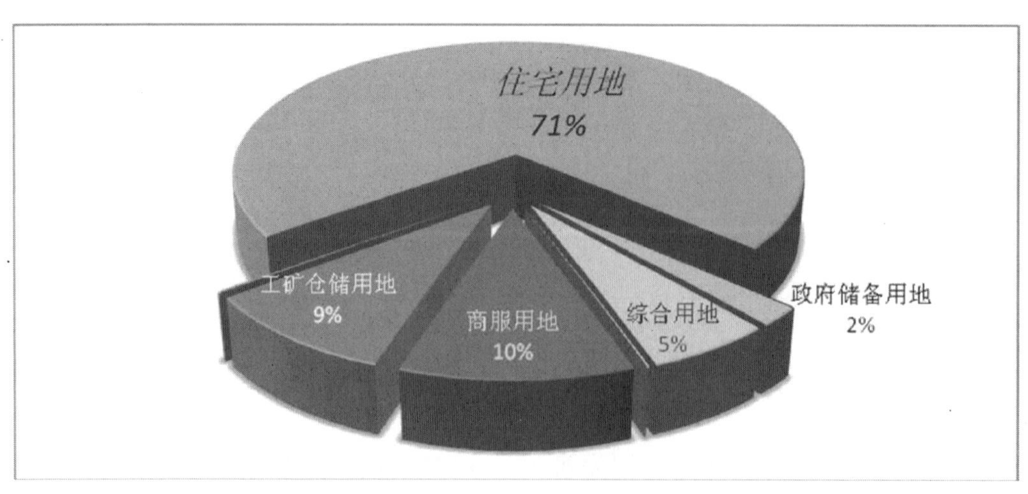

图8　2010年1－12月全市土地抵押发证宗数分布图

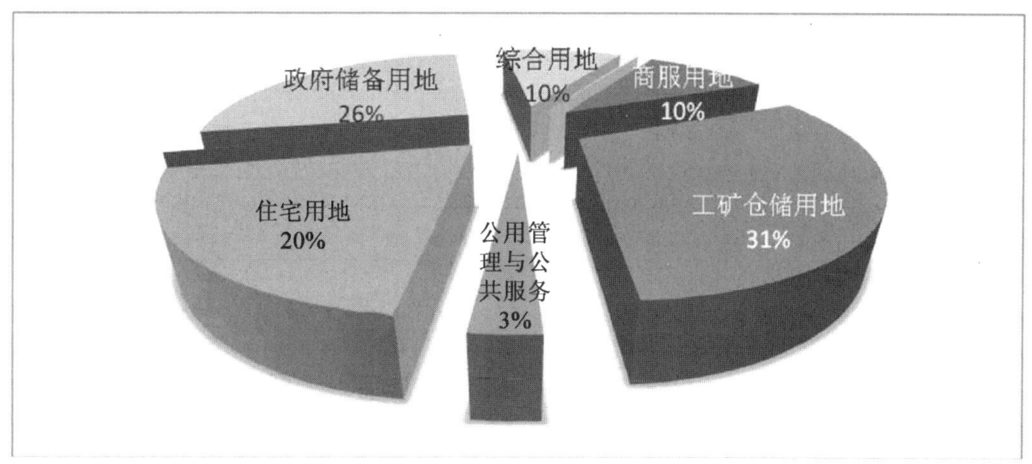

图 9　2010 年 1－12 月全市土地抵押发证面积（公顷）分布图

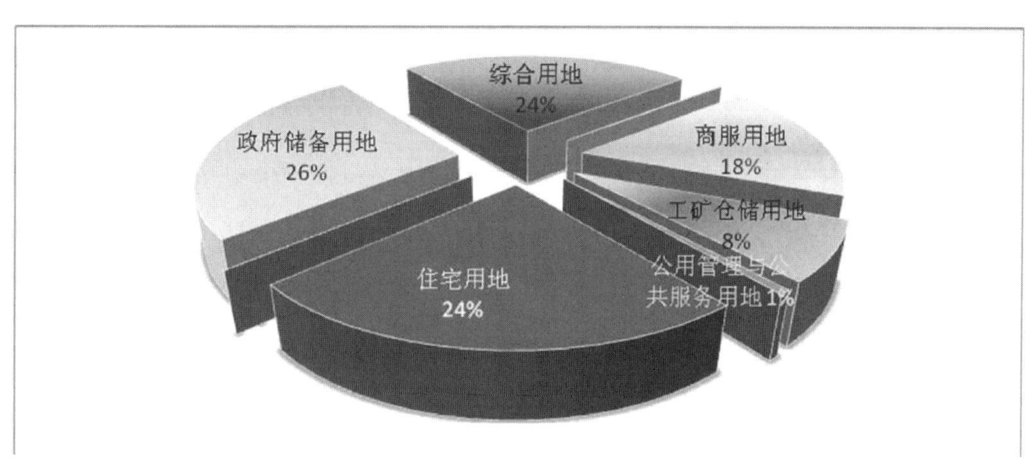

图 10　2010 年 1－12 月全市土地抵押贷款金额分布图

通过采集 2010 年全市各区县国有土地使用权抵押权初始登记中的抵押面积及贷款金额数据，采用平均算法（各区县总贷款金额/各区县总抵押面积）计算得出北京市各区县每平方米土地平均抵押贷款金额（注：因部分抵押物包括地上建筑物及其他共同抵押物的抵押贷款金额，故本次计算出的结果仅能作为参考值）。（详见表 2）

表 2　北京市城镇国有土地使用权抵押权抵押初始登记每平米平均抵押贷款金额一览表

（2010 年 1－12 月）

（含地上建筑物及其他担保抵押物，不包含小业主抵押）

序号	区县名称	每平方米平均抵押贷款（万元）
1	东城区	5.22
2	西城区	3.95
3	崇文区	4.66
4	宣武区	2.71
5	朝阳区	2.02
6	丰台区	1.08
7	石景山区	1.18

续表

序号	区县名称	每平方米平均抵押贷款（万元）
8	海淀区	1.42
9	门头沟区	0.29
10	房山区	0.44
11	通州区	0.29
12	顺义区	0.27
13	昌平区	0.30
14	大兴区	0.40
15	怀柔区	0.13
16	平谷区	0.21
17	密云县	0.15
18	延庆县	0.05
19	北京经济技术开发区	0.28
注：以上数据仅作为参考		

从上表可以看出，我市大业主每平方米平均抵押贷款较高的地区主要集中在首都功能核心区中（东城、西城、崇文、宣武），延庆县大业主每平方米平均抵押贷款额度最低。

【国有土地使用权抵押权注销登记概况】

2010年全市共累计注销抵押土地5511宗，注销抵押面积为6724.27公顷，注销抵押贷款为2468.36亿元。本月全市共注销抵押土地552宗，注销抵押面积971.77公顷，注销抵押贷款为304.05亿元。

【全市城镇国有土地使用权登记发证概况】

2010年，全市共累计发放国有土地使用证14722本、国有土地他项权利证9232本。从各分局日常土地登记（含抵押）累计发证总数来看，办理登记业务工作量相对较大的区县分局依次为：朝阳区（11137本），海淀区（2826本）和丰台区（1842本）。（详见表3、图11）

表3　2010年1－12月全市发证一览表

区县名称	2010年1－12月			2010年12月		
	国有土地使用权发证数	国有土地使用权抵押权发证数	发证数合计	国有土地使用权发证数	国有土地使用权抵押权发证数	发证数合计
土地权属登记中心	0	8	8	0	0	0
东城区	307	870	1177	130	45	175
西城区	104	365	469	33	18	51
崇文区	253	551	804	28	17	45
宣武区	396	608	1004	42	20	62
朝阳区	4282	6855	11137	531	304	835

续表

区县名称	2010 年 1－12 月			2010 年 12 月		
	国有土地使用权发证数	国有土地使用权抵押权发证数	发证数合计	国有土地使用权发证数	国有土地使用权抵押权发证数	发证数合计
丰台区	756	1086	1842	101	57	158
石景山区	148	295	443	10	4	14
海淀区	1082	1744	2826	236	111	347
门头沟区	34	190	224	6	8	14
房山区	96	131	227	15	11	26
通州区	381	263	644	22	48	70
顺义区	426	501	927	38	18	56
昌平区	244	408	652	47	23	70
大兴区	206	251	457	20	33	53
怀柔区	155	221	376	8	10	18
平谷区	105	77	182	7	8	15
密云县	77	70	147	2	14	16
延庆县	35	134	169	32	1	33
北京经济技术开发区	145	94	239	5	18	23

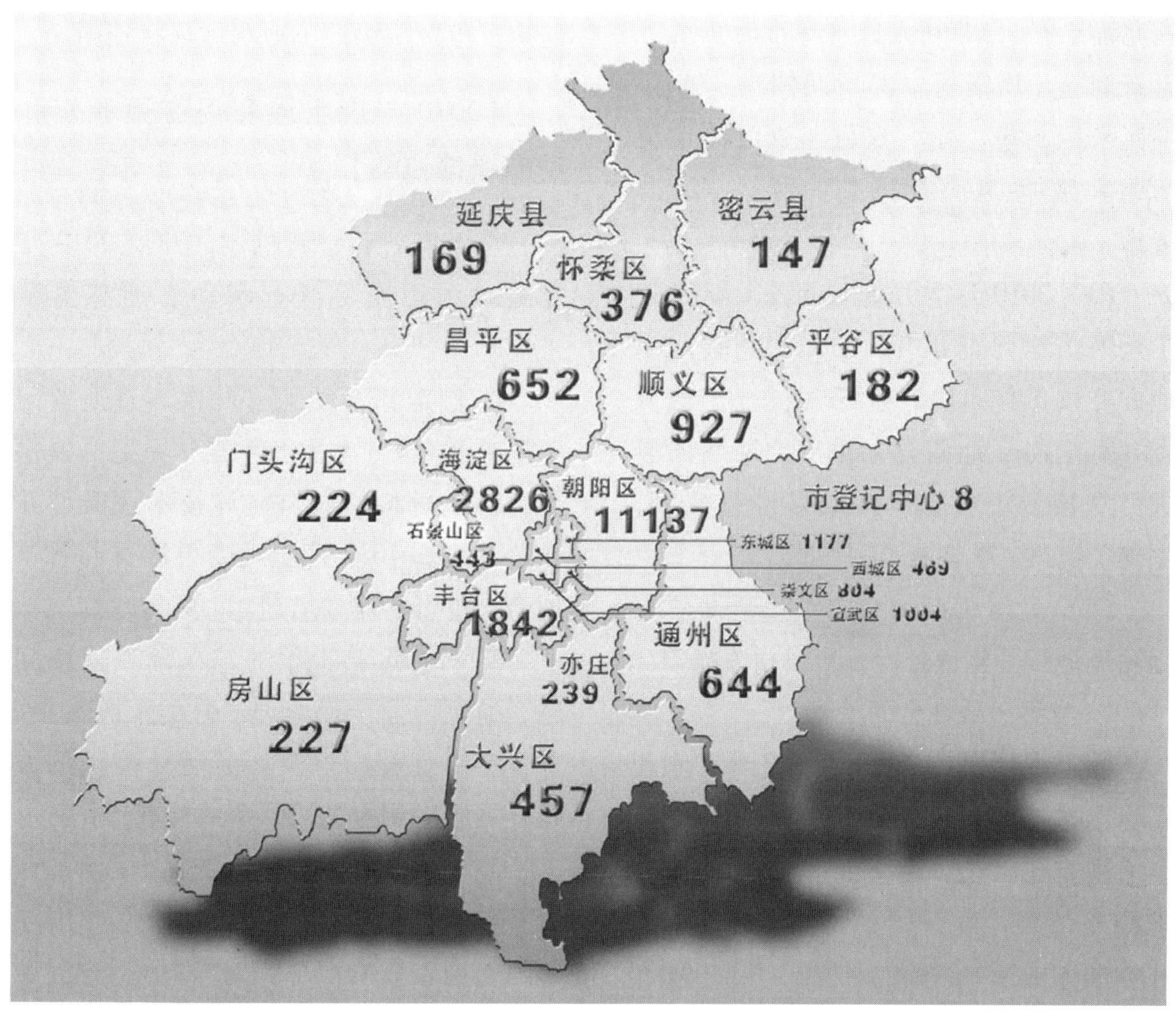

图 11　2010 年 1－12 月北京市城镇国有土地登记发证数分布表

【调查工作】

1. 开展北京市二次土地调查标准时点统一更新调查及总结收尾工作

（一）标准时点统一更新调查工作

（1）对各区（县）上交的“一张图”工程建设外业调查工作进行了全方位的外业指导，在规定的时间内完成了对外业调查成果进行100%的内业检查，并及时反馈存在问题，“一张图”工程建设外业调查成果的质量并按时上报了调查成果。

（2）2010年1月12日至20日和3月1日至5日，参加了我市“二次调查标准时点统一更新数据汇总”和“数据审核完善工作”，顺利完成（标准时点统一更新调查、城镇村中的疑问图斑、09年批而未用图斑上图、农村调查时的遗留问题）数据的检查审核、确认、汇总工作。

（3）2010年2月5日至9日，参加了全国土地调查办组织的二次调查成果地方复核工作，协调各区（县）土地调查办对全国土地调查办提出的疑问图斑进行复核，并对复核的成果进行检查，完善了我市二次调查成果数据。

（4）对国土部确定的168个批而未用图斑进行了整理分析，形成相关报告。

2. 成果一致性全面检查

制定了《北京市第二次全国土地调查标准时点统一更新成果一致性全面检查实施方案》，进一步完善各区（县）整理调查档案，确保图、数、实地、影像和数据库成果的一致，各区（县）对汇总成果和09年变更调查成果中的不合理地类进行核实、梳理和汇总。完成了14个区（县）调查成果一致性重点抽查工作，下发了《关于做好二次调查成果一致性检查后续工作的通知》，对二次调查成果一致性检查的主要工作要求进行了重点强调。

（二）根据国土资源部的工作部署，结合二次调查“1980西安坐标系上报库”成果，完成了二次调查城镇部分的数据汇总分析工作。向全国土地调查办上报《北京市城镇土地调查数据汇总及分析报告》，全面完成了《北京市第二次全国土地调查技术报告》、《北京市第二次全国土地调查成果分析报告》、《北京市专项用地面积统计报告》的编写工作、组织制定了市区两级的土地利用现状挂图。

【2010年度土地利用变更调查和动态遥感监测】

全面启动调查新机制，开展2010年度土地利用变更调查和动态遥感监测工作。

1. 制定并下发了《二次调查遗留问题处理方案》、《关于区县分局配合提供变更调查材料的通知》等技术性文件并在北京市2010年度土地变更调查部署培训会上进行了业务培训。

2. 对各区县上报的二次调查遗留问题，通过内业全面梳理、分类汇总汇报、外业针对性核实以及区县逐一确认的方式开展二次调查遗漏图斑的检查工作。

3. 2010年度城镇调查数据汇总

（1）依据国家下发的《2010年度城镇地籍调查数据汇总实施方案》，充分结合北京市的实际情况和市局数据库更新计划，制定由分局依据掌握的北京地方坐标系数据库成果，结合本年度新增建设用地变化信息，分阶段完成成果预报、面积控制、市局汇总等工作。

（2）制定并下发了《2010 年度北京市城镇地籍调查更新汇总实施方案》，在北京市 2010 年度土地变更调查部署培训会上对全市十六个区（县）分局业务骨干进行了系统培训。

（3）及时督促和指导各区县开展城镇变更调查数据汇总工作，并对东城区、西城区和石景山区三个做为典型城市进行重点指导。

【档案管理】

1. 2010 年，接收整理市局各类专业档案共计 9501 卷，文书档案 2973 件，其中永久 427 件，长期 1174 件，短期 1372 件；接收一、二期档案数字化数据光盘 1190 张。卸载转移档案共 36238 卷。其中市局卸载 10929 卷，朝阳分局卸载 9309 卷，大兴分局卸载 16270 卷。

2. 截至年底，档案馆分别借阅档案 46951 卷次，1370 人次。

3. 新馆建设工作。今年，参加了两次市档案局召开的档案新馆建设协调会。根据会议要求，将国土档案新馆建设规模及联建的依据进行了补充，并按时报送了书面材料。

4. 档案管理及发展模式调研课题进展情况。结合国土档案工作现状，档案馆积极推进开展国土档案管理机制体制调研课题，11 月 1—6 日组织相关处室、分局人员赴重庆、成都考察调研。目前正对调研报告初稿进行补充完善。

【矿产储量评审及地址资料管理】

实物地质资料整理与实物地质资料馆运营”和“地质资料馆数据库维护”是本年度的两项重点工作，其中地质资料馆数据库维护项目已完成了 492 档资料的立卷归档及排架、检查完成了 205 档资料的矢量化数据、著录完成了 359 档目录数据和涉密地质资料数据。

1. 完善评审机制

起草了《储量评审中心执业自律管理规定》、《从业人员考核制度》。强化地热资源勘查实施方案的评审工作，参与了评审专家库的建立。向在京地勘单位征集“北京市勘查实施方案评审专家”建议名单，并对 27 家单位上报的建议名单进行了汇总和初步审查，建立了评审专家库。本年共受理 66 份储量报告评审申请，已完成评审 60 份，召开评审会 18 次；审查储量登记书 35 份。受理勘查实施方案评审申请 8 份，完成评审 6 份，召开评审会议 2 次，圆满完成了评审任务。

2. 成果地质资料工作

按照国土资源部《关于加强地质资料汇交管理的通知》（国土资发［2010］32 号）精神，加强地质资料汇交管理。重点放在工程地质资料的汇交方、严把清欠成果地质资料质量关、健全完善服务平台，拓宽服务渠道等方面，向市属各地勘单位大力宣传地质资料汇交人的责任和义务，建立地勘单位的汇交联络人制度，培育地勘单位地质资料管理体系，恢复地勘单位资料室的资料质量把关的基础作用；建立地质资料汇交监管平台，将地勘项目的实施过程纳入到地质资料管理程序，逐步规范地勘项目资料的整理和归档质量；根据市财政经费批准情况，适时开展数字地质资料馆建设。明确地质资料的汇交要求，督促项目承担单位按规定汇交地质资料，年初下发地质资料汇交通知书244份，共接收成果地质资料492档，其中371档汇交了电子数据，内容涉及六大类，主要包括储量核实地质报告、地质灾害危险性评估地质报告、工程勘察地质报告和北京市城市立体地质调查成果、北京市潜层地温能研究报告等。

3. 实物地质资料工作

健全和细化实物地质资料、原始地质资料的检查、验收、整理、归档的各项技术要求和规章制度；加强实物地质资料、原始地质资料的野外检查和指导；启动北京市已查明矿种的标本采集、收集工作，为新馆的展厅布设做准备。今年检查验收了25口地热井岩屑资料，发放箱具326个、岩屑瓶12251个；组织人力开始对实物样品进行整理，将已接收的1.3万余件岩屑样品整理入库，并在装具上粘贴了标签，将实物地质资料的明细帐目进行了整理装订，使实物资料的管理更加规范。成实物地质资料管理情况摸底调查工作。开展北京市实物地质资料摸底调查工作，编写完成了《北京市实物地质资料摸底调查情况总结报告》。

【专项工作】

【农村集体土地确权登记颁证工作】

为深入贯彻中央第十七届三中全会“搞好农村土地确权、登记、颁证工作”重要精神，经市委常委会、市政府办公会议研究决定，在我市第二次全国土地调查工作的基础上，开展农村土地确权登记颁证工作，确定了朝阳区黑庄户乡、通州区于家务乡、平谷区镇罗营镇作为市级试点工作的开展单位。市国土局和市农委共同牵头组织，积极推进试点工作。按照依法依规，尊重历史、面对现实以及有利于和谐稳定的原则，以“保护好农民利益、保护好土地权利人的合法权益”为工作要求，按照“抓住重点、解决难点、突破关键点”的工作思路，以土地总登记程序引导，按照制定的工作流程要求开展试点工作。通过试点，摸索完善农村土地确权登记颁证的政策措施和程序。经市区两级的共同努力，历时一年零五个月，基本完成了试点工作任务。

1. 试点工作完成既定目标

平谷区镇罗营镇、通州区于家务乡和朝阳区黑庄户乡三个试点分别代表山区、平原和城乡结合部三种不同类型的乡镇：

通州区于家务回族乡位于通州区南部，距通州国际新城21公里，东邻漷县镇、永乐店镇，西南接大兴区，西北邻马驹桥镇，东南连永乐店镇，北接张家湾镇，下辖23个行政村，辖区土地总面积65.36平方公里；

黑庄户乡位于朝阳区东南部，东与通州区台湖镇交界，西邻豆各庄乡，南与通州区梨园镇接壤，北接管庄乡，下辖16个行政村及4个居委会，北京市双桥农工商公司位于该乡境内，辖区土地总面积为24.10平方公里；

镇罗营镇是位于平谷区北部，属于山区乡镇。该镇东与河北省承德市兴隆县杨家台镇接壤，西与大华山镇毗连，南与熊儿寨、黄松峪乡为邻，北与密云县大城子乡交界，下辖20个行政村，辖区土地总面积80.44平方公里。

此项工作由市、区两级政府共同组织实施，具体确权登记工作责任主体为区政府，由区国土分局、区农委（农工委）以及试点乡镇具体实施。

农村土地确权登记颁证工作原则上分为前期准备、外业复查（包括指界签字）、权属审核、登记发证四个基本阶段。3个试点积极组织开展了土地利用现状更新工作，在此基础上开展权属外业复核调查工作，全面核查并更新了试点乡镇的权属状况和土地利用状况，按照在辖区统一发布通告，统一进行申请、地籍调查、权属审核、公告和注册登记的土地总登记程序进行确权登记工作，对试点乡镇行政区域内符合确权条件的农村集体土地、集体建设用地和国有土地进行确权、登记、颁证，应发尽发。三个试点基本完成试点工作。通州区和平谷区集体土地所有权和集体建设用地使用权已达到既定的70%和50%的登记发证率目标。

2. 试点取得的成果及成果分析

根据调查，三个试点乡镇共有59个行政村，总宗地数共计1523宗，土地面积共计16983.96公顷（254759.40亩），其中国有土地488宗1541.82公顷（23127.3亩），已确权240宗1006.92公顷（15103.74亩），确权率为49.18%，已登记206宗939.55公顷（14093.25亩），登记率为42.21%，已发证173宗922.19公顷（13832.85亩），发证率为35.45%；集体土地392宗15442.14公顷（231632.10亩），已确权登记318宗15079.34公顷（226190.1亩），确权率81.12%，已制证280宗14796.91公顷（224549.70亩），登记率为71.43%；集体建设用地643宗674.81公顷（10122.14亩），已确权登记306宗172.09公顷（2581.32亩），确权登记率为47.59%。

（1）通州区

根据调查，于家务乡辖区共有23个行政村，总宗地数769宗，土地面积6536.00公顷（98040.00亩）：其中国有土地300宗768.46公顷（11526.87亩），已确权131宗375.13公顷（5626.95亩），已登记发证98宗357.76公顷（5366.4亩）；集体土地163宗5767.54公顷（86513.12亩），已确权登记153宗5577.81公顷（83667.15亩），已发证115宗5295.38公顷（79430.7亩）；集体土地中有集体建设用地306宗166.5公顷（2497.50亩），已确权登记263宗158.96公顷（2384.4亩）。具体情况见表4、5、6。

（2）平谷区

根据调查，镇罗营镇辖区有20个行政村，总宗地数231宗，土地总面积8060.45公顷（120906.75亩）：其中国有土地56宗102.72公顷（1540.74亩），全部确权，已登记发证22宗35.35公顷（530.25亩）；集体土地99宗7934.82公顷（119022.33亩），全部确权登记；集体土地中有集体建设用地76宗22.91公顷（343.65亩），已确权登记43宗13.13公顷（196.95亩）。具体情况见表4、5、6。

（3）朝阳区

根据调查，目前黑庄户乡辖区共有16个行政村，总宗地数523宗，共计2410.43公顷（36156.41亩）：其中国有土地132宗670.64公顷（10059.66亩），已确权登记53宗529.07公顷（7936.11亩）；集体土地130宗1739.78公顷（26096.76亩），已确权登记66宗1566.71公顷（23500.65亩）；集体土地中有集体建设用地使用权261宗485.39公顷（7280.85），具备确权条件97宗，已确权0宗。具体情况见表4、表5、表6。

表4　国有土地使用权确权情况统计表

试点名称	宗地总数	争议及待定宗	剩余宗地数	已确权	确权率	已登记	登记率
朝阳　黑庄户乡	132	0	132	53	40.15%	53	40.15%
通州　于家务乡	300	136	164	131	43.67%	131	43.67%
平谷　镇罗营镇	56	0	56	56	100%	22	39.29%
合计	488	136	352	240	49.18%	206	42.21%

表5　集体土地所有权确权情况统计表

试点名称	宗地总数	争议及权属待定宗地	具备确权条件宗地	已确权	确权率	已登记制证	登记率
朝阳　黑庄户乡	130	64	66	66	50.77%	66	50.77%
通州　于家务乡	163	10	153	153	93.87%	115	75.16%
平谷　镇罗营镇	99	0	99	99	100%	99	100%
合计	392	74	318	318	81.12%	280	71.43%

表6　集体建设用地使用权确权情况表

试点名称	宗地总数	具备确权条件宗地	已确权登记宗地	确权登记率
朝阳黑庄户乡	261	97	0	0
通州于家务乡	306	263	263	85.95%
平谷镇罗营镇	76	54	43	56.58%
合计	643	414	306	47.59%

北京市土地利用事务中心

【机构与职责】

北京市土地利用事务中心是北京市国土资源局直属事业单位，于2001年1月21日经市政府批准成立，编制60人，内设六科一室，即办公室、征地业务科、出让业务科、综合一科、综合二科、综合三科、财务科。于2008年依据中心职能和任务需要新组建受理科和地价科。

主要职责为：受市局委托负责按规定催缴土地有偿使用费用；承办本市征地及国有土地使用权划拨、出让、转让、出租、抵押以及地价评审的技术性、事务性、服务性工作。

【2010年日常业务完成情况】

全年共受理许可类事项957件，办结657件；服务类事项1141件，办结1104件。其中：

土地出（转）让 受理出让合同465件，办理完成335件；完成转让登记15宗；受理出让合同变更492件，办结322件；办理地价款缴纳核实1089件等。

以上土地出让合同办理情况和土地出让合同变更情况都已定期向社会公示。

地价评审 召开地价办公室会议34次，初审地价评估报告450余份，召开地价专家评审会3次，审定项目237个。

欠费清缴 继续对市局办理出让项目的历史欠费进行清理、催缴。今年共催缴收取地价款213亿元。

统计工作 完成局办、信息科技处、利用处出让、变更等9类17种报表，按时完成上传国土部“土地市场动态监测与监管系统”的填报工作，为市局及时提供各类用地情况报表。配合信息中心完善办公自动化系统，并完成办公业务的系统转化。

行政公文 受理政府信息公开申请119件，信访件70件。

【重点、专项工作】

扩大内需重大项目审批 根据北京市政府《关于转发市发展改革委市监察局加强扩大内需重大项目绿色审批通道管理和监督检查有关文件的通知》以及市局《关于学习市领导“绿通变普通”有关批示的通知》（京国土行监［2010］108号）等文件精神，针对进入绿色通道的扩大内需重大项目的办理制订了一整套制度、措施。2010年已受理进入绿色通道的扩大内需重大项目申请612件（其中包括核实函件381件），已办结595件，办结率97.2%，无一超时。

国土资源部出让合同专项清理等工作 按照《国土资源部办公厅关于印发〈国有土地使用权出让合同专项清理工作方案〉和〈探矿权采矿权出让审批制度执行情况专项清理工作方案〉的通知》（国土资厅发〔2009〕86号）文件要求，对2009年9月30日前签订国有土地使用权出让合同的所有建设项目进行专项清理。清理工作已于2010年3月31日前完成，清理情况已报送市政府、国土部。

建立国有建设用地开发利用申报和信息公示制度 为更好的规范房地产市场土地开发利用行为，依法加强监管，切实落实房地产土地管理的各项规定，2010年5月，根据《北京市国土资源局关于实施国有建设用地开发利用申报和信息公示制度的通知》（京国土用〔2010〕222号）要求，我市所有自2010年4月1日起（含4月1日）签订《国有建设用地使用权出让合同》的土地使用权人应在该合同宗地开工、竣工时向国土部门书面申报建设用地开发利用情况。

档案、数据统计、信息化 保存管理档案近一万卷，上半年借阅近1000人次。共交接数字化档案7300余卷。向局档案馆移交档案1230卷。

北京市国土资源局信息中心

【机构职责与人员构成】

北京市国土资源局信息中心（Information Center of Beijing Municipal Bureau of Land and Resources），是北京市国土资源局直属正处级全额拨款事业单位，成立于2005年3月。中心人员编制27名，内设“一室四部”，即办公室、规划发展部（分局联络部）、数据运行部（数据运行中心）、技术保障部、财务部。

1. 主要职责

承担北京市国土资源系统信息化建设工作，负责国土资源信息系统运行的技术支持和保障工作，是局信息化工作领导小组办公室的常设机构，负责贯彻执行局信息化工作领导小组的决定，承办局信息化工作领导小组的日常工作。

2. 具体职责

负责拟定并组织实施信息化工作中长期规划和年度计划；负责拟定全局信息化相关制度、办法、规范和标准；负责组织全局信息系统建设和运维项目的立项、实施、验收等工作；负责全局信息资源的管理、整合和综合利用；负责北京市国土资源数据中心的规划、建设、管理和维护工作；负责全局网络和信息系统安全管理工作；负责全局网络和信息系统软硬件的规划、建设和管理工作；负责全局网站群维护工作；负责组织开展全局信息技术专业培训工作；完成上级部门交办的其他工作。

3. 人员构成

中心人员平均年龄36岁；本科以上学历22人，达到了81.4%，其中博士3名，硕士7名。

【2010年工作概况】

2010年，按照局党组“2010年举全局之力大力发展信息化”的要求，积极落实局新“三定方案”，进一步理顺信息化管理体制、机制，加强信息化建设和资源整合，抓服务、推应用、促发展，不断深化国土资源综合监管平台和“一张图”建设与应用，促进国土资源管理方式转变和流程优化，不断提升国土资源管理和服务水平。顶层设计国土资源综合监管平台总体架构，积极推进矿政管理“一张图”和综合监管平台信息系统建设，完成第二次土地调查成果的整理入库，促进与市发改委、市规划委和市测绘院等委办局数据共享和业务协同，进一步提高了“行政审批带图作业”、“以图管地”的信息化水平。完成纵向VPN网络系统和高清视频会议系统升级改造，实现贯穿市、区（县）两级的网络互联互通，形成可控、可管的网络系统，全年共召开视频会议32次，努力打造高效低碳型机关。完善网站群功能，丰富网站内容，增强政务信息公开和公共服务能力，全年网站群便民服务访问量286104人次，政民互动总量1684条。荣获国土资源部“2010年度省级国土资源政务信息网上公开示范单位”和北京市“电子政务专项应用突出奖”荣誉称号。

信息化管理

【信息化管理机制】

根据北京市国土资源局新“三定方案”和局领导的要求，按照国土资源信息化“五统一”的发展思路，我局进一步优化信息化管理机制，逐步使原来各部门分散建设、各区县独立建设的信息化发展模式，转变为由局信息化领导小组统一领导、局信息化办公室统一管理、信息中心统筹负责的组织框架（见图1）。

【信息化制度建设】

进一步完善信息化管理体制和机制，建立健全各项行政管理规章制度，规范办事流程，积极推进决策的科学化、民主化。相继下发《关于进一步加强我局政府网站群运行管理工作的通知》、《数据备份介质存储柜使用程序》（试行）、《北京市国土资源局电子数据安全存储规定》、《北京市国土资源局机关网络接入规则》（暂行）、《北京市国土资源局机房监控系统报警（故障）专项预案》、《北京市国土资源局视频会议系统技术保障管理规定（暂行）》、《视频会议操作流程》、《北京市国土资源局机房消防管理规定》等规范性文件。

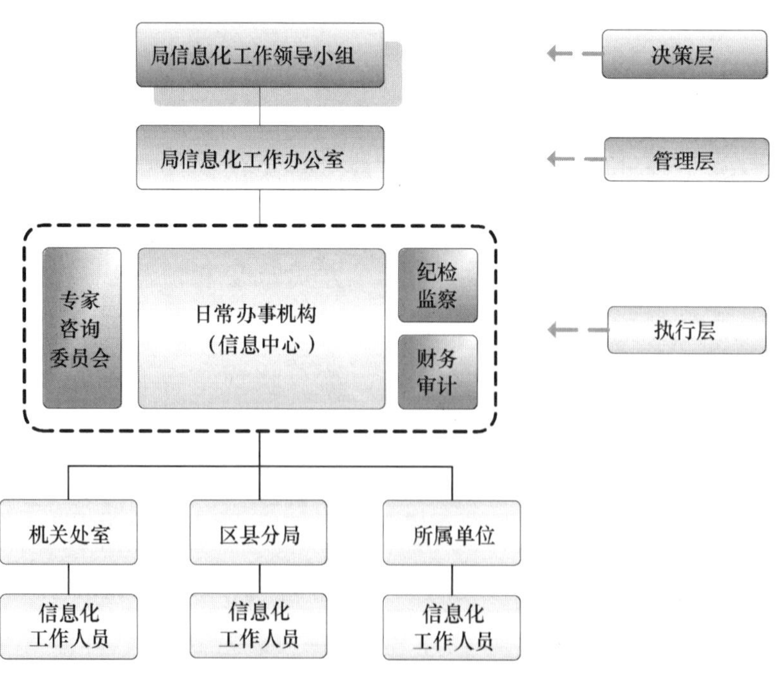

图1　北京国土资源局信息化组织结构图

信息中心以提高中心管理水平为目标，制定和完善了内部的各项规章制度并严格落实。下发《信息中心绩效考核管理办法（试行）》、《北京市国土资源局外网网站信息发布电子审批单》，并修改完善了《信息中心合同管理办法》（暂行）等规范性文件，对各事项的工作程序、纪律要求做了详细规定。加强完善中心督办制度，建立中心任务督办系统，并定期对各项工作进行督办，2010 年共督办各类任务 78 项，运用信息化手段提高了办公效率。

【信息化重要会议】

1. 局网络与信息安全领导小组会议

2010 年 4 月，召开局网络与信息安全领导小组年度第一次会议，领导小组成员办公室、财务处、监察处、人事处、信息科技处、后勤服务中心、信息中心参加了会议。传达了市国家保密局和市网络与信息安全协调小组相关文件精神，汇报了 2009 年我局信息安全工作成果、总结和 2010 年工作计划，并讨论研究了我局涉密计算机等统计情况上报有关问题。

2. 局保密工作会议

2010 年 4 月，局网络与信息安全领导小组办公室会同局办公室召开局保密工作会议。人事处、市场处、地籍处、利用处、信息中心、登记中心、规划中心和所有区县分局相关负责人参加了会议。主要传达了市国家保密局《信息系统和信息设备使用保密管理规定》、《关于加强 3G 移动终端使用保密管理的通知》和国土资源部关于涉密计算机管理等相关文件精神，研究了涉密计算机和设备统计上报备案等有关问题。

3. 局网络与信息安全领导小组专题会议

2010 年 8 月，召开局网络与信息系统安全管理工作领导小组 2010 年第二次（扩大）会议。局机关各处室、局属各单位信息安全工作负责人、各国土分局信息安全工作主管领导参加会议。传达了《北京市人民政府办公厅关于印发 < 北京市政府信息系统安全检查实施办法 > 的通知》（京政办发［2010］25 号）、市网络与信息安全协调小组《关于开展网络与信息安全检查工作的通知》（京信安协办［2010］2 号）文件精神；通报了 2010 年上半年北京市政务信息安全工作情况；安排部署全局系统网络与信息安全检查工作相关事宜。

【分局信息化培训】

2010 年 5 月、6 月、7 月、8 月、11 月，面向分局信息化管理人员，召开了以信息化管理、信息化应用系统、信息化基础技能和信息安全知识等为主题内容的培训班。主要内容包括：信息化全流程管理、绩效考核及运维资金管理；政务管理系统分局升级版的功能和业务流程、信息化运维体系、外网门户网站和网站后台使用功能；网络规划及市局网络管理技术、终端安全管理系统日常使用和计算机机房子系统功能；信息安全产品、标准、管理体系等内容，总计 200 余人次。同时，参加市经信委、国土部等单位组织的培训约 35 人次。

【专题研究】

1. 北京市国土资源局政务信息化十年总结

本研究对北京市国土资源局信息化2001—2010年十年发展历程和成就进行探讨，从北京市国土资源局信息化发展总体回顾、信息化机构发展历程、信息化发展规划、基础设施建设、门户网站建设、业务应用系统建设、国土资源信息资源建设、信息化运维建设、网络与信息系统安全保障建设、信息化标准化体系建设、信息技术及应用研究、国土分局信息化建设实践、新阶段发展思路等方面进行深度剖析，针对每个方面进行了详尽阐述和总结，呈现出北京市国土资源局信息化十年发展的“全景图”。

2. 北京市国土资源局信息化项目管理规范研究

按照《北京市电子政务项目全流程管理手册》的要求，结合北京市国土局的实际情况，对我局信息化项目管理流程和信息化项目管理的组织结构、管理流程、表单模板进行了详细梳理和描述，项目成果具有较强的可操作性，可以作为北京市国土资源局开展信息化项目管理工作的规范。主要工作成果包括《北京市国土资源局信息化项目管理规范》、《北京市国土资源局信息化项目管理手册》。

3. 北京市国土资源局信息安全管理体系研究

2010年，开展了“北京市国土资源局信息安全管理体系研究”课题，重点针对北京市国土资源局信息安全管理现状和模式，结合国家信息安全标准规范，构建我局信息安全管理体系和框架，从而提升我局信息安全管理工作水平。该课题明确了我局信息安全工作的内容和重点，建立了信息安全工作基本框架和工作规范，对我局5年内信息安全发展方向进行了规划。

4. 北京市国土资源数据元标准研究

2010年，开展了北京市国土资源数据元标准研究，通过对北京市国土资源局土地利用现状管理、地籍管理和采矿权审批管理三个典型业务领域的数据元进行标准化研究，完成了数据元标准化案例分析、数据元标准化方法研究、数据元标准化工作指南编写和数据元管理信息系统概要设计等工作内容，明确了市国土资源数据元的提取方法、分类方法、标准化规则和工作流程，编写了《北京市国土资源数据元标准化工作指南》、《北京市国土资源数据元标准化研究案例数据元目录》和《北京市国土资源数据元管理信息系统概要设计》，为北京市国土资源各业务领域的数据元标准化工作和数据元管理信息系统建设奠定基础。

信息化建设

【电子政务系统建设】

1. 完成综合监管平台上线工作，积极推进“一网式”办公

根据《国土资源部关于进一步运用现代科技信息手段规范和创新管理的指导意见》（国土资发〔2010〕81号）关

于建立国土资源综合监管平台的指导意见及局领导的指示，完成了原政务管理信息系统的功能升级和系统优化工作，升级为综合监管平台，实现了市局和11个分局上线运行。结合局相关处室业务办理的实际情况，不断丰富完善系统功能，提升带图作业应用，挖掘政务信息化应用深度，全面提升政务系统的应用能力。同时，整合相关业务系统，形成有效的数据共享机制，实现各类应用系统业务联动，进一步推进政务管理信息化建设，全面提高业务工作效率。综合监管平台上线运行以来，系统各功能环节均能得到了业务处室的广泛应用，自2010年7月至12月，综合监管平台共计处理案卷1538件，其中市局1492件，分局46件。

2. 建设矿政管理“一张图”，推进矿政管理科学化、规范化和精细化

为进一步完善矿产资源动态监管体系，提供统一的数据整合管理共享服务模式，实现矿政管理的依法行政服务与社会化服务，推进我局矿政管理信息化建设进程，启动了矿政管理“一张图”建设工作。该系统依托北京市国土资源综合监管平台，整合涉矿处室现有单机版系统，建立统一的矿政管理基础数据库。2010年，信息中心和涉矿处室共同完成了系统需求调研、数据梳理工作，制定了矿政“一张图”的总体工作方案。

3. 推进基本农田和耕地后备资源管理系统建设，提高土地管理效率，提升调控能力

按照“北京市第二次土地调查”和“金土工程一期”的建设要求，为实现基本农田、储备耕地及后备耕地资源的科学管理、实时保护和动态监测提供有力的信息手段，保障耕地资源的合理规划与管理，启动了北京市国土资源局第二次土地调查——数据库及系统建设项目（基本农田和耕地后备资源管理信息系统）。信息中心与耕保处共同开展系统需求分析，完成系统概要设计方案和所有业务流程与表单的搭建工作，进入运行调试阶段。该平台能够方便地进行数据采集更新、信息查询、综合分析、数据输出和数据服务，提高基本农田和耕地后备资源管理的质量、效率和水平，更好地为上级领导和有关部门提供准确快速的信息服务，为北京市基本农田保护工作提供更有力的保障。

4. 稳步推进土地批后监管系统建设工作

根据国土资源部关于建设用地动态监督管理与“一张图”工程建设要求，启动了土地批后监管系统建设工作。2010年完成了项目系统需求调研和模型系统开发工作，该系统将充分整合现有基础地理、土地利用现状、遥感等空间数据，提供建设用地批后监管过程监控服务，实现对违法、违规用地的跟踪管理，解决用地单位故意囤积土地，建设项目批后不按时开工以及违法乱占等扰乱市场行为，真正实现“以图管地”土地批后监管模式。

【数据管理】

1. 数据汇交工作顺利开展，确保各类数据正常应用

2010年共接收相关单位、处室提交

的各专项、专题数据以及坐标或格式转换后的成果数据，共计326.90G。数据主要包括：北京市土地利用总体规划更新数据（2001—2010）、北京市土地利用总体规划数据（2001—2010）、2009年遥感影像数据、2009年遥感影像数据、2001—2008年土地利用现状数据、金土工程基本农田数据、金土工程土地利用规划数据、矿政系统数据和北京市各区县二调成果数据。

2. 推动数据共享，对内对外提供数据服务

2010年向局内各处室、市各委办局、相关项目承担单位提供数据支持，实现数据共享服务，数据共计363.40G，主要包括：北京市基础地形图数据、北京市各区县二调成果数据、地价及土地等级数据、土地利用规划数据、市预警预报数据、2001—2008年土地利用现状数据、新农地数据、金土工程土地开发整理数据、2009年影像数据、储备耕地和后备耕地数据、2009年度出让项目地理空间数据和非空间数据、2009年北京市14区县航天遥感数据、2007年北京市航天遥感数据、2001年度土地变更调查矢量数据、出让项目的地理坐标信息和土地利用现状出让数据等。

3. 完善数据接收、检查、提供、保管等规章制度，实现数据的流程化管理

整理了《空间数据接收质量检查规程》、《坐标转换规程》、《数据使用保密规范》以及数据接收、提供等规章制度；编写了《数据服务管理规范》；修改完善了《数据汇交管理制度》、《数据资源共享管理制度》；分类整理存档数据接收单、数据提供单等操作记录表，做到数据接收、提供有章可循、有据可查；整理归类数据校验组所保管的资料，共计保管档案盒13个。

4. 完成数据需求调研工作，促进与国土资源部及北京市各委办局间的数据共享与业务协同

为配合国土资源部与市各委办局的相关工作，在全局范围内先后开展了“2011年度航空摄影工作需求调研”、“2010国土资源遥感业务需求调研”、“地理空间信息资源目录调研”、“北京市空间数据共享与协同审批系统需求调研”四次数据调研工作，并对各单位反馈的调研信息进行梳理总结，将调研结果报送国土资源部、北京市经济和信息化委员会、北京市规划委员会、北京市信息资源管理中心等单位。

【网站群建设】

1. 提升在线服务质量，体现服务型政府的形象

2010年，我局领导高度重视网站工作，魏成林局长批示：“希望外网网站能更加方便群众查询、办事，了解土地政策、法规，做出我局的独特风格。”按照局领导的指示，我局对外网主站栏目进行重新梳理，注重用户体验设计，优化信息组织和展现方式，按局业务和用户对象等多维度分类引导，强调在线服务和政民互动功能，增加网上办事大厅、热点办事引导和网上咨询等栏目。建设了包括市局主站、分局分站、土地整理储备分站、地质资料管理与服务分站、老干部分站、政务大厅信息亭分站、英文网站和手机网站等一体化的北京市国土资源局网站群。局网站群在信息发布的及时性、信息内容的全面性、在线服务的易用性、政民互动的实效性等方面都有了提高，较好体现了我局服务型政府的形象。

2. 加强政府信息公开，提升公共服务能力

信息公开方面，在局网站政务公开栏目中公开机构信息、行政职责、法规文件、人事信息、党群园地、规划计划、财务信息、行政收费、数据统计、资质管理、纪检检查、执法监督、专项工作等信息。国土动态栏目及时发布工作动态、通知通告、分局动态、国土快讯、专题报道等信息。2010 年，我局按照土地、矿产、地质业务分类，公开土地类的土地出让公告、土地出让结果、土地出让变更、建设项目用地预审、土地划拨公示、土地划拨结果公告、土地变更调查统计、地价管理等信息，矿产类的探矿权审批、采矿权审批、地质勘查资质管理、矿业权出让公告等信息，地质环境类的地质灾害危险性评估单位资质管理、地质灾害治理监理单位资质管理、地质灾害应急预案、地质灾害防治情况、地质公园等信息，主动公开信息 2781 条。

政务办事方面，设立网上办事大厅，包括市局和分局办理的共 90 项办事事项的介绍和快速查找、4 项热点办事引导、155 个表格下载、4 项查询服务等内容。90 项办事事项的办事指南访问总量 472050 人次，全部事项的网上结果反馈总量 22332 件。网站提供了 9 项便民服务，服务的访问量 286104 人次，服务的查询量 54786 人次。

政民互动方面，高度重视政民互动类栏目的建设，网站设公众互动栏目，包括民意征集、在线访谈栏目，还包括咨询投诉类的局长信箱、信访信箱、网上咨询、代表委员直通车、政风行风热线、常见问题解答等栏目；网站将国土资源违法举报热线电话、局纪检监察电话列在显著位置；政务公开中设纪检信箱，受理局系统党员干部违法违纪问题投诉举报；信箱类栏目有信箱使用说明方便公众使用。2010 年受理咨询投诉问题的总量共计 1684 条，答复数量 1607 条，按照我局制定的答复要求逐一及时答复，组织民意征集 3 次，在线交流 3 次，切实架起与公众沟通的桥梁，得到了广大公众的认可和肯定。

专题服务方面，网站增加的内容和栏目有：摘选国土部网站信息、土地利用总体规划及“双保行动”宣传、地球日宣传、土地日宣传、北京市国土资源节约集约模范县（市）创建活动专题、地质公园专题、在线访谈栏目、民意征集和利用中心招拍挂出让合同后期公示等。

【基础环境建设】

1. 网络体系建设

构建可控、可管的网络体系，形成规模化效应。通过多年来网络安全管理技术的应用、管理制度的建设和完善，以及基于业务需求制定、应用网络安全管理策略，形成了我局可控、可管的网络体系，贯穿市、区（县）两级的网络应用规模化效应初步形成。2010 年，完成“市级固定资产投资项目行政许可服务大厅”终端接入我局政务管理系统工作，实现了我局业务在“市行政服务大厅”窗口收件，有力推进了全市“一站式”办公。

2. 防病毒系统扩容

2010年9月，完成局内外网络防病毒系统扩容改造工作，我局网络防病毒体系更加合理化，对计算机病毒治理效果显著，防病毒系统运行稳定。

3. 视频会议系统

将原系统升级为高清视频会议系统，在会议功能和视频、声音效果等方面都有极大提高，为全局系统各项工作提供更好的服务。同时，完成我局视频会议系统与国土资源部联通长话大楼视频会议系统对接工作，实现了国土资源部视频会议系统在市局、区县分局的顺利召开，大大节约了会议成本和交通成本，实现经济效益和社会效益“双赢”。2010年，市国土资源局共召开视频会议34次，据估算直接经济效益仅车辆油料、过路费就节约近5万余元，减少分局工作人员出行4万5千余人次，节约路途时间近90万小时。

信息化运维

【运维管理与工作标准】

规范全局信息化运维工作，提出我局信息化运维的总体发展目标，“加强一级统筹、完善两级管理、提升三级服务”。“加强一级统筹”即加强市国土系统的信息化运维统一规划、建设、管理，特别是数据的集中管理；“完善两级管理”即从市区两级信息化管理体制机制出发，进一步划分职责、管理流程、服务标准、审核评价等；“提升三级服务”即全面提升信息化运维服务水平，整合市局、分局、国土所三级的人力资源和技术资源，发挥国土系统运维团队的整体力量，提供全面、方便、快捷的三级运维服务。

在吸收国际通行的ITIL最佳实践的基础上，我中心梳理统一运维管理规范、运维服务流程，共完成55个运维流程、7类工作制度的制定工作，使得运维工作进一步规范化，运维管理方式更清晰，逐步实现运维经验知识化、知识标准化、标准流程化、流程最优化的目标。设立了运维服务热线电话，安排专人职守，向全局发放服务卡，承诺工作时间内5分钟响应，10分钟到现场的服务标准，让全局职工能及时便捷获得帮助。

【机房运行保障】

2010年机房整体运转正常稳定，无重大责任事故。全年共安排重大节假日值班30人天，机房日常巡检约810人次。严格执行机房相关管理制度，将人员和设备出入机房作为日常管理的关键环节，保障机房设备、环境相对安全。

【网络安全防护】

通过统一部署的防火墙、入侵检测、安全审计、漏洞扫描、防病毒软件等安全设备，形成了覆盖市局网络系统的安全防护，能够实现网络带宽分配、病毒防护、网络攻击行为检测、网络协议审计、系统漏洞检测，保障网络系统安全、高效、可靠地运行。每月形成安全系统运行报告，做到安全问题及时发现提早预防。全年全局网络无重大事故，解决网络故障235次，网络应急演练1次，网络优化2次，漏洞扫描12次，入侵防护12次，开通防火墙端口48次，内网定时查杀病毒29589次，外网查杀病毒3340次，IPS阻断攻击6200次，防病毒网关捕捉病毒7230次。

【终端维护】

全年办公用终端设备维护工作共计2211人次，中心安排专门的服务台接听报修电话，分配现场维护工作，保障二线工程师在接到服务台报修后，5分钟内到达故障现场，同时负责对办公用终端设备进行定期巡检和日常维护工作，确保机关工作人员正常使用。在办公用终端资产管理中，中心完成了近40台次终端报废技术鉴定以及62台次新配置终端的初始安装调配工作。

【信息系统运维】

2010年，信息系统服务台共接收各类服务请求约2.185万次，请求处理率100%，详细情况见表1。

表1 信息系统运维

所属系统	数量	比率	所属系统	数量	比率
电子政务管理信息系统	17615	81.7%	外网邮件系统	55	0.3%
网站群	2210	10.2%	网上监察系统	52	0.2%
AM即时通讯系统	421	2.0%	硬件维护	37	0.2%
公文流转智能管理系统	364	1.7%	档案数字化管理系统	31	0.1%
移动办公系统	229	1.1%	干部管理系统	27	0.1%
政府信息公开系统	201	0.9%	数据交换共享服务系统	26	0.1%
协助执行系统	161	0.7%	非税录入系统	12	0.1%
CA数字证书	160	0.7%	触摸屏查询系统	12	0.1%
领导决策信息服务系统	143	0.7%	国土部上报系统	11	0.1%
异地容灾备份系统	62	0.3%	其他	21	0.1%
合计	21850次				

【数据运维】

保障各类前端业务应用要求的案卷、数据全部符合业务要求，数据准确率100%，2010年，更新整理业务案卷共计7779卷；按照标准要求完成数据转化、数据报送服务；完成网站信息及时发布更新，内网网站发布143171条、局政府网站发布2738条、领导决策平台发布347条、首都之窗网站发布45条，法律法规库更新法律条款1200余条；完成各类数据安全存储、备份，共1182次，涉及各类信息系统和网站共25个；备份数据约5916G。

【实时监测】

实现了网络设备、主机、数据库、机房专用设备、机房环境等核心内容的实时监控。2010 年共处理约 3 万条运维请求，20 余台主机的性能得到实时监控，1000 余次的系统数据被有效备份，20 余万条的办事结果和相关公示信息准确的发布，每天近 100 万次的数据库审计信息备查，每天 60 次的网站可用性和安全性及时检查扫描，业务事项通过网上顺利办理，未出现大范围中断现象。

【网络与信息安全保障】

1. 完善信息安全组织机构和制度建设

针对分局信息安全职责不明确问题，通过网络与信息安全检查，市局 27 个处室（包括局属事业单位）和 18 个区县分局均建立了相应信息安全组织机构，明确了部门信息安全工作主管领导和信息安全员。同时，全局职工入职前和离职前均须签署保密承诺书，目前累计签署保密承诺书 1633 份。2010 年，我局新制定实施了《北京市国土资源局外网网站信息发布电子审批单》，《数据备份介质存储柜使用程序》（试行）等相关制度规范。

2. 加强数据备份存储安全

完成了市局数据备份介质存储柜的采购、安装工作，为我局非涉密三级电子备份数据存储提供保障。

3. 完成 CA 认证、电子签章系统建设工作

实现了全局工作人员在网络环境下的可信身份认证、安全单点登陆、统一用户管理、统一授权管理、统一认证管理、电子签名及签章等功能，提升了局信息系统的安全防护能力，为我局网络无纸化办公奠定了基础。

4. 建立数据审计、主机监控系统

数据库审计和主机监控系统的建设，为监控数据库访问行为、及时发现和记录违反数据库安全策略的事件，进行安全事件定位分析、追查取证提供了可靠手段。实现了对各类服务器运行状态实时监控和远程告警，对登录用户数据库操作的全过程审计。此外，通过对局政务管理系统核心数据库服务器进行操作系统安全加固，对重要文件、目录、服务和进程进行访问控制，增加访问控制日志分析、异常告警、事故处理等手段，实现核心服务器的强制性访问控制。

5. 加强日常运维信息安全保障

中心与承担运维工作的公司及相关服务人员签订保密协议，明确保密义务和保密责任；运维工作中涉及配置更改必须经中心内部审核通过后方可实施，核心设备的重要配置定期备份。每周定期对 6 大应用系统的数据库做人工手动异机备份整理、数据光盘刻录等工作，保证重要数据的存储、存放安全。

6. 定期开展分局信息安全巡检

为确保分局网络与信息安全工作常态化，中心每季度开展分局巡检，分别于 1 月、4 月、7 月开展了三次分局巡检，对分局软硬件及机房环境、存储空间、系统应用安全等情况进行调研，开展了硬件故障更换、服务器除尘等服务，完成了各类记录文件和巡检报告。巡检服务器台数为37台，网络设备114台，视频会议设备19套，更换配件3次，服务器除尘服务4次，网络设备除尘2次，共收集形成35份巡检记录单。通过各次巡检，对发现的分局机房中电线、UPS电、空调、机柜、防火设备和温湿度等安全隐患进行了排查和整改。

7. 组织开展应急演练

为确保全局网站群和重要信息系统的运转顺利，根据《北京市国土资源局网络及信息系统安全应急预案》要求，重大节假日前中心进行主要应用系统的应急演练。演练系统包括：电子政务系统、局内外网站群系统、同城异地数据容灾系统等。演练内容主要针对系统出现灾难时，进行紧急应对和恢复的工作流程，验证备机和备份数据的完整性、可用性。同时对相关一线运维人员做系统培训和安全培训，做到人员和设备的双向应急保障。

8. 开展全系统涉密载体清理清查工作

向市局27个处室（包括局属事业单位）和18个区县分局下发《北京市国土资源局关于开展涉密载体清理工作自查的通知》和《关于新上岗和离岗人员签订保密承诺书的通知》，开展了从人员范围、载体范围、载体销毁到制度建设等方面，详细严格的清理排查。经统计全局涉密计算机8台、处理工作秘密计算机20台。

北京市国土资源勘测规划中心

【机构与职责】

北京市国土资源勘测规划中心于2006年5月9日获得北京市编办批复（京编办事〔2006〕27号），为北京市国土资源局下属正处级全额拨款事业单位，于2007年5月11日正式挂牌成立。中心编制15人，内设“二科一室”，即：综合办公室、土地规划管理科、土地信息管理科。

1. **主要职责**

承担市国土资源局交办的土地利用总体规划、专项规划和矿产资源规划等有关规划编制（修编）的组织落实工作，负责有关规划成果和信息的汇总、整理、分析、应用等方面的事务性工作。

2. **具体工作**

承担全市土地利用总体规划及各相关专项规划编制、修订的技术性工作；承担区（县）、乡（镇）级土地利用总体规划及各相关专项规划编制、修订的技术指导和技术审查工作；负责全市土地利用总体规划及各相关专项规划数据库的建设与更新，规划管理信息系统的建设与维护；负责规划相关技术资料的收集、存档、分析、应用工作；参与全市土地利用空间政策的研究，为领导决策提供依据。

【区乡土地利用总体规划技术审查工作】

1. 完成区乡两级土地利用总体规划矢量数据和图件审查

为配合区乡两级土地利用总体规划修编工作，我中心制定了《北京市区乡土地利用规划数据库建设指南》、《北京市区级土地利用规划矢量数据报审要求》和《北京市乡级土地利用规划矢量数据报审要求》等相关技术规范，不仅为区乡规划数据库建设工作提供了技术标准和依据，而且为国土资源部的相关标准研究工作提供了重要借鉴。依据上述技术规范，基本完成了全市区级规划矢量数据和图件，以及第一轮乡级规划矢量数据和图件的的技术审查工作。

2. 基本完成我市新版区县级土地利用总体规划方案的审查报批工作

我中心根据市局总体工作部署，精心组织、周密安排，主动沟通协调，严格技术审查，2010年完成了13个区县的土地利用总体规划方案的技术审查工作，其中，朝阳、石景山、通州、大兴4个区县级土地利用总体规划方案正式经市政府批复实施；平谷、怀柔、延庆、顺义、房山、丰台、门头沟、海淀、密云9个区县的土地利用总体规划方案均已通过技术审查并上报市政府待批复。

3. 加快推进我市新版乡镇级土地利用总体规划相关工作

我中心根据“区乡同步、上下衔接”的编制原则，积极做好服务、加强技术指导，确保新版乡镇级土地利用总体规划的编制进度。2010年，全市14个区县中除石景山无需编制、通州乡镇级规划成果已随区县级规划一并通过专家部门联审会外，朝阳、海淀等12个区县的乡镇级规划均已完成初步成果并通过专家评审。

【规划实施管理政策研究工作】

我中心认真贯彻落实《国务院关于北京市土地利用总体规划的批复》（国函［2009］116号）指示精神，在积极推进新版区乡两级土地利用总体规划方案编制进度的同时，为确保规划目标的顺利实现，切实加大严格规划实施管理相关工作的研究力度，会同相关处室和区县分局就建设项目规划审查、规划调整修改、规划动态监测与实施评价等规划实施管理的重点问题进行了调研与研讨，形成了《北京市国土资源局关于建设项目规划审查工作的指导意见》初稿。

【专项规划和基础性调查研究工作】

我中心坚持调查研究，深入探索土地利用规划和管理面临的重点难点问题，为市局相关重点工作和重大决策提供规划技术支持。

1.《北京市“十二五”时期土地资源保护与开发利用规划》编制工作

根据市委市政府关于“十二五”规划总体工作部署，我局成立了“十二五”规划编制领导小组和工作小组，且我中心承担了“十二五”重点专项规划之《北京市“十二五”时期土地资源保护与开发利用规划》的编制工作。至2010年底，完成了前期资料收集整理分析和广泛的调研工作，形成了《北京市“十二五”时期土地资源保护与开发利用规划》初稿，并通过局长办公会审查。

2. 基础性调查研究工作

结合首都人口资源环境现状和问题，我中心先后完成了《北京市城市化地区农村居民点一级开发模式研究》、《北京市浅山区土地利用战略研究》、《北京市土地生态服务功能评价》和《首都土地资源与人口承载规模研究》等专题研究工作，研究成果具有一定的前瞻性和创新性，有关成果信息被市委市政府采纳；同时，在2009年完成《北京市浅山区土地利用战略研究》的基础上，进一步在空间上落实和细化浅山区土地利用战略，提升北京市浅山区生态系统服务功能，科学引导该区域城市建设和土地开发利用，促进当地土地高效合理利用，我中心启动了《北京市浅山区土地利用战略规划》的编制工作。

【其他工作】

1. 建设用地项目规划技术审查工作

2010年，中心共完成86个建设项目

用地的规划技术审查，以及1734个绿色审批通道项目的土地利用现状和规划情况分析工作，促进了“绿色审批通道”的畅通和重点建设项目的落地。

2. 全市城乡结合部50个挂账重点村“两规”衔接工作

中心指导相关区县分局开展了全市城乡结合部50个挂账重点村“两规”衔接工作。根据北京市城市规划设计研究院提供的42个挂账重点村实施方案矢量数据，中心在区乡土地利用总体规划技术审查工作中进行了重点审核，确保了上述42个挂账重点村的土地利用总体规划与城市规划相衔接，为其后续城市化建设工作奠定了坚实的基础。

3. 二次调查基本农田调查标准时点统一更新工作

按时完成了我市二次调查基本农田标准时点统一更新工作。2010年6月，该项工作成果顺利通过了国土资源部检查，并被纳入全国二次调查数据库。

4. 中关村国家自主创新示范区空间范围调整工作

我中心协助中关村管委会和市规划委开展了中关村国家自主创新示范区的空间布局调整和规划政策研究工作，在存量土地挖潜、新增建设用地布局、土地利用效益分析等方面提出了建议和意见，为保障首都产业发展、支持中关村国家自主创新示范区建设发挥了重要的土地规划技术支撑作用。

北京市国土资源局机关后勤服务中心

【机构设置与职责】

北京市国土资源局机关后勤服务中心是北京市国土资源局所属差额补贴事业单位，人员编制39人，处级职数一正二副，内设“三科一室一队”，即办公室、财务科、综合科、卫生科、车队。

主要职责 负责协调、监督、检查物业中心的工作；负责局机关车辆管理、交通安全教育工作；负责局机关后勤保障工作；负责局办公楼所在地区部署的有关管理工作；负责职工医院、局招待所管理工作；负责局机关及直属事业单位的住房制度改革工作；负责局机关及办公楼内市局投资的固定资产、办公设备的管理工作；负责办公用品发放工作；负责局机关及办公楼内事业单位的报刊、图书订阅、文件销毁工作；负责局机关并承担直属单位的公费医疗、爱国卫生、计划生育、无偿献血、绿化工作。

【后勤保障工作】

1. 安全保卫工作

成立安全检查工作小组，制定安全工作防范措施，组织相关人员进行消防演习，定期对市局办公楼重点设备、重点部位、重点单位进行安全检查，及时消除了安全隐患，确保了单位内部安全。1－12月，组织消防检查和测试18次，安全检查14次，配合信访接待、局拍卖、招投标安全保卫工作71次，1688人次，实现了“大事不出、小事减少、管理严格、秩序良好”的工作目标，保证了全局单位内部安全稳定，荣获北京市内部安全先进单位。

2. 车辆管理工作

加强车辆管理，建立车辆管理台帐。定期对车辆进行安全检查，定期进行驾驶员进行安全教育，做好全年车辆年检和维修工作，保证车辆行驶安全。1－12月机关公务车辆安全行驶125.38万公里，未发生重大甲方责任事故，荣获了东城区交通安全先进单位。

3. 餐厅管理工作

定期召开伙食委员会，广泛征求职工意见，结合季节转换，制作各类食品，增加花色品种，满足就餐人员需求。春节前，按照市局机关要求，圆满完成局春节会餐工作任务。

4. 设备管理及施工改造

按照市财政局要求，对施工项目严格预算，对施工任务进行严格审核。全年组织完成工程维修、项目改造13项，完成国家规定检测项目5项，工程抢修项目4项。

5. **政府采购工作**

按照政府采购要求，合理安排地点、严格控制经费。全年安排局内部会议585次，1.34万人次，完成局外出大中型会议会务工作53次，3353人次。采购办公用品14.78万元，印制办公用品21.56万元，发放办公用品970人次。

6. **能源管理**

按照北京市国土资源局开展厉行节约工作要求，大力开展节能减排工作，努力创建节约型、低碳型单位。安装节能平衡阀、安装开水定时器、安装锅炉气候补偿器达到节能工作目标。1－12月，用电20.82万千瓦，用水1.63万吨，天然气使用15.9万立方米。

7. **物业监督管理工作**

定期召开与物业公司沟通协调会，对物业管理服务中出现的问题做到及时沟通、妥善解决。定期对办公楼设备管理和服务工作进行联合检查，加强对物业公司的督促检查力度，提高机关后勤服务工作质量。

【爱国卫生、计划生育工作】

按照市爱委会统一部署，积极开展城市清洁日及卫生月活动，积极开展环境整治活动，达到市爱委会卫生标准。积极开展公共场所禁止吸烟宣传工作，向全局发起《珍爱生命、远离烟草》主题倡议活动，提高广大职工健康意识，增强健康生活习惯，使我局公共场所禁止吸烟工作有效开展。

积极开展婚育新风进万家活动，广泛宣传《北京市计划生育条例》，稳定低生育水平，确保全局无超计划生育。关注女性健康，开展女性健康活动，为女职工进行了TCT防癌检查。

【公费医疗工作】

严格执行《北京市公费医疗管理办法》，认真做好职工医疗费审核报销及管理工作。1－12月，审核医药费627万元，报销2146人次；独生子女药费报销3.78万元，报销84人次。

北京市国土资源执法监察大队

【机构设置和职责】

北京市国土资源执法监察大队（执法监察处）成立于2002年3月。下设办公室、土地执法监察一室、土地执法监察二室、土地执法监察三室、矿产执法室、卫片执法检查室、督察室、动态巡查室8个部门，现有在职执法监察人员27人。

执法监察大队工作职责主要为负责本市国土资源方面的执法监督工作，按照管理权限查处有关违法案件，受理有关投诉和举报，指导区县国土资源行政主管部门的执法监督工作。具体为：一是国土资源违法案件的查处；二是国土资源违法违规行为的信访查办；三是土地卫片执法检查；四是国土资源动态巡查。

【土地案件查处工作】

2010年，全局执法监察系统继续把查处大案要案作为执法监察工作的重点。共立案查处各类土地违法违规案件501宗，涉及土地面积10240亩（耕地635亩），结案875宗（含上年未结案件及历年隐漏案件），涉及土地面积21778亩（耕地4102亩）。拆除、没收建（构）筑物202万平方米，收回土地1513亩（耕地100亩），收缴罚没款6585万元。建议党政纪处分64人，移送刑事案件3人。其中，市局重点对丰台区王佐镇庄户村疑似高尔夫球场项目非法占地案、海淀区翠湖敬老院非法占地案等案件进行了立案查处。房山分局、怀柔分局对部挂牌督办的大石窝镇和杨宋镇非法占地案进行了重点查处。

【专项行动工作】

1. 2010年初，根据国土资源部、监察部联合下发的《关于严肃查处未报即用违法用地的通知》（国土资发〔2009〕164号）要求，我局会同市监察局在全市开展了此项工作。经核查，此次清查整改共发现全市未报即用违法用地290宗，占地5717亩（耕地1020亩）。

2. 截止2010年12月底，共结案266宗，结案比例为91.7%。收缴罚款1566万元，拆除、没收建筑物76万平方米，复耕土地648亩，建议党政纪处分34人。专项行动开始以来，各分局严格按照有关文件的精神和要求，对违法用地进行严格查处，确保专项行动的有效落实，市局将朝阳区、大兴区、通州区分别查处的3宗典型案件作为未报即用违法用地典型案件，在外网上向社会公开进行曝光。

【卫片执法检查工作】

2010年是全国按照15号令问责的第一年，各级党委、政府高度重视，市政府重点抓组织、协调、推进，区县政府主责抓查纠整改，有关部门联合抓督促检查。全市成立陈刚副市长任组长的2009年度卫片检查工作协调小组，市政府张玉平副秘书长（市工作协调小组常务副组长）多次主持召开会议，组织协调有关部门、区县政府有序推进核查工作和重大、难点问题的沟通解决；我局会同市规划委、市建委、市重大办、市城管执法局组成督导检查组对郊区县的工作进展情况进行抽查督导，发现问题及时纠改解决。

全市2009年度卫片检查发现违法违规用地610宗7872亩（耕地1980亩），分别占新增建设用地宗地数、面积数、耕地面积数的57%，24.4%，8.8%，截至12月底，全市违法违规用地处罚（理）率为100%，到位率为97.4%。拆除建筑物面积10万平方米，没收建筑物面积43万平方米，复耕耕地面积306亩，罚款1171万元。全市违法占用耕地面积占新增建设用地占用耕地总面积的比例降到10%以下。

【动态巡查工作】

以贯彻落实《国土部国土资源巡查工作规范》和《北京市国土资源执法监察巡查工作实施办法》为重点，强化制度建设，国土资源巡查工作进一步规范。2010年，新增国土所33个，增编264人，市局为每个新增国土所配发了巡查车辆和GPS设备，基层巡查力量进一步壮大，巡查范围和制止率比2009年上了一个新的台阶：全局执法监察系统通过巡查发现违法违规用地409件，占地面积5400亩，其中耕地面积1223亩；制止357件，占地面积4350亩，其中耕地1202亩，制止率87.2%，挽回经济损失2.4亿元。

大兴分局领导重视，国土所巡查力度大，每周向区政府通报巡查情况，遇有重大事项在第一时间内专题上报区政府和市局。朝阳分局以“数字化城市管理系统”为平台，与区城管监督中心对接，对发现的违法用地及时通报各相关部门快速查处。门头沟分局不断强化动态巡查手段，利用GPS系统，在违法开采多发区准确定位，并自行研发了巡查台账软件系统。

以区县国土资源分局、国土所为巡查主体的国土系统巡查和以乡镇、村为巡查主体的地方政府巡查的“双巡查机制”正在逐步建立，巡查“早发现、早制止、早报告”作用开始显现。

【信访查办工作】

全局执法监察系统认真贯彻落实《信访条例》，结合开展“信访积案化解年”活动，针对重复访、越级访、复杂信访件，实行市局与分局双向挂帐督办。大多数分局通过确定包案领导等方式进一步强化工作责任，增强工作效果，对群众反映的信访事项认真核查，对其中可能产生的不稳定因素积极研究对策，力求从源头上减少、化解突出信访问题。

据统计，2010年局执法监察系统共受理信访件2093件，已办结1793件，办结率为85.5%。较好的化解了群众越级重复信访的上升势头，切实维护了群众根本利益和社会稳定大局。

【矿产执法检查工作】

1.2010年，国土资源部第一次利用卫星遥感技术对全国重点矿区矿产资源勘查开采状况进行遥感监测，其中我市共发现包括房山、门头沟、密云、怀柔、顺义、昌平6个区县85处无证采矿、越界采矿等违法违规行为，市局已会同有关分局在进行核查后按照分类处理的原则，对核查出的问题分别作出了责令停止、拆除设备、清理堆料、没收矿产品等处理措施，并将处理结果上报部储量司。

2. 全局执法监察系统共立案查处矿产违法违规案件133件，全部为无证开采，结案135件（含2件上年未结案），收缴罚没款244.6万元。此外，按照国土部执法局的要求，全年共梳理出17件矿产资源违法典型案例上报。

3. 密云分局坚决彻底打击盗采行为，2010年向公安机关移送34件非法开采案件，占全局涉矿案件移送总量的77%。房山区多措并举，设立综合检查站、安装监控设备、成立乡镇巡查突击队等多种方式，打击煤矿盗采行为。昌平分局、怀柔分局打击盗采案件立案数占全局系统的76.7%，罚没款占全局的74.6%。

【制度建设与创新】

为进一步加强执法监察工作的严肃性和纪律性，市局执法监察大队起草了《北京市国土资源局执法监察发现、制止、报告和查处工作监督管理办法》、《国土资源领域违法案件公开通报和挂牌督办办法》、《土地违法案件查处程序和时限》等一系列规范性文件，并以市局名义印发。

按照国土部要求，在顺义、大兴等区县开展了基本农田视频监控系统试点工作，为我市国土资源执法监察工作探索了新模式。

【人员培训】

注重人员素质提高与培养，对109名新任国土所所长和副所长进行岗前培训，开展了局系统执法监察资格认证培训和发证，参训学习人员60余人。

北京市国土资源局业务受理中心

【基本情况】

受理中心承担着由市国土局负责办理的16项（含34个子项）行政许可事项和16项（含16个子项）行政服务事项的受理、分办、催办、发件、收费、统计及业务咨询等工作，同时负责对区县分局行政服务大厅的业务指导。

根据全程办事代理制“窗口受理、限时办结、规范收费、统一发件”的要求，市国土局对外设立了行政服务大厅（由受理中心具体负责管理）。大厅设土地矿产、土地登记、中央和军队及央企、行政公文、发件、收费、服务台共七类、10个业务窗口，分别负责相关业务的受理、办理工作。

【业务事项受理情况】

2010年，市国土局受理各类业务事项共3716件。其中：土地管理类3414件，占受理总量92%；矿产管理类302件，占受理总量8%。(详见图1)

2010年，区县国土分局受理各类业务事项共33000件。其中：土地管理类3095件，占受理总量9%；矿产管理类184件，占受理总量1%；土地权属类29721件，占受理总量90%。(详见图2)

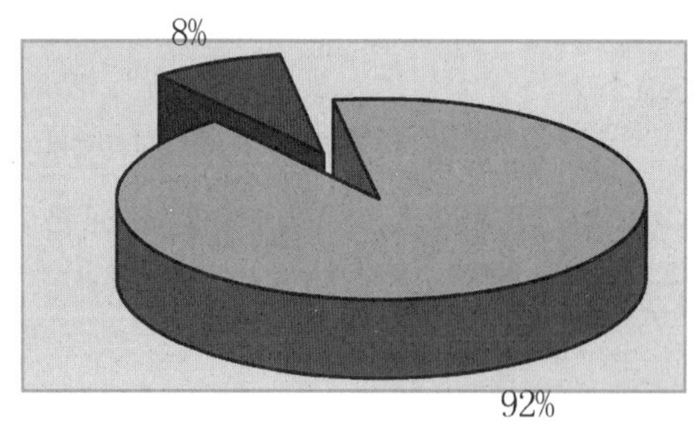

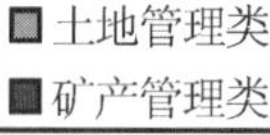

图1　2010年市局业务事项受理情况

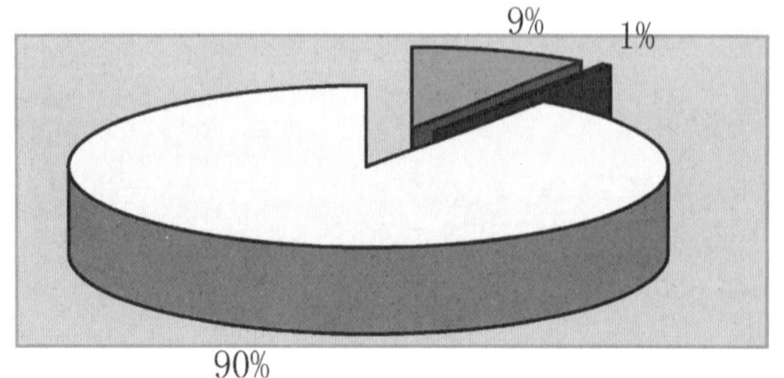

图2　2010年区县分局业务事项受理情况

【业务事项办结情况】

2010 年，市国土局办结各类事项 3120 件。其中：土地管理类 2537 件，占办结总量 90%；矿产管理类 281 件，占办结总量 10%。(详见图 3)

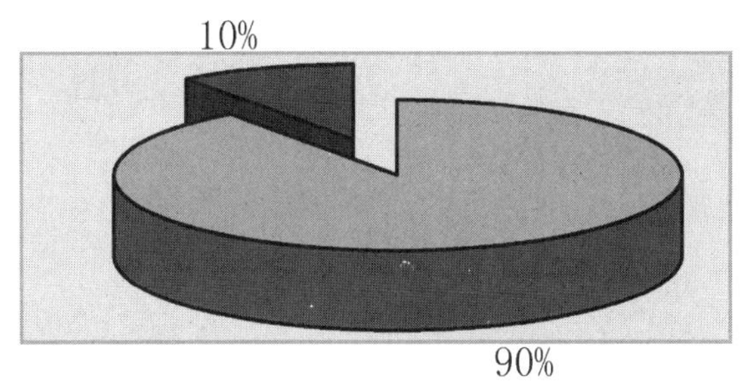

图 3　2010 年市局业务事项办结情况

2010 年，区县国土分局办结各类事项 31827 件。其中：土地管理类 2367 件，占办结总量 7%；矿产管理类 179 件，占办结总量 1%；土地权属管理类 29281 件，占办结总量 92%。(详见图 4)

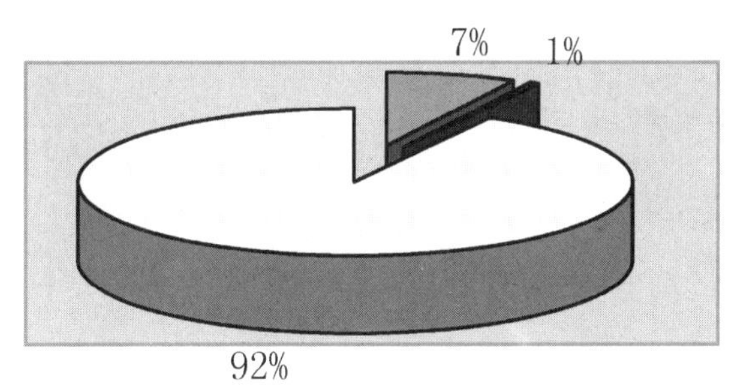

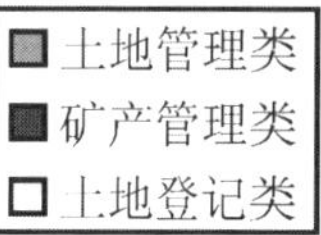

图 4　2010 年区县分局业务事项办结情况

【业务事项费用收缴情况】

2010 年，市国土局收费窗口共收缴土地有偿使用收入 1314.44 亿元，其中包括前期成本 311.21 亿元。

地矿类收费收入 9850.93 万元。其中：矿产资源补偿费 4656.2 万元，探矿权使用费 0.25 万元，采矿权使用费 27.25 万元，价款 5166.35 万元，采矿登记费 0.3 万元，勘查登记费 0.08 万元。

【其他工作】

1. 根据市政府关于固定资产投资项目行政审批改革的统一要求，自 2010 年 5 月 1 日起，我局承办的市级涉地行政审批事项全部调整到市政府固定资产投资项目行政审批综合服务大厅办理，统一受理和送达；

2. 突出重点、专人负责，重点标识、主动服务，加强服务中央在京单位、驻京部队专项工作，以及绿通项目受理工作；

3. 梳理流程，简化手续，提高效能，实现窗口迁移后工作对接。

科教文化

北京市国土资源“十一五”期间科技工作总结报告

科技与对外合作处

一、“十一五”期间北京市国土资源领域发展总体状况

五年以来（2006—2010年），北京市国土资源系统在工作中以邓小平理论、“三个代表”重要思想和科学发展观为指导，坚持以人为本；以举办奥运为契机，紧紧围绕贯彻“人文北京、科技北京、绿色北京”的发展战略；在工作中以不断提高北京市经济社会可持续发展的资源保障能力为目标，推进发展循环经济，按照国土资源部和北京市关于科技工作的统一部署，全面落实党的十七大精神，在国土资源科技工作中，以国土资源规划工作为先导，以国土资源调查评价与监测技术为支撑，以国土资源人才培养和法制建设为基础，以国土资源管理科学化和信息化为突破，以实施科技发展战略计划和重大工程为重点，协调解决了资源供应短缺、利用效率不高、环境压力较大、城乡发展不均衡等几大问题。并组织有关科研机构在国土资源调查评价、基础理论、高新技术等方面广泛开展研究与应用，取得了较大进展，有力促进了国土资源调查评价、规划、管理、保护和合理利用等工作，为北京市经济社会发展做出了重要贡献。

（一）“十一五”期间土地资源领域主要工作概况

“十一五”期间北京市国土资源局主要围绕“一条主线”即以保障北京市国土资源安全，促进资源有效供给和可持续利用为主线，“两个结合”即重视科技研究和应用与经济社会需求相结合，重视科技研究与科技发展前沿相结合，“三个转变”即从传统资源观向可持续发展资源观转变，从粗放型资源利用方式向集约型资源利用方式转变，从国土资源管理的专项化向综合化、系统化转变几方面开展具体工作，完成了以下重点任务。

1. 按照市委市政府和国土资源部的统一部署和要求，全面开展了北京市土地利用总体规划修编的基础调研工作，对土地利用的重大问题进行深入研究，完成了21项专题成果，为编制《北京市土地利用总体规划（2006—2020年）》奠定了坚实的基础。

2. 2005年至2007年完成了农村集体土地地籍调查工作。2007—2009年基本

完成了第二次全国土地调查工作，掌握了北京市行政辖区内各类土地的产权、地类、现状等基本情况，建立了地籍信息系统和地籍调查数据库。

3. 完成了农村居民点试点调查工作，进行了宅基地确权登记政策研究，为下一步开展宅基地使用权确权登记工作创造了有利的条件。

4. 研究编制《北京市2007—2010年土地供应中期计划》，以市政府名义公布实施，供应计划管理体系得到进一步完善。

5. 组织开展了我市3个国家级开发区和16个市级开发区“土地集约利用评价”及成果更新工作，建立了开发区土地利用和经济管理基础信息数据库，为开发区扩区、升级、调整审核提供了重要依据，对开发区土地集约利用和产业结构调整起到重要作用。

6. 开展工业用地招拍挂出让政策研究，出台了一系列政策文件，规范了产业用地供应。

7. 开展基准地价更新研究，完成了《北京市2010年基准地价更新成果》等。

8. 2006年进行了全面的行政许可程序和行政服务事项的管理信息化梳理，规范办事程序，提高了全市国土资源管理系统服务水平和办事效率。

9. 在土地资源行政管理诸方面应用“3S”技术，特别是遥感技术深入应用，大大提高对本市土地利用现状的动态监测水平，推动了土地资源管理的技术进步。

（二）“十一五”期间地矿领域主要工作概况

“十一五”期间完成了地质科研项目43项；完成了学术交流等公益性地质工作34项。编著出版了《北京城市地质》、《北京城市地质图集》、《北京地质灾害》、《北京地下水》、《北京浅层地温能资源》等5册城市地质系列图书。

1. 完成了我国首个城市智能化三维地质信息管理与服务系统“北京市城市地质信息管理与服务系统”，通过三维数字化平台，可以非常清晰地“透视”北京城市的“地下迷宫”，为城市规划决策、重大工程前期论证、市政建设和应急指挥提供科学依据。

2. 北京市地质矿产勘查开发局公益性地质科研项目《信息化技术在城市地下空间施工中应用研究》，建立了相对开放基坑工程案例数据库，为政府部门决策提供参考，为未来一个时期的工程建设在数据查阅及工程类比等方面提供较强的技术支持。

3. 北京市地质矿产勘查开发局属基层单位自主设立《北京市平原区永定河、潮白河流域典型第四系水文地质剖面及水交替演化规律研究》等10项科研课题。

4. 北京市地质矿产勘查开发局属基层单位受国土资源部等委托开展《北京市突发地质灾害调查与研究》等4项科研项目。

5. 市国土资源局系统委托开展的《北京市在生产矿山地质环境调查及治理对策研究》等6项科研项目。

6. 北京市地质工程设计研究院和中国地质大学（北京）科学钻探国家专业实验室合作开展的《孕镶金刚石钻头绳索取心定切入量钻进试验研究》科研等。

二、“十一五”期间主要科研工作总结分析

“十一五”期间，北京市国土资源系统在市委市政府和国土资源部的正确领导下，在各高校、研究所、学会的全力配合下，按照《国土资源部中长期科学和技术发展规划纲要（2006—2020年）》的总体要求，结合《北京市国土资源中长期科技发展规划（2006年—2020年）》和“科技兴地”的战略部署，广泛开展本系统的科学研究和技术创新，在土地资源调查与评价、矿产资源勘查、地质环境保护与地质灾害防治、国土资源信息化建设等领域取得了一批具有重大影响的科技成果。

（一）土地资源管理领域科技成果显著

1. 土地资源调查与评价技术手段不断完善

国土资源部土地资源调查新技术成果得到广泛的推广应用，土地资源调查中科技手段不断完善，尤其是GPS/PDA—“调查之星”新技术和“北京一号”遥感数据在地籍管理、土地利用管理、征地管理、规划管理、信息管理、耕地保护等方面的应用，取得了一大批优秀成果。

（1）土地调查新技术GPS/PDA—“调查之星”的推广应用

“调查之星”是一种集成全球卫星定位系统（GPS）、掌上电脑（PDA）、电子地图（GIS）、卫星遥感（RS）、网络通讯（GPRS）等技术进行土地调查从而更新数据库的作业系统，是由东南大学开发的国土资源部“十五”科技发展重要成果。在土地利用日常变更调查、更新调查和土地监察等方面取得了良好效果。并通过示范应用，完成了全市14个区县的坐标联测和四区县的精度检测与成果对比，解决了坐标转换难题，使“调查之星”在14个区县的土地变更和更新调查应用推广中得以实施，全面提高北京市土地管理基础数据的现势性和政府对土地利用数据的监管水平。此外，还进行了土地监察、开发复垦、农业结构调整、基本农田保护、建设项目预审等方面的扩展应用。改变了传统的土地调查手段，减少了工作量，实现了全数字化的作业模式，有效提高工作效率，提高测量精度，节约工作经费。

同时，在国土资源部的全力支持下，经进一步研究，将GPS/TD/PDA技术应用于大比例尺的土地（地籍）调查业务，深化了该技术在城乡地籍调查中的应用。并在丰台、宣武、石景山分局开展1∶2000和1∶500比例尺的测绘调查试点研究，取得了一定试验效果。

（2）形成“北京一号”卫星遥感数据与高精度“调查之星”相结合的“双星模式”

“双星”结合新模式能充分发挥“北京一号”卫星能及时发现图斑变化、“调查之星”能快速准确地调查变化图斑的综合优势，整体变更调查效率大大优于传统调查模式，较大幅度的缩短了变更调查工作周期。研究制定基于“调查之星”新技术条件下的北京市1∶2000比例尺农村集体土地利用现状调查作业规程，形成了基于“双星”的土地利用变更调

查“月清季累”工作模式，是全国国土系统的首创。

(3) 完成农用地分等及县级定级估价试点工作，开展基准地价更新研究

开发了基于地理信息系统的农用地分等定级信息系统和农用地分等成果管理与耕地等级折算信息系统，采用“追溯法汇总”建立了国家级1:50万汇总单元、市级1:10万汇总单元与1:1万县级分等单元的三级追溯关系，便于农用地分等成果的更新与管理。

(4) 完成了《北京市2010年基准地价更新成果》

通过建立协调联动机制、多层次空间价格表现形式、信息技术实现方式以及动态更新机制，建立起科学、统一、均衡、协调的基准地价体系，并组织开展基准地价更新工作和应用管理政策研究，积极探索地价形成机制和管理方法，满足土地市场调控和多层面国土资源管理的需要。

2. 土地资源开发管理政策、理论不断创新

(1) 土地确权政策研究

完成了农村居民点试点调查工作，进行了宅基地确权登记政策研究；分别对城市私房、住宅小区、城市地上地下和农村宅基地等权属问题易混淆的典型领域进行管理登记政策的研究，并制定出台了土地权属争议调查处理有关程序的规范性文件，以及应对突发性群体事件的办法措施，使土地权属争议的调查处理有章可循，有法可依。

(2) 城乡土地开发利用一体化模式研究

在国家推行“城乡一体化”政策的引导下，北京市国土资源局开展了北京市城乡地籍统一管理制度规范化研究，城中村改造及整治，城市化地区农村居民点土地开发模式等一系列理论和应用研究，提升了我市土地资源的优化配置水平，提高了土地的功能和价值，促进了北京古都风貌保护与城市可持续发展，对推动我市农村居民点整合工作，促进我市实现城乡一体化具有积极作用和现实意义。

(3) 土地、经济、环境、人口可持续发展理论研究

完成了《首都人口承载规模分析研究子课题——土地资源与人口承载规模研究》的课题研究；完成了宣武区、东城区和朝阳区土地承载力问题及土地污染治理、土地生态服务评价研究。研究成果弥补了“十五”期间土地可持续利用理论较为薄弱的缺陷，同时为其他地区的可持续发展研究提供了有益借鉴，推动了首都人口与经济、社会、资源、环境全面协调可持续发展。

(4) 集约节约用地机制及标准研究

制定并实施《北京市城市建设节约用地标准》，进行北京市建设用地的集约节约评价，建立了北京市农村居民点集约利用评价指标体系及建议控制标准值，开发了北京市农村居民点节约集约利用评价信息系统，为今后集约节约用地研究提供参考。

(5) 《北京市土地利用规划》修编研究

2004年7月，北京市国土资源局正式启动新一轮的土地利用总体规划修编

工作，按照市委市政府和国土资源部的统一部署和要求，完成了21项专题成果。专题研究工作主要围绕加强耕地和基本农田保护、促进节约和集约利用土地、优化城乡用地结构和布局、统筹区域土地利用、协调土地利用与生态环境建设、强化规划管理及保障措施六个方面开展，通过深入调研分析研究，积累了大量翔实的资料，形成了具有较高参考价值的研究成果，对北京市土地利用总体规划的编制起了很大的支撑作用。

（二）地质环境与地质灾害防治领域取得新进展

1. 完成《北京市重大地质问题战略研究》系列科研课题，形成地质灾害预警体系

“十一五”期间地质环境与地质灾害防治领域共完成《地面沉降对北京城市安全影响的战略研究》、《北京市突发性地质灾害对城市安全影响战略研究》、《北京城乡经济社会发展一体化建设重大地质问题战略研究》、《北京市城市地质安全信息系统战略研究》、《矿山地质环境对北京山区生态建设影响的战略研究》、《北京市浅层地温能资源调查与开发战略研究》、《北京市地下水对城市安全影响战略研究》和《南水北调进京后地下水蓄养方案战略研究》等8个重大科研课题，2010年又开展了《北京建设世界城市对地质工作需求的战略研究》。

通过战略研究的开展，地矿领域逐步形成了建设“两项工程、一个系统”（即重要战略性地质资源保障工程、地质环境安全保障工程和城市地质基础数据管理与服务系统）的完整工作思路和战略框架，并孵化了一批大项目；提出了建设地面沉降监测预警预报系统、突发地质灾害监测预警系统、矿山地质环境监测预警预报系统、平原区活动断裂安全风险应急监测与预警预报系统、平原区地下空间及重大工程地质安全监测预警预报系统、浅层地温能开发利用对地质环境影响预警预报系统、地下水监测系统和平原区土壤地质环境监测与预警预报系统等8大监测系统，目前监测系统建设已取得了不同程度的进展，地面沉降、地下水环境监测系统已基本建成并运行。同时，完成北京市地质灾害易发程度分区图和北京市地质灾害防治区划图，建立了北京市地质灾害信息系统和北京市地质灾害群测群防数据库和北京市第一个地裂缝监测站。

2. 提出理念发展型城市地质工作模式

理念发展型地质工作是一种主动型的地质工作模式，它是基于保障城市可持续发展的战略理念和对城市生态系统长期动态平衡的关注而开展的前瞻性城市地质工作。城市地质工作是一项严格受地质条件和地质演化规律控制的工作，是一项随着城市不断发展而不断提出新要求的工作，这就要求城市地质工作应选择理念发展型模式；同时，近年来地面塌陷等非正常的城市地质安全危机事件频发，突发性强，造成危害大、后果严重，而预防这些非正常情况下的城市地质安全事件，需要理念发展型地质工作提供技术支撑。

3. 创建城市地质调查工作方法体系

在"十一五"期间完成了北京市多参数立体地质调查、北京地铁建设及运行的地质问题研究等项目，众多成果已经在奥运场馆建设、我市应急水源地勘查建设、垃圾填埋场规划选址、新城规划制定、城市地铁施工、特色农业区划、地热和浅层地温能开发利用等领域发挥了重要作用。同时，结合北京平原区浅层地温能资源勘查、大兴等十一个新城区域工程地质勘查项目，系统开展了基础地质、浅层地温能、规划新城地质调查研究工作，取得了丰富的地质调查成果资料，创建了城市地质调查工作方法体系。

4. 通过项目实施，设置专题研究，提高地质科技水平

为提高地质成果水平，地矿部门在项目实施过程中相应的设置有关技术方法、先进手段等的研究专题，2006年到2008年陆续开展了北京地区矿山环境修复技术手段研究等13项专业技术方法科技攻关项目，其成果为今后工作奠定了理论和技术方法基础。

（三）资源领域获得新突破

"十一五"期间对矿产资源领域的研究工作主要集中在地热资源和地下水资源两方面。地热资源和地下水资源都是北京市重要的战略资源，地热是宝贵的清洁能源，开发地热对于优化首都能源结构、减少大气环境污染、实现节能减排目标具有积极的意义。而地下水目前仍是北京市城市用水的主要来源。对上述资源的相关研究为实施"三个北京"战略和首都经济的可持续发展做出了积极的贡献，并在一些重点项目、地区和领域取得了突破性成果。在其他矿产资源的调查和评价方面也取得了一系列成果。

1. 地热资源调查及潜力评价、浅层地温技术应用项目

除了北京市地热水动态监测和北京市地热井远程监控系统建立及跟踪维修等常年项目外，"十一五"期间开展的科技研究还有地热回灌研究、数据库建设、区域地热资源调查及潜力评价、浅层地温等一系列项目。为地热资源评价、合理开发与资源管理提供了可靠依据，提高了首都地热资源开发与持续利用的经济效益、环境效益与社会效益，同时为地热资源开发布局规划、可持续开发利用提供技术支持。

2. 积极开展城市地下水和应急供水勘查技术研究与应用

建立了王四营地区包气带水分运移试验场，为精确计算地下水资源、定量研究三水转化关系奠定基础。建立了应急水源地开采风险性评价系统，完善了北京市地下水资源应急供水的体系，形成了一套相对完善的体系。建立地层自净能力原位试验站，为实现利用原状土进行淋溶试验提供了新的途径和方法。对北京市平原区永定河、潮白河流域典型第四系水文地质剖面及水交替演化规律进行了研究，对指导北京市地下水相关研究和管理工作具有重要的意义。开创了田间原位试验研究包气带对地下水环境影响的方法，建立了基于试验的北京市地下水环境研究的工作模式。通过对垃圾场的研究，得出了不同条件下的垃圾场地对地下水环境的不同影响。在北京首次从水质的角度研究水源地的可持续运行，为保障城市的可持续发展具有极其重要的意义。

3. 对其他矿产资源的研究取得了新的成果

开展北京密云—怀柔地区深部铁矿资源潜力评估、北京西山地区新型环保建材用页岩资源普查、门头沟区碣石矿区普查、晋陕蒙能源成矿带与辽宁主要矿集区矿山开发遥感调查与监测等研究；探索、研究、创新深部绳索取心工艺，改进深部固体矿产资源取芯取样技术，为矿产资源的深层探测提供了技术支持。

（四）国土资源信息化建设取得一定成效

国土资源信息化建设取得的成就一方面表现在国土领域办公系统的现代化、科技化，另一方面是大量专业系统和数据库的建设及使用，为实现国土资源管理的现代化、精确化和高效化提供了基础。

1. 基础数据库和门户网站建设初具规模

信息化资源的发展是政务信息化的基础，按照国土资源部“金土工程”一期要求，完成了全市土地利用现状、土地利用规划、基本农田、土地开发整理规划、农用地分等定级、矿产资源规划和矿产资源储量7类基础数据库整合工作。在国土资源调查和动态遥感监测等专项工作的推动下，重点开展了城镇地籍调查、集体土地调查、北京市第二次土地调查、年度土地变更调查、土地利用规划、土地矿产遥感动态监测等数据库以及历史业务档案数据库的建设工作。

2008年市国土局整合了分局的网站系统，建立了面向社会公共服务的外网门户网站群和面向局系统的内网办公门户、分局门户网站。各分局按照市国土局要求，积极加大对网站的使用、维护和更新，尤其在信息发布、政府信息公开等方面，基本满足了社会对国土资源发展信息化的需求。

2. 国土资源电子政务基础信息平台逐步形成

国土资源系统内部各部门之间已经建立了规范化的交流合作，尤其是在基本数据库资源共享，国土资源信息化系统共享以及跨学科的项目合作方面。

市国土局及其各分局在加强信息化基础设施建设的基础上，逐步加快了网上办公的进程。数据交换系统、信访系统、视频会议系统、应急指挥系统政务空间信息管理接口、查询定位与统计分析子系统等已投入使用，并形成了以GIS、MIS、OA一体化的综合办公模式，建立了“行政许可、市场监管、公共服务多位一体”的电子政务协同办公模式，实现了“一口进出、规则导航、时限控制、全程管理”的行政许可办理模式，为实现国土系统全面联动的综合业务管理平台奠定了基础。

其中，档案数字化工作是“十一五”期间信息化建设中的重点项目。档案数字化工作使全系统档案的管理、查询和应用历史性的实现了信息化，为国土局信息化建设、地籍信息系统的推广应用提供了必要条件，也为今后登记业务实现网上审批带图作业奠定了基础。各分局中，信息化建设尤以石景山区为代表。该局以《石景山区国土资源和房屋管理信息系统》为基础建立了《北京市石景山区国土综合信息系统》，并包含《土地巡查调查车系统》、《土地批后监管信息系统》、《土地管理辅助决策信息系统》、《土地储备数据库》等子系统，为本区国土管理工作提供了信息化支撑，同时为其他分局的应用改进提供了借鉴。

3. 专业领域应用系统建设取得成效

土地资源领域：研发了土地市场监测预测预报信息系统，市场动态监测、分析预测、预警预报等功能于一体，直接应用于全市土地市场监测分析和研究工作；土地规划管理信息系统实现了建设用地项目规划审查、辅助规划调整方案拟定和规划数据修改等核心功能。

地矿生态领域：北京市地热井远程监控系统建立及跟踪维修，适时监测各地热井的出水水温和用水量等数据，建立了一套独立的北京市地热井远程监控系统；研究信息化技术在城市地下空间工程施工中应用，建立了基于GIS的地勘局系统内基坑工程案例数据库，利用先进的监测技术，在实际的基坑工程建设中进行了动态监测，通过对监测数据的合理处理和分析，为信息化施工技术指导基坑工程施工提供了强有力的保证。另外，本项目建立了基坑工程的三维地质模型，在位移与应力监测数据基础上，利用数值模拟方法进行了反演分析，较好地指导了基坑工程建设；完成首个城市智能化三维地质信息管理与服务系统——北京市城市地质信息管理与服务系统，该系统集三维地质信息输入、数据库管理和三维地质数据建模与可视化分析功能于一体，在三维地质建模、海量模型存储和管理、地下水三维仿真模拟等方面取得了重大突破性进展，为北京城市规划管理数字化服务奠定了坚实的地质信息基础。

（五）人才培养和科技基础条件建设进一步提升

1. 创新人才引进和培养机制，构建科技资源高地

“十一五”期间，根据北京社会经济发展对国土资源行政管理的要求，北京市国土资源局、北京市地质矿产勘查开发局及所属单位形成了一条从人员引进、定期培训到项目交流学习的科技团队建设路子。招收事业单位人员时加大了引进高学历、高素质多学科人才的力度，改善人员结构，适应创新及国土资源新理论、新方法、新技术的需要。定期组织系统操作、网络安全、电子政务的学习训练，有针对性地聘请各大高校、科研单位的专家进行关于科技前沿、当代重点领域科技发展等方面的交流。选拔优秀业务人员参加部及市局组织的先进技术应用培训。通过广泛参与科研单位和高校等的项目合作，提高广大在职人员的科技业务素质。

国内国际交流不断加强。例如：北京市国土资源勘测规划中心“十一五”期间完成加拿大、香港、重庆等国内外代表团前来的调研及交流学习，并根据业务需要，派出员工赴加拿大、德国等地培训及交流学习。

2. 重视科技设施设备的更新与完善

北京市国土资源局和北京市地质矿产勘查开发局都十分重视软硬件设施的建设。

“十一五”期间，“3S”技术在北京市国土资源局的土地日常管理工作中得到了普遍应用。北京市国土资源执法监察大队投入300万元购置了28台“调查之星”，通过“调查之星”在变更调查、执法监察、土地预审等方面的应用，完善新技术设备的各项功能，促进了土地管理手段的创新。同时还花费100万元引进了20套检查定位系统。另外，除了专业设备的增加，日常办公工作中必备的硬件及软件配套设施也日臻完善。例如：北京市国土资源局石景山分局新配备了90多台电脑终端，在原有7台服务器基础上增加2台HP服务器，还建立了以GIS、MIS、OA一体化的综合办公模式软件平台，大大提高了办公效率。“十一五”期间信息科技建设（包含系统建设、基础硬件网络建设）累计投入资金396.79万元。

北京市地质矿产勘查开发局为了配合单位生产需求和业务的开展购置了许多先进的技术设备。北京市地质工程勘察院2007年至2010年期间，投入近960万元更新设备，主要购置钻机、测井和监测和测量等用于生产的设备，包括空气增压机、大泵量钻井泵和电焊机等钻探用设备以及测井绞车和数字测井仪等。北京市地质工程设计研究院“十一五”期间共投入科技资金600余万元，主要用于勘探设备和开展科技活动的科研仪器设备的购置，引进了全液压浅孔岩芯钻机、深孔岩芯钻机、深孔大口径岩芯钻探取芯钻具等。北京市地质研究所“十一五”期间，用于科研资金总计771.3万元，主要用于突发地质灾害的科研、实验及相关软件的开发。

3. 国土资源科普工作初见成效

国土资源是国家重要的战略资源和社会生产要素，与人们的生产生活息息相关。为了更好的实现国土资源的可持续利用与开发，提高全民的资源保护意识及国土知识素养。“十一五”期间，北京市国土领域工作者在《国土资源科学技术普及行动纲要（2004—2010）》的引领下做了大量科普工作。

国土资源系统内部：各单位每年积极组织全局干部职工参加市、区级的调研报告及论文的撰写活动，并参加在局内开展的领导干部、青年干部优秀论文评选活动，启发倡导大家钻研国土管理业务，促进各分局之间的相互学习，掀起全局学习高潮；通过开展创建学习型机关、争创学习型干部活动，加强岗位业务学习与培训，切实优化了科技管理队伍专业结构。

国土资源系统外部：每年通过组织筹办“土地日”、“地球日”、“北京科技周”等活动，向公众众宣传国土资源基本国情、国土资源法律法规，介绍国土资源保护与合理利用、地球与地质环境、地质灾害的防灾减灾等科普知识。通过宣传活动普及保护国土资源基本知识，增强社会各界对国土资源的忧患和保护意识。

科普基地建设：按照《国土资源科

普基地标准》，国土资源科普基地包括科技场馆、科研实验和资源保护三个类型。为普及国土知识、支持地方经济的发展，目前我市科普基地的建设主要是地质博物馆、图书馆及生态遗迹保护公园。“十一五”期间，北京市地质矿产勘察开发局积极协助地方政府开展地质公园、矿山公园的申报建设及地质遗迹保护等工作，为地方政府向公园主管部门先后成功申报了中国北京房山世界地质公园、黄松峪矿山公园、黄松峪地质公园、首云矿山公园和黄金谷矿山公园，并为石花洞风景名胜区提供技术支持。

三、“十一五”期间科技工作成果统计分析

（一）科技成果统计分析

据不完全统计，“十一五”期间，在国土资源部和北京市政府的大力支持下，北京市国土资源系统广大科技人员累计开展并完成各类国土资源科技项目135项，投资总额达到12417.95万元，形成了比较完善的科学技术体系。

根据《关于组织编报2010年度国土资源科技项目表以及开展“十一五”科技成果总结工作的函》的项目学科领域划分标准，将北京市国土资源领域各部门“十一五”期间开展的科技项目划分为：土地资源领域、地质环境与地质灾害防治、矿产资源领域、基础研究、高新技术和信息技术五大部分。据不完全统计，参与“十一五”期间国土资源相关科技项目的科技人员总数累计达1509人次。其中，土地资源领域481人次，地质环境与地质灾害防治279人次，矿产资源领域263人次，基础研究领域259人次，高新技术领域115人次，信息技术领域112人次，具体详见表1。

表1　“十一五”期间登记项目学科领域分布、资金及参与人员情况统计表

	土地资源领域	地质环境与地质灾害防治	矿产资源领域	基础研究	高新技术	信息技术
项目个数	31	33	23	26	15	7
资金（万元）	2519.98	2524.01	4600.04	779.656	436.685	1557.58
项目投入资金平均值	81.30	76.48	200	29.98	29.11	222.51
参与项目科技人员数	481	279	263	259	115	112

由统计数据可见：土地资源管理领域科技人员投入量最大，地质环境与地质灾害防治领域的科技项目数量最多但资金投入与之不相称，单个项目的平均资金投入量较少，矿产资源领域的科技资金投入量最大，而信息技术领域的科技项目投入资金平均值最大，这与信息技术领域的研究特点有关。通过分析，从科技项目总数和资金投入总量来看，地质环境保护与地质灾害防治和矿产资

源是“十一五”期间国土资源科技攻关的重点领域，而高新技术和信息技术领域的项目个数较少，高科技创新力度有待加强。

（二）科技工作主要经验

在国土资源部和北京市委、市政府的正确领导下，经过广大科研人员五年多的不懈努力，北京市国土资源科技工作在多个领域都取得了新成绩，迈上了新台阶，为进一步开展好“十二五”期间科技工作打下了一定的基础。

1. 领导重视是开展国土资源科技创新工作的支撑

国土资源部和北京市政府各级领导充分认识到科技工作对国土资源管理的支撑作用，“十一五”期间切实将国土资源的科技工作与“人文北京、科技北京、绿色北京”战略结合，把提升科技工作水平作为提高国土资源管理综合能力的重要手段和切入点，在思想上高度重视，在工作组织等方面给予充分保障。此外，北京市国土资源局领导和各区县领导也积极开展科技工作，组织协调得力，人财物支持力度大，保障各项工作顺利开展。

2. 结合实际管理工作是做好科技创新工作的前提

科技创新是为解放生产力提高工作效率服务的。作为国土资源管理的职能部门，我们要贯彻国家的各项方针政策，落实有效的职能管理，为国家的宏观调控决策服务，只有从实践中来再到实践中去，工作才有针对性和科学性，科技创新才有现实意义。因此，在制定本市国土资源科技发展规划及科研项目申请时，要与国土资源部的科技发展规划及日常工作需要相衔接，并做好充分的项目可行性评价分析，确保科技项目的前瞻指导性和实用性。

3. 制度化的科技项目申报审批程序是未来科技管理工作的发展方向

国土资源的科技工作要有计划性和系统性。之前的科技发展规划中往往存在重复立项、所设项目针对性不足、项目成果转化欠佳、成果后期推广不力及资金使用效率低下等缺陷，归根到底是没有一套规范化的国土资源科技规划工作流程。因此，为了确保国土资源领域的长足发展，要先从制度上进行革新。重点制定和完善科研项目管理办法、科研项目经费管理办法、科技成果管理办法、科技成果奖励办法、标准化管理办法和重点实验室（研究中心）管理办法等一系列规章制度，改进科技管理工作，把科技工作纳入法制化、规范化、程序化轨道。重大专项研究计划和重大工程实施过程中引入竞争机制，充分利用全社会的智力和科技资源。建立科学技术评价监督机制、评价意见反馈机制、评价申诉制度等。

4. 资源共享，促进合作是国土资源科技发展的有效途径

结合科技项目研究、人才培养和基地建设，不断拓展新的合作渠道，多形式、全方位、多层次推进国内外科技合作与交流。重点推动与北京地区国家级研究机构的合作，依托首都高等院校、科研院所的智力资源优势，建立人才共享机制，充分利用设备、人才及技术资源推进国土资源科技应用进程。

5. 高素质科技人员是实施科技创新的基础

胡锦涛总书记在2006年全国科技大会上强调，我们比任何时候都更加迫切地需要坚实的科学基础和有力的技术支撑。国土资源部门既是宏观调控把关的部门，又是高科技应用的部门，要面向科学技术发展前沿、向面经济社会发展要求和本行业主要管理工作，需要有一支掌握现代化技术的高素质人才队伍。按照实施“科技兴地”战略的要求，需要加大引进高学历、高素质人才的力度，提高入门门槛，改善人员结构，以适应国土资源理论、方法、技术、制度和管理创新的需要。另一方面，要注重加强对现有人员的培训，坚持对专业技术人员进行继续教育，建立科学的激励、奖励、竞争机制，造就国土资源行业的科技优秀人才和领军人物。要坚持以人为本，尊重知识、尊重人才，充分发挥科技工作者的积极性和创造性，为人才成长营造良好的外部环境，以日益丰富的创新成果，促进国土资源管理科技的繁荣发展，提高国土资源管理队伍的创造性能力。

6. 全民科普是实现“科教兴地”的必备保障

资源意识和资源利用水平是衡量一个国家社会发展和文明程度的重要标志。国家在中长期科技工作发展纲要中实际上对科普工作部署了三个重要任务。第一是提高全民的科技素质；第二是加强国家科普能力建设；第三是建立良好的科普管理运行机制。只有不断提高我国资源保护的科学化水平和资源利用的效益，并使科学、文明、先进的资源利用和保护行为成为全社会的共同行动，才能统筹人与自然的和谐发展，走上生产发展、生活富裕、生态良好的文明发展道路，才能切实落实科学发展观，形成有利于节约资源、减少污染的生产模式和消费方式，实现资源节约型和生态保护型社会的战略目标。只有全面提升国土资源科普能力，构建国土资源科普体系，提升公众国土资源科学素养，逐步形成“政府推动，全面参与，提升素质，促进和谐”的局面，才能满足不断增长的公众需求，成为实现“科教兴地”的必备保障。

7. 科技成果的转化应用是科技工作的最终目标

科学技术要应用在实际生产生活中才能转化为生产力。充分的科技论证，充足的资金支持，高素质的科研队伍，良好的科研环境是科技成果能够被高效应用的平台。完善科研成果管理体系，加快成果转化步伐，促进科技成果产业化，建立适应北京市国土资源科技成果转化与应用的管理体制等配套的科研平台，才能实现科技项目的深化与转化的有效衔接和有机统一。

四、国土资源科技工作中的主要问题

北京市国土资源系统各单位在“十一五”期间取得了很多突破和成绩，也存在一些问题和不足，总结有以下几点：

（一）高端科研人才及重点实验室短缺，专业素质有待于提高

在“知识经济”时代和信息社会的

今天，我们各级工作人员的科技素养、专业技术水准是提高社会经济发展水平的智力保障。目前北京市国土资源局系统各单位在人才队伍、科技创新技术建设等方面仍有不少问题。

1. 科技人才相对不足

国土资源是保障国家社会经济发展的基础和要素资源，国土资源行政管理的核心是提供社会经济可持续发展的保障能力。北京市国土资源局缺少为行政管理提供智力和科技服务的专业化研究队伍。在北京市地质矿产开发局及所属院所单位，与同一系统内发达省份相比高学历专业技术型人才相对短缺，高素质技术人才不足影响科技创新工作。

今后要通过加大培训提高在职人员科技素质，同时积极引进（硕士、博士）高学历人才，提升国土资源系统自身的科研能力。

2. 重点实验室建设

重点实验室是培养高素质人才的孵化箱也是科技创新的基本动力。北京市国土资源系统在重点实验室建设方面欠账较多，目前在土地资源领域还没有任何实验室，在一定程度上制约了高素质土地资源科学研究团队的培养及科技工作的开展；地质环境监测、矿产资源勘察开发的重点实验室建设和科技团队培育亟待提高，推动北京市国土资源科技平台建设。

（二）资金投入不足，融资途径需要创新

目前，多数单位在本部门的建设上资金投入不足，尤其是在科研的资金投入上。科技经费的不足，直接制约了各部门科技建设的发展。科技立项渠道比较窄，上级部门给予的科技资助经费较少，多数科研项目仍然是以自筹资金为主。在地质环境与地质灾害防治研究领域，项目个数虽然最多，但资金使用量却与之不相称，资金投入量较小。对基础研究和高新技术项目的支持力度不够，现有项目均为应用性项目，基础研究尤其是基础地质研究很难得到政府财政资金支持。因此，迫切需要多元的立项渠道及融资途径。

（三）设备陈旧，急需更新

虽然国土资源企事业单位开始重视设备的逐步更新与完善，但由于资金有限，仍存在大量设备陈旧，致使工作效率比较低，工作效果不理想，也是导致日常服务工作信息化水平较低的原因之一。例如地勘局下属各单位大多成立于建国初期，普遍存在设备设施老化的问题，尤其属地化以后各单位长期面临生存压力，除为维持生产自行购置的设备（大多为各类钻机）外，科研设备十分缺乏、落后，多属于承担项目后应急购置，缺乏统一的规划、管理。目前北京地勘行业仅存一个水质分析实验室，大多数单位已经放弃了传统的分析测试、岩矿鉴定等业务。地质装备、设施落后、老化现象也十分严重，缺乏新的技术手段、高精度的仪器，与北京高精度城市地质工作需求不相适应。

（四）缺乏国际性交流与合作

由于北京市国土资源局信息科技处更名为科技与对外合作处不久，新机构

建立初始，国际合作与交流尚属起步阶段。然而，科技管理工作是一项对创新性、前瞻性要求很高的岗位，要求从业人员要有全球视野，因此对外交流合作对提升科技管理工作的发展和保障能力非常重要。为了更好的增强自主科研和创新能力，要求加强与国际相关机构、组织的交流合作，制定相应政策鼓励有关事业单位、科研院所等开展国际交流与考察培训，支持优秀国土资源工作人员到国际机构、学校培训。

（五）科研制度亟待建立

科技成果的转化应用是科技工作的主要目标之一。然而，各单位重视项目申请，轻视成果后期跟踪应用评价的现象严重，导致项目的重复申请及成果应用效率低下等问题存在。因此，需要规范国土资源领域的科技工作流程。由于管理上的原因，国土资源科技项目没有集中在科技处统一管理，由此造成立项管理分散、成果管理分散，缺乏有效整合和共享，难以发挥应有的作用。因此，在“十二五”期间急需建立制度化的奖惩措施及规范化的项目申请、考核、合作、评价等细则来规范国土资源领域的科技工作。

（六）国家级科技项目较少，成果申奖率过低

据统计，“十一五”期间北京市国土资源领域只成功申请到5个国家级项目，占总项目个数的3.7%；获得国家资助2685万元，占总资金数的17.6%，国家级项目数量和资金比例偏低。而且北京市国土资源领域的科研项目成果也未获得任何国家级科技奖项，项目成果的创新性和竞争力有待加强。

造成国家级科技项目较少、成果申奖率过低的原因可以总结为以下几点：一是科研力度不足，包括科技人员的数量和科研素质、科研经费投入以及科研机构建设等，多数项目以“政府外包”的方式完成。二是没有专业的国土资源科学研究基地和专业队伍作支撑，科技人才以及智力保障未达到国家要求。特别是没有建立支撑本市国土资源科技发展的重点实验室。三是实际完成的科技项目质量不太高，科技工作缺少“亮点”。

面对科技工作中存在的种种问题，我们要吸取经验，积极改正，进一步完善科技管理工作。争取“十二五”期间，在各方面的通力合作下，使我市国土资源的科技水平有较大的提高。

北京市国土资源“十二五”科学与技术发展规划

科技与对外合作处

前 言

一、规划背景

“十二五”时期（二〇一一年至二〇一五年），是我国全面建设小康社会的关键时期，是深化改革开放、加快转变经济发展方式的攻坚时期。“十一五”期间我国社会生产力快速发展，综合国力大幅提升，与此同时引发了一系列社会、资源、人口、环境等问题，威胁着社会经济的可持续发展。随着“十二五”期间工业化和城镇化进程的快速推进，面对国际金融危机冲击后果的一系列政策措施的巩固和扩大，我国人地矛盾还将进一步加剧，加快转变资源开发利用方式十分必要和紧迫。根据党的十七届五中全会的精神，结合国土资源发展现状，国土资源部提出了“十二五”期间的基本发展思路，即“坚持解放思想，深化改革创新，全面构建保障和促进科学发展新机制，积极主动服务、严格规范管理，统筹保障发展和保护资源，大力实施节约优先战略，显著提高国土资源保障能力和保护水平，促进经济社会全面协调可持续发展”。

北京市作为我国的首都，是政治、文化、科技和国际交流的首善之区，面对“十二五”时期我国社会发展的新要求，北京也迎来了新形势和新任务。市委十届八次全会提出了“一个判断”、“两个为主”、“三个北京”、“四个服务”、“五个之都”、“六个大有所为”① 的规划思路，

① “一个判断”，即首都仍然处于可以大有作为的重要战略机遇期；

“两个为主”，即以科学发展为主题、以加快转变经济发展方式为主线；

“三个北京”，即落实“人文北京、科技北京、绿色北京”战略；“四个服务”，即为中央党、政、军领；

“四个服务”，即为中央党、政、军领导机关的工作服务，为国家的国际交往服务，为科技和教育发展服务，为改善人民群众生活服务；

“五个之都”，即努力把北京打造成国际活动聚集之都、世界高端企业总部聚集之都、世界高端人才聚集之都、中国特色社会主义先进文化之都、和谐宜居之都；

“六个大有作为”，即力求在提高自主创新能力、保障和改善民生、加强首都文化建设、推进社会建设管理和服务、推进城乡一体化、提高城市的精细化管理水平等六个方面大有作为。

给北京市国土领域的发展带来了前所未有的机遇和挑战。我市国土资源管理部门应抓住机遇，加快推进国土资源管理科技进步的步伐。制定科学的北京市国土资源“十二五”科技发展规划对落实“科技兴地”战略、《国土资源中长期科技发展规划（2006—2020）》和实现北京市社会经济发展目标，充分发挥科学技术的支撑和引领作用，进一步提升国土资源对北京市社会经济可持续发展的保障作用意义重大。

（一）北京市国土资源科技发展现状

“十一五”期间，北京市国土资源科技发展工作取得了一定成就，具体表现在以下几点：

1. 土地调查新技术和土地评价新手段的推广使用，推动了土地资源管理方式的变革。尤其是“调查之星”的研发与“北京一号”遥感数据的结合应用，是全国国土系统的首创。

2. 矿产资源动态监测系统和勘查技术逐步提高，夯实了矿产资源管理基础工作。主要集中在新能源（地热资源、浅层地温）的监控、利用和地下水资源保护关键技术的研究，为未来的科技发展奠定基础。

3. 地质灾害预警防治工作和地质调查方法创新成效明显，加强了地质安全保障能力。完成涉及地面沉降、突发性地质灾害、矿山地质环境、城乡一体化建设中重大地质问题等方面的8个重大科研课题。

4. 国土资源管理理论、方法和法规不断完善，提高了北京市国土管理部门的宏观调控能力。有步骤的完善了土地确权政策研究、土地集约利用标准设定，城市地质工作管理理念创新等国土管理亟需解决的重大问题。

5. 国土资源信息化建设取得一定成效，增强了服务能力和行政效率。主要表现在大量专业系统和数据库的建设使用，以及国土领域办公系统的现代化、科技化建设，为实现国土系统全面联动的综合业务管理平台奠定了基础。

6. 人才培养和科普基地建设稳中有升，优化了国土管理的科技队伍。据统计，北京市相关国土资源管理单位研究生及以上学历人员平均比例为7%，高学历人才稳中有升。同时，科普活动及科普基地建设初见端倪。

（二）北京市国土资源科技发展面临的问题

北京市国土资源科学技术工作虽然取得了巨大成就，但与国土资源事业发展对科学技术新的要求相比，还存在许多薄弱环节。具体表现在以下几个方面：

1. 土地管理基础工作薄弱，土地利用集约度偏低。

2. 保障城市地质安全的基础性地质工作有待加强。

3. 矿山地质环境恢复治理和打击非法开采任务艰巨。

4. 科技创新能力偏低。高端科研人才及重点实验室仍然短缺。

5. 科技创新环境低迷。资金投入不足，融资渠道较窄，缺乏国际性交流与合作，科普工作仍需加强。

6. 科技创新制度简陋。科技项目申请、管理、监督体制欠缺，科技成果转化应用程度较低。

（三）北京市国土资源科技发展面临的形势

“十二五”时期是实施“人文北京、科技北京、绿色北京”战略的关键时期，是构建世界城市基本框架的起步时期。新时期，北京市经济建设和社会发展对国土资源工作提出了更高要求，国土资源科技发展面临更严峻的挑战。

1. 北京市社会经济发展和城市定位对国土资源科技工作提出了更高要求。2007 年 5 月中共北京市第十次党代会确立了我市的奋斗目标为“建设繁荣、文明、和谐、宜居的首善之区”，而“科技北京行动计划（2009—2012）”是实现该目标的重要内容和形式。这就要求必须针对北京市国土资源的合理有序开发、集约节约利用和有效保护等方面开展科技攻关。

2. 实现城乡一体化格局和区域协调发展需要国土资源科技做支撑。北京作为我国的政治文化中心，地处京津冀都市圈，统筹北京市所辖范围内国土资源的高效均衡利用以及与周边省市的协调发展，优势互补，努力缓解首都作为特大城市面临的人地矛盾突出的局面，对国土资源管理水平提出了更高要求，需要国土资源科技发展做支撑。

3. 转变土地利用方式、健全土地市场、建设资源节约型社会需要国土资源科技工作的支持。随着北京市土地、矿产等资源供需矛盾的不断加剧，环境承载力面临巨大挑战，必须依靠科技进步和科技创新才能实现构建国土资源高效利用、人与自然和谐相处的区域发展格局。

4. 保障北京市国土资源安全是国土资源科技发展面临的重大挑战。随着北京市人口的持续增长和经济的不断发展，国土资源消耗、污染和生态环境破坏进一步加大，加之北京地区地形地质条件较为复杂，人为活动同时又加剧了地质环境问题，必须依靠国土资源的科学技术创新和发展来保障。

5. 实现国土资源信息化和高效化管理需要建立科技支撑平台。随着信息化时代的到来，国土资源领域相继提出了“数字国土”、“数字城市”等未来发展方向，加之社会对政府部门行政管理效能的要求越来越高，国土资源管理体制和方法面临新的挑战。

二、规划依据

1. 中共中央国务院关于实施科技规划纲要，增强自主创新能力的决定（中发［2006］4 号）；

2. 国家中长期科技发展规划（2006—2020）；

3. 国土资源部关于组织开展省级“十二五”科学技术发展规划编制工作的函（科合［2010］117 号）；

4. 国土资源部中长期科技发展规划纲要（2006—2020）；

5. 国土资源部科技与国际合作工作座谈会（会议材料 2010. 5）；

6. 国土资源部科技项目管理办法；

7. 国土资源科学技术普及行动纲要（2011—2020）；

8. 国土资源“十二五”标准化发展规划（2010. 4）；

9. “科技北京”行动计划（2009—

2012）；

10. 北京市中长期科技发展规划（2006—2020）；

11. 北京市土地利用总体规划（2006—2020）；

12. 北京市矿产资源总体规划（2008—2015）；

13. 北京市国土资源局信息化行动纲要（2009—2012）；

14. 中共北京市委关于制定北京市国民经济和社会发展第十二个五年规划的建议（2010. 11）。

三、规划期限

本次规划的期限是2010—2015年，基期年为2011年，中期审核年为2013年，规划目标年为2015年。

第一章　指导思想和基本原则

一、指导思想

以邓小平理论和“三个代表”重要思想为指导，深入贯彻落实科学发展观，以科学发展为主题，以加快转变经济发展方式为主线，以实现“三个北京”、“世界城市”和“五个之都”为目标，以“支撑发展、引领未来”为科技发展指针，以“科技创新”和“科技集成”为主要手段，准确把握我市国土资源科技发展阶段特征，加快实施“科技兴地”战略，认真落实国家及国土资源部中长期科技发展规划和《国务院关于加强地质工作的决定》，全面提高国土资源科技发展对我市人口、资源、环境与经济协调可持续发展的保障能力，增强科学技术在土地资源节约集约利用、城市地质安全、国土资源综合整治与保护、国土资源信息化管理与调控等方面的支撑作用，形成高效、协调、有机统一的国土资源科技发展新格局。

二、基本原则

“十二五”期间北京市国土资源科技发展必须坚持以下原则：

（一）目标导向，主动出击

以“十一五”期间北京市国土资源科技发展存在的问题为切入点，以全市经济社会发展对国土资源的需求为基础，进行成果评价分析及需求分析。总结经验、预测趋势，使本次规划兼具战略性、实用性和前瞻性；主动出击，抓住机遇，使我市国土资源科技发展更加从容坚实。

（二）分析主次，重点突破

分析“十二五”期间我市国土资源亟需解决的重点和难点领域，提炼出具有代表性和指导性的国土资源科技工作重点工程和项目，同时也要充分兼顾到其他领域的科技需求，做到主次分明，重点突破。

（三）改革创新，突出应用

对以往科技工作存在的不足进行改进，提出国土资源管理改革的新方法和新策略，为科技发展提供良好的创新环境。同时注重科技成果的后期应用和评价，重视科技工作的社会效应、经济效应，使其更好的为全市国土资源领域提供保障，为经济社会全面协调发展提供支持。

（四）加强沟通，多方协作

国土资源科学技术领域的研究工作大部分属于公益性研究，政府要在制定科技发展战略、规划，营造有利于科技创新和人才成长的政策环境，支持重大行业共用技术研究等方面发挥主导作用。同时充分发挥北京市众多高校、科研单位和高端人才聚集的智力优势，积极引导企业、大学、科研院所等方面的力量参与国土资源科技创新。

第二章　发展目标和总体部署

一、发展目标

为实现“科技北京”、“世界城市”和“五个之都”的实际需求，将北京市国土资源科技发展未来五年的目标定为：初步实现北京市国土资源管理的信息化和现代化建设。

在实际的工作中通过“打基础，建体制，抓创新，重转化”实现“十二五”国土资源科学与技术发展具体目标：

——深化国土资源各领域基础理论的研究。

——健全国土资源科技管理体制，完善国土资源信息化标准体系。

——加强土地综合整治和宏观调控、资源节约集约利用、地质安全、地质矿山环境保护等领域关键技术的创新和集成应用。

——着重培养一批专门服务于北京国土资源工作的高端科技人才及有科技头脑的管理人才。

——进一步提高公民、社会对国土资源事业各项业务工作的认知和理解，提高国土资源在保民生、保护耕地、保护自然环境的执行力。

——完成4—5个重点实验室及4—5个科普基地的建设。

——加大科技创新成果的应用力度。

二、总体部署

在现状分析和需求分析的基础上，结合指导思想、基本原则和发展目标的要求，对北京市国土资源“十二五”期间的科技发展进行总体部署，形成“一个主干、两大体系、三大领域、三大支撑”的逻辑结构（如图1）。

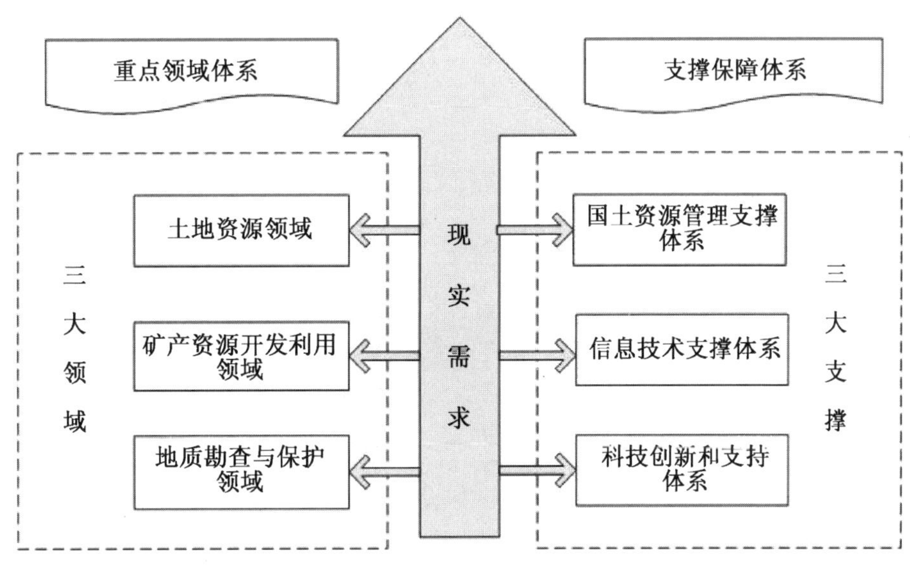

图1　北京市国土资源“十二五”科技发展规划总体部署

第三章 重点领域及优先主题

根据北京市国土资源“十二五”期间科技发展总体部署，以科学技术的支撑和引领作用为指导，以建立国土资源现代化管理体系为核心，以国土资源日常工作需求为切入点，充分分析北京市国土资源科技工作存在的不足及需求形势，制定“十二五”期间北京市国土资源科技发展重点领域和优先主题（如图2）。

一、重点领域体系建设

（一）土地资源领域

发展思路：围绕“节约集约用地，严格保护耕地，统筹城乡发展，提升可持续发展能力”的主题，以“科技兴地”战略为指导，结合北京市的社会经济发展背景及城市定位，以土地资源管理日常工作需求为切入点，创新研究为先导，信息化管理和成果服务为目标的发展道路，依靠理论和技术的进步创新，进一步增强我市土地资源的合理利用水平及科学高效管理。

发展目标：结合国土资源部“十二五”科技工作内容，逐步完善土地资源规划与调控、集约利用与评价、综合整治与政策标准、土地市场与征地制度改革、调查与监测等一系列工作的现代化管理体系，重点进行土地管理制度改革和提高信息化技术的应用，为实现北京市土地资源决策的科学化和全面信息化管理奠定基础。

主题内容：

1. 增强土地综合整治研究与示范，提高土地资源保护和修复能力

主要围绕城市生态安全及节约集约用地思想开展建设用地综合整治研究，重点研究土地整理潜力分析和效益评价方法；开展废弃地、矿区用地、城市污染地的复垦和再生利用研究，重点进行北京西山采空塌陷区土地资源开发利用综合研究，山区型矿山扰动土地梯度修复技术研究，煤矿采空区建筑利用评价技术研究、北京市环城河建设河道用地土地利用规划研究及北京市土地整治项目的景观生态学设计研究。

2. 加强土地资源节约集约利用研究，引导转变土地利用方式

——主要开展集约用地考核标准的研究，重点研究基于本市特征的集约用地考核具体办法、量化指标和实施机制，制定以市为单位的多种尺度和多种利用方式下的土地集约利用评价标准。

——进行集约节约评价结果的应用研究，重点开展开发区集约评价结果在土地利用总体规划、建设用地审批等工作中的实用性研究。

——进行三维空间节地研究，重点开展城市存量建设用地的二次开发及“三旧”（旧城镇、旧村庄、旧厂房）改造问题研究，以及以集约利用和优化空间布局为一体的“宜居城市”研究。

3. 深入开展土地资源与人口、经济、环境协调可持续发展研究，完善土地可持续利用理论和方法

主要致力于城乡一体化过程中城市建设用地供给潜力研究及城乡建设用地

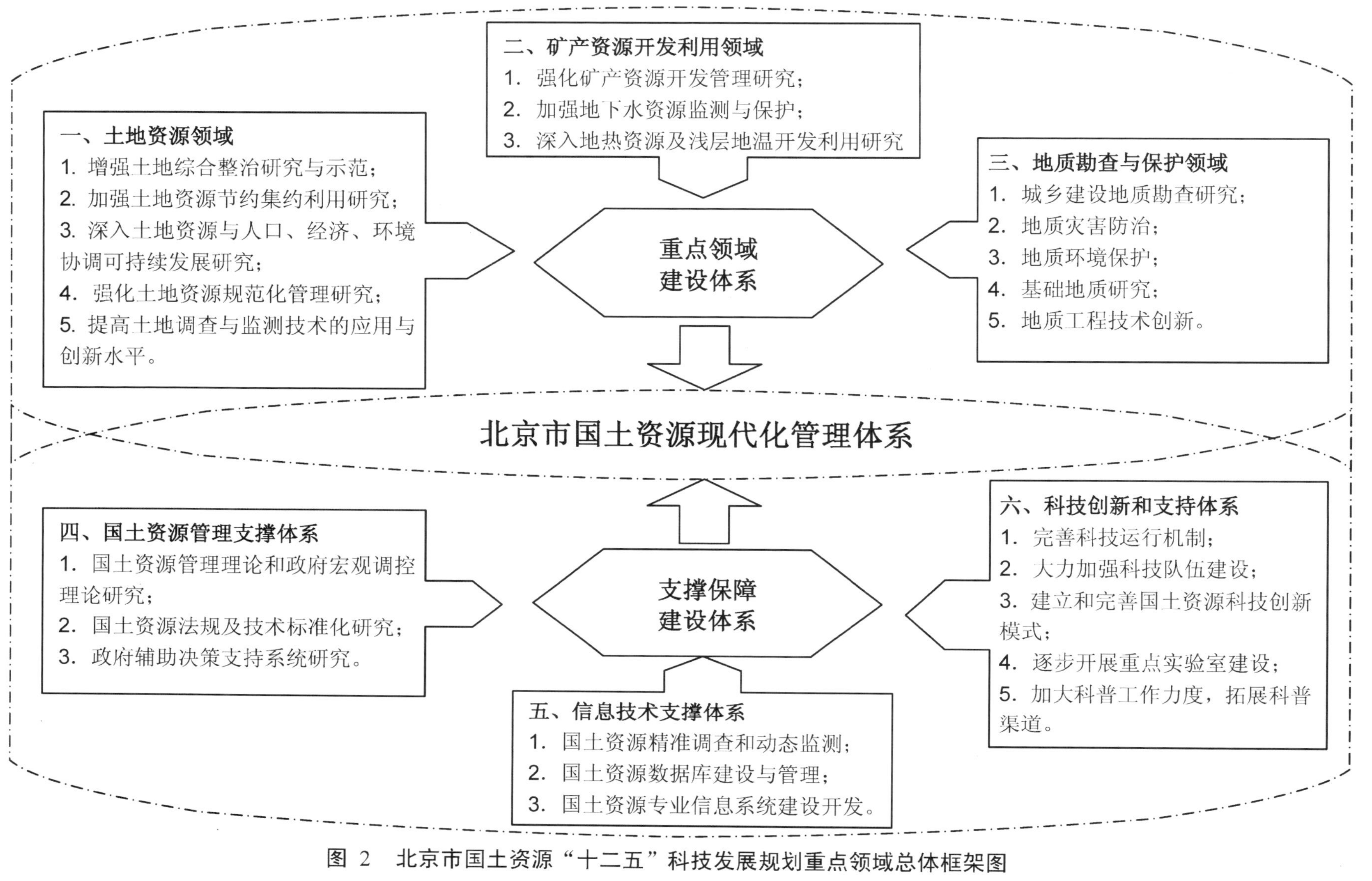

图2 北京市国土资源“十二五”科技发展规划重点领域总体框架图

统筹发展与集体建设用地流转衔接、农村集体土地市场管理等研究；环境综合承载力开发利用及城市生态安全研究；土地数量、质量、生态、资本等的可拓性研究。

4. 强化土地资源规范化管理研究，提高政府服务的质量和效率

——主要致力于日常业务工作程序的规范化研究，重点开展日常国有土地、集体土地登记工作程序和规范研究。

——进行相关土地政策法规的健全化研究，重点开展征地制度改革措施与相关法律制度研究，城市地下空间地籍管理和制度研究。

——进行土地标准体系的完整化研究，重点与国土资源部标准化体系规划建设相衔接。

5. 提高土地调查与监测技术的应用与创新，促进土地管理方式的飞跃

——主要致力于对已有技术的集成应用与推广，重点开展基于“二调”成果的土地利用数据动态变更技术研究，空地一体化土地信息监管技术研发研究。

——致力于土地调查与监测支撑技术的进一步研发，重点开展四位一体煤矿采空区土地变化监测技术研究。

（二）矿产资源开发利用领域

1. 发展思路

结合资源节约友好型城市和“低碳经济”政策的要求，以技术创新为先导，改变矿产资源领域传统“重勘查、轻节约”的思想为“开源节流并举，节约优先”的发展路线。以北京市城市发展定位和矿产资源禀赋特点为背景，从北京市矿产资源开发管理研究、地下水资源监测与保护、北京市优势地热能源钻探技术与利用三个角度进行深入研究，促进北京市矿产资源的可持续发展。

2. 发展目标

对找矿高新技术和先进适用技术进行深入广泛研究，形成多途径找矿方法体系，提高找矿成功率，尤其要在地质找矿领域有所突破；在水资源、浅层地温能开发利用等领域达到国内领先水平。

3. 主题内容

（1）强化矿产资源开发管理研究

主要致力于找矿新技术的研究，重点开展地质找矿新机制细化落实跟踪方案；进行北京市矿产开发战略研究，重点分析北京市矿产资源总体规划实施情况，加强矿产资源的综合开发和回收再利用研究，特别是对固体矿山开采过程中出现的废石、尾矿的再利用研究。

（2）加强地下水资源监测与保护

——主要致力于北京市地下水位与质量监测，重点开展北京市西郊地下水库区域调蓄关键技术研究，北京市高氟地下水的成因和分布规律研究。

——进行地下水污染防治与修护研究，重点研究北京市地下水监测预警预报系统关键技术，北京市地下水环境功能区划及调整方案和城市工程建设中对地下水资源的保护利用调查评价。

（3）深入地热资源及浅层地温开发利用研究

——主要致力于北京市地热资源的开发利用，重点开展北京市地热资源远景区深部地质勘探关键技术研究，北京市地热开采回灌循环供热模式研究及示范应用。

——进行浅层地温能的开发利用研究，重点研究浅层地温能开发利用示范工程及浅层地温评价研究。

（三）地质勘查与保护领域

1. **发展思路**

以保障北京市城市安全、生态安全和资源安全为目标，以先进的探测仪器和技术方法为支撑，以建立地质灾害调查评价体系、监测预警体系、防治及应急体系为指导，从城乡建设地质勘查研究、地质灾害防治、地质环境保护、基础地质研究和地质工程技术创新五个方面进行地质领域重大问题研究。统筹地质工作部署与经济社会发展需要，统筹矿产地质勘查与环境地质勘查，增强人类主动抵抗地质灾害的能力，促进人与自然的和谐发展。

2. **发展目标**

实施地质环境保障工程，全面提高地质灾害防治和地质环境保护水平；高效快速地完成重点地区地质灾害普查，建立地质灾害多发区的预警预报体系；实现地质成果表达方式的多样化，建立资料共享服务体系；在城市地质勘查和评估领域达到国内领先水平。

3. **主题内容**

（1）城乡建设地质勘查研究

主要致力于开展城乡地质基础理论研究，解决城乡发展生态安全问题，重点开展城市地质工作的方法体系研究，北京市地下空间开发需求与地质条件关系研究，北京城市规划环境工程地质评价与减灾防灾对策研究。

（2）地质灾害防治

主要致力于地质断裂检测技术、地质灾害评价和减灾技术研究，重点研究北京市活动断裂精准监测技术，“十二五”期间北京突发地质灾害与城市突发事件减灾目、工作重点及应对措施。

（3）地质环境保护

1）土壤环境

主要致力于土壤地质环境评价、动态监测和土壤承载力研究，重点研究北京市工业用地置换过程中的土壤环境调查及影响评价，为城市规划、建设、管理、环保提供科学依据。

2）地下水环境

主要致力于地下水环境的监测、评价及生态修复研究，重点研究南水北调进京后潜在的环境地质问题及解决方法，垃圾填埋场引起的地下水污染治理方案和关键技术，城市地下水超采区地质环境承载力及其涵养修复机理关键技术。

3）矿山环境

主要致力于矿山区环境影响评价、监测和治理修复关键技术研究，重点研究北京市矿山环境问题影响程度的评价指标、治理修复效益评价方法，并进行北京市岩溶景观发育特征及其保护对策研究和北京市地质遗迹与矿山遗迹资源可持续利用模式探索。

（4）基础地质研究

主要致力于北京市重点经济功能区、重点成矿区和重大地质问题区的基础地质研究，重点研究战略性地质资源评价方法体系创新，北京城市地质调查新方法及重大地质问题监测预警关键技术。

(5) 地质工程技术创新

结合“北京市国家重大区域地壳稳定性调查与评价”项目，重点研究岩石边坡预应力锚索成孔工艺，反循环气动潜孔锤，基于GPR的地下采空区低成本探测技术。

二、支撑保障体系建设

(一) 国土资源管理支撑体系

1. 发展思路

依据“科学管理、民主决策、服务社会”的政府管理原则，配合高效化、信息化、现代化的管理要求，依靠先进的科学手段和技术方法，从国土资源管理理论和政府宏观调控理论研究、国土资源法规及技术标准化研究、政府辅助决策支持系统研究三方面形成北京市国土资源的管理体系。

2. 发展目标

结合国家“十二五”社会经济发展的战略任务，以北京市国土管理发展需求为背景深化管理体制改革，初步建立科学并相对完善的国土资源管理理论体系，形成“管理——调控——评价——监控——再评价”的管理模式，建立辅助支持决策系统和电子政务管理平台。

3. 主题内容

(1) 国土资源管理理论和政府宏观调控理论研究

——主要致力于国土资源管理理论的创新研究，重点研究北京市国土资源科研成果转化应用的政策引导和激励约束机制，北京市国土资源部门行政运转效能问题。

——进行国土资源宏观调控机制研究，重点研究北京市国土资源价值、资产核算、利益分配问题，房地产用地调控机制。

(2) 国土资源法规及技术标准化研究

——主要致力于国土资源管理法规政策研究，重点开展土地审批、征收、监管制度改革系列研究，矿业权审批制度改革及违法开采系列研究。

——进行行业技术标准体系建设，重点建立北京市行业技术规程、质量控制体系、科普基地验收标准等标准化平台。

(3) 政府辅助决策支持系统研究

——主要致力于建立以“地联网”① 为核心，以“云计算”为网络支持的国土资源管理决策支持平台，重点开展“地联网”的理论构建研究，北京市三维决策支持系统研发，智能手机协同办公系统研发。

——开展政府决策支持理论研究，重点进行模糊综合评价、多元统计、专家系统和智能计算等多种方法模型在国土资源需求模拟预测、规划决策等领域的系统构建。

---

① 地联网，是指安置在宗地上的电子标签通过无线射频等识别技术，实现在信息网络平台上对所有宗地三维空间信息（包括地上建筑物信息、地面宗地的自然属性和社会信息、地下地质和矿产资源等信息）进行提取和有效利用，为国土资源的规划、利用、保护、监督、评价等提供综合服务，全面实现国土资源的智慧管理。

——进行政府决策管理绩效评价研究，重点开展政府管理绩效评价指标体系、行政监控体系和社会服务评价体系。

（二）信息技术支撑体系

1. **发展思路**

以初步实现北京市国土资源工作自动化、现代化为主要任务，从国土资源精准调查与动态监测，国土资源信息数据库的统一建设，国土资源专业信息系统开发三方面入手，重点开展网络技术、航天遥感技术、地理信息系统、全球定位系统在北京市国土领域的应用，并力争在已有技术基础上实现创新开发。

2. **发展目标**

实现国土资源信息获取的精确化和实时化以及国土资源信息系统的标准化、集成化和共享化，建立覆盖北京市整个国土领域信息网络服务体系。

3. **主题内容**

（1）国土资源精准调查与动态监测

进一步对“3S”技术进行高效一体化集成，加强新型高分辨率数据的应用及对国产卫星的改进和数据源的拓展应用；建立国土资源数据自动采集、处理、建库和动态更新的技术体系。

（2）国土资源数据库建设与管理

主要致力于基础数据库、业务数据库和成果数据库的梳理、更新和创建工作，重点开展北京市国土资料专项清理，完善北京市国土资源基础无缝集成与转化平台，探索三维地理信息在国土资源信息化中的应用。

（3）国土资源专业信息系统建设开发

主要致力于研制开发土地储备开发管理信息系统，北京市地质资料和矿产资源勘查开采投资环境信息服务系统开发研究，北京市国土资源科研成果的统计分析信息查询系统，北京市矿产资源动态管理信息系统，北京数字城市地质框架。

（三）科技创新和支持体系

1. **完善科技运行机制**

深化科技体制改革，重点开展公益性科研机构探索建立现代科研院所制度研究，科研项目申请、监督、审核及科研成果推广评价规范化制度研究，保障科学工作良好的经济效益和社会效益。

2. **大力加强科技队伍建设**

“十二五”期间，北京市国土资源领域科技队伍建设着重培养两种人才：一批专门服务于北京国土资源工作的高端科技人才，有科技头脑的管理人才。

（1）高端科技人才

以提高专业素养和专业技能为核心，以提升综合素质为导向，重点培养和造就一批科技领军人物、中青年学术带头人、青年技术骨干。工作重点是以高端人才的引进为主线，以具有团队合作特点的重点实验室建设为依托，以高校、科研单位项目合作为辅助，形成若干个具有明显优势和特色的科技创新团队。

（2）高科技素养管理人才

以管理人员内部再教育再培训为主线，以对外交流合作为依托，以高素质管理人员下基层互帮互助形式为辅助，重点培养一批具有高科技头脑的管理人才。

3. 建立和完善国土资源科技创新模式

以应用基础研究和应用技术开发为主，形成由公益性科研单位、事业单位、企业和相关高校组成的配置合理、协调发展的科技创新体系，充分利用北京的智力优势，进一步强化与高等院校、科研单位等的合作，结合实验室、研究中心等形式，建设科技创新基地，形成科技创新模式，争取把最先进的技术纳入北京市国土资源科技创新体系中。

4. 逐步开展重点实验室建设

有步骤有计划的建立和完善一批具有国际影响力的国家级、部级重点实验室和国土资源质量监督检验中心等保障北京市国土资源科技质量的科研机构。“十二五”时期预计建立“大都市土地利用剧烈变化区”、“内蒙能源开发区与耕地新垦区”两个野外科研基地和“浅层地温能开发利用”、“城市地下工程安全与防灾减灾”两个重点实验室。

5. 加大科普工作力度，拓展科普渠道

主要从科普基地建设、科普工作形式、科普工作对象三方面进行具体部署，着力发展面向大众的科普策划与组织、研究与开发、创作与设计、传媒以及产业经营等。

（1）科普基地建设

增设北京密云云蒙山国家地质公园、北京首云国家矿山公园和圆金梦国家矿山公园3处地学科普基地。

（2）科普工作形式

改变以往政府担当科普工作主体角色的格局，制定相关政策制度鼓励学会、协会、基金会、事业单位、企业等积极发挥主观能动性，采取出版科普图书、制作网络展示平台、创作系列科普专题电视节目、以各种“土地日”、“世界地球日”“科普日”等宣传纪念日为载体，定期开展大型科普活动，有选择的对国土资源科技成果进行宣传等多样化形式进行科普工作。

（3）科普工作对象

根据不同年龄阶段、知识层次的公众对象进行有针对性的科普工作。例如：针对学生群体，开设相应的国土知识教育课程、科普展览、科普夏令营及知识竞赛等活动；针对国土资源管理干部，开展学习型机关建设等。

第四章　保障措施

为了保障北京市国土资源“十二五”时期科技发展规划的顺利实施，从核心系统、辅助系统和动力系统三个角度进行保障措施的构建，其中核心系统主要包括政府政策导向和科技规划体制建设；辅助系统主要包括科技发展外部环境建设；动力系统主要包括人才培养、资金投入和科普教育等。

一、核心系统

1. 加强对科技工作的领导，构建科技决策机制

成立北京市国土资源局科技工作指导小组，负责本局系统科技发展重大方针政策、科技体制改革、科技发展战略和规划的审定，以及重大科技计划实施决策。组建北京市国土资源科技专家顾问组，顾问组由知名专家组成，协助负责对全市国土资源重大技术决策、重要规划和重点建设项目提供咨询、论证、评估等。

2. 深化科技体制改革，建立国土资源科技创新体系

增强科技创新主题的责任意识，加快建立科技创新目标责任制等配套制度；各相关单位加强协调与合作，建立科技工作联动机制，集中科技优势资源，努力破解国土资源领域的关键科技问题；继续实施科技创新人才工程，加强有战略意识、创新意识和综合能力的科技创新高端人才培养；加大力度激励科技创新，完善国土资源科学技术奖励标准，规范奖励工作程序。

二、辅助系统

1. 推进科学数据共享平台建设，建立科技成果发布制度

统筹国土资源科技创新资源信息化建设工作，加强国土资源科技信息管理系统和科学数据库建设。建立面向国土、测绘及相关行业部门的科学数据信息共享平台，强化科学数据共享。推进国土资源科技信息服务的集群化和社会化。组织开展国土资源科技成果转化情况评估，明确科技成果转化工作重点，大力推荐一批先进实用的科技成果。

2. 加强国内外技术交流与合作

加强国土资源合作的基础能力建设，结合科技项目、人才培养和基地建设，进一步巩固和发展与国内外政府、科研组织的科技合作关系。拓展新的合作渠道，多形式、全方位、多层次推进国内外科技合作与交流。跟踪国内外国土资源科技发展前沿动向，大力引进国内外先进技术、人才、资金和信息，增强自主科研能力和创新能力。

三、动力系统

1. 建立多渠道的科技经费投入机制

积极开展基础性、公益性、培育性的国土资源科技研究，与国家和国土资源部科技计划和公益性项目相衔接，争取其科研专项经费；开辟面向科技工作的常规性经费渠道，申请国土资源部科技工作专项基金；争取社会资金，鼓励和引导地方单位、企业和社会增加对国土资源领域的科技投入，鼓励科研单位与企业的合作，拓展资金来源。

2. 加强科普工作

积极开展旨在提高国土资源系统工作人员科技素养的科普活动。开展和国土资源知识的社会化普及，重点编写北京地学科普系列丛书，选择典型地质景观、地质现象，编汇系列科普宣传读物。以科普读物为基础、科普教育基地为依托，进行科普宣传方法、手段、形式的创新研究，扩大地质科普宣传的学科领域和受众范围。

附表一　北京市国土资源“十二五”科技发展规划重点项目表

体系	领域	子领域	序号	项目名称	预计年限	备注
重点领域体系建设	土地资源领域	土地综合整治	1	北京西山采空塌陷区土地资源开发利用综合问题研究	2011－2013	
			2	煤矿采空区建筑利用评价技术研究	2011－2014	
			3	土地整理潜力分析和效益评价方法研究	2011－2013	
			4	北京市土地整治项目的景观生态学设计研究	2012－2014	
			5	山区型矿山扰动土地梯度修复技术研究	2011－2013	
			6	北京市环城河建设河道用地土地利用规划研究	2012－2014	
			7	地质灾害多发区土地整治问题研究	2012－2014	
			8	北京市富硒土地资源区划与综合利用研究	2012－2013	
		土地资源节约集约利用	9	集约用地考核具体办法、量化指标和实施机制研究	2012－2013	
			10	不同产业类型的土地集约利用评价标准研究	2011－2013	
			11	存量建设用地挖掘政策措施研究	2012－2014	
			12	开发区土地集约利用评价成果应用研究	2011－2013	
			13	典型城镇村节地技术研究与示范	2011－2013	
		土地资源与人口、经济、环境协调可持续发展	14	北京市国土资源与环境综合承载力开发利用研究	2011－2013	
			15	北京市土地资源资产生态综合评价和管理研究	2011－2013	
			16	城乡建设用地统筹发展政策、方法研究	2011－2013	
			17	二元体制下北京市农村集体土地市场管理研究	2012－2014	
			18	土地收购储备及出让方式对地价定价问题影响研究	2012－2014	
		土地资源规范化管理	19	城市地下空间地籍管理研究	2011－2014	
			20	征地制度改革措施与相关法律制度研究	2011－2014	
			21	建立征地区片综合地价动态调整机制	2011－2012	
			22	日常国有土地、集体土地登记工作程序和规范研究	2013－2014	
			23	地价形成机制及在北京市的应用研究	2011－2012	

续表

体系	领域	子领域	序号	项目名称	预计年限	备注
重点领域体系建设	土地资源领域	土地调查与监测技术	24	空地一体化土地信息监管技术研发	2011－2014	
			25	基于“二调”成果的土地利用数据动态变更技术研究	2011－2013	
			26	四位一体煤矿采空区土地变化监测技术研究	2011－2013	
	矿产资源开发利用领域	矿产资源开发管理	1	北京市矿产资源总体规划实施评估研究	2012－2014	
			2	矿产资源的综合开发与回收利用方法研究	2012－2014	
		地下水资源监测与保护	3	北京市地下水环境功能区划研究	2011－2012	
			4	北京市西郊地下水库区域调蓄关键技术研究	2012－2013	
			5	城市工程建设中对地下水资源的保护利用调查评价	2011－2013	
			6	北京市高氟地下水的成因和分布规律研究	2013－2014	
		地热资源及浅层地温开发利用	7	北京市地热资源远景区深部地质勘探关键技术研究	2011－2013	
			8	北京市浅层地温能开发利用示范工程及关键技术研究	2012－2014	
			9	北京市地热开采回灌循环供热模式示范研究	2012－2014	
	地质勘查与保护领域	城乡建设地质勘查研究	1	城市地质工作的方法体系研究	2011－2013	
			2	北京市地下空间开发利用与地质条件关系研究	2011－2015	
			3	北京城市规划环境工程地质评价与减灾防灾对策研究	2013－2015	
		地质灾害防治	4	北京市活动构造引发的地质灾害形成机理模拟及分析预报系统研究	2012－2015	
			5	北京市活动断裂精准监测技术研究	2012－2014	
			6	“十二五”期间北京突发地质灾害与城市突发事件减灾目标、重点及措施研究	2011－2012	
		地质环境保护	7	北京市工业用地置换过程中的土壤环境调查及影响评价	2011－2013	
			8	典型垃圾填埋场引起地下水污染的治理方案和关键技术研究	2011－2013	
			9	南水北调进京后潜在的环境地质问题及对策研究	2011－2013	

续表

体系	领域	子领域	序号	项目名称	预计年限	备注
重点领域体系建设	地质勘查与保护领域	地质环境保护	10	城市地下水超采区地质环境承载力及其涵养修复机理研究	2012－2014	
			11	北京市矿山环境问题评价与治理关键技术研究	2012－2014	
			12	北京市地质遗迹与矿山遗迹资源可持续利用模式研究	2013－2015	
			13	北京市岩溶景观发育特征及其保护对策研究	2013－2015	
		基础地质研究	14	北京城市地质调查新方法及重大地质问题监测预警关键技术研究	2011－2015	
			15	战略性地质资源评价方法体系创新研究	2011－2013	
		地质工程技术	16	岩石边坡预应力锚索成孔工艺研究	2012－2014	
			17	基于 GPR 的地下采空区低成本探测技术研究	2011－2013	
			18	反循环气动潜孔锤在水井施工中的应用研究	2011－2013	
支撑保障体系建设	国土资源管理支撑体系	国土资源管理理论和政府宏观调控	1	房地产用地调控机制研究	2012－2014	
			2	国土资源科研成果转化应用的政策引导和激励约束机制研究	2011－2012	
		国土资源法规及技术标准化	3	北京市国土资源标准化工作研究	2011－2013	
			5	土地审批、征收、监管制度改革系列研究	2011－2013	
			6	北京市国土资源科普基地验收标准研究	2011－2013	
		政府辅助决策支持系统研究	7	石景山区三维决策支持系统	2011－2013	
			8	智能手机协同办公系统的研发	2012－2014	
			9	“地联网”理论构建研究	2011－2013	
	信息技术支撑体系	国土资源精准调查与动态监测	1	遥感数据自动采集和动态更新关键技术研究	2011－2014	
			2	国产卫星数据源的拓展应用研究	2012－2014	
		国土资源数据库建设与管理	3	数据库行业标准建设系列研究	2011－2013	
			4	三维地理信息在国土资源信息化中的探索应用	2011－2012	
		国土资源专业信息系统建设开发	5	土地储备开发管理信息系统	2011－2013	
			6	北京市矿产资源动态管理信息系统建设研究	2012－2014	
			7	北京数字城市地质支持系统与关键技术研究	2011－2014	
			8	北京市地质资料和矿产资源勘查开采投资环境信息服务系统开发研究	2011－2014	
			9	北京市国土资源科研成果的统计分析信息查询系统研究	2011－2013	

附表二　北京市国土资源“十二五”科技发展—科普及重点实验室建设规划表

领域	序号	项目名称	预计年限
科普项目	1	北京市地学科普基地建设、地质科普产品研发	2011－2015
	2	北京市地学科普丛书编制（大众、中小学、婴幼儿）	2011－2015
	3	北京市科普活动宣传活动	2011－2015
	4	北京市地质科普旅游路线建设	2011－2015
科普基地	1	北京密云云蒙山国家地质公园	2011－2015
	2	北京首云国家矿山公园	2011－2015
	3	圆金梦国家矿山公园	2011－2015
重点实验室	1	大都市土地利用剧烈变化区野外科研基地建设	2011－2015
	2	内蒙能源开发区与耕地新垦区野外科研基地建设	2011－2015
	3	浅层地热能开发利用重点实验室建设	2011－2015
	4	城市地下工程安全与防灾减灾重点实验室建设	2011－2015

北京市国土资源局系统调研课题目录

研究室

东城分局

1. 政府主导土地储备一级开发研究
2. 崇文区地下空间开发利用研究
3. 谈土地年租制在东城旧城改造中的应用
4. 低碳型机关建设的几点思考——以市国土局东城分局为例
5. 关于机关内部治安防范和维护稳定工作的思考
6. 如何把基层工会建设成为“学习型、服务型、创新型”组织
7. 关于建立健全加强机关党建工作长效机制建设的探索与思考

西城分局

1. 关于我市人口疏解和危旧房改造模式的探讨
2. 金融街功能街区土地空间利用与发展探索
3. 浅析西城区涉地信访调处机制
4. 新西城文保区土地开发利用模式探讨
5. 地籍调查背景下的地籍管理信息系统建设
6. 城镇成套住宅土地登记工作思路及方法探讨
7. 档案室管理模式调研
8. 宣武区土地资源利用与人口承载力研究

朝阳分局

1. 关于朝阳区土地储备项目风险防范和资金监管的调研报告
2. 浅谈土地一级开发市政工作流程及内容
3. 浅谈做好国土所工作的一点想法
4. 关于如何区分营利性与非营利性机构来确定划拨土地登记的分析与思考
5. 对如何做好数据统计的几点思考
6. 关于档案数字化的调研报告
7. 朝阳区土地利用中存在的问题及对策试析
8. 浅谈土地市场中的协议出让
9. 关于朝阳区乡域发展中土地资源规划与管理的一点思考
10. 浅析农村集体土地确权
11. 关于土地登记代理制度的几点思考
12. 我国征地纠纷解决机制的调研报告
13. 关于在土地开发整理项目中挣值

管理系统的探讨

14. 北京市朝阳区征地区片综合地价调研分析

15. 对企业为主体一级开发项目监管工作的浅析

16. 土地改革的必要性及建议

海淀分局

1. 关于盘活农村存量建设用地推进土地节约集约利用的思考

2. 城市化进程中农村土地权属争议问题处理对策初探

3. 上庄土地确权改革试点研究

4. 加强财务制度建设，规范会计基础工作

5. 浅谈公益性违法用地的查处

6. 近年来土地管理情况报告

7. 拓宽信访渠道，提高办理质量

8. 以科学发展观为指导促进征地工作

9. 海淀区山前储备项目及环境整治分析报告

10. 利用好农村老宅基地的使用和流转

11. 浅谈供地模式等因素对平抑地价的影响

丰台分局

1. 利用地籍管理系统强化地籍管理基础作用

2. 浅谈本地区土地供应中产业发展问题与建议

石景山分局

1. 石景山区土地开发成本区域统筹研究

2. 石景山区土地储备数据库建设

3. 石景山区定向安置房方式实施拆迁工作的相关问题研究

4. 抓好干部权力监督，增强行政执行力度

5. 处理好核心与中心的关系确保机关党务与业务同向并轨

6. 提高土地资源节约集约利用水平的思路、目标及措施研究

7. 地质灾害防治法规及预防

8. 地质灾害的种类及成因

通州分局

做好农村土地确权登记工作　保护农民合法权益

大兴分局

大兴区征地多元化补偿安置方式调研

门头沟分局

1. 关于门头沟区土地一级开发问题研究

2. 落实科学发展观，科学规划、合理利用门头沟区矿产资源

顺义分局

从顺义区功能定位看今后十年土地利用形势

平谷分局

1. 强化土地参与宏观调控的作用节约集约利用土地

2. 平谷区推行土地代理制的思考

3. 探索全程服务完善之路

4. 宅基地流转所存在的问题及可行性探讨

延庆分局

1. 关于对征地补偿人员安置问题的几点思考

2. 充分认识集体土地所有权登记发证工作的重要性，依法管理土地

3. 关于土地利用总体规划修编中用途管制的探讨

4. 延庆县土地储备开发实践与思考

5. 新形势下农村土地管理存在的问题

6. 以土地整理为抓手为建设和谐延庆服务

怀柔分局

1. 关于做好新形势下土地一级开发工作的调查与思考

2. 大力推进土地整理　服务新农村建设

3. 土地违法案件在申请法院强制执行中存在问题和对策建议

4. 抓住二调契机大力发展怀柔土地管理事业

局机关和事业单位

研究室

1. 土地调控政策对经济形势的影响评价研究——以北京市为例

2. 关于加强土地管理推进小城镇建设的意见

3. 门头沟区发展沟域经济中土地节约集约利用问题调研报告

耕保处

1. 北京市耕地开垦费收缴标准研究

2. 北京市土地整理战略规划研究

3. 北京市农用地整理空间模式综合效益比较研究

征地处

北京市征地补偿区片价研究

地籍处

1. 北京市公共设施用地权属确认和登记政策研究

2. 北京市土地利用变更调查新机制研究

3. 地籍管理办法

4. 地籍调查技术规程

5. 北京市城市地上地下土地权利调查研究

6. 北京市国土资源“十一五”地籍管理课题研究成果汇编

利用处

1. 北京市国有土地租赁合同示范文本

2. 北京市现状补办出让手续相关问题及协议出让定价体系研究

3. 北京市产业用地地价政策研究

4. 北京市出让土地使用权价格和划拨土地使用权价格差异研究

5. 北京标定地价研究

地热处

1. 北京市地热资源动态监测、回灌

监测及地热回灌示踪试验研究项目

2. 北京市地热井远程监控系统跟踪维修项目

3. 北京市浅层地热能资源调查评价及编制利用规划项目

人事处

1. 关于区（县）分局国土所标准化建设的调研报告

2. 关于加强国土资源系统干部队伍建设的调研报告

机关党委

1. 关于在新形式下创建学习型党组织的几点思考

2. 加强作风建设，构建全市国土系统党风廉政建设新机制

监察处

关于土地储备开发中加强监管和风险防范情况的调研报告

执法监察大队

1. 关于我市城乡结合部土地监管存在问题及对策

2. 增加党员党性教育有效性的研究

储备中心

1. 北京市土地储备办法研究报告

2. 北京市土地储备开发战略研究报告

3. 关于建立健全党员联系和服务群众长效机制的研究

规划中心

1. 北京市城市化地区农村居民点一级开发模式研究

2. 北京市浅山区土地利用战略研究

3. 北京市土地生态服务功能评价

4. 关于学习型党组织建设的调研报告——以规划中心为例

登记中心

1. 北京地籍调查技术规程

2. 变更调查分析报告

3. 城镇土地利用分析报告

4. 城镇地籍调查数据汇总与统计分析报告

5. 提高党员干部集中培训针对性和实效性研究

信息中心

1. 北京市国土资源数据中心建设研究

2. 北京市国土资源局政务信息化十年总结

3. 北京市国土资源局信息化项目管理规范研究

4. 北京市国土资源数据元标准研究

5. 北京市国土资源局信息安全管理体系研究

6. 发挥党支部政治核心作用推进国土资源信息化工作再上新台阶

后勤服务中心

浅谈深化学习型党组织的创建研究

学术社团工作

——北京土地学会

【第二届理事会】（2008.9～2013.9）

经北京市国土资源局党组、局长办公会和北京市社团办批准，北京土地学会于2008年9月26日召开第二次会员代表大会、组成第二届理事会。目前，团体会员单位共有123个，个人会员37位。第二届理事会有理事140人，其中常务理事42人。

第二届理事会领导组成：

名誉会长：魏成林　北京市国土资源局党组书记、局长

顾　问：石玉林　中国科学院地理科学与资源研究所研究员、中国工程院院士

王利明　中国人民大学法学院院长

潘明才　国土资源部地籍司原司长

束克欣　国土资源部土地利用司原副司长（正司级）

郑凌志　中国土地勘测规划院院长、中国土地学会副理事长兼秘书长

郭焕成　中国科学院地理科学与资源研究所研究员

柴　强　中国房地产估价师与房地产经纪人学会副会长兼秘书长

冯长春　北京大学城市与环境学院主任、教授

会　长：安家盛　北京市国土资源局原党组书记、局长、中国土地学会副理事长

副会长（按姓氏笔画排列）：

毛大庆　北京万科企业有限公司总经理

王黎明　北京市土地整理储备中心书记、副主任

牛凤瑞　中国社会科学院城市发展与环境研究中心主任、研究员

史贤英（常务副会长）　北京市国土资源局原副巡视员

叶剑平　中国人民大学公共管理学院土地管理系主任、教授

刘洪玉　清华大学房地产研究所所长、教授

吴海洋　国土资源部土地整理中心主任

杨燕敏　北京土地学会第一届理事会副理事长、高级工程师

林　坚　北京大学城市与环境学院副教授

洪亚敏　首都经贸大学不动产研究

所所长、教授

黄安南　北京金隅嘉业房地产开发有限公司总经理

程　烨　北京土地学会第一届理事会副理事长、教授级高工

秘 书 长：王黎明　北京市土地整理储备中心书记、副主任

副秘书长：高英军　北京市国土资源局办公室主任

江　桥　第一届理事会常务副秘书长

监 事 长：刘占恩　北京市国土资源局通州分局局长

监　　事：刘翠华　北京市国土资源局东城分局副局长

尚建明　北京市国土资源局经济技术开发区分局党组书记、副局长

【学会宗旨】

学会的宗旨是团结广大土地科技和管理工作者，遵守宪法、法律、法规和国家政策，遵守社会道德风尚，坚持马列主义、毛泽东思想、邓小平理论和“三个代表”重要思想，坚持党的基本路线和基本方针，坚持理论联系实际的基本原则，认真贯彻落实科学发展观和“十分珍惜和合理利用每寸土地，切实保护耕地”的基本国策，发扬学术民主，开展学术讨论，为促进土地科学技术的推广和普及，不断提高土地工作的科学水平和管理水平，以推动我市土地管理工作健康发展，并为加快我市社会主义现代化建设做出贡献。

【学会办事机构和专业委员会】

学会的日常办事机构有办公室、培训部和编辑部；经市国土资源局和市民政局批准，第二届理事会下设八个专业委员会，即：

1. 土地经济和土地市场专业委员会；
2. 土地科普和学科教育专业委员会；
3. 耕地保护与土地整理专业委员会；
4. 地籍管理和土地信息技术专业委员会；
5. 土地利用规划专业委员会；
6. 土地价格和土地估价专业委员会；
7. 土地法学专业委员会；
8. 土地储备开发专业委员会。

学会所属的事业单位为“北京土地学会培训中心”（经批准有正式办学资质）。

【学会的工作职能】

依据“北京土地学会章程”，学会有五项工作职能：

1. 围绕土地科技在其相关领域内开展本市与兄弟省市及国际间的学术交流，活跃学术思想，促进土地科学学科发展，推动土地科学技术的自主创新；

2. 面向社会弘扬科学精神，普及土地科学技术知识，传播科学思想和科学方法，推广先进的土地科学技术，积极开展科普教育活动，编辑、出版、发行土地科技书籍报刊，传播土地科学信息，以提高全民土地科学素质；

3. 开展继续教育，组织举办各种专业培训，学习有关政策法规，配合业务部门需求，推广先进理论和技术方法，帮助广大会员更新知识，不断提高科技水平；

4. 开展土地科技方面的论证和相应的咨询服务；接受委托，承担课题研究、

项目评估、技术评价、成果鉴定和奖励评审，参与并承担技术标准制定、专业技术职称资格评审和资质认证，举办科技展览等；

5. 组织会员对国家土地科学技术政策、法规制定和土地管理工作，提出建议，推进决策的科学化、民主化，并在学会的学术活动中促进土地科学技术成果的转化，促进产学研相结合，促进土地科技进步，表彰奖励在土地科技活动中取得优异成绩的先进会员单位和会员个人。

2010 年北京土地学会工作

一、桥梁作用

紧紧围绕本市土地管理中心任务，密切结合土地管理工作部门在实践中的问题组织了专题研讨会、报告会、交流会，并努力搭建了与此相应的学术研讨活动平台，为促进专家学者和土地管理实践工作者、房地产企业界人士之间的互动交流发挥桥梁作用。

2010 年学会为此举办的报告会、交流会、研讨会共 16 次，作到月月有活动，有 1110 人参加了学会组织的活动，全年平均每月有 1.5 次活动。

【日常土地学术报告会】

2 月，与市国土局人事处、规划中心共同组织了《北京市浅山区土地利用战略和规划构想》学术报告会，由北京大学景观设计研究院院长俞孔坚主讲，张维副局长主持。

4 月，学会规划专业委员会组织土地利用规划修编及实施管理信息系统学术讲座，请苍穹数码测绘公司工程师陶超介绍《苍穹土地利用规划修编及规划实施管理系统》。

5 月，学会土地经济与土地市场专业委员会，邀请国家发改委投资研究所房地产中心主任刘琳博士作学术报告，题目是《我国房价变化的影响因素及走势》。

5 月，北京土地学会和天津、内蒙、山西、河北等省市局土地学会，联合举办了“首届华北五省市学术交流会”（本届会议由天津主办），北京土地学会组织部份会员单位代表参加了学术交流会，并向大会提交了《关于建设用地使用权续期问题的政策建议》等 5 篇文章进行大会交流。

通过本次学会交流活动，展示了我市国土资源管理系统最新的土地学术交流成果，加强了与华北五省区市土地管理行业各位专家学者的交流，进一步开拓了与会作者的视野和思路。据悉，下届华北五省区市土地学术交流会将在河北省进行。

6 月，围绕全国土地日宣传活动，学会法学专业委员会举办学术报告会，邀请北京市第二中级人民法院审判监督庭靳起庭长主讲《司法实践中有关土地争议处理中几个问题》；北京大学房地产法研究中心楼建波博士主讲《对我国现行土地制度若干理论思考》。

8 月，学会规划专业委员会组织邀请北京舜土国源信息技术公司总经理李宏等人。对核公司的优秀科研项目成果在新一轮土地利用规划修编中的应用作学术报告。

9月，学会与市国土局规划处联合举办学术报告会，邀请北京大学副教授、北京土地学会副会长林坚主讲《北京市开发区土地集约利用评价》，张维副局长主持了会议。

【《北京青年土地学术交流会》活动】

9月，学会举办了第二届北京青年土地学术交流会，这项活动也是北京市科技学术交流月中的组成活动之一。4月就向市国土资源局系统各单位、各团体会员单位、个人会员发出征文通知，邀请40岁以下的土地领域工作者，积极参与这项活动。至7月底，共有67位作者提交了论文，较上一届增加15篇文章。学会组织了专家评审组对论文内容进行评审。其中获一等奖有14篇文章，二等奖22篇，三等奖31篇。

会后将青年论文，作为《北京土地》特刊出版发行。

在本届学术交流大会上，有8位论文作者作了大会交流发言，并对论文获奖者和石景山分局、西城分局、予以颁奖。

通过此项活动作者能密切联系本单位的工作实践，提出问题，从理论上深入分析问题产生的原因，并积极的从法律层面，管理体制机制层面，积极提出工作建议。论文内容丰富，影响力较大。涉及到5个领域：土地开发资金和融资管理；现代城市土地集约、节约利用模式研究；农村土地集约、节约利用模式研究；土地管理理念创新及制度建设；地籍管理与技术应用等方面的内容。

【学术交流论坛会】

10月，依据市科协、市社科联对全市各学科学术交流会议的统一部署和要求，学会组织了土地学科多领域学术交流大会。其主题是《转变发展方式—依法管理节约用地》。中国土地学会、市科协、市社科联和市国土局的领导和市国土局系统、各会员单位、大专院校共有170人参加了交流大会。

有5位领导和学者在大会作了发言，他们其报告人及报告的题目分别是：市国土局副局长张维的《健全市场完善调控 加强执法规范秩序》、北京大学教授蔡运龙的《土地资源需求的冲突与土地利用方式的转变》、中国土地学会副理事长黄小虎的《解析土地财政》、北京市国土局房山分局副书记李泽田的《坚持集约高效用地 促进科学发展》、北京首佳房地产评估有限公司副总经理聂燕军的《从土地招拍挂市场和地价监测视角看北京市2010年地价状况》，报告人分别来自政府管理部门、大学及研究单位以及房地产业界人士，他们从不同的视角以及不同的切入方式对目前土地管理中心任务、土地市场的分析，以及对土地领域存在问题进行了深入地探讨、研究，并提出学术上、理论上观点。

此外，学会还组织会员单位参加中国土地学会、中国土地规划院、市国土局举办的国际学术交流，如《关于瑞典和卢旺达土地规划》、《匈牙利和中东欧国家土地规划及地籍管理》、《美国房价与地价的关系》的报告会等。

在学会组织的活动中有8篇论文提交

到中国土地学会举办的年度学术交流大会，并且应邀为纪念中国土地学会成立30周年，提交了“为创建学会的生机和活力而努力奋斗”纪念文章。

学会还组织会员单位参加了其它学会、协会举办的《北京低碳城市发展高层论坛会》、《北京市经济社会建设发展趋势》、《建设项目合同管理误区、风险和对策》、《迈向世界城市的北京——回顾与展望》等学术报告会研讨会，组织会员单位参加首都第十七届城市规划建筑设计方案汇报展活动。

【《北京房地产市场发展趋势》研讨会】

11月，依据目前我市房地产面临的问题，应市社科联、市科协要求，我会与北京房地产业协会联合举办了《北京房地产市场发展趋势》研讨会。市国土局系统各单位有40多人参加了会议，有8位专家、学者作了发言，其主题分别为《北京世界性大城市建设与房地产经济发展方式转变》、《房地产形势分析与政策评估》、《新政后市场解读与下一步市场判断》、《房地产市场中政府与市场的角色》、《新一轮严政调控下房地产市场必须从新定位、回归民生》、《宏观调控形势下房地产开发商如何适应市场变化》、《关于北京市保障性住房建设的建议》、《加强保障房土地供应、构建和谐社会》。会上，专家学者们的发言结合北京市“十二五”规划建议精神及当前经济形势，就当前北京市房地产市场大家所关心的“房价”及“保障房建设”等热点难点问题进行了综合性的剖析，对我市房地产市场如何健康有序的发展进行了较为深入地阐述，提出了有针对性的意见和建议。

我会组织会员单位参加的有关活动有：中国土地学会、市科协、市社科联和市国土局所组织的科技、科普和国内外学术交流活动以及与市规划学会、市城市科学研究会、市房地产法学会、市房地产估价师和土地估价师协会等兄弟学会，保持交流和互到的合作的相关活动，从而为会员单位提供活动渠道，提高活动学术质量，开展多学科、多领域工作交流提供平台。

二、多形式地组织开展土地科普宣传教育活动

【“世界地球日”活动】

4月22日是第41个世界地球日，今年的主题是“珍惜地球资源，转变发展方式，倡导低碳生活”。市科协组织各界在地坛分园开展大规模宣传活动，土地学会也积极参加这次活动。宣传的主题是“我们要节约集约利用土地资源，关注土地生态环境，倡导低碳生活”，为此制作了宣传展板，发放土地科普知识宣传材料，在现场向群众作宣传解答问题。

【“全国土地日”活动】

今年6月25日是第20个“全国土地日”。其宣传主题为“土地与转变发展方式——依法管地 集约用地”。为此，学会开展了一系列相应的活动。

设立网上论坛

为做好宣传工作，学会举办了6.25土地日网上论坛，并按照国土部“广泛

倡导树立公众节约集约用地的意识，积极促进经济发展方式转变、依法合理使用土地”的要求，征集论文用于网上交流，此次上网稿件共21篇，论文质量比较高。

举办土地管理问题座谈会

为做好今年的全国土地日宣传工作，我会与丰台国土分局联合召开了农村土地座谈会，会议由丰台分局主办。会上，全区6个乡镇领导，结合实际情况围绕乡村建设用地的利用、宅基地管理使用、耕地保护、查处违法等进行发言。北京市农村经济研究中心城郊经济研究所张文茂所长、中国农业大学资源与环境学院张军连教授等专家也在会上进行了交流。

此次会议本着贴近三农、贴近基层的原则，结合土地宣传日的主题，大力宣传国家土地管理的政策。在贯彻落实“城南发展计划”的同时，做好双保工作。会上面对基层，解答了他们关注的热点、难点问题，以更好的完善相应的土地管理法律法规，以便较好的为民服务。

参加中国土地学会专家座谈会

为了配合土地日纪念活动的开展，中国土地学会、中国土地勘测规划院于2010年6月23日举办“第20个全国土地日专家座谈会”，学会应邀参加活动。

举办法律实务讲座

作为“6.25”土地纪念日的活动之一，6月24日，我会举办了由法学专业委员会承办，北京土地学会法学专业委员会主任陈文律师主持的法律务实讲座。

参加国土部“土地日”纪念活动

6月25日上午，国土资源部和北京市政府有关部门联合举办第20个全国“土地日”主题纪念活动。主题是“土地与转变发展方式——依法管地 集约用地”，我们组织会员单位20多人参加了此活动。

【“全国科普日”活动】

2010年9月21日是全国科普日，今年的主题是“节约能源资源，保护生态环境，保障安全健康”。学会积极组织参加由市科联组织的北京社会科学普及周活动，在大型社科知识展览咨询活动上向群众展示。学会制作国土资源知识宣传展板和宣传资料。

三、完成科研项目任务

【北京城市地上地下土地权利调查】

2010年7月，国土资源部地籍管理司会同中国土地勘测规划院组织专家组，北京土地学会、中国农业大学组成的课题组承担的国土资源大调查中的“城市地上地下土地权利调查”项目成果进行验收。市国土局地籍处领导主持了会议，验收组听了项目组的工作汇报和调查报告，审阅了有关成果资料，经过质询和充分讨论，形成验收意见如下：

（一）项目目标明确，调查内容、技术路线及进度符合项目实施方案的要求，项目成果资料齐全，文本报告表达清晰。

（二）该项目采取座谈调查、实地调查和咨询调查相结合的方法，以“一个依据、两个重点”为原则，对中关村科技园西区、北京市地铁、凤林绿洲住宅小区和东直门交通枢纽等地上地下土地利用的典型区域进行了详细调查，摸清了土地空间利用和地上地下土地权得状况，完成了项日合同和实施方案所确定的工作目标、任务。

（三）项目成果在地上地下土地权利类型界定、权利取得、确权程序、权属调查、地籍测量等方面进行了有益探索，提出了完善地上地下权利管理的政策建议，为深入开展此项调查研究工作提供了借鉴。

（四）项目经费使用合理，符合《国土资源调查资金管理暂行办法》的有关规定。

验收组认为市国土局领导重视，组织严密，技术路线正确，成果资料齐全，经费使用合理，达到了项目合同及实施方案的要求，一致同意通过验收。

专家组建议项目组进一步完善课题成果，继续深化研究。促进成果转化。评审会之后，课题组将课题修改完善后，将最终报告送交市国土局并上报市政府。

四、学会培训中心积极开拓办学渠道，密切和各方合作，努力开展行业领域继续教育工作

学会于2003年，经市教育行政主管部门正式批准成立了具有社会力量办学资质的北京土地学会培训中心，从事各项与土地有关的继续教育工作。

北京土地学会培训中心，也是全国各省市学会中，唯一具有教育行政部门正式批准面向社会开展经营性培训资质的教育培训机构。

培训中心的办学原则是：注重社会效益，采取高效率和低成本、低盈利的办学文革，为会员单位和土地各级管理部门领导、专家学者间提供良好的交流平台。

【主要培训活动】

（一）组织赴台湾学习考察交流地政管理、信息化建设和市地重划等工作情况。

应台湾土地改革学会邀请，经各主管部门审批学会组织会员单位24人赴台考察，之后赴台考察团提交了考察报告，并组织了研讨交流会的活动。

（二）密切结合实践工作需求，开展待业继续教育活动。

2010年，培训中心与合作单位联合举办了九期培训和研讨班。聘请国土资源部土地整理中心、信息中心和中国土地矿产法律事务中心、中国土地勘测规划院以及中国农业大学、中国矿业大学、中国地质大学、沈阳农业大学等大学和科研机构的专家学者担任主讲教师。学员来自全国20余个省市自治区600余人次，并组织了北京市内考察和信息交流。培训和研讨主要内容有：《城乡建设用地增减挂钩工作务实操作培训班两期》、《土地登记业务操作实务培训班》、《县乡级土地利用总体规划修编技术要点及审查要求培训班》、《市县乡级土地利用总体规划数据库建设与检查要求培训班》、《城镇基准地价更新与城市地价动态监测工作技术研讨班》、《土地复垦与生态重建研讨会》、《土地复垦方案编制、评审要点与生态修复技术应用研讨会》、《国有建设用地供应计划编制业务研讨会》等。

（三）接待河南省郑州市二七区学习考察团。河南郑州市二七区党政领导和有关部门一行20人需学习北京市土地一级开发工作经验与实践，学会在市局领导支持下与市土地储备中心、朝阳区、大兴区的国土分局和土地储备分中心密切配合下，高效有序的组织一次学习交流，实际考察土地一级开发业务活动。

（四）举办《北京市土地规划机构人员继续教育培训班》

为提高北京土地规划机构人员综合素质，搭建政府与企业交流沟通平台，学会在市国土局领导支持下，与规划处、耕保处配合，联合举办一次对土地规划机构人员的继续教育培训活动。培训班上由业务主管领导等就新形势下加强首都土地规划技术服务机构的建设、“十二五”期间土地资源保护与开发以及本市土地开发整理有关政策向大家进行了讲解。

五、学会承担市国土局和有关单位委托的各专项工作

【承担年鉴编撰工作】

学会受市国土局委托，学会承担了2010年《北京市国土资源年鉴》的具体组织编写任务，市国土局研究室对编写工作统一动员统一工作部署后，学会顺利完成了全员组稿、审稿、修改稿出版发行任务。

年鉴编写工作，有50家部门和单位参加。年鉴的内容不仅总结了国土资源业务管理工作，而且将人事、监察行政后勤、机构、老干部管理等项工作内容，也全面总结进来，使“年鉴”全面反映了国土资源系统各个部门、各个领域的工作面貌。年鉴的编写工作，已走过4年的历程，从2007年开始。每年编写一册，而每年的工作都在改进和提高。《年鉴》作为重要的基础资料和系统的统计信息，报送国土部、市政府部门。

【学术与专业编撰工作】

（一）参加《北京房地产开发投资服务》一书的编写并出版的工作

该书编写主要由北京市房地产估价师和土地估价师学会负责组织，学会参加主编。这项工作，充分发挥业内专业资源优势，对房地产开发投资各环节的工作及相关政策作了全面的阐述，为会员单位可提供高效优质服务。

（二）继续完成《当代中国城市发展》系列丛书中关于北京土地篇的编写任务

此项工作总编辑任务由市社科联负责，原编辑工作内容。设定至2005年底。现延伸至2008年底。所以学会继续完成编写工作。

此项任务与市局研究室、北京联合大学文理应用学院共同承担。

由于该专题内容涉及领域广泛、热点问题众多，重要性达国策级别，同时还要求有对未来走向的预测，因此该课题难度很大，现已完成终审稿任务。此书将于2010年底出版。

（三）为北京市社科院编撰2011年《北京城市发展报告》蓝皮书，作好组稿工作。学会提交了市国土局文稿《健全市场完善调控加强执法规范秩序积极推动北京土地市场健康平稳有序发展》、市

国土局石景山分局文稿《关于石景山发展商务金融产业土地利用研究》、《北京城市发展报告》兰皮书，每年提交到市人大、市政府、市政协，使北京市各领域各层次人士能进一步了解上一年度城市发展工作情况。

（四）组织专家开展对土地管理工作提建议献良策、送提案的活动

学会向市科协提交了《土地资源需求的冲突与土地利用方式的转变》、《北京市农村宅基地和供给矛盾研究》、《关于对征地补偿人员安置问题的几点思考》、《农村集体建设用地存在问题及对策》、《关于土地财政问题》等5份提案。

（五）积极参与对《市政府工作报告》征询意见工作

学会从2007年开始。每年接到市政府关于参加对《政府工作报告》稿征询建议的通知，学会非常重视这项工作并积极提出建议。

六、办好学会的会刊《北京土地》，为北京土地科学、土地学术和土地信息交流搭建了理论学术交流平台

【出版《北京土地》刊物】

2003年6月，北京市新闻出版局接受了学会的申请报告，正式批准学会主办的会刊《北京土地》（双月刊），作为学会内部刊物，免费发行。至今为止，《北京土地》是北京市唯一的土地学术领域的一本刊物。

2010年学会出版了6期《北京土地》双月刊，其中为学会土地利用规划专业委员会、土地经济和土地市场专业委员会各期一期专集，为学会举办的青年论文征集活动、出版专集。

七、作好土地规划机构推荐工作，为建立高素质的市土地规划行业队伍奠定基础

【乙级规划机构管理】

依据中国土地学会［2006］25号文件精神要求，我会开展了对本市土地规划机构名录的推荐工作，其中甲级土地规划机构由中国土地学会推荐，乙级土地规划机构由我会推荐。为作好这项工作，我会首先制定了《北京市乙级土地规划机构推荐名录工作规划》，并对北京市土地规划机构情况，进行全面的调查模底。对申报甲级土地规划机构名录的机构的信息建库存档，并对申报乙级土地规划机构的单位，一是要求按规划提交申报材料；二是逐一到机构所在地进行考察了解情况；三是组织专家依据规定的条件和程序进行评审。评审后，市乙级土地规划机构有52家，符合条件要求。

在此基础上学会已建立了乙级土地规划机构推荐名录单位的信息网络系统。

目前通过中国土地学会评审，本市甲级土地规划机构名录有42家，在全国各地来讲是数量最多的。

学会日常通过信息提供，政策咨询组织培训研讨会等方式，为乙级土地规划机构作好服务工作。

行业协会

——北京房地产估价师和土地估价师协会

2010年北京估价师协会高举邓小平理论和三个代表重要思想伟大旗帜，贯彻落实科学发展观，在市国土局的直接领导下，紧紧依靠广大会员单位，注重发挥协会各专业委员会的能动性和创造性，按照为会员谋权益，为行业谋发展，为社会做贡献的工作原则，圆满完成了协会的各项工作。

【会员情况】

根据我会统计，截止到2010年底，北京市房地产估价机构和土地估价机构共有166家，其中具有土地估价资质的机构92家，既有房地产估价资质又有土地估价资质的机构79家，具有单一土地估价资质的机构13家，中国土地估价师协会备案的全国执业的土地估价机构55家。2010年新成立土地估价机构4家。

【组织开展地价动态监测活动】

积极参加市国土局组织的地价动态监测工作，土地估价行业55家机构的223名土地估价师参与了这一工作。协会成立了地价动态监测工作办公室，由郭晋林副会长负责地价动态监测办公室的工作。

【完成地价管理课题研究】

在土地评估业务领域，针对新的基准地价调整方案，我们完成了《基准地价应用与管理研究》的研究课题。首佳、百成首信、京港、中地华夏、龙泰、安泰祥、华信、仁达等机构与北京估价师协会共同完成了此项课题研究。课题特别强调了价格评估在地价管理中的作用，并向市国土局提交了土地估价业务委托方案的建议。

【组织土地估价师考试报名】

受国土局委托承办了2010年土地估价师考试北京考点的组织工作。北京考区有1222人报考4894科，其中报考土地管理基础与法规1060人，土地估价理论方法1001人，土地估价实务基础960人，土地估价案例与报告888人，土地估价相关知识985人。国土资源部副部长、中国土地估价师协会会长鹿心社，国土资源部总规划师、中国土地估价师协会常务副会长胡存智，土地利用司司长廖永林等赴现场视察。

【组织土地估价师考试培训】

协会培训中心组织了两期土地估价

师考前培训班。全国共有100余名考生参加了培训，培训强调了基本理论和基本方法的学习，强调对参训考生的实战要求，为考生顺利通过土地估价师考试提供了有益的帮助。

【积极开展土地估价师继续教育】

北京估价师协会根据中国土地估价师协会的要求，在继续教育培训形式方面，努力创新，除了组织了三次大型集中培训以外还开展了每季度一次的小型研讨会。这种互动式的培训模式，取得了良好的效果，得到了上级主管部门的认可和好评。

【物业税高峰论坛成功举办】

协会组织各会员单位针对物业税的相关问题进行了研究，专门成立了优秀论文评选委员会，对各会员单位提交的论文进行评选。在此基础上于2010年9月9日－10日，召开了物业税高峰论坛。论坛有六篇优秀论文进行了大会发言，三十篇优秀论文进行了分组发言。

【在市民政局组织的社会组织评估中名列第三，获得五A级称号】

市民政局在其注册登记成立的社会团体、民办非企业单位、基金会中开展评级活动。按照民政部《行业协会商会评估评分标准》，协会积极准备材料参评。通过协会自我评估，第三方专业评估机构实地考察初评，评估委员会审定。按照评分标准，协会在规范化建设、社会影响力、工作绩效、财务管理、学习型组织建设、党组织建设等六大项评审中获得了优异的成绩，位列本次参与评估的182家社会组织的第三名，获得5A称号。评估期间市社团办还在协会还专门召开了北京市行业协会评估工作现场指导会。

各分局工作

北京市国土资源局东城分局

【土地资源概况】

东城区位于北京市中轴线以东的城区东部，中心坐标为北纬39°54′，东经115°23′。北、东两面与朝阳区相接，南与丰台区相接，西与西城区相邻，总面积为4182.04公顷，其中：商服用地360.49公顷，占总面积的8.62%；工矿仓储用地62.73公顷，占总面积的1.50%；公共管理与公共服务用地1219.68公顷，占总面积的29.16%；住宅用地1380.02公顷，占总面积的33.0%；交通运输用地1010.27公顷，占总面积的24.16%；特殊用地148.85公顷，占总面积的3.56%。土地用途分类详见表1。

表1　东城区土地用途分类统计表

单位：公顷

分类 / 项目	商服用地	工矿仓储用地	公用管理与公共服务用地	住宅用地	交通运输用地	特殊用地	合计
面积	360.49	62.73	1219.68	1380.02	1010.27	148.85	4182.04
百分比（%）	8.62	1.50	29.16	33.00	24.16	3.56	100

东城区作为中心城区，是首都功能最主要的载体之一，是国家和北京市行政、事业机构的主要集中地，集中体现北京作为国家首都的政治、文化中心和国际交往中心功能。辖区内拥有全国重要铁路枢纽北京站和全市重要的综合换乘枢纽东直门交通枢纽；南部毗邻亚洲最大的火车站——北京南站；已建成的地铁1、2、5、13号线、机场线和即将建成的6、7、8、14号线贯穿东城或有节点相连。

东城区有着丰富的以皇家文化、民俗文化为代表的历史文化资源，是全市历史文化遗存、胡同四合院和非物质文化遗产最为密集的地区。旧城仅有的两处世界文化遗产——故宫、天坛均坐落在东城，从永定门到钟鼓楼7.8公里的传统中轴线“文脉”纵贯南北。拥有历史文化街区18.5片，三级文物保护单位165处，挂牌保护院落413处，国家级及北京市非物质文化遗产54项。区域融合了皇室、佛教、儒家、国学、会馆等传统文化，荟萃了奥运文化、演艺博览文化、出版文化、商业文化、体育文化等近现代文化。

【机构设置】

根据北京市编办《关于同意市国土局实施首都功能核心区行政区划调整后机构设置方案的函》（京编办【2010】9号），原市国土局东城分局、崇文分局进行整合，设置北京市国土资源局东城分局（简称“市国土局东城分局”）。2010年10月20日，北京市国土资源局到东城分局召开会议，宣布新市国土资源局东城分局正式成立。新的市国土局东城分局设办公室、综合科、地籍科、国土资源利用科、重点工程科、财务科、政工科、执法监察科和纪检监察科9个职能科室，编制40人，现有43人。另外实有工勤人员8人。下设北京市土地整理储备中心东城区分中心、北京市东城区土地权属登记事务中心、北京市东城区土地利用事务中心3个事业单位，编制42人，现有41人。

【市国土局新东城分局组建工作】

2010年10月20日，市国土资源局党组宣布任命新市国土局东城分局领导班子成员。即日起，分局陆续完成领导班子成员分工、机构设置定编、中层干部任命、工作人员定岗等各项整合组建任务。

【土地供应】

列入2010年度土地供应计划安排建议方案的用地项目有20个，土地供应总量为31.32公顷。全年实现供地项目3个，总用地面积18.0584公顷，分别占全年供应项目数的15%和全年供应土地总面积的57.7%。

【土地储备开发】

东城区2010年土地储备开发计划安排项目用地8宗，总用地面积8.02公顷。已实现供地项目1宗，用地总面积0.25公顷。实施以土地储备分中心为主体的5个土地一级开发项目；办理安化寺二期、幸福北里南区、金鱼池西等一级开发项目的相关前期手续；对金天坛美食城、崇文区少年宫、109中学、崇文门菜市场等4个项目实施政府收购储备；推进18个“城中村”项目整治后用地的收储入库工作。王家园“城中村”项目作为社区卫生服务中心已实现了供地，是本市首例“城中村”实现供地项目；完成对东城区北片、南片40个已过政府储备和入市交易联席会项目梳理统计工作。

【土地利用】

完成29个建设项目的用地预审，涉及国有建设用地108.06公顷；重新办理东西四块玉路划拨审批手续，涉及国有建设用地1.18公顷，办理1个划拨项目的延期手续，同时对30个项目的用地征求意见进行函复。

【绿色审批通道】

2010年纳入市政府绿色审批通道的项目共15个，涉及分局建设项目用地预审的项目6个，审批完成率100%；涉及分局划拨供地的项目2个，正在发改部门立项审批过程中。同时深化“绿通变普通”行政审批制度改革，将办理“绿通”

项目的审批方式扩展到分局所有审批项目，进一步提高行政效能。

【批后监管】

开展闲置土地查处工作。东城区现有涉嫌闲置和违约地 67 宗，总用地面 65.18 公顷。其中协议 64 宗，用地面积 64.15 公顷；挂牌 3 宗，用地面积 1.03 公顷。经过督促开工项目 10 个，用地面积 4.68 公顷；闲置未开工项目 57 个，用地面积 60.50 公顷，其中建议收回 12 个，用地面积 8.90 公顷，建议保留 45 个，用地面积 51.60 公顷，保留期 1 年。

【工程建设领域突出问题专项治理】

规范审批行为，推进工程建设领域突出问题专项治理工作。建立了第一批包括市局 119 个项目和区委区政府 76 个项目、第二批 12 个项目的《工程建设领域突出问题专项治理工作项目台帐》；对全部项目进行了现场核查，准确掌握项目进展情况。通过排查，发现 4 个项目涉及土地未批先用、改变土地用途的行为，及时提出整改意见上报市局治理办和区治理办。

【地热资源管理】

完成辖区 17 个地热单位 2009 年度地热开发利用年检工作。协助市局地热处督促辖区地热单位及时做好采矿证换证的前期准备工作。开展地热资源征文比赛，参赛论文共计 30 余篇，整理汇总可行性的地热资源开发和管理建议 20 余条。

【土地调查】

完成第二次全国土地调查自查工作。完成统一时点数据汇总工作；开展二调项目执行和经费使用情况自查，分局二调项目执行和经费使用符合上级有关规定。

【土地登记】

深入推进土地总登记工作，对尚未办理土地登记用地单位进行宣传、走访，解决用地单位办证困难，力争实现登记全覆盖。整合原东城区、原崇文区登记业务，制定并实施《关于进一步规范土地登记工作行为的工作方案》。共完成各类型土地登记 2369 件。受理四片危改区回迁底商出让手续 3 件，准备缴纳土地出让金 3 件，已办结 2 件。

【信息化工作】

完成了地籍管理信息系统建设，登记业务线上运行高效快捷。东城区地籍管理信息系统于 1 月份开始试运行，根据分局合并情况，于 12 月份完成了系统合并工作，分局日常土地登记业务全面应用了地籍管理信息系统，系统运行良好。

【档案数字化】

完成了档案数字化三期工作。包括文书档案、专业档案、地调档案，共计 34546 卷，1283376 页。完成了 2009 年日常登记发证部分档案的数字化工作，共计 3131 卷，234978 页，已进行预检；2010 年日常登记档案数字化工作正在进行中。

【依法行政】

完成领导干部会前学法活动 20 次；

开展职工月学法日活动10次；开展“4·22”世界地球日、“6·25”全国土地日、“12·4”法制宣传日等主题宣传咨询活动；开展“五五”普法工作总结调研活动。开展执法监察，严格查处违法案件。设置了国土资源违法举报电话12336，接到群众举报土地违法线索39条，逐一进行调查核实，依法做出处理，并答复举报人。

【服务窗口建设】

按照区政府的统一部署，原市国土局东城分局、崇文分局整合后，综合受理发证窗口统一进驻东城区行政服务中心办公。新的市国土局东城分局行政服务大厅对收件业务口径、工作流程、收件表单逐条进行了梳理，使服务大厅土地登记业务标准明确、条理清晰、业务流程便捷流畅。开通绿色通道为驻区中央单位及重点建设工程服务，提供专人陪同服务，加强事项的跟踪督办，积极与相关部门进行及时的情况沟通和反馈，研究工作方法、通报工作进展情况、协商解决疑难问题，实现了土地登记事项的高效办理。

【信访工作】

在全国“两会”、上海世博会、重要节假日以及其他重大活动期间，抓好矛盾纠纷排查工作。依法办理来信来访，努力化解矛盾。全年共受理群众来信、来访、来电109件，领导阅批率100%，均在办理时限内办结。没有引发影响稳定的重大事件。

【信息公开】

妥善处理60余户经租产户集体申请政府信息公开事项。全年共受理依申请信息公开190件，均在规定期限内依法予以答复。

【调研工作】

编制《东城区“十二五”土地资源开发利用规划》，撰写了《旧城区政府主导的土地储备开发模式研究》，上报区委区政府；《谈土地年租制在东城旧城改造中的应用》调研报告，获得北京土地学会学术论文一等奖；《低碳型机关建设的几点思考——以东城国土分局为例》，获2010年北京市国土资源青年学术论文二等奖。

【党建群团工作】

推进学习型党组织、学习型机关建设；把开展“创先争优”活动与开展党员作风建设年活动、深化“三进两促”活动和国土部门的中心工作相结合，开展讲党性、重品行、作表率活动；开展“读书活动”、爱国主义教育活动及各种宣教展览学习活动；提供健身的场所、器材，开展业余健身活动。开展节日走访慰问活动、为灾区捐款捐物活动等，全年共计捐款7次，共357人次，累计捐款16800元。

【干部队伍建设】

完成干部教育培训工作，组织学习培训累计546人次/10920学时。开展分局2010年度考核评优工作。完成3名公务员召录工作；完成分局参加市局副处级干部竞争上岗的报名、考试等组织工作，有6名干部参加考试、4名进入面试、1名进入组织考察。

【党风廉政建设】

加强反腐倡廉宣传教育，签订党风廉政责任书。结合工程建设领域专项治理工作，深入开展“两整治一改革”，进行廉政风险点大排查和自查自纠，共查找32个出廉政风险点，制定整改落实方案。研究制定《廉政风险防范管理实施细则》及相关配套制度。在市国土资源系统党风廉政工作会议上介绍经验。

【开展“标准化管理年”活动】

该活动坚持现代化管理理念，以编制分局《工作手册》为基础，围绕分局及各部门的行政事务性管理、业务审批等具体事项，对分局职责、科室职责、岗位职责、岗位权限、工作标准、工作程序、法规依据、管理制度等进行全面的梳理和具体量化规范，使各项工作的运转达到组织有效、制度健全、责权明晰、规范有序、运转高效、公开透明的管理效果。为此，制定了活动实施方案，明确了各部门的责任，规定了各步骤的任务、时间，提出了工作要求。该活动作为分局2010年折子任务之一，列入年度考核范围。

【开展生活垃圾处理达标工作】

2010年，市区两级政府把党政机关全部实现生活垃圾分类达标列入政府折子工程。市国土局东城分局为落实生活垃圾处理达标工作，深入建设低碳型机关，结合实际情况，制定了《北京市国土资源局东城分局关于开展生活垃圾处理达标工作的实施方案》，专题召开全体人员大会动员部署。

【开展“低碳运行”活动】

对办公楼的照明设施进行节能改造。经测算，通过节能改造，将节省1/3的用电量。同时，由机关党支部、党小组牵头开展了《“低碳经济”在机关的运行》的调研活动，将全方位研究并推进分局“低碳运行”活动。

北京市国土资源局西城分局

【土地资源概况】

西城区是首都功能核心区之一，辖区面积50.33平方公里。东以鼓楼外大街、人定湖北巷、旧鼓楼大街、地安门外大街、地安门内大街、景山东街、南长街、北长街、天安门广场西侧、前门大街、天桥南大街、永定门内大街为界，与东城区相连；西以三里河路、莲花池东路、马连道北路为界，与海淀区、丰台区接壤；北以南长河、西直门北大街、德胜门西大街、新街口外大街、北三环中路、裕民路为界，与海淀区、朝阳区毗邻；南以永定门西滨河路、右安门东城根、右安门西城根为界，与丰台区相连。辖区设西长安街、新街口、月坛、展览路、德胜、什刹海、金融街、大栅栏、天桥、椿树、陶然亭、广安门内、牛街、白纸坊、广安门外15个街道。土地用途分类详见表1。

表1　西城区土地用途分类统计表　　单位：公顷

项目＼分类	商服用地	工矿仓储用地	公用管理与公共服务用地	住宅用地	交通运输用地	特殊用地	合计
面积	484.15	86.39	1517.73	1679.01	1167.34	98.51	5033.13
百分比（%）	9.6	1.7	30.2	33.4	23.2	1.9	100

【机构设置】

10月20日，原北京市国土资源局西城分局（以下简称原国土西城分局）与原北京市国土资源局宣武分局（以下简称原国土宣武分局）合并为北京市国土资源局西城分局，编制101人。分局机关设办公室、财务科、政工科、纪检监察科、综合科、执法监察科、国土资源利用科、重点工程科、地籍科9个职能科室；下辖北京市土地整理储备中心西城区分中心、北京市西城区土地权属登记事务中心（北京市西城区土地利用事务中心）2个事业单位。

【建设项目用地预审】

共有31个项目通过用地预审，用地总面积约36.91公顷。其中公共管理与公共服务项目12个，约4.41公顷；商服项目4个，约3.23公顷；交通运输项目8个，约15.62公顷；住宅项目6个，约13.3公顷；特殊项目（宗教）1个，约

0.35 公顷。

【土地供应计划及实施】

西城区 2010 年度土地供应计划安排建议方案共申报建设项目 33 个，总用地面积 41.98 公顷。其中经营性项目 5 个，12.26 公顷。年内，实现供地项目 11 个，9.77 公顷，约占计划总量的 23.3%。其中公共管理与公共服务项目 8 个，8.19 公顷；住宅项目 1 个，0.06 公顷；特殊项目（保密）1 个，0.61 公顷；商服项目 1 个，0.91 公顷。经营性项目 1 个，0.91 公顷，约占经营性用地总量的 7.4%。

【国有土地使用权划拨】

办理国有土地使用权划拨审批 1 件，约 5 公顷，为交通运输用地。

【房屋上市交易土地收益】

办理房改房上市补交土地出让金 1765 件约 388.62 万元，退还土地出让金 9 件约 2.53 万元，办理经济适用住房补交综合地价款 2 件约 3.24 万元，办理经济适用房和集资建房满 5 年上市补缴综合地价款 12 件约 157.55 万元。

【工程建筑领域突出问题专项治理】

排查建设项目决策行为项目 436 个，土地使用权、矿业权审批和出让行为项目 464 个，专项治理自查项目 272 个，均无违规行为。

【节约集约模范县（市）创建活动】

6 月，根据国土资源部关于开展国土资源节约集约模范县（市）创建活动（以下简称“创建活动”）精神，西城区被确定为全国 115 个创建活动试点县（市）之一。成立领导小组，制定工作方案和标准指标体系。12 月 7 日至 9 日，创建活动经验交流会在西城区山水宾馆召开，全国 115 个试点县（市）的 200 余名代表到区金融街、什刹海进行参观，考察土地资源节约集约利用情况。

【土地储备开发】

配合西城区政府做好人口疏解工作，完成昌平回龙观一、二期用地和房山长阳站 7 号地的用地手续办理，确保对接安置房工程进度。

完成以北京市土地整理储备中心西城区分中心为主体的府右街“西城旧城保护和居民住房改善工程一区——四区”项目前期手续办理，建立区级定期调度协调机制，编制项目倒排工期进度表。

推进广安联合储备开发项目。年内，共拆迁住宅 1228 户、企业 24 个。累计完成投资约 16.78 亿元，完成项目总投资计划的 71%。

编制核桃园小区综合楼等项目的土地开发初步工作方案。

完成辖区土地储备开发项目普查。

【土地调查】

11 月，完成西城区第二次全国土地调查工作。共调查 1427 个街坊 22371 宗土地，总面积为 50.33 平方公里。将调查成果上报北京市第二次土地调查办公室（以下简称“市二调办”）。根据市二调办要求，选取 1 个有代表性街坊的档案和测绘数据，为国土部检查验收北京市第二次土地调查工作做好准备。

【土地权属登记】

4至5月，完成5宗“城中村”项目改造用地的登记发证。

开展拆迁灭失宗地注销工作。注销原宣武区两批47宗拆迁灭失宗地使用权。

开展军产保密产土地登记。完成驻区中国人民武装部队申办宗地的权属调查、地籍测量、外业核实等工作。

推进档案数字化工作。完成12890卷档案的数字化（三期）、4925卷档案的条码化工作，完成1660件业务档案、990件文书档案的日常数字化工作。

完成国有土地使用权登记及抵押登记共1546件，247.26公顷。其中国有土地使用权初始登记228件，73.41公顷；变更登记597件，72.21公顷；他项权利登记721件，抵押土地面积101.64公顷。出具地籍调查成果确认单160件。

【土地执法监察】

开展“4·22”地球日、“6·25”土地日等执法宣传，采取场地宣传、主题活动、媒体报道等多样化形式，先后与北京小学、育才学校开展“主题班会”、“特殊的家庭作业”等“小手拉大手”活动，宣传国土资源管理政策法规和最新动态。发放宣传资料4930份、宣传品3000余个。

【信息化建设】

1月，将原宣武区已发证宗地图形数据导入地籍管理信息系统，实现空间数据相互交换，系统数据集成取得突破性进展。地籍管理信息系统通过市二调办软件试点验收。

5月，启动老蓝图扫描矢量化工作，扫描原西城区417张已发证宗地老蓝图，丰富地籍信息系统数据成果。

【政府信息公开】

主动公开政府信息341条；受理依申请政府信息公开153件，全部办结。

【调查研究】

完成《我市人口疏解和危旧房改造模式思考》、《浅析中心城区土地发证中的私房问题及城区改造在登记中的积极作用》、《划拨土地的管理》、《如何做好老旧项目土地收储工作》、《金融街功能街区土地空间利用与发展探索》、《宣武区区域地价分析及相关问题的研究》、《研究宣武人口承载力，加强人口科学管理》、《历史文化保护区土地开发利用模式探讨》、《档案管理模式探讨》等调研。其中，《我市人口疏解和危旧房改造模式思考》在《北京信息》上刊载，为首都人口疏解工作建言献策。

北京市国土资源局朝阳分局

【土地资源概况】

朝阳区位于北京市主城区的东部和东北部，是北京市中心城区的重要组成部分。行政区划南北长28公里，东西宽17公里，约占全市土地总面积的2.8%，是北京市面积最大的近郊区，下辖23个街道办事处、20个地区办事处。

朝阳区位于北京冲洪积平原中部，地形平坦开阔。平均海拔高度为34米，最高海拔46米，位于城北德清路附近大屯至洼里关西一带；最低海拔20米，位于东部楼梓庄沙窝村西坝河下游，高低相差26米。整体地势呈西北高东南低，地面坡度为千分之一。地貌有洪积、冲积扇平原、扇缘洼地和河流冲积平原三种类型，地带性土壤为褐土与潮土。

根据2009年度土地变更调查统计数据，朝阳区土地面积现为466.78平方公里（含首都机场面积12平方公里）。其中：建设用地382.27平方公里、占总量82.1%，农业用地81.68平方公里、占总量17.3%，未利用地2.82平方公里、占总量0.6%。（详见表1）

表1　朝阳区土地利用情况统计表

地类		面积（公顷）	
合计		45478.12	占比例%
农用地	小计	8168.42	17.96
	耕地	3136.26	6.89
	园地	815.43	1.79
	林地	4203.13	9.24
	牧草地	13.60	0.03
建设用地	小计	37027.44	81.42
	居民点及工矿	32632.42	71.75
	交通运输用地	2037.77	4.48
	水利设施用地	2357.25	5.18
其他土地		282.26	0.62

注：本表不含首都机场街道的行政辖区建设用地面积。

【机构设置】

北京市国土资源局朝阳分局（简称“市国土局朝阳分局”）成立于2005年5月8日。作为北京市国土资源局派出机构，负责组织实施本行政区域内土地、矿产资源行政管理工作，内设办公室、财务科、综合科、地籍科、土地利用科、耕保征地科（矿产资源科）、纪检监察科（执法监察科）等7个职能科室，下设北京市土地整理储备中心朝阳分中心、北京市土地整理储备中心商务区分中心、北京市朝阳区土地利用事务中心、北京市朝阳区土地权属登记事务中心、北京市朝阳区国土资源执法监察队、北京市国土资源局朝阳分局第一国土资源管理所、北京市国土资源局朝阳分局第二国土资源管理所、北京市国土资源局朝阳分局第三国土资源管理所等8个事业单位。目前，共有行政编制人员32名，其中公务员30名，工勤人员2名；事业编制人员86名。

【土地供应】

按照多储快供的工作精神，2010年，朝阳区供应保障性住房用地约87公顷；供应其他经营性用地约126公顷，总建设用地约60公顷，总建筑规模约321万平方米。全年，朝阳区以出让和划拨方式供应国有土地共44宗，面积184.90公顷。其中，出让国有土地24宗，总用地面积67.95公顷；划拨国有土地20宗，总面积116.94公顷。

【建设项目用地预审】

年内，共完成建设项目用地预审160件，总面积2，817.02公顷。其中，国有土地266.17公顷，集体土地2，550.85公顷。配合市局完成跨区县、隶属中央单位及在京部队建设项目地类审核共39件。

【征用及农转用项目用地管理】

共完成金盏金融服务园区、豆各庄乡土地储备项目、新天国际等项目申报征地前期手续27件，办理征地结案17件。

【土地储备开发】

稳步推进土地储备开发工作，加快推动朝阳区城市化进程。面对国家土地、金融政策调整给农村城市化带来的不确定因素，按照区委、区政府提出的总量控制、量入为出的基本原则，继2009年启动3个批次、11个区域88个土地储备项目以来，2010年，又相继启动了CBD核心区二期和东扩区B、C街区启动区域、朝阳港土地储备项目、法院东侧地及来广营乡、常营乡、孙河乡、小红门乡、王四营乡剩余建设用地等土地储备项目。截止2010年底，朝阳区土地储备开发总规模约39平方公里，涉及全区13个街乡、约90个村。

同时，同步跟进审计工作，确保资金使用科学合理。经区政府批准，自2009年至今，已向银行融资共计796.4亿元，其中，2010年到账资金223亿元。在土地储备项目平稳推进的同时，做到审计工作同步跟进，完成了大望京村环境整治土地储备项目成本审计、土地储备项目第一阶段和第二阶段过程跟踪审计、政府债务审计及其他专项审计等；

并结合全区土地储备项目专项审计工作情况，进行专题研究，逐步完善土地储备资金使用及监管办法。

【土地利用总体规划修编工作】

全面完成区级土地利用总体规划修编工作。围绕“超前规划、摸清家底、打牢基础”的目标，综合梳理各方意见，逐步完善了规划方案，确定了《朝阳区土地利用总体规划（2006—2020 年）方案》，并通过了市政府批准。我区通过土地利用总体规划修编工作，实现对现状建设用地整合与缩减的做法，得到了市政府的高度肯定。在此基础上，为保证市、区重点项目的顺利启动，积极推进乡级土地利用规划方案编制工作。

【地籍管理和土地登记】

全年，共完成土地登记 7，383 宗，涉及土地面积 2，240.06 公顷；完成抵押登记设定和变更 4，282 宗，注销登记 2，149 宗。完成政府储备用地证 65 宗，涉及面积 407.11 公顷；政府储备抵押登记 107 宗，涉及面积 609.82 公顷，评估金额 2，080.47 亿元，贷款金额 751.39 亿元。办理城镇成套住宅分摊土地使用权土地登记 6，716 宗，涉及面积 25.93 公顷；抵押登记设定 3，804 宗，注销登记 1，800 宗。农村土地确权登记进入具体实施阶段，对黑庄户乡逐村进行了摸底调查和登记造册工作。

【国土资源执法】

2010 年，我局持续加大执法力度，逐步完善土地管理共同责任机制。一是加强土地动态巡查。以确保我区基本农田和耕地不减少为根本目标，按照“保增长、保民生、保稳定、保红线”的工作思路，本着强化监管、从严执法、科学执法的方针，深入开展好各项国土资源服务和执法监察工作。2010 年，累计共开展土地动态巡查 361 次、1，276 人次，下发《责令限期改正国土资源违法行为通知书》29 份，下发《行政处罚决定书》49 份，收缴罚款 733.12 万元。

二是完善、创新执法监察工作制度。继续强化乡镇为违法用地责任主体的工作机制。按照我区对国土部第十次卫片违法用地处理的工作思路，将各类新增违法用地集中纳入区政府综合治理，国土、规划等部门对土地违法进行认定，农委牵头督促各地区办事处进行自行整改，组织、监察、人事等部门配合督促落实整改不力、不按期、不按要求整改的违法用地行动。这一措施在今年新增违法用地处理方面效果显著，违法用地拆除工作落实迅速，后续工作处置妥当，耕地恢复耕种工作及时到位，有效地遏制了违法用地现象的出现。健全违法用地查处快速反应机制。以“数字化城市管理系统”为平台，健全快速反应机制，与区城管监督中心做好对接，对发现的违法苗头及时通报，各部门快速查处。同时，强化自身监管职能，加大巡查力度，及时发现土地违法行为，并采取有效措施予以制止。建立违法用地重点地区、重点查办机制。对违法用地问题突出的地区，实行重点查办，及时向区政府和属地政府通报情况，提高土地执法的威慑力。

三是开展构建土地管理共同责任机制试点工作。为贯彻落实市政府、国家土地督察北京局工作部署，深入开展了“构建保障和促进科学发展土地管理共同责任机制”试点工作。全区各部门结合自身职责，不断创新出台相关工作制度，建立健全了联席会议工作制度、案件调查协助配合制度、案件移送制度、土地违法行为部门联动遏制机制等，逐步形成了土地管理共同责任长效机制，有效防范和遏制各类土地违法违规行为。

四是强化批后监管，推进土地集约利用。按照国土部、市国土局依法加快涉嫌闲置和违约项目用地查处的指示精神，局领导亲自与所有单位进行工作座谈，督促房地产开发企业加快推进施工进度。全区共排查土地165宗，其中，在建项目108宗，闲置项目57宗。对排查出的闲置项目，已要求企业做出说明，并承诺开工日期。通过闲置土地的清查，有效地防止了部分企业盲目圈地、浪费土地的行为，促进了土地市场的健康发展及我区社会经济的良性增长。

五是加强法制宣传工作。在日常的行政执法工作中，坚持树立管理与服务相结合的意识，将法制宣传教育与严格执法相结合，利用各种机会开展多种宣传活动，深入到违法用地行为重点乡村进行国土资源政策宣讲、国土资源形势教育，提高基层土地管理人员依法用地、依法管地意识，力争得到基层政府的理解和支持，为土地执法工作创造良好的社会氛围。

【矿产资源状况】

全年，共完成探矿权项目年检和矿泉水开发利用年度检查工作，实地检查39家地热井开发利用情况，对5家管理不力的单位做出限期改进通知；制止非法采砂12起；完成建设项目用地地质灾害危险性评估报告备案18件、地源热泵系统备案11件。

【调查研究】

2010年，围绕中心工作，共完成了《浅谈土地市场中的协议出让》、《对企业为主体一级开发项目监管工作的浅析》、《土地改革的必要性及建议》、《关于在土地开发整理项目中挣值管理系统的探讨》、《关于土地登记代理制度的几点思考》、《浅析农村集体土地确权》、《关于朝阳区乡域发展中土地资源规划与管理的一点思考》、《朝阳区土地利用中存在的问题及对策试析》、《关于档案数字化的调研报告》、《对如何做好数据统计的几点思考》、《关于如何区分营利性与非营利性机构来确定划拨土地登记的分析与思考》、《浅谈做好国土所工作的一点想法》、《关于朝阳区土地储备项目风险防范和资金监管的调研报告》、《北京市朝阳区征地区片综合地价调研分析》、《我国征地纠纷解决机制的调研报告》、《浅谈土地一级开发市政工作流程及内容》等16余份调研报告。

北京市国土资源局海淀分局

【土地资源概况】

海淀区位于京城西北，地处上风上水，兼有山地平原，地形西高东低。西部山区统称西山，属太行山余脉。以百望山为界，山南称山前，山北称山后。根据海淀区2009年度土地变更调查数据，全区土地面积为430.76平方公里，各地类规模情况如下表。（详见表1）

表1　海淀区土地利用情况统计表

地类		面积（公顷）	
合计		43076.87	占比例%
农用地	小计	16111.36	37.4
	耕地	2239.74	5.2
	园地	2831.30	6.57
	林地	10984.84	25.5
	牧草地	55.48	0.13
建设用地	小计	26484.53	61.48
	居民点及工矿	23315.07	54.12
	交通运输用地	1402.73	3.26
	水利设施用地	1766.73	4.1
其他土地		480.98	1.12

【机构设置】

北京市国土资源局海淀分局（简称“市国土局海淀分局”）成立于2005年5月31日，为北京市国土资源局的派出机构，在北京市国土资源局领导下，按照管理权限，负责组织实施本行政区域内土地、矿产资源行政管理工作。局机关设办公室、纪检监察科、综合科（执法监察科）、财务科、资源规划科、地籍科、土地利用科（耕保征地科）7个职能科室；下设海淀区土地权属登记事务中心，海淀区土地利用事务中心，海淀区国土资源执法监察队，北京市土地整理储备中心海淀分中心，北京市国土资源局海淀区分局第一国土资源管理所，北京市国土资源局海淀区分局第二国土资源管理所，北京市国土资源局海淀区分局第三国土资源管理所7个事业单位。

【土地利用总体规划修编】

做好区县土地利用规划修编工作，加强规划引领作用。在土地利用总体规划修编中期成果的基础上编制完成了《海淀区土地利用总体规划（2006－2020年）规划大纲》。按照国务院对中关村国家自主创新示范区核心区的批复精神，对海淀区土地利用总体规划方案进行了多轮调整，对北部地区土地利用进行新的定位和空间布局安排，与北部新区规划进行了良好对接。同时大力推进乡镇土地利用总体规划编制。

联合中国人民大学，编制完成了《海淀区“十二五”时期土地资源保护与开发利用发展规划（2011－2015年）》初稿，明确了“十二五”时期土地资源利用的总体战略和目标，列出了规划期间重点建设项目表。

【建设项目用地预审】

2010年海淀区共审批通过建设项目用地预审项目171件（用地总量约943公顷，其中农用地约285公顷，农用地中耕地164公顷。）与2009年度相比，2010年度预审项目数量和总面积均有增加，其中项目数量增加11%，用地面积增加28%。

【土地供应计划】

2010年计划全年申请供地项目共89个，用地830.8717公顷，其中基础设施用地项目24个、425.9566公顷；保障性住房项目9个、90.4621公顷；园区用地项目29个、133.282公顷。其他类用地项目27个、181.171公顷。

2010年1－12月有42个建设项目办理了土地供应手续，供地面积156.2324公顷。其中：划拨项目11宗，供地面积93.386公顷，占全区总供地量的约60%；出让项目31宗，供地面积62.8464公顷，占全区总供地量的约40%。按照审批权限划分，由市政府批准的41宗，供地面积144.5057公顷，占全区总供地量的92.49%；由区政府批准的1宗，供地面积11.7297公顷，占全区总供地量的7.51%。

【土地储备计划】

2010年海淀区储备开发计划项目共计46个（结转项目34个，新增项目12个），其中储备中心作主体9个（结转项目7个，新增项目2个）。

【征地及农用地转用项目用地管理】

办理完成征地项目18件，用地总面积381.7582公顷，其中农用263.9438公顷。完成征地公示、公告38件，办理征地结案15件。召开了海淀区征地补偿区片价听证会。办理农用地转用和土地征收项目53件，用地总面积916.5033公顷，其中农用地约418.0531公顷。

【重点项目落地】

加快推动区政府确定的重大工程项目建设。积极推进中关村国家自主创新示范区的建设，按照“一企一策”的方式提供用地服务。积极参与重大项目投资落地工作，促进航天信息、研祥北方总部、华旗资讯、东方光大集团、中船重工等项目投资落地。

【土地储备投资情况】

根据海淀区2010年土地储备开发计划，2010年计划投资共计53.65亿元（结转49.65亿元，新增项目4亿元）。2010年底我区储备开发项目投资共计61.01亿元，完成2010年度投资计划的113.7%；其中储备中心主体项目投资48.67亿元，企业主体项目投资12.34亿元。

【土地交易市场】

2010年海淀区完成国有土地入市交易7宗，供地面积共计51.6公顷，成交金额共计1092950万元。分别是海淀区东升乡居住、商业项目，海淀区北蜂窝商业金融项目，海淀区清河406#商业金融项目用地，北京市海淀区小营二类居住用地，土地面积17.61公顷，北京市海淀区小营居住项目（C1－C5地块），海淀区西北旺北C1地块居住项目用地（唐家岭地区整体改造资金平衡项目），海淀区西北旺镇中心C3地块居住、托幼及中学用地用地（唐家岭地区整体改造资金平衡项目）。

【土地储备开发】

2010年海淀区土地储备分中心负责推进的具体项目主要有：八家地区整体改造土地一级开发项目、学院路北端项目、凤凰岭一期、二期项目、温泉K项目、紫竹院小学项目、温泉镇太舟坞三定三限项目、永丰新材料功能区4－1街区A、E区地块一级开发项目、西北旺三期北C地块、玲珑巷地区改造项目、中关村国际教育园文教基地项目、翠湖科技城A1、A2地块一级开发项目共11个项目。

【八家重点村改造】

推进八家重点村工作，落实统筹城乡发展要求。八家整体改造是2010年海淀区8个市级重点挂账村的第一个改造项目，截止目前，已签订腾退协议院落数1244个，占总院落数比例的89%。前后召开十二次土地储备资金监管小组会议，并通过十批1076份拆迁补偿安置协议，拨付住宅拆迁款75356.32万元。拨付集体企业拆迁款19533万元。

【土地登记】

完成登记业务789件，其中土地使用权登记275件，包括大业主土地设定登记131件，大业主转移登记86件，变更登记41件，注销登记17件，颁发土地证书217本。抵押登记516件，其中大业主抵押设定登记240件，抵押变更登记11件，抵押注销登记265件，颁发他项权利证明书238本。开展档案数字化工作，完成电子档案并档系统的开发工作，档案数字化录入100万页。

【国土资源执法】

推进2009年度卫片和遥感二号卫片执法检查工作。2009年度卫片涉及我区违法用地100宗，占地683.4亩，含耕地115.64亩，处罚（理）到位率95%。遥感二号卫片一季度违法用地共61宗，1391.4亩，其中耕地293.9亩。违法案件已移交查违办处理。

制定部门联动机制，遏制违法建设增长。根据《北京市海淀区人民政府关于建立遏制和查处违法建设长效管理工作机制的意见（试行）》(海政发［2009］49号）文件精神，我局负责配合相关部门查处违法建设占用耕地情况，对各类卫片、巡查等途径发现的一般违法用地行为交由其他部门处理。全年共移交110宗。

加强动态巡查力度。加强动态巡查力度，全年累计巡查210天，出动巡查人员700人次，其中一级巡查区域巡查85天，出动巡查人员280人次，二级巡查区域巡查70天，出动巡查人员245人次，三级巡查区域巡查55天，出动巡查人员175人次。并对发现的16宗违法用地行为进行了有效制止。

【土地总登记工作】

在6324宗城镇国有土地使用权中，共有2460宗需要发证。截至目前，已发证2028宗，发证率为82.44%；在3428宗集体土地使用权中，已发证199宗，发证率为5.8%；570宗集体土地所有权尚未发证。

【农村土地确权登记颁证工作】

加强地籍管理，夯实土地管理基础。拟定《北京市海淀区农村土地确权登记颁证试点工作实施方案》，确定上庄镇东小营村、东升乡小营村为试点村。上庄镇东小营村宗地设定情况为国有土地使用权9宗、集体土地所有权11宗、集体建设用地使用权18宗；东升乡小营村宗地设定情况为国有土地使用权40宗、集体土地所有权25宗、集体建设用地使用权54宗。

【矿产资源概况】

海淀辖区内共有矿泉水开发企业6家，共收缴2009年度矿产资源补偿费40余万元。经检查，采矿权人均按要求上报了年检材料，在实地核查中未发现违规行为，参检单位均年检通过。

【地热资源管理】

海淀区共有北京大学、裕龙大酒店等8家地热开发利用单位，经检查，地热采矿权人均按要求上报了年检材料，在实地核查中未发现违规行为，参检单位均通过年检。

【汛期地质灾害防治】

汛前成立了国土海淀分局汛期突发性地质灾害应急领导小组。领导小组组长由局长张继安担任，副组长由主管防灾工作的赵艺华副局长及纪检组长和金庆担任。成员由各相关科室和国土资源所主要负责人组成。领导小组下设办公室、应急调查队、后勤保障组及通讯信息组四个工作部门。

全面开展海淀行政区域内的汛期地质灾害隐患再排查行动工作。积极配合苏家坨镇、四季青镇，填写并发放地质灾害防灾明白卡70余份。

【出台政策文件】

撰写《海淀区北部地区土地整理开

发建设模式》、《海淀区农村集体建设用地使用权出让和转让办法》、《海淀区关于在中关村国家自主创新示范区核心区（海淀北部地区）开展集体产业用地土地使用权流转试点的方案》、《海淀区征地补偿区片价标准》等多个文件，为快速推动北部研发服务和高新技术产业聚集区建设提供了政策支持。

【法制宣传】

2010 年4 月22 日是第41 个世界地球日，海淀分局以“珍惜地球资源、转变发展方式、倡导低碳生活”为主题，在甘家口大厦进行现场宣传咨询，发放宣传折页、小册子、报纸500 余份，张贴宣传画 4 张、展板 6 块，并送发了宣传纪念品。

2010 年 6 月 25 日是第 20 个“全国土地日”，国土海淀分局首次在中关村环保科技园内举行“依法管地、集约用地、促进发展、走近园区—6. 25 土地日宣传”活动，邀请中关村环保园、永丰基地内的各大入驻企业参加，与分局一起就园区建设中加强土地保障和管理方面展开座谈。并与北京实创科技园开发建设股份有限公司现场签订“手拉手”企业共建协议。

【工程领域重大问题专项治理工作】

按照区治理办和市局治理办的要求，对海淀辖区内第一、二批 511 个的项目进行了自查和排查，经查，涉及土地管理工作的项目共 17 个，其中未办理农用地转用和土地征用手续的问题项目 8 个，存在土地闲置问题的项目 9 个。经过多次的督促整改，整改完成的项目为 9 个，占问题整改项目的 52. 94%；发了责令限期整改通知书可作为已整改的项目有 8 个，占问题整改项目的 47. 06%。

【信息化建设】

完成我局城镇土地地籍管理电子档案并档系统开发和验收工作。开展信息安全检查工作，对全局工作人员进行培训。建立局 OA 系统运维登记、局信息化设备运维登记制度，年内网站上传信息条 819 条。

【信访工作】

受理信息公开查询 44 件；接收信访件 39 件，受理 33 件，接待群众上访 6 批 11 人次接待群众上访 13 批 32 人次，受理信访件已全部办结，办结率 100%；办理人大建议 16 件，其中我局主办 14 件、协办 2 件，办结率 100%。

北京市国土资源局丰台分局

【土地资源概况】

丰台区位于北京市的西南部，属城乡过渡地带，呈东西方向狭长展布，东西长35.4公里，南北宽14.9公里。按照2008年度丰台区土地变更调查数据，全区土地总面积现为305.52平方公里，较年初减少0.28平方公里，该部分土地位于北京西客站建设大厦周边，已划给宣武区管辖。区域土地中建设用地222.37平方公里，占总量72.78%，农业用地80.84平方公里，占总量26.46%，未利用地2.30平方公里，占总量0.75%。（详见表1）

表1　丰台区土地利用情况统计表

地类		面积（公顷）	占比例%
合计		30552.63	100%
农用地	小计	8084.6	26.46
	耕地	2537.29	8.3
	园地	811.45	2.66
	林地	4635.06	15.17
	牧草地	100.80	0.33
建设用地	小计	22237.36	72.78
	居民点及工矿	18451.60	60.39
	交通运输用地	2519.69	8.25
	水利设施用地	1266.07	4.14
其他土地		230.67	0.75

【机构设置】

按照市局《关于各区县国土资源分局调整机关职能科室设置的批复》（京国土人〔2007〕505号）、市编办《关于重新核定市国土局区（县）所属单位机构编制的函》（京编办事〔2006〕26号）及市编委《关于建立健全基层国土资源管理机构的批复》（京编委〔2009〕28号）文件，分局现设置办公室、纪检监察科、执法监察科、地籍科、地质矿产科、土地利用科、耕保征地科7个职能科室，其中办公室、地籍科分别加挂财务科、综合科牌子；设置土地权属登记事务中心、土地利用事务中心、土地整理储备分中心、国土资源执法监察队、第一国土所、第二国土所、第三国土所7个分局属事业单位。

截至2010年12月31日，分局编制内工作人员100名（编制106个），其中处级干部7名，科级干部30名（含主任科员3名、副主任科员4名）。其中公务员30名，机关工勤4名；参照公务员管理事业单位（登记中心）人员15名；纳入规范管理事业单位（执法队）工作人员8名，全额拨款事业单位工作人员43名。

【土地供应计划】

编制完成了《北京市丰台区2010年度土地供应计划》，针对本年度土地供应计划执行情况，加大监管力度，采取召开工作计划编制动员会、座谈会、现场检查等方式广泛了解建设项目进展情况。受地价审核及规划分割、规划调整、项目周边市政不到位，达不到入市交易的条件、金融危机等因素影响，全年实际供应土地103.66公顷，其中计划内项目67.10公顷，占年度计划供应量（351.83公顷）的19.07%。（见表2）

表2　丰台区2010年度土地供应计划完成情况

指标项	宗数	面积（公顷）	完成计划情况%
土地供应计划	8	67.10	19.07%

【土地市场治理整顿】

根据市、区专项治理领导小组和本小组专项治理工作要求，分局成立了“分局工程建设领域突出问题专项治理工作领导小组”，建立了分局主要领导挂帅，主管领导负责，具体工作主管科室牵头，相关部门配合的机制，使此项工作迅速展开。

针对2010年度本地区梳理出的213个建设项目情况，进行了细致地研究和工作部署，召开了专项治理自查会，明确各部门的工作任务。一是理清项目，有的放矢。对涉及我区的213个项目进行了筛选，并分若干批及时发给各科室、各部门迅速进行梳理、填报；二是逐一核实，严防疏漏。一方面按市局统一要求对前四批项目的排查工作进行复核，另一方面对中央检查组抽查的8个项目逐一进行了筛查、核实，确保不出现疏漏；三是协调配合，解决问题。针对各科室、各部门填报工作中出现的问题，及时与区专项治理领导小组办公室、市局有关处室进行联系，协调解决填报当中发现或出现的问题，夯实每一个环节和每一个部门的工作，使自查阶段的各项工作顺利展开；四是狠抓落实，积极整改。对第一阶段排查出问题的16个项目，召开专项工作会，逐一核实、确认项目情况，对确实存在问题的，下发限期整改通知书，督促其尽快进行整改。

【建设项目用地预审】

为落实市、区绿色审批通道工作的要求，分局积极响应，成立丰台分局重大项目推进领导小组，主动研究审批程序，优化工作流程，提出四个“提前”的工作机制：“提前沟通、提前介入、提前勘察、提前办理”，力争减半时限办结。截至年底，建设用地预审等各项工作进展顺利。丰台区纳入市政府绿色审批通道项目共计75个，已完成预审43个，加上不需办理预审的6个，2项合计为49个，约占65.33%。

2010年度共完成建设项目用地预审94件，用地规模2482.2430公顷（详见表3）；办理土地利用总体规划和地类的审查意见39件，有效的保证了用地手续后期工作的顺利开展。

表3　丰台区2010年度建设用地预审情况

指标		项目个数	用地面积总量（公顷）
合计		94	2482.2430
建设用地预审	基础设施	26	356.5290
	产业用地	4	25.5224
	科教文卫和行政办公	16	199.7638
	经济适用住房	25（含农民回迁楼）	241.0836
	住宅商品房	8	130.3498
	商服用地	8	175.7674
	混合用地	7	1353.2270

【征用及农用地转用项目用地管理】

严格执行北京市政府颁发的《北京市建设征地补偿安置办法》（148号令），按照规定的程序办理征地工作。共办理了中体奥林匹克花园二期土地一级开发、丽泽金融商务区定向安置房（C9地块）、中关村科技园区丰台园东区三期土地一级开发、地铁九号线郭公庄车辆段（一期）土地一级开发等住宅及市政配套工程的征地前、后期协助、项目审核和报批工作。全年共完成征地22宗401.8338公顷，其中耕地108.9365公顷。（见表4）

表4　丰台区2010年度办理征地情况

指标项	面积（公顷）		与上年相比（%）
	2009年完成	2010年完成	
全年办理征地	265.3007	401.8338	上升151%

【土地储备开发】

2010年是全面落实市委市政府“城南行动计划”的开局之年，区委区政府加强释放土地资源和构建“两带四区”的发展战略和启动区内8个重点村整治任务。分局认真分析项目实际情况和存在的主要矛盾、问题，加快项目落地，同时积极探索、推进适合丰台区实际的土地储备开发管理、运作机制，全方位主动开展工作。

为保证任务落实，进一步加强了项目实施监管，及时了解项目最新情况，利用工作简报、周报、月报等方式向区政府及市局等有关部门进行汇报，积极协调解决项目实施过程中出现的有关问题，并将各项目责任到人；充分利用联合办公机制，由各职能部门及乡镇政府联合办公人员根据各自职能分工，抓紧推进项目前期手续办理及征地拆迁等各项工作、重点督促、强力推进；对条件较为成熟的项目提前介入，开展现场测绘、权属核查及验收结案等入市前准备工作，充分发挥行业主管部门的主动服务效应、能并联的不串联，能减少的尽量简化，确保了基本完成开发项目的必要上市审核程序；为保证区内城乡一体化工程融资工作的规范有序开展，建立了重点村储备开发资金监管审批制度，截止年末8个重点村项目已全部取得一级开发授权和规划条件；市政府重点建设项目郭公庄车辆段土地一级开发项目，已完成全部住宅房屋拆迁和地铁用地范围内的地上物拆除工作。

为切实推动土地储备开发工作，从基础工作入手，规范了组织机构内控规章，确保工作有序开展；进一步完善土地储备开发流程，确定了分中心对本辖区土地一级开发运作的主要模式；建立了区内储备开发项目联席会议制度，充分发挥区政府高层协调平台及区属各部门的协调互动作用，为供地任务的落实提供了必要保障；完善了河东地区土地储备开发潜力资源课题研究工作，对分局土地资源管理和区域土地储备工作、落实城南计划提供了专业化参考依据；为便于各有关部门掌握项目实施情况，组织编制了《2010年丰台区土地储备开发项目工作手册》，方便了领导了解项目、部门熟知项目和经办管理项目。

2010年共完成土地储备开发投资205亿元，在土地市场上公开交易土地5宗，土地总面积43.49公顷，规划建筑面积44.9万平方米，土地成交价格约33.76亿元，其中政府收益15.78亿元。完成储备开发项目共计229公顷，并全部通过市级四级地价审核会，达到供地条件。全年各类供地共计496公顷，基本实现了区委区政府年初释放土地资源的战略目标。

【土地整理与占补平衡】

2010年度丰台国土分局积极审核征地补偿、耕地占补平衡和基本农田调整方案，促进国家、市属重点工程征地项目的推进工作，完成了丰台区地铁九号线郭公庄车辆段（五期）土地一级开发项目、中关村科技园区丰台园东区三期土地一级开发建设项目、中体奥林匹克花园二期土地一级开发建设项目、长辛店老镇西区经济适用住房（长馨园）及商业金融用地土地一级开发项目等征地前期协调、项目审核及报批工作。全年共完成征地22宗，涉及土地面积401.8338公顷，其中耕地108.9365公顷，全部实现占补平衡。

【土地利用总体规划修编】

土地利用总体规划是对土地实行规范化管理的依据，对合理使用土地资源具有指导性作用。本次丰台区土地利用总体规划（2006－2020）的编制以第二次全国土地调查为基础数据，根据北京市下达给丰台区的基本农田、耕地保有量和建设用地等指标，结合北京城市总体规划和河西地区整体规划等资料，按照市局土地利用总体规划与城市土地规划相衔接的要求，在广泛征求各方面的意见之后，对上轮土地利用总体规划进行修编，以实现丰台区的可持续发展，提高土地承载力。

根据市局的指示精神，按照土地利用总体规划的编制技术要求，在征求了相关部门意见的基础上，组织课题组编制完成了《丰台区土地利用总体规划（2006－2020年）》，经区政府办公会和区委常委会审议通过后上报市局，现已通过市局组织的专家会评审，待市政府审批通过后就将正式实施。

在区级土地利用规划的基础上进一步细化各种土地分区管制用途，编制了《丰台区河东地区土地利用总体规划（2006－2020年）》、《丰台区长辛店镇土地利用总体规划（2006－2020年）》和《丰台区王佐镇土地利用总体规划（2006－2020年）》。现乡镇级规划已通过市局组织的专家会评审，待市政府审批通过后就将正式实施。

【土地登记】

全年核发国有土地证1086件，涉及土地面积416.08公顷；核发他项权利证756件，抵押价款5487589.37万元，抵押贷款1942339.56万元；注销他项权利证396件。

表5　丰台区2010年度土地发证情况

指　标　项	宗　数	面　积（公顷）
土地发证	1086	416.08

【国土资源执法】

2010年共查处违法违规用地65宗，涉及土地面积2527.26亩（其中耕地216.67亩）。其中以立案方式处罚39宗，涉及土地面积1742.26亩（其中耕地121.97亩），下达行政处罚20宗，涉及土地面积311.35亩；以非立案方式处理22宗，涉及土地面积343.6亩（其中耕地81亩）；属国家、市重点工程暂缓处理4宗，用地面积423.4亩（其中耕地13.7亩）。

65宗违法违规用地中，第十次卫片监测到的违法用地32宗，涉及土地面积556.7亩（其中耕地84亩）。遥感二号卫片（2009年10月至2010年9月）监测到的违法用地17宗，涉及土地面积532.3亩（其中耕地33.4亩）。动态巡查发现违法用地3宗，用地面积1320.3亩（其中耕地44.1亩）。信访举报违法用地13宗，涉及土地面积117.96亩（其中耕地55.17亩）。

年内，开展矿产巡查20次，出动车

辆13次，出动人员40人次，巡查历程1147公里，对发现的偷挖盗采行为及时进行有效的制止。

【电子政务及信息化建设】

信息化基础工作有序开展，为分局办公自动化提供了稳固的保障：一是积极应对各种有关电脑的问题，为大家排忧解难；二是积极准备各项信息化新制度，继续完善信息化工作流程；三是按市局要求为分局的电脑客户端更新了杀毒软件。

【矿产资源概况】

截止2010年底，丰台区的矿产地共22处。主要矿产包括地热、矿泉水、冶金用白云岩、制灰用灰岩、水泥配料用页岩。主要矿产探明的储量：冶金用白云岩220万吨，制灰用灰岩2.87亿吨，水泥配料用页岩2703万吨。没有新增矿产地和新查明重要矿产资源储量。开发利用的矿种有矿泉水资源及地热资源2种。已开发利用矿产地22处，其中矿泉水2处，地热20处。

【矿产资源开发及秩序整治】

为做好打击非法开采矿产资源工作，最大限度地遏制非法开采，确保社会和谐稳定。区打击非法开采协调小组各成员单位结合丰台区实际，积极开展打击非法开采专项工作，加强监管，严厉打击涉矿违法活动，加强巡查、检查，对偷挖盗采易发区进行严密监控，防止非法开采现象出现反弹，认真履行了各自职责，取得了明显成效。今年以来，国土分局组织有关部门和部分乡镇政府开展巡查、检查12次，出动检查人员200多人次。滞留调查涉案人员6人次。收缴罚款10万元。

【矿产资源开发管理】

2010年国土分局进一步加强矿产资源监督管理，年内对辖区内从事矿泉水和地热开采企业进行了年检，按时完成上级机关布置的年检登记组织工作，总体评价丰台区矿产资源勘查开发利用基本上规范有序。

【地质勘查储量管理】

丰台辖区从事地热资源勘探项目的企业1家，年内探矿权人勘探施工进展等情况进行了现场查验和材料审验。年内辖区没有公益性的地质勘察投入。

【地热资源管理】

加大地矿资源管理力度，年内对丰台区地热开采情况进行了调查和年检，本区共有地热井30眼，其中有20眼正在使用，7眼待用，2眼停用，1眼报废。

【汛期地质灾害防治】

2010年国土分局按照区应急委颁布的《丰台区突发地质灾害应急预案》，积极开展地质灾害防治工作，制定了汛期预防突发地质灾害应急预案和建立应急抢险、避险等预防措施，建立汛期预防地质灾害值班、预防地质灾害险情报告制度及预防地质灾害群测群防体系。组织全区有关业务部门主管领导和业务骨干开展预防地质灾害方面业务知识专项培训，提高了全区各有关部门地质灾害防治意识，增强了防范能力。

【信访工作】

信访工作始终是分局落实“保稳定”的头等大事，领导班子非常重视信访工作，逐级明确责任，明确“领导包案、归口办理、限期结案、加强督查”的办理机制，对全体工作人员提出“热心、耐心、诚心”的工作要求。分局领导严格执行每月两次在岗信访接待和每周领导信访值班制度，对重大信访案件实行领导包案制，认真做好不同阶段的矛盾排查和重点案件的办理工作。2010年接待群众来访91批241人次，接收信访件107件，12336转办32件。

【政务公开与制度建设】

2010年分局通过网络公布、公开电话、设立信箱等多种方式和形式建立起一套符合分局特点的“政府信息公开”办理流程，主动接受社会各个方面的监督。年内分局主动公开各类政府信息330条，受理依申请公开政府信息查询169件，内容涉及征地拆迁、国有土地使用、土地权属等多个方面，全部在规定的时限内做出了答复。

【法制建设】

分局2010年加大国土资源法律法规宣传力度，强化基层单位法制建设。一是进行法律法规知识培训。组织全区6个乡镇，14个行政村的领导干部进行了集中培训和学习，要求全区乡镇、村级干部提高依法合理利用土地的意识，切实履行主体职责，降低违法占用耕地的比例，坚决不能突破“15号令”问责红线切实保护耕地。从思想上和行动上建立了执法工作长效机制，遏制继而消除违法占地行为，维护正常土地市场秩序。二是积极开展主题日宣传活动。在丰台区乡镇和村设立宣传点，在“4.22”世界地球日和“6.25”全国土地日期间，开展了形式多样、内容丰富的宣传活动。通过国土资源管理宣传报道工作，使国土资源法律法规逐步深入人心。

北京市国土资源局石景山分局

【国土资源概况】

石景山区在北京市城区西部，因永定河畔的石景山而得名。石景山区行政辖区土地总面积为84.38平方公里，其中山地占总面积的35.7%，平原占总面积的64.3%。石景山区中部为山顶浑圆、坡度平缓的丘陵地带，东部和东南部是由于永定河的反复改道而形成的扇状冲积平原，其间散布着马鞍山系的老山、八宝山与田村山。石景山区东距市中心的天安门16公里，西临永定河与门头沟相邻，北倚海淀区的克勤峪、香山、卢师山，东抵八角东路、玉泉路与海淀区相连，南至吴家村、张仪村一线与丰台搭界。

石景山区土地总面积8438.21公顷，其中：农用地面积2631.24公顷，占总量的31.22%；建设用地面积5781.77公顷，占总量的68.76%；未利用地面积25.20公顷，占总量的0.30%。（详见表1）

表1 石景山区土地利用情况统计表

地类		面积（公顷）	占比例%
合计		8438.21	100%
农用地	小计	2631.24	31.22
	耕地	83.02	0.99
	园地	96.04	1.14
	林地	2441.96	29.04
	牧草地	10.22	0.12
建设用地	小计	5781.77	68.76
	居民点及工矿	5249.42	62.43
	交通运输用地	216.30	2.57
	水利设施用地	316.05	3.76
其他土地		25.20	0.3

【机构设置】

北京市国土资源局石景山分局为北京市国土资源局的派出机构，在市国土资源局领导下，按照管理权限，负责组织实施本行政区域内土地、矿产资源的行政管理工作。下设北京市土地整理储备中心石景山区分中心、石景山区土地权属登记中心（加挂石景山区土地利用事务中心）、石景山区国土资源执法监察队、国土资源管理所4个事业单位。年内，新录用应届毕业生1名，调入1名，公开招聘国土所工作人员7名，调出4名，年底在编在岗人员共63名，其中机关工作人员22名、参照公务员管理事业单位人员10名、纳入工资规范管理事业单位人员10名、事业单位人员21名。另外，土地储备分中心仍采取劳务派遣方式聘用工作人员12名。

【土地利用总体规划】

完成《石景山区土地利用总体规划（2006－2020年）》编制工作，6月通过市长办公会批准。

《石景山区土地利用总体规划（2006－2020年）》经石景山区人民政府召开区长办公会通过，《规划》紧紧围绕“建设现代化首都新城区，努力打造首都文化娱乐休闲区（CRD）”，是“十二五”期间各项规划编制的重要依据，是规划期内石景山区土地开发、利用和保护的纲领性文件，是严格土地管理、引导城市建设的重要手段，是加强土地宏观调控和实行土地用途管制的主要依据。

【建设项目用地预审】

年内，共完成33个项目的建设项目用地预审工作，涉及用地面积约308公顷。完成3个项目的用地预审初审工作，涉及用地面积约9.66公顷。完成新建铁路北京至石家庄客运专线临时用地审批工作，审批用地面积为0.4公顷。

【土地征收】

年内，上报项目24个，共申请建设用地440公顷，其中集体土地440公顷；共办理了8个项目的征地初审工作（站前小区经济适用住房项目、天泰山旅游项目A地块土地一级开发项目、区结核病防治所项目、老古城综合改造项目、刘娘府综合改造项目A1地块、A2地块、C1地块、C2地块、）的征地初审上报工作，征收集体土地总面积198.4126公顷。为五里坨建设组团01、03、04、05号地块项目、石景山消防支队改扩建项目、玉泉新城二期项目、北八渠环境整治项目、五里坨路道路建设项目、煤气厂西路项目、站前小区经济适用住房项目，共计10个项目取得了市政府的用地批复并办理了征地结案，申请结案的土地面积共计89.6455公顷。

全区纳入市政府绿色审批通道的项目共65个，不需供地项目8个，已落地项目9个，涉及用地预审审批的项目59个，已完成用地预审项目43个；涉及征地审批项目41个，已完成征地项目12个。

【土地供应计划及实施】

年内，完成《石景山区2010年土地

供应计划安排建议方案及项目表》及《石景山区2011－2015年中期土地供应计划安排建议方案及项目表》编制工作。2011年，石景山区土地计划供应25个项目，计划用地总量为133.79公顷。2011－2015年，石景山区土地计划供应122个项目，计划用地总量为701.62公顷。年内，石景山区土地供应总量为112.97公顷，其中，划拨项目6个，用地面积20.13公顷，出让项目12个，用地面积92.84公顷。完成8个政策性住房项目供地，总用地面积70公顷。

【土地市场交易】

年内，石景山区土地储备项目实现投资82.70亿元。完成石景山区苹果园交通枢纽商务区I、J\P、G地块商业金融项目用地、五里坨住宅项目（原西山木材厂）用地、银河商务区E地块等共计5个项目上市交易，项目总用地面积7.27公顷，建设用地面积6.94公顷，规划建筑面积22.93万平方米。

年内，共受理数套商品房土地出让申请19批次，已办结19批次（37套），出让面积共计2972.95平方米，收取出让金725409.3元。

【土地储备开发】

编制完成《石景山区2011年土地储备开发计划》。2011年纳入土地储备计划的项目共有38个，其中2011年结转项目29个，2011年新增项目3个，产业用地项目1个，完成开发未实现供地项目5个，总用地面积815.4公顷，规划建筑面积672.08万平方米。

编制完成《2011—2015年土地储备开发计划》，确定土地储备重点开发区域面积288公顷。

【土地调查】

构建土地变更调查新机制，建立了“月清、季累、年更新”的土地变更调查机制，保证了土地调查数据的现势性。利用高分辨率卫星遥感数据，结合土地审批情况和高精准的野外调查，对辖区内逐月发生的土地利用和权属变化进行清查，每季度更新一次土地调查数据库，每年累计形成年度变更调查成果，实现了“天上看、地上查、网上管”的土地管理模式。

【城镇地籍更新调查】

年内，完成本区2010年城镇地籍更新调查工作，石景山区城镇范围为5250.35公顷，占全区总面积的62.2%，其中商服用地376.40公顷、占城镇建设用地总量的7.2%；工矿仓储用地1419.49公顷、占城镇建设用地总量的27.0%；住宅用地1354.27公顷、占城镇建设用地总量的25.8%；公共管理与公共服务用地952.55公顷、占城镇建设用地总量的18.1%；特殊用地508.60公顷、占城镇建地总量的9.7%；交通运输用地568.46公顷、占城镇建设用地总量的10.8%；其他土地70.58、占城镇建设用地总量的1.3%。（详见表2）

表2　石景山区城镇地籍更新调查表

地类	面积（单位：公顷）	比例
合计	5250.35	100.00%
商服用地	376.40	7.17%
工矿仓储用地	1419.49	27.04%
住宅用地	1354.27	25.79%
公共管理与公共服务用地	952.55	18.14%
特殊用地	508.60	9.69%
交通运输用地	568.46	10.83%
水域及水利设施	0.00	0.00%
其他土地	70.58	1.34%

【土地权属登记】

年内，结合二次调查，开展首次土地总登记工作。全区地籍调查工作完成100%，发证面积为4175.66公顷，占全区总面积的49%，占全区国有土地面积的58%。

年内，共完成小业主土地登记105件，抵押登记109件，抵押注销登记112件。

年内，完成了登记1556卷、抵押439卷、确认单100卷、预审106卷、军产29卷、数套商品房184卷、征地1817卷、《土地房屋所有证》（老地契）73本、市局档案83卷以及城镇地籍调查、集体土地地籍调查档案4110卷共计8497卷专业档案和2005年至2009年的2887件、31179页文书档案的数字化工作，该项目已通过市局专家组的验收。其中：登记1556卷（含央产84卷）、抵押439卷、确认单100卷、预审106卷、军产29卷、数套商品房184卷、征地1817卷、《土地房屋所有证》（老地契）73本、市局档案83卷（含征地1卷），以及城镇地籍调查、集体土地地籍调查专业档案数字化3608卷。

【土地矿产执法监察】

加大执法力度，完善政府负总责机制，成立了石景山区“土地矿产执法检查工作协调小组”，形成了国土资源、规划、建设、监察和公、检、法等有关部门联合执法、社会监督、层层负责的执法监察机制。2010年依法查处违法案件6件，查处到位结案案件4件，共没收构建物3万3千余平方米，罚款249万余元。

开展卫片执法检查和动态巡查工作，共完成巡查148次，巡查里程4310公里。

5月17日至6月9日，国家土地督察北京局开展对石景山区年度耕地保护责任目标落实情况、土地调控和产业政策执行情况、土地审批和履行土地管理法定职责情况等的例行督察。石景山区完成了包括违法建设高尔夫球场在内的“未报即用”等9方面、35项问题的整改工作，通过了预验收。

年内，对纳入治理范围的136个工程建设项目从工程建设项目决策行为和规范土地使用权、矿业权审批和出让行为等角度进行逐一排查，做到不留死角、不走过场、不打折扣、全面分析、扎实做好排查工作。

按照国土部、市国土局关于国土资源系统开展“两整治一改革”专项行动的精神和工作部署，积极开展“土地和矿业权交易市场专项治理”、“整纪纠风专项治理”、“深化国土资源管理制度改革”工作。

【信息化建设】

4 月，分局组织开发建设的《石景山区土地业务综合管理系统》顺利通过评审验收，实现与原业务系统的顺利对接。此综合管理系统包括《土地储备数据库》、《土地管理辅助决策信息系统》和《土地批后监管信息系统》，从多个方面满足分局土地管理业务升级需求，进一步完善和提高石景山区土地管理信息化建设水平。

应用《土地储备数据库》，实现了储备用地现状信息、权属信息、规划信息、市政信息、地价信息、经济社会发展信息等多类数据的高效集成。分局使用 34 条外部共享信息开展协同办公，覆盖 4 项工作业务。包括：卫片执法检查、土地供应计划、土地储备业务、市政府绿色审批通道项目用地审批工作。形成了 89.2G 的基础数据，包括基础地形图、航空遥感影像、宗地图、地下管网等数据资源；50.3G 的业务数据，包括土地规划、土地利用、土地地籍、矿产资源和土地储备等数据资源。累计整合了 139.5G 的数据资源。

为提升国土资源管理水平、系统辅助决策能力、公众服务能力，深度挖掘数据资源的应用能力，形成全区一张图的管理模式，形成业务运转的无缝链接，分局开展《石景山区土地储备开发管理信息系统》、《智能手机协同办公系统》、《石景山区三维决策支持系统》等三个系统的调研工作，并将应用三维技术、3G 技术、PUSH 技术支撑信息系统建设。以上三个项目已被纳入《北京国土资源“十二五”科技规划》。

【矿产资源管理概况】

完成矿产资源企业采矿权年检、矿产行政许可等工作及采矿权延续发证，收缴矿产资源补偿费及采矿权使用费，完成了矿产资源开发利用数据库的更新工作，落实了矿泉水生产企业源水检测工作。

【地质灾害防治】

开展地质灾害预防工作，与有关街道签订《责任书》，落实汛期“四包七落实”工作，增设《警示牌》，更新应急通信录，换发《防灾明白卡》。加强地质勘查单位管理，开展了城市地质土壤环境调查和汛期地质灾害隐患再排查工作。石景山区被国土资源部授予地质灾害防治“十有县”。

【节约集约用地】

年内，积极参与国土资源部开展的国土资源节约集约利用模范县（市）创建活动。依据石景山区土地节约集约利用特点及创新做法，向国土资源部申报创建节约集约模范区自荐材料，国土部已批准石景山区成为2010年度国土资源节约集约模范县（市）创优活动试点区县。石景山区将以此为契机，进一步提高节约集约用地水平，在促进土地节约集约利用的战略高度、思想认识、政策保障、措施推行等多个方面进行积极的尝试，力争成为“全国土地节约集约模范县（市）”。

【服务窗口建设】

年内，认真落实《市国土局关于进一步规范土地登记工作行为的通知》（京国土籍【2010】174号）精神，进一步抓好行政服务窗口建设，主动接受社会监督。以此为契机，为中心工作人员、见习人员重新制作了胸牌、对外桌牌，在大厅公布了市登记中心和分局的监督电话，增设了全市统一的意见箱、意见本和《国有土地使用权登记办事流程》。分局每年召开两次座谈会，征求用地单位对分局及窗口工作的意见和建议，主动接受社会各界的监督，不断改进工作方法和工作作风。

服务窗口严格实行“一口收件，专人负责，一次性告知”的业务受理模式，并对重点工程建设项目按照“随到随报”的原则，及时完成重点项目的预审、勘测定界及征地等工作，保证了项目的进展速度。充分发挥办公系统的优势，优化审批流程，积极主动压缩办理时限，按项目的进展阶段，及时完成储备项目的登记发证、抵押登记及抵押注销登记任务，保证了项目正常运作资金的及时到位，缩短了项目运作周期，真正实现变“绿通”为“普通”。

【窗口业务完成情况】

年内，共受理各类业务1082件，（其中：地籍调查204件、土地登记202件、抵押登记49件、抵押注销52件，小业主土地登记105件、抵押登记96件、抵押注销95件，征地10件、预审34件、数套商品房出让26件、信息公开202件、勘测定界业务7件。）

全年完成各类业务968件。其中：土地登记207件、抵押登记39件、抵押注销登记52件，地籍调查确认单27件，小业主土地登记105件、抵押登记100件、抵押注销95件，征地9件、预审28件、数套商品房出让25件、信息公开178件，退件103件。完成储备项目土地登记6件，土地抵押登记20件，抵押注销登记21件。

完成各类土地登记发证业务598件，占全部业务办结量的61.79%。（其中国有土地使用权初始登记101件，变更登记194件（含小业主登记105件）；国有土地使用权抵押登记148件（含小业主抵押登记109件）；国有土地使用权抵押注销登记155件。）

与2009年相比，2010年窗口各类业务办结量均有所上升，其中，土地登记业务办结量上升29件，增幅5.1%，国有土地使用权抵押权设定登记发证量较去年增加了48件，增幅48%，其余业务办结量上升124件，增幅50.41%。

【政务公开和信息调研工作】

年内，办结政务信息公开查询业务178件，比2009年增加64.81%。

制定分局党员干部理论学习计划和调研信息工作计划，做到了学习时间、内容、部门、要求以及责任人“五明确”。全局的学习自觉性明显提高，学习教育活动开展顺利，干部职工思想道德素质得到显著提高，文明服务意识明显增强。共报送各类信息120余条，刊印宣传板报3期，完成土地储备、土地节约集约利用等调研报告8篇，分别获得区优秀调研报告一、二、三等奖。

【精神文明和党风廉政建设】

加强分局精神文明建设，开展群众性机关文化活动，进一步丰富干部职工的业余文化生活。成立了分局文艺工作委员会，具体负责和组织文体活动，为进一步丰富干部职工的业余文艺生活，陶冶干部职工的道德情操发挥了组织功能。认真组织“三八”妇女节联欢、“七一”系列党日活动、八大处登山比赛。通过开展一系列的活动，增强了凝聚力，调动了干部职工工作的积极性。

增强支部的凝聚力和战斗力，组织编制了党支部2010年计划及活动计划安排，组织学习党的十七届五中全会学习，并根据分局学习情况上报落实措施。始终坚持“三会一课一汇报”制度，定期召开支部党员大会、支部委员会及党小组会，局党组成员带头以双重身份参加组织生活。收缴党费7982元。

加强制度建设，制定《分局党组2010年建立健全惩治和预防腐败体系任务分解方案》、《分局党组2010年党风廉政建设工作安排》、《分局党组2010年党风廉政建设和反腐败任务分工》等材料。加强党风廉政教育，开展党风廉政建设宣传教育月”活动，编制《分局党风廉政教育月工作方案》，组织召开“党风廉政建设工作会”，签订责任书，组织进行廉政集体谈话，请区检察院反贪局局长讲解预防职务犯罪课，学习沈浩同志先进事迹，组织副科以上领导干部学习《廉政准则》，组织参观反腐败展览，筑牢干部职工思想道德防线。

针对分局政风行风热线办理过程中出现的新情况，制定政风行风热线办理的时限、程序和工作要求。组织召开廉政风险防范管理情况沟通交流会，重新梳理完成单位、部门和个人廉政风险防范查找风险点汇报材料并制定制度性防范措施。采取了以下几项保障措施开展效能监察工作：一是按照分级负责的原则，抓责任分解；二是按照“一岗双责”的要求，抓责任落实；三是建立廉政档案，规范领导干部重大事项报告制度。通过开展效能监察工作，审批按时办结率、审批缩短率、流程按时办结率、流程缩短率均较去年有一定缩短，既保证了行政审批和管理的正常运转，又促进了党风廉政工作的稳步发展。

北京市国土资源局门头沟分局

【土地资源概况】

门头沟区位于北京市西部，北与昌平区为邻，东临海淀区和石景山区，南接房山区和丰台区，西部及西北部与河北省的涞水县、涿鹿县以及怀来县接壤。东西最长距离约62公里，南北最宽为34公里，平面大致呈扇形分布，区政府所在地龙泉镇距北京市中心约25公里。西部山地是北京西山的主体部分，山形挺拔高峻，险峰叠嶂，峭壁林立。海拔1500米以上的山峰有160余座。东部山地处于北京西山边缘，山势逐渐降低，山体变小。3条主要岭脊均呈东北向平行排列。由于山地切割严重，各岭脊之间形成大小沟谷300余条。平缓的山地与陡峭的山坡交替出现，地形呈锯齿状、阶梯性上升，具有中纬度大陆东岸季风气候特点。土壤类型主要有山地淋溶褐土、山地棕壤和碳酸盐褐土。全区土地总面积的98.5%为山地，人均土地资源9.01亩。根据2009年度土地变更调查数据，全区土地总面积现为1448.84平方公里，其中建设用地107.16平方公里，占总量的7.4%，农业用地1299.46平方公里，占总量的89.69%，其他土地42.21平方公里，占总量的2.91%。（详见表1）

表1　门头沟区土地利用情况统计表

地类		面积（公顷）	
合计		144884.13	占比例%
农用地	小计	129946.48	89.69
	耕地	824.63	0.57
	园地	5578.36	3.85
	林地	100570.26	69.41
	牧草地	22973.23	15.86
建设用地	小计	10716.54	7.4
	居民点及工矿	7812.37	5.4
	交通运输用地	1323.12	0.91
	水利设施用地	1581.05	1.09
其他土地		4221.11	2.91

【机构设置】

北京市国土资源局门头沟分局（以下简称分局）下设6个职能科（室），即：办公室（财务科）、综合科（地籍科）、土地利用科（耕保征地科）、地质矿产科、执法监察科、纪检监察科。下辖8个事业单位：北京市门头沟区土地权属登记事务中心、北京市门头沟区土地利用事务中心、北京市门头沟区国土资源执法监察队、北京市土地整理储备中心门头沟区分中心、分局第一国土资源管理所、分局第二国土资源管理所、分局第三国土资源管理所、分局第四国土资源管理所。现有干部职工83人。

【土地利用总体规划】

完成了门头沟区《土地利用总体规划（2006—2020年）》大纲及方案的编制。

【建设项目用地预审】

完成建设项目用地预审56件，为建设单位出具用地初步意见65件。

【征地及农用地转用项目用地管理】

完成集体土地征收前期工作12项，面积181.33公顷；完成占地审核项目9项，面积15.93公顷；完成审批临时用地项目3项，面积5.14公顷；完成征地结案项目2项，面积4.07公顷。

【土地整理及耕地占补平衡】

完成土地开发整理项目2个，建设总规模1309亩，新增耕地822亩；完成了斋堂、清水、妙峰山、雁翅、潭柘寺及龙泉等镇7个土地开发整理项目实施前期准备，其中市级投资项目3个，区级投资项目4个。

共使用耕地指标599.25亩，收缴耕地开垦费898.92万元。

【土地供应计划及实施】

完成了区《2010年土地供应计划》的编制。计划供地285.41公顷，完成供地24.01公顷。其中：科教文卫体和行政办公用地（大台办事处综合文化活动中心）0.17公顷；商品房用地（北京市门头沟新城城子地区21－218号地土地一级开发）3.44公顷；商服用地（龙口水库西侧土地储备项目）16.13公顷；保障房用地（新桥路小白楼地区二期危改异地安置用房）4.27公顷。

【土地储备开发】

实施土地一级开发项目12个，其中市区联储及分中心为主体项目7个，社会企业投资项目5个；完成土地储备开发投资54.45亿元。

【土地调查】

对北京地方坐标数据库和80库进行了一致性检查，核查图斑2343块，检查宗地432宗；完成了二调成果归纳整理，共形成3类外业调查成果、4种数据成果、6个图件成果、8个专项文字报告和3个数据库。

【土地权属登记】

登记发放国有土地使用权证190宗，

总面积215公顷；受理土地抵押61宗，总面积152.16公顷，贷款金额167100万元。办理土地抵押注销登记27宗，总面积46.95公顷。

【土地执法监察】

开展了2009年度土地卫片、2009年第四次遥感监测土地卫片及2010年第1次遥感监测土地卫片执法检查和清理工作。共核实图斑223个，查处违法用地行为54宗；开展土地执法巡查51次，期间发现违规用地行为15起，已按相关规定进行了处理。

【信息化建设】

开展网络和设备的维护与故障排查，网上综合业务办理平台稳定运行；完善了外网内容，修改和调整了相关栏目并做到及时更新；加强网络信息系统安全管理，无重大病毒感染及严重网络入侵事件。

【矿产资源概况】

已探明各类矿产资源30余种。目前开采的矿种有：石灰石、煤炭、铁及矿泉水等。截至2010年年底，门头沟区共保有固体矿山企业5家，矿泉水企业4家。

【矿产勘查储量管理】

完成了2009年至2010年矿山企业占用矿产资源储量动态监测。截止2010年底，门头沟区煤炭保有资源储量2015.93万吨；铁矿保有资源储量59.51万吨；铜矿保有资源储量18.79万吨；锌矿保有资源储量8.96万吨；钼矿保有资源储量12.05万吨。

【矿产资源开发管理】

开展超层越界开采行为实地抽查21次；开展非煤固体矿山安全生产联合执法检查6次；开展已关闭矿山检查验收4次；开展定期巡查矿山16次。

【地质灾害防治】

经评估排查，确定区地质灾害隐患点68处；对原有群测群防网络及时进行了更新；完成了区《2010年度突发性地质灾害应急预案》、《2010年度突发性地质灾害防治方案》及分局《2010年汛期突发性地质灾害应急预案》的编制；健全分局地质灾害防治工作组织机构，将任务层层分解，责任落实到人。建立完善了汛期值班制度与地质灾害速报制度；积极开展地质灾害防治宣传，共发放防灾明白卡860份；加强汛期地质灾害隐患点的再排查，重点是雨中巡查和雨后复查，以及地质灾害防范“四包七落实”措施情况的检查；根据国务院、市、区有关工作部署和要求，针对甘肃舟曲“8.8”特大泥石流地质灾害，召开全区地质灾害防治紧急工作会，传达有关文件及会议精神，通报情况，对地质灾害隐患进行了再一次排查。年内共启动预警响应3次，应急调查10次，全部及时处理完毕，未发生人员受灾及财产损失现象。

【矿产资源执法】

开展矿产资源巡查119次，期间发现盗采煤熏口19处、盗采石灰石现象8处，已按相关规定处理；下发《制止国土资源违法行为通知书》12 份，发出执法巡查结果通知函 5 份；立案审查盗采砂石案件 1 宗；参与区联合执法行动 4 次，处理煤熏口 1612 个，炸毁煤熏口 1510 个，切断盗采运输道路 180 处，销毁收缴盗采设备 178 台，没收非法煤炭 78 吨，收缴盗采工具 700 余件。

【矿山环境治理】

完成废弃矿山地质环境恢复治理项目 2 个，治理总面积 73 万平米；完成了“军庄灰峪石灰石矿区矿山地质环境恢复治理项目”上报工作，年内已获市局批复。

【信访工作】

受理信访事项 67 件，其中涉地类 54 件，涉矿类 13 件。已全部办结。

【法制建设】

利用“4. 22”世界地球日、“6. 25”全国土地日、“12. 4”法制宣传日上街开展宣传活动，向社会发放宣传材料及纪念品共计 35000 余份；举办镇、村级干部及有关用地单位负责人参加的国土资源管理培训班 1 次；联合《京西时报》，出版发行《土地日专刊》11000 余份，在 30 个社区设立了“6. 25”全国土地日宣传栏；配合国家土地督察北京局在区开展了“保发展、保红线”宣讲活动。

【调查研究】

完成了市局交办的“门头沟区矿产资源合理开发和利用”调研课题；完成了区政府交办的重点调研课题“关于我区土地一级开发问题研究”；完成了区政府、区政协交办的“关于土地、矿产资源等有关情况报告”；完成了区政府交办的“关于可开发利用土地及矿山关停等有关情况报告”、“关于行政权限有关情况报告”及“十二五期间有关情况报告”。

北京市国土资源局房山分局

【土地资源概况】

房山区是首都北京的西南门户。东北与丰台区相邻，东与大兴区一水相隔，南和西面与河北省涿州市、涞水县相连，北以门头沟区百花山为界。房山地形复杂多变，处于华北平原与太行山交界地带，西部和北部是山地、丘陵，约占全区总面积三分之二。主要山脉有：大房山、大安山、三角山、百花山、大游龙山和新盘岭山（又名西占山），均系太行山脉分支。最高山峰是百花山的白草畔，海拔2161米，东部和南部为沃野平原，最低处是东南部立教洼，海拔为26米。

根据2009年度土地变更调查数据，全区（县）土地总面积为1995.27平方公里，其中建设用地410.38平方公里，占总量20.57%，农业用地1490.70平方公里，占总量74.71%，其他土地94.18平方公里，占总量4.72%。（详见表1）

表1　房山区土地利用情况统计表

地类		面积（公顷）	占比例%
合计		199527.48	100%
农用地	小计	149070.48	74.71
	耕地	25905.49	12.98
	园地	16413.24	8.23
	林地	61161.84	30.65
	牧草地	45589.91	22.85
建设用地	小计	41038.63	20.57
	居民点及工矿	29365.13	14.72
	交通运输用地	4593.69	2.3
	水利设施用地	7079.81	3.55
其他土地		9418.37	4.72

【机构设置】

北京市国土资源局房山分局于2005年4月12日挂牌成立，分局机关设办公室、综合科、地籍科、耕保征地科、土地利用科、地质矿产科、财务科、执法监察科8个行政科室。编制39人，其中工勤5人。2006年5月9日根据京编办事［2006］26号文件精神成立6个事业单位，分别为：北京市房山区土地权属登记事务中心；北京市房山区土地利用事务中心；北京市土地整理储备中心房山区分中心；北京市房山区国土资源执法监察队；北京市国土资源局房山分局第一国土资源管理所；北京市国土资源局房山分局第二国土资源管理所，编制71人。2007年7月23日（京国土人［2007］505号）增设纪检监察科后调整为9个行政科室。2009年9月25日，根据京编委［2009］28号文件精神成立北京市国土资源局房山分局第三国土资源管理所、北京市国土资源局房山分局第四国土资源管理所、北京市国土资源局房山分局第五国土资源管理所、北京市国土资源局房山分局第六国土资源管理所，编制32人。

【2010年分局概述】

2010年，房山国土分局深入贯彻落实科学发展观，主动服务保发展，严格管理保红线，认真履职保民生，扎实工作强基础，圆满完成了各项工作任务，为加快房山区“三化两区”建设进程提供了强有力的保障。加快推进土地储备，完成土地储备开发投资90亿元，完成土地开发面积732公顷，完成经营性用地土地供应393公顷，实现政府土地收益133.3亿元。积极开展国土资源执法工作，完成第十次卫片执法检查；严肃查处违法违规用地；整顿规范矿产资源开发秩序，完成18家煤矿的关闭工作。加强国土资源保护，补充耕地106公顷；投资2581多万元实施矿山地质环境治理项目2个。积极开展土地利用总体规划修编工作，通过市国土局、专家的评审，并上报市政府审批；完成房山区征地补偿区片指导价，并按要求举行了听证会。

【土地利用总体规划修编】

房山区土地利用总体规划大纲（2006－2020年）通过市国土局评审 2010年4月30日，北京市国土资源局组织有关专家对《北京市房山区土地利用总体规划（2006－2020年）》大纲进行了评审。参会专家听取了土地规划大纲成果的汇报，认为规划大纲结合房山区土地资源现状、未来土地利用的趋势和全区经济社会发展战略，提出了“三带两田，两轴两翼多点”土地利用总体格局，符合房山区“两轴、三带、五园区”的区域发展战略，落实了《北京市土地利用总体规划（2006－2020年）》下达的各项指标要求，同意通过审查。

土地利用总体规划编报工作通过房山区新城会、区委区政府常委会 2010年5月中旬房山区委区政府对区级规划方案将编制工作进行了审查，先后通过了区委区政府常委会、区新城会的审议。

土地利用总体规划编报工作通过专家评审，同意上报市政府审批 2010年

10月27日，北京市国土局组织北京大学环境学院蔡运龙、中国地质大学土地资源学院吴克宁教授等五位专家对房山区土地利用总体规划（2006－2020年）进行评审，市发改委、市规划委、市环保局、市水务局、首农集团、房山区政府区委常委、常务副区长高言杰、区“三化两区”建设咨询委员会副主任委员、房山国土分局局长任振秋等领导出席了评审会。专家表示，房山区土地规划工作扎实，规划内容符合房山实际，符合规划编制政策要求，同意通过评审，要求进一步完善后上报市政府审批。

【建设项目用地预审】

全区共有市级绿色通道项目172个，已完成用地预审143个，完成征地93个，完成出让或划拨38个，完成登记发证17个。2010年共受理建设用地预审84件，受理征地及农转用34宗。已完成建设用地预审84件，涉及土地1418公顷；完成征地及农转用报批472.3公顷。

【征地及农用地转用项目用地管理】

1. 房山区顺利完成征地补偿区片价听证会

10月19日，房山区国土分局织召开了由相关委办局、23个乡镇街道办事处、部分村委会、社会专家学者以及社会公民申请听证代表共计60余人参加的“房山区征地补偿区片价听证会”。此次听证会严格按听证程序进行，就制定征地补偿区片综合地价的必要性、制定原则及划定区片和标准进行了听证，听证会群众代表根据各自实际情况发表了意见和建议，为合理确定我区征地补偿区片价，推行同地同价，解决征地工作中存在的问题打下了良好的基础。

2. 创新征地补偿安置机制，保障群众合法权益

一是坚持征地补偿安置工作的公开原则。按照市政府148号令的规定，对农村集体经济组织或者村民委员会在签订征地补偿安置协议前是否履行民主程序、征地双方达成协议的内容是否符合法律规定进行监督，进行征地补偿安置公示后，及时听取农村村民意见。二是坚决执行征地补偿费最低保护标准制度。制定了在征地补偿费最低保护标准制度，具体化到各乡镇区域范围。同时严格审核征地补偿安置协议，凡是低于该地区标准的，不予办理后期手续，确保了农村土地征占收益以及人员安置费用的足额支付。三是坚持做好征地补偿落实到位的监督管理机制。对征地补偿费到位情况进行严格监管，在办理征地结案手续的环节上制定了严格的规定，只有征地单位出具征地补偿费收款发票，填写补偿支付凭证，被征地乡镇政府、被征地村签章，证明确实收到征地补偿款后才能办理下一步手续，以确保征地补偿费足额到位。四是积极探索创新多元化补偿方式，确保被征地农民长效安置。经征地双方协商，在已支付征地补偿费的基础上，根据规划用途，用地单位在取得用地使用权后，按照一定比例留给被征地单位一部分建筑面积，作为被征地村集体经营所用，村民可以采取入股方式进行分红，已达到长效安置被征地农民的目的。五是加强政策指导，建立组织机构。为了进一步贯彻落实市政府148号令的精神，我区近期拟出台《房山区建设征地补偿安置指导意见》，促进落实征地补偿安置工作，并成立了房山区建设征地补偿安置办公室，由国土部门牵头，会同公安、人力保障、民政等部门，积极探索解决人员安置难题。

3. 房山区长阳镇采取“一费变五费”的土地征收补偿的新模式

长阳镇在征地拆迁补偿中由单一的征地补偿费变成土地补偿费、实物补偿费、人员安置费、土地经营补偿费、村庄改造费等五项费用。土地补偿费，用于集体经济组织解决当前涉农问题；人员安置费，解决农民转居生活保障问题；实物补偿费，用于解决集体经济组织后续发展及长期收益问题；村庄改造费，纳入挂牌底价，解决农民整村整转和上楼问题；土地经营补偿费，对承包人进行补偿，解决土地承包权制约土地开发问题。新模式的落实得到长阳镇群众的积极配合，为加快推进土地储备开发项目奠定了良好基础。

4. 加强土地出转让的批后监管

加强国有土地使用权出让转让管理。签订土地出让合同5宗，收取土地出让金1874.7万元，催缴土地出让金欠款206万元；办理土地转让手续1宗，转让土地1.34公顷。加强出让后期监管。对全区出让后土地的开发建设情况进行了核查，共清理出未按期开发建设项目8个。

【土地整理及耕地占补平衡】

积极推进土地开发整理 完成项目验收4个，新增耕地107.9公顷。完成9个区政府投资土地开发整理项目立项，涉及青龙湖、张坊、大安山等7个乡镇，建设总规模746.7公顷，预算投资9780.3万元，预计新增耕地529公顷。9个项目已经正在实施，计划2011年6月完工。完成2个市级投资改善农业生产条件的土地开发项目立项，建设总规模1142.5公顷，预算投资5850万元。完成3个区政府投资土地开发整理项目的踏勘、测绘和可研编制工作，建设总规模167公顷，预计新增耕地127公顷。

【土地供应计划及实施】

四项措施加快实施土地供应，保障房山区五大园区建设顺利进行 一是建立联合审核制度。成立协调小组，按照项目进展情况，定期召开相关委办局的小组会，协调各部门的关系，及时解决土地供应中遇到的重大问题，保障项目的顺利实施。建立了土地项目审核机制，科学确定土地项目开发成本和招标拍卖挂牌出让底价，合理有效的控制区域地价水平，并邀请社会专家参与评审；二是建立园区绿色通道机制。对重点项目专人负责，对涉及到的园区项目责任到人，确保顺利办理各项审批手续，尽快完成一级开发和上市准备工作。按照房山区政府工作报告，今年房山区土地储备项目完成100亿元，其中包括园区项目5亿元。三是建立土地供应项目监管制度。要求项目单位月底前上报项目进度，分局随时掌握项目进展情况。定期组织召开项目监管例会，研究解决出现的问题，对项目进行现场巡查，及时解决项目运做中遇到的难点问题。四是发挥职能严格土地批后监管。进一步加大土地执法的工作力度，充分发挥土地执法巡查员的作用，利用已经完善的土地执法手段，开展土地执法行动，确保在园区项目建设过程中不出现违法违规现象。全年完成土地供应677公顷，包括划拨95公顷，出让582公顷。其中，通过招拍挂出让土地581公顷（经营性用地21宗，面积393公顷；工业用地10宗，面积188公顷）。土地供应量是2009年的2.2倍，在全市居于前列。

【保障性住房用地供应】

加快定向安置房建设。全区共有“三定三限三结合”定向安置房项目31个，去年有20个项目相继开工，总用地面积179公顷，总建筑规模203万平方米，总投资123亿元，可回迁安置4.29万人，目前已竣工109万平方米。

【土地市场交易】

加快推进土地市场交易的几点措施

一是早做准备，制定出了土地储备工作计划。二是落实责任。建立问责制度，强化责任意识，在各个环节推行主要领导负责制，确保责任落实到位。对重大项目责成专人负责，细化工作目标，分解工作任务，把任务落实到每个项目、每个企业，并按要求做好信息反馈。三是完善沟通顺畅、衔接严密、运转高效、保障有力的工作机制。建立由区发改委、建委、规划分局、市政管委、国土分局、文委、林业局等部门的主管副职、相关科室和乡镇街道参加的例会制度，定期召开会议，及时协调、解决项目运作过程中的困难和问题。同时提高服务意识，强化工作管理，保证项目的各项审批手续在确定的时限内完成，确保项目顺利实施，投资及早落地。四是落实审计监察机制，确保项目资金的安全有效利用。区纪检监察、财政、审计等部门组成督察审计小组，及时跟进、全程参与，认真履行职责，加强监督检查，严格执行纪律，确保投资安全、透明、高效和有序使用。2010年共完成土地入市交易31宗，总成交价款188.6亿元，实现政府土地收益133.3亿元。

【土地储备开发】

2010年房山区土地储备开发项目共48个，土地总面积1836公顷，其中结转项目37个，面积932公顷，新增项目11个，面积904公顷。计划完成土地储备开发投资90亿元、完成土地开发面积600公顷、完成经营性用地土地供应379公顷。截止到2010年年底实际完成土地储备开发投资90亿元，完成土地开发面积732公顷，完成经营性用地土地供应393公顷。完成收购储备项目2宗，土地面积0.7公顷，总投资1795万元。

【土地调查】

1. 加快推进第二次全国土地调查整理工作

一是抓重点、倒排工期。根据二调成果整理标准要求，制定调查成果上交进度计划表，对调查整理采取倒排方式加快推进工作；二是增加人手，确保工作进度。针对目前工作量大、时间紧的问题，房山国土分局积极调整工作方向，在原有人员的基础上又新增十名成果整理作业人员，进行突击整理，确保工作按时按质完成；三是定期督促检查二调成果整理工作进展。专人负责，定期检查进展，对规定时限内未完成的任务督促加班加点完成，对已经完成的工作，检查完成的质量。

2. 市区联手成功调解房山区一宗二十多年军产土地权属争议

1月13日，北京市国土资源局副局长谢俊奇、副区长吴会杰参加土地确权会，并为部队颁发了土地证。该地从1984年由部队征用，使用土地面积为76.29亩。2003年长阳镇长阳一村向北京市国土资源局提出土地权属争议调查处理申请，由于该宗地涉及历史遗留问题，情况特别复杂，调解较为困难。北京市国土资源局了解情况后，与房山区政府积极联系，经过多方努力，最终使长阳一村和部队达成一致意见，明确了双方的权属界线，成功调解了房山区这宗二十多年一直未能解决的军产土地权属争议，并为部队颁发了土地证。

【土地权属登记】

开展城镇国有建设用地使用权登记发证工作，发证率达到82%。开展农村集体土地确权登记发证试点。确定南窖乡为试点乡，制定了试点工作方案，已完成试点前期准备工作。做好日常确权登记工作。办理土地登记129件，土地抵押登记98件，土地抵押注销登记134件，挂失土地证1件，完成236宗土地的地籍调查，出具地籍调查成果确认单48份，出具土地权属核实函11件，为重点工程项目出具地籍调查成果告知单25件，完成行政复议3件，代表区政府行政诉讼12件，解决土地权属争议2件。

【土地执法监察】

1. 组织乡镇开展国土资源管理培训班

房山国土分局组织全区各乡镇主管领导、村建科长、土地巡查员进行土地法律法规培训，培训从10月26日—28日共举办三天，内容涉及土地规划、土地执法、耕地保护、土地登记等内容，共有500多人参加培训。

2. 开展土地执法检查工作

查处第十次卫片违法用地126宗。按非立案方式处理95宗，已全部处理到位，拆除29宗，拆除面积4.2万平方米；按立案方式处理31宗，下达行政处罚决定书30件，没收违法建筑11.2万平方米，收缴罚款187.92万元，移送纪检监察部门58人，立案率100%，处理到位率99.2%。完成全区高尔夫球场违法用地处理工作。开展了每季度市政府“遥感二号”卫片执法检查工作。加强土地动态巡查，结合卫片、群众信访热线12345、12336等途径，对新发生违法违规用地及时查处。下达《行政处罚决定书》67件，责令违法当事人退还土地67.4公顷，没收违法建筑29.63万平方米，收缴罚款723.4万元。

3. 土地例行督查动员会

6月22日，房山区召开土地例行督察动员会，会议由北京市国土资源局副局长刘辉主持，国家土地督察局北京局专员蔡可军作动员，区领导张祝华、吴会杰、李惠英参加动员。国家土地督察局北京局成员就此次督查的通知在全区范围内进行了通报，副区长吴会杰对全区土地管理工作以及迎接国家土地督察局北京局督查准备工作进行了汇报。蔡可军专员对此次土地例行督查的职责、重要意义进行了通报，并提出：（1）全区要高度重视土地例行督查工作，按照要求配合督察组进行工作；（2）全区各个乡镇、各单位要加强密切配合，组织协调好各项工作，顺利推进此次土地例行督查。北京市国土资源局副局长刘辉受市委委托对国家土地督察局北京局到房山进行例行检查提出要求：（1）要实事求是，边查边改，确保实效；（2）要联系实际，完善创新，为全区经济发展提供支撑保障作用。

【信息化建设】

加强基层国土所建设。对新增的4个国土所8名正、副所长进行了公开选拔，面向社会公开招聘国土所所员17名，人员已全部到位；完成了6个国土所办公场所选址，车辆、办公设备等已经全部到位。着力转变工作作风，坚持依法办事，办理人大代表议案、政协委员提案24件，满意率100%。深入推行政府信息公开，主动公开信息42条，依申请公开266条。

【党风廉政建设】

加强党风廉政建设。认真落实党风廉政建设责任制，建立健全廉政风险防范管理体系，严格落实“一岗双责”，强化廉政风险防范管理。积极开展“创先争优”活动，着力解决党员干部在思想、纪律、作风方面存在的问题和不足。加强精神文明建设。重点在提高服务发展、履行职责的能力水平，提高干部职工政治思想和业务素质，营造良好的工作环境、努力形成团结和谐的氛围等方面深入推进精神文明创建工作。2010年我局被首都文明委授予了“首都文明单位标兵”的荣誉称号。

【落实科学发展观】

落实科学发展观创新“七个机制”加大土地管理。一是建立耕地保护机制。建立耕地保护责任考核的动态监察制度，层层签订耕地保护责任书，每半年对乡镇进行责任书考核，坚守我区基本农田41.8万亩不降低；二是建立开源节流机制，确保耕地占补平衡。积极制定土地开发复垦专项计划，全面调查土地后备资源，完成全区废弃砖厂的调查工作，确保全区的土地占补平衡；三是完善市场调配机制，大力推进土地储备制度。进一步优化土地市场体系建设，全面推进土地一级开发的力度，建立公开、公平、公正的市场环境，保障市区重点工程的落实，促进区域性产业结构布局调整和土地资源的节约高效利用；四是依法行政建立保障发展机制，促进全区经济又好又快发展。严格履行职责，全面做好土地供应计划，重点做好轨道交通、京石客专等市区重大项目的供地保障工作，同时做好保障性用房、民生工程、城市基础设施等方面的用地保障；坚持依法行政，严格执行国家政策，严禁向不符合产业政策的项目供地；五是建立执法长效机制，维护土地市场秩序。实行执法队伍包片制，执法人员包干制，坚持全区75名乡镇执法队伍每天24小时巡查制。结合卫片执法检查工作，继续严厉打击和查处土地违法违规行为，确保了2010年土地违法量和信访量大幅下降；六是建立和完善监管机制，确保全区重大项目落实。严格项目建设用地批后监管，对项目预审、审查报批、土地征收、土地供应以及项目竣工全程跟踪，对不按照项目规定建设的单位采取“早发现、早制止、早处理”的工作方法；七是创新宣传教育机制，营造保护土地的氛围。除了充分利用广播、电视、报刊等媒体进行土地法律法规宣传外，主要采取“四个一”的工作方式进行宣传教育，即在机关内部设立一个“保护资源、保障发展”橱窗展览，邀请国土资源部、市国土局领导到我区组织一次大规模法律法规培训，通过4、22地球日和6.25地球日举办一次声势浩大的土地法律法规上街宣传活动，举办了一期全区乡镇干部、村建科长土地巡查培训班。

【矿产资源概况】

房山区位于首都西南，有三分之二为山区和半山区，南部和东部为冲击平原，优越的地质环境，造就了丰富的矿产资源。目前已发现矿产资源种类20余种，尤其是以煤炭、建材为主的非金属矿产分布，储量大、品种多，质量好，是房山区有特色的优势矿产。到2009年底，共有矿山企业93家，其中煤矿18家，非煤矿山61家，矿泉水2家，地热12家。

【矿产资源开发管理】

1. 本市自开展换发采矿许可证工作以来第一个通过开发利用方案评审的矿山企业通过专家评审

该项目位于房山区周口店黄院村，名称为《长流水—黄院矿区长流水矿段水泥用灰岩矿矿产资源开发利用方案》，开采预计年常量100万吨。

2. 整顿矿产资源开发秩序

顺利完成18家煤矿的关闭工作，注销了采矿许可证，房山区小煤矿全部关闭，从此告别了千年采煤史。积极推进非煤固体矿山关闭，除整合保留13家汉白玉、石灰石等固体矿山外，其余非煤固体矿山全部关闭。对合法煤场、煤矿库存量及产能进行了核定，抽调工作人员长期驻扎在贾峪口综合检查站，加强监督检查，及时准确做好流量统计，有效控制了非法煤炭外运。加强矿山企业日常监管。查处超层越界开采、生产其他矿种等行为，及时收缴矿产资源有偿使用费，按时保质完成矿山企业年报和年检注册工作。

3. 严厉打击非法开采矿产资源

加强日常巡查，积极查处偷挖盗采案件，共下达《责令停止矿产资源违法行为通知书》59份，立案调查5起，其中移送公安机关3起。会同区有关部门和乡镇，在史家营、周口店、燕山、南窖等地区多次开展打非联合执法行动，共出动人员1200余人次，累计使用炸药1445箱（34648公斤）、雷管1490只，收缴非法煤炭1440吨，炸封非法矿点106处，查扣非法运输车辆45辆，砸毁非法车辆12辆，捣毁机器设备164件套、收缴54件套。对张坊、大石窝镇域内非法盗采砂石的企业和个人多次采取联合执法行动，拆除设备，清理现场，对盗采者及时进行普法教育，有效遏制了非法盗采行为。

4. 采取措施加大打击非法开采工作力度

一是落实有奖举报制度。建立举报箱、公布举报电话，坚持有报必查，对群众举报的非法盗采行为，一经核实，按照举报非法盗采行为举报有奖的原则，及时兑换奖励，鼓励群众参与、监督打击非法开采。二是实施巡查督促制度。深入有关乡镇，检查打击非法开采的质量和效果，督促乡镇查漏补缺，完善档案管理，落实监督责任。三是严格落实动态巡查制度。坚持执法人员24小时上山检查，做到及时发现及时制止。同时利用遥感等高科技手段及时、制止私挖盗采行为。四是落实联合执法工作制度。由主要部门牵头，明确近期工作目标，责任到人，通过大量的联合执法行动，打击非法盗采者的嚣张气焰。五是加大信息报送量。《整规简报》正式出刊，有专人负责，内容涉及打非动态、经验做法等。

【地质灾害防治】

采取“五到位”加大地质灾害防治工作。一是责任到位。加强对重点地区隐患点的排查工作，落实防灾责任制。要求各乡镇要全面重视地质灾害防治工作，做到主要领导负总责，层层落实责任制，做到一级抓一级，层层抓落实。二是检查到位。重点对学校、旅游区、公路铁路沿线进行全面排查，做到对新增地质灾害防灾措施到位，对重点部位设立警示牌，警示牌要树立在醒目位置。三是措施到位。制定并落实2010年地质灾害防治预案。建立健全地质灾害应急管理体制、机制，加强地质灾害队伍建设，建立应急响应保障体系，确保应急反应及时、高效。主动开展各项工作，做好防灾保安全工作，了解强降雨预报情况，及时下达到各乡镇预警。成立应急抢救队伍，发放应急抢救物资，并配备了专门的车辆；四是信息反馈到位。加强值守，确保信息畅通。严格实行汛期24小时值班制度，实行领导带班和专人值班，要求汛期值班人员手机24小时开机，发现情况及时上报。及时准确发布信息，遇到险情通过各种通讯工具第一时间通知当地群众，做到及时防范，及时处理。五是宣传到位。制定宣传计划，深入到村、自然片，以现场咨询、专题讲座、广播媒体、发放宣传画等方式进行宣传，广泛宣传地质灾害的基本知识，防灾工作的基本常识和防范逃生手段，提高群众防灾减灾的意识。2010年汛期，房山国土分局先后走访12个乡镇1123个险户，填补险户明白卡560张，发放地质灾害防治宣传画1590张；完成了河北、十渡、大安山等乡镇的公路险石崩塌检查工作；配合区农委完成了蒲洼、张坊、霞云岭等乡镇采空区和泥石流易发区340多个险户的搬迁工作；聘请市应急调查大队对大安山乡大安山村40余户群众的住房进行了地质险情排查，全年没有发生地质灾害事故。

【地质公园建设】

本市首例生态环境恢复项目方案通过国土部、市国土局专家评审 该项目位于周口店镇长沟峪煤矿，今年将投资170万，治理面积约20公顷。

开展4.22地球日宣传 4月22日，是世界第41个“世界地球日”，宣传主题是“珍惜地球资源、转变发展方式、倡导低碳生活”。当天，房山国土分局与房山区世界地质公园办公室联合组织20多名干部职工上街进行宣传。活动共发放了宣传资料1500余套，悬挂横幅10个，张贴海报50余份。

加强矿山地质环境治理和地质遗迹保护 实施矿山地质环境治理项目2个，总投资2581.8万元，工程施工全部完成，治理面积达1300余亩。实施地质遗迹保护项目2个，目前正在施工。完成佛子庄、大安山、南窖等乡镇6个矿山地质环境治理项目可行性研究报告编制，并向国土部和市国土局进行了申报。会同区旅游局、区公园办做了大量迎检前期准备工作，房山世界地质公园顺利通过了联合国专家的中期建设评估。

【信访工作】

1. 多项措施加大解决涉地信访问题

一是区委区政府及时召开涉地信访专题会议，由区委书记主持会议，要求全区各单位统一思想，提高认识，部署重大涉地信访的解决方案；二是对需要补办手续的，要求各乡镇要尽快理清思路，加快补办占地或征地手续。对小产权房建设，要求立即停止建设。三是加大责任追究。对违法违规建设，涉及到人的要加大责任追究，构成违法犯罪的，公安机关立案处理。

2. 7月15日，国家土地督察北京局蔡可军专员、市国土局魏成林局长就重复信访问题到房山区进行调研

区委书记刘伟、区长祁红、副区长吴会杰参加调研。听取房山国土分局关于房山区部分村民近一段时期到市国土局重复信访有关问题的汇报。蔡可军专员在肯定房山区国土资源管理工作的同时，对房山区土地信访问题突出的原因进行了分析，要求：（1）要进一步提高对信访工作的认识，注意解决的方式方法，有效化解矛盾；（2）要把执法工作落实到位，加大查处力度，不仅要处理事，还要处理人；（3）要加大协调沟通，对于能够补办手续的，要尽快完善手续；（4）各级党委政府要进一步统一思想、统一认识，要落实问题追责制度。市国土局魏成林局长对我区的土地信访工作提出三点建议：（1）进一步加大土地违法整改和查处力度；（2）对于信访问题要多从我们工作自身找问题，要积极做好群众工作，提前化解矛盾；（3）能完善手续的，要加快办理相关手续，国土部门全力配合。区委书记刘伟对全区国土资源管理工作提出了要求：（1）区委区政府要进一步研究政策，控制村委会出租土地，或收回其土地出租权，由乡镇政府或相关部门统一管理；（2）要进一步提高执法水平，对土地违法案件和信访问题要分门别类，对有法可依的，要跟群众解释清楚，确实存在违法的要严肃查处；（3）进一步研究集体建设用地手续办理的相关政策，并加大对用地单位的政策宣传力度；（4）提高重大项目的落地效率，从源头上杜绝土地违法。

北京市国土资源局通州分局

【土地资源概况】

通州区位于北京市东南部，京杭大运河北端，全区地处永定河、潮白河冲积平原，地势平坦，境内分布十三条河流。全区土地总面积为905.93平方公里，其中建设用地414.13平方公里，占总量45.71%，农业用地474.62平方公里，占总量52.39%，其他土地17.17平方公里，占总量1.9%。（详见表1）

表1　通州区2010年度土地利用情况统计表

地类		面积（公顷）	占比例%
合计		90593.62	100%
农用地	小计	47462.66	52.39
	耕地	35180.27	38.83
	园地	3824.28	4.22
	林地	8458.11	9.34
	牧草地	0.00	0
建设用地	小计	41413.11	45.71
	居民点及工矿	27573.91	30.44
	交通运输用地	4765.62	5.26
	水利设施用地	9073.58	10.01
其他土地		1717.85	1.9

【机构设置】

北京市国土资源局通州分局（简称“市国土局通州分局”）成立于2005年7月。分局机关设办公室、纪检监察科、综合科、地籍科、耕保征地科、土地利用科（地质矿产科）、财务科、执法监察科8个职能科室，行政编制36人，其中工勤编制5人；下设土地利用中心、整理储备中心、权属登记中心、执法监察大队、4个国土资源管理所8个事业单位，编制118人。

【土地利用总体规划修编】

按照“依法编制，统筹兼顾，上下结合，相互协调，公众参与，注重实施”的原则，结合通州实际编制完成了区县级和九个乡镇共10套文本、说明及图件。合理安排本区域土地利用规模、结构、布局和时序，审慎划定了“三界四区”，合理划分了七个用途分区和一个复区，严格落实约束性指标和预期性指标，并建立了1∶500和1∶2000的规划GIS数据库，并分别就土地利用结构调整与空间布局、土地资源的合理保护、加强土地综合整治、土地用途分区与空间管制等十二个方面内容进行了分析研究。探索制订了基本农田动态管理机制、城乡扩展边界管理机制和存量建设用地挖潜机制等，既体现了规划的刚性原则，又不失弹性空间。通州区级及台湖、于家务两个乡镇级规划成果，已获市政府批复获批，在全市名列前茅。同时，我区在全市率先完成了所有乡镇级规划的编制，并成为首个报批乡镇级规划的区县。

【建设项目用地预审】

共办理建设项目用地预审理84件，总用地面积为850.07公顷，其中农用地404.72公顷，建设用地为410.17公顷，未利用地面积35.18公顷。涉及市、区两级绿色审批通道项目21个，总用地面积487.47公顷，分别占预审总量的25%和57.34%。

【征地及农用地转用项目用地管理】

共受理、上报市局征占地项目34个，总用地面积约565.33公顷，其中农用地292.78公顷（涉及耕地265.03公顷），建设用地257.67公顷，未利用地14.88公顷。其中市、区两级绿色审批通道项目24个，总用地面积476.09公顷，分别占征地总量的70.59%和84.21%。

【土地整理及耕地占补平衡】

共有6个土地开发整理项目完工，进入初验阶段；在施土地开发整理项目7个；申报新项目4个，其中通州区张家湾镇大辛庄村基本农田整理项目规划设计已获市局批复。

本年度共为全区26个建设项目提供占补平衡指标265.7326公顷。

【土地供应】

实际供应总量为222.04公顷。其中：住宅用地86.42公顷，占38.92%；工矿仓储用地供应54.12公顷，占24.37%；商服用地供应75.45公顷，占33.98%；基础设施用地供应面积为6.05公顷，占2.72%。

【保障性住房用地供应】

超额完成保障房土地供应，其中廉租房和经济适用房供地面积2.14公顷，建筑面积4万平方米；两限房供地面积24.76公顷，建筑面积39万平方米；定向安置房供地面积111.73公顷，建筑面积192.97万平方米。

<table>
<tr><th>序号</th><th>保障房类型</th><th>任务（万平方米）</th><th>完成供地面积（公顷）</th><th>完成建筑规模（万平方米）</th></tr>
<tr><td>1</td><td>廉租房</td><td>0.4</td><td rowspan="2">2.14</td><td rowspan="2">4</td></tr>
<tr><td>2</td><td>经适房</td><td>3.6</td></tr>
<tr><td>3</td><td>双限房</td><td>32.15</td><td>24.76</td><td>39</td></tr>
<tr><td>4</td><td>定向安置房</td><td>135.02</td><td>111.73</td><td>149.97</td></tr>
<tr><td colspan="2">合计</td><td>171.17</td><td>138.63</td><td>192.97</td></tr>
</table>

【土地市场交易】

共完成32宗土地的入市交易，总用地面积328.92公顷，建设用地208.95公顷，政府土地收益103.8467亿元，供应量同比增长187.48%，在全市供应量排名第三。其中：经营性项目21个，总用地面积253.8公顷，建设用地156.71公顷，政府土地收益103.0306亿元；工业项目11个，总面积75.12公顷，建设用地52.24公顷，政府土地收益0.8161亿元。

【土地储备开发】

2010年，通州区土地储备开发项目投资160.95亿元，比2009年提高了75%，在全市排名第三。新授权土地储备开发项目14个，总用地面积331.79公顷。共完成土地开发面积约462公顷，在全市排名第三。

【土地调查】

在去年进行农村土地总登记试点的基础上，开展了漷县镇、西集镇、永乐店镇农村土地总登记调查工作，共调查4415宗地，其中调查集体建设用2327宗，集体土地所有权887宗，国有土地使用权1201宗。做到图、数、实地一致，实现了土地调查率100%的目标，为全面开展确权登记工作做好相关准备工作。

【土地权属登记】

全年共办理土地登记合计1006宗（件），其中土地登记初始登记76宗，400.66万平方米；变更登记187宗、103.7万平方米；办理土地抵押登记381件，贷款总额283.09亿元；办理土地抵押注销登记362件。

对历史形成的城调档案、集调档案、文书档案及2007年3月至2008年底和2010年的业务档案进行了数字化，共计完成130万页，已通过市国土局验收。

【土地执法监察】

贯彻落实《通州区土地管理目标责任制》，对11个乡镇土地管理情况进行考核，同时通过开展专项整治行动等形式，运用各部门联合执法等手段，多管齐下，有效打击违法用地行为。全年共有75宗占用耕地和基本农田的违法用地项目被拆除，拆除地上物16万平方米，腾退土地650亩；共下发行政处罚决定书107份，涉及面积1555.702亩，收缴罚款共计201.4647万元；送达责令停止土地违法行为通知书149份；22宗案件申请了法院强制执行，其中2人移送公安机关追究刑事责任。

【地质灾害防治】

《通州区地质灾害调查与区划数据库》项目通过评审验收。项目获得专家一致肯定，认为其数据库结构合理、关系清晰、内容丰富，为通州区地质灾害数据的信息化管理提供了基础平台。该项目是我市首个区县地质灾害数据库项目，对提高全市地质环境的数据化处理水平具有示范效应。

【成立国土所】

按照市国土局关于加强国土所标准化建设的指导意见，通州国土分局在原有一个国土所的基础上，新成立了三个国土所。完成了人员招聘录用、培训、实习，办公用房选址、装修、办公家具、办公设备购置等工作，并正式开始办公。目前，全区共有四个国土所：第一国土所：办公地点设在漷县镇，管辖范围包括漷县镇、永乐店镇、于家务乡；第二国土所（新增）：办公地点设在潞城镇，管辖范围包括潞城镇、西集镇；第三国土所（新增）：办公地点设在宋庄镇，管辖范围包括宋庄镇、永顺镇、梨园镇；第四国土所（新增）：办公地点设在台湖镇，管辖范围包括马驹桥镇、台湖镇、张家湾镇。

北京市国土资源局顺义分局

【土地资源概况】

顺义区土地总面积约为1020平方公里，约占全市土地总面积的6.22%。全区由平原、台地、丘陵和山地等四种地貌构成，平原面积约占全区总面积的90.1%。全区土地利用现状概况见表1。

表1 顺义区土地利用情况统计表

地类		面积（公顷）	占比例%
合计		101934.52	100%
农用地	小计	57457.99	56.37
	耕地	34750.26	34.1
	园地	5310.03	5.2
	林地	15674.44	15.37
	牧草地	1723.26	1.7
建设用地	小计	41318.15	40.53
	居民点及工矿	26355.84	25.85
	交通运输用地	7099.49	6.96
	水利设施用地	7862.82	7.77
其他土地		3158.38	3.1

【机构设置】

2010年，根据北京市机构编制委员会《关于建立健全基层国土资源管理机构的批复》（京编委［2009］28号）精神，我局又新建了四个国土资源所，每个国土所的编制为8人，截止到12月底，通过公开招聘的形式已到位24人。

截止到2010年12月底，顺义分局共有在编干部122人。

【土地利用总体规划】

前四个月，完成了规划方案的确定工作，并于4月18日向区常委会进行了汇报。会后，依据全区的经济建设需求，进行了规划的空间布局，矢量数据的整合，规划底图的调整，微小图斑的归并等工作。

5月份进行了规划大纲的编制上报工作。顺义区土地利用总体规划（2006－2020年）通过了专家评审，于12月3日上报市政府。

【建设项目用地预审】

共完成178个项目的用地预审，涉及用地总面积约1950.2公顷。

【征地及农用地转用项目管理】

办理征地手续53宗（其中征地结案34宗），用地面积约922.9851公顷。其中：涉及办理农用地转用的项目共51个，涉及土地619.178公顷。

【土地整理及耕地占补平衡】

依据“集调”的现状图与实际踏勘相结合的方式，对顺义区1019.37平方公里的土地情况做了调查分析，并就分析结果对照土地复垦的工作要求整理出了27个项目，其中17个区级投资土地复垦项目，总规模1682.49公顷，可新增耕地380.576公顷，预计总投资金额9473万元，新增耕地的每公顷平均投入大约25.5万元。市财政投资项目9个，项目总规模3312.98公顷，可新增耕地260.29公顷，预算投资总额15577.48万元。社会投资项目1个，项目规模50.53公顷，可新增耕地40公顷，投资预算金额371万元。

截止到年底，已经基本完成了18个项目的审批工作，其中10个区级项目和1个社会投资项目的立项批复及财政预算资金已经落实，已陆续进入招投标和施工阶段，另7个区级项目的立项及财政预算即将完成。剩下的9个市财政投资项目的可行性研究已经完成，即将进入规划设计的评审阶段。

【土地供应计划及实施】

2010年，全区拟供地70宗，供地总面积657.63公顷，其中：以招拍挂方式供地36宗，供地面积432.62公顷（含经营性用地10宗，供地面积231.96公顷；工业仓储用地26宗，供地面积200.66公顷）；以协议方式供地7宗（均为定向安置房用地），供地面积128.2公顷；其他27宗主要是教科文卫用地，将采取划拨方式供地。

截止到年底，共实现供地101宗，915.938公顷，完成供地计划的139.28%。

【保障性住房用地供应】

共完成保障性住房供地26.52公顷，其中：完成马坡镇西侧双限房项目供地4.48公顷；完成张镇廉租房项目供地1.24公顷；完成牛山公租房项目供地2.57公顷；完成于庄和牛山两个三定三限房项目供地共18.23公顷。

【土地市场交易】

完成经营性用地入市交易18宗，总面积2058023.3平方米（约205.8公顷），实现政府收益526343.2113万元。完成工业用地入市交易22宗，总面积3398417.019平方米（约339.84公顷），实现政府收益总计20081.3628万元。

【土地储备开发】

2010年，累计完成土地储备投资106.84亿元。情况如下：

1. 联储项目情况

全年共完成民宅拆迁22户，非住宅46家，公有住房210户。M15号线新国展北站A、B、C地块，M15号线后沙峪站A、B地块，顺西路－府前街站梅沟营村地块已完成全部拆迁工作，其中国展A、B、C地块，后沙峪B地块已具备入市条件。

在回迁安置房方面，梅沟营村、东庄和火神营村、前进和太平村、望泉寺村四个保障性住房项目的“三定三限”实施方案已通过市国土资源局会同市发改委、市规划委、市住房建设委等相关部门联合审核会，并于9月底取得《定向安置房项目三定三限方案联合审核会议纪要》（经国土会【2010】29号）。截止到年底，四个项目均已全部开工，其中，花梨坎村回迁房已建设完毕，地上建筑面积约9.3万平方米，村民回迁已启动。

2. 储备分中心为主体项目情况

启动了平各庄项目、天竺村项目、板桥村项目、夏县营村项目、马头庄村项目、后沙峪村项目、M15号线河东站、M15号线南法信站（A、B、C地块3个项目）共计18个一级开发项目，总面积739公顷。

其中，M15号线南法信站土地一级开发项目及顺义区天竺镇天竺村旧村改造土地一级开发项目已启动拆迁工作。截至12月，南法信站项目已完成民宅拆迁833户，非住宅49家；天竺村项目完成民宅拆迁1219户。

【土地调查】

开展了新增建设用地调查工作，共监测图斑255个，监测面积359.23公顷，新增建设用地146.83公顷。

【土地权属登记】

完成国有土地使用权登记501宗、509.03公顷（7635.45亩）。其中：国有土地使用权初始登记92宗、405.44公顷；国有土地使用权变更登记409宗103.59公顷。

完成国有土地使用权抵押权设定登记426宗，抵押面积912公顷，贷款金额299.77亿元。

完成了地籍管理信息系统建设，挂接整理档案14000余件，已实现所有土地登记、土地抵押、查封等业务完全系统办理。

【土地执法监察】

1. 国土部十次卫片查处情况

从3月开始，组织人员，对第10次卫片图斑发生变化地块进行了实地踏查，按时完成了内、外业核查、上报工作，并对其中的重点违法占地案件进行了查处，到年底已全部处理到位。具体情况是：国土部2009年度卫片共监测顺义区变化图斑188个，经过实地调查，新增建设用地中违法用地22宗，占地面积941.2亩，占耕地359.97亩，违法占耕地占新增建设用地占耕地比例3.39%。现已立案查处5宗，占地21.47亩，占耕地16.21亩。非立案查处17宗，占地919.68亩，占耕地343.76亩。

2. **违法建设拆除情况**

协调各镇与区有关部门，对国土部十次卫片、二号小卫星监测图斑以及市区重点工程周边及镇域范围内主要道路两侧违法建设坚决予以查处、拆除。2010年，全区共拆除没收构筑建筑物65万平方米。

【信息化建设】

分局2010年共通过网站主动公开政府信息662条，全文电子化率达100%。在主动公开的信息中，机构职能类信息16条，占总体的比例为2.42%；规划计划类信息2条，占总体的比例为0.31%；业务动态类等服务型信息644条，占总体的比例为97.28%。

【矿产资源概况】

我区矿产资源主要有煤炭、建筑用沙、砖瓦用黏土、水泥用灰岩、建筑石料用灰岩、地热、矿泉水、陶瓷土、陶粒用黏土。北京市实行禁采砂石、黏土政策后，目前开采的矿产资源有水泥用灰岩、建筑石料用灰岩、地热、矿泉水。水泥用灰岩、建筑石料用灰岩主要分布在张镇、大孙各庄、杨镇、木林、龙湾屯、北石槽、牛山等镇；地热资源主要分布在天竺、后沙峪、李遂、南彩、高丽营等镇。我区地下蓄藏着2亿多吨煤炭资源，主要分布在北小营、大孙各庄等镇。

【矿产资源开发】

加大对区政府保留的6家矿山企业的监管力度，严厉打击超层越界开采行为，全年未发生安全事故；积极配合企业完成压矿核查工作，全年完成压矿核查报告60份。

【地热资源管理】

对我区所有地热井开发利用单位及时巡查；配合市局完成12家企业的地热资源勘察许可证年检工作。

【地质灾害防治】

于5月上旬召开了区汛期地质灾害防治动员会，发放宣传材料100份，知识普及光盘50份。对易发区内进行工程建设的企业及时下发做好地质灾害防治工作的通知，认真履行告知义务。积极督促企业做好灾害易发区内灾害评估工作，办理地质灾害危险性评估备案登记4份。

【信访工作】

2010年，共接待群众信访126批次，600余人次，其中，涉及集体访的共计140余人次。

【其他各项工作】

（1）全年累计接待办事群众7578人次，办理承办件2355件，政府信息公开业务受理87件，做到了“三个100%”：电话接通率100%，办事受理率100%，事项办结率100%。

（2）在区政府“政风行风热线”网上回复群众咨询21件。

（3）在土地法律法规的宣传方面，分局相关科室分别在牛山镇、高丽营镇、李桥镇、赵全营镇、大孙各庄镇举办了5场镇、村干部土地法律、法规培训班。在区委组织部组织的党支部书记培训班上，分局副调研员申长华还为参培村支部上了两节土地管理政策法规课。

（4）根据市局安排，与区电视台、区广播电台等单位联手，认真组织开展了“4·22”地球日和“6·25”土地日宣传活动。

北京市国土资源局大兴分局

【土地资源】

大兴区现辖有14个建制镇、5个街道办事处。根据上年度土地变更调查数据，全区土地总面积为1036平方公里，其中建设用地425.30平方公里，占总量41.05%，农用地586.19平方公里，占总量56.59%，其他用地24.45平方公里，占总量2.36%。（详见表1）

表1　大兴区2010年度土地利用情况统计表

地类		面积（公顷）	占比例%
合计		103595.57	100%
农用地	小计	58619.82	56.59
	耕地	42453.43	40.98
	园地	8863.34	8.56
	林地	7009.24	6.77
	牧草地	293.81	0.28
建设用地	小计	42530.08	41.05
	居民点及工矿	31817.66	30.71
	交通运输用地	3994.08	3.86
	水利设施用地	6718.34	6.49
其他土地		2445.67	2.36

【分局概况】

北京市国土资源局大兴分局（简称“大兴国土分局”）成立于2005年8月17日。分局机关现设有办公室、土地利用科、地籍科、耕保征地科、执法监察科、纪检监察科6个职能科室，编制26人，实有26人，其中工勤人员4人，满编；下设北京市土地整理储备中心大兴区分中心、土地利用事务中心、土地权属登记事务中心、国土资源执法监察队和国土资源管理所（4个）等8个事业单位，编制87人，实有78人。

【土地供应】

全区供应土地项目58个，土地总面积298.85公顷，涉及政府土地收益134.46亿元。其中经营性项目8个（含上年入市结转项目2个），土地面积82.59公顷，合同约定政府土地收益130.4亿元；招拍挂工业项目25个，土地面积126.62公顷，合同约定政府土地收益1.74亿元；其他项目25个，土地面积89.64公顷，合同约定政府土地收益2.32亿元。同时区国土分局会同区发改、规划部门和有关镇政府及市级以上开发区编制了大兴区2011－2015年土地供应中期计划及2011年土地供应计划建议方案，顺利通过市国土局审查。

【建设项目用地预审报批】

年内，在建设项目用地预审工作中，共审批建设项目用地预审119件，用地面积约1940公顷。在建设项目用地报批方面，2010年共受理征地项目64个，总用地面积1397公顷（20951亩），农用地795公顷（11922亩），耕地546公顷（8190亩）。

【土地利用规划工作】

在区国土分局组织下，大兴区区级土地利用总体规划（2006－2020年）成果于2010年11月3日正式得到市政府批准。该成果现已应用于部分预审、征地业务。在区级规划成果基础上，按照镇级土地利用总体规划编制要求，区国土分局组织规划课题组开展了14个镇的镇级土地利用总体规划的编制工作，目前已完成规划初稿并报市国土局规划中心审查。

【地籍管理及土地登记】

年内，共完成土地使用权登记手续254宗，土地总面积为873公顷。土地抵押登记206宗，土地抵押面积（含在建工程）588万平方米，贷款金额247.2亿元；抵押注销登记156宗。共协助法院办理查封、解封案件50件。办理国有土地使用权地籍调查成果确认45件。

【土地市场交易】

年内，开展工业用地供应。全年共挂牌上市土地25宗，已完成交易22宗，总面积约177公顷，建设用地面积132公顷，实现政府土地收益约1.77亿元。加大经营性土地上市交易数量。截至年底，已完成上市经营性用地13宗，总面积268.3公顷，建设用地面积约143公顷，实现政府收益141亿元。

【土地整理、储备开发】

年内，区国土分局在土地开发整理工作中，经过验收通过了榆垡镇大练庄项目、礼贤镇祁各庄项目、庞各庄镇常各庄项目、魏善庄镇前苑上项目、青云店镇大张本庄项目、安定镇西白塔项目共6个土地整理项目，完成新增耕地面积9149.27亩；完成采育镇大同营项目、长子营镇李家务项目、安定镇后安定项目共3个项目的初步验收工作，市国土局已委托技术验收单位对3个项目进行技术核查工作，计划于2011年1月中旬进行项目最终验收，预计新增耕地面积2067.49

亩；完成榆垡镇留士庄项目等在施项目，已完成总体工程量的90%，完成项目的变化调整及后期收尾工作，并拟计划2011年通过市国土局竣工验收工作。为拉动内需，加大土地储备开发力度，贯彻落实市委市政府决策部署，截至年底，大兴区完成121亿元投资。

年内，总计完成40个项目的耕地补充，面积442.6公顷。全区建设用地占耕地实现了占补平衡，基本满足了土地报批需求。上缴区财政耕地开垦费14102.3万元，杜绝了减免缓现象。

【国土资源执法】

年内，区国土分局严格国土资源执法，全年共立案查处156宗案件，现已处理95宗；下达《责令改正国土资源违法行为通知书》154份，《国土资源行政处罚告知书》138份，《国土资源行政处罚听证告知书》94份，《国土资源行政处罚决定书》94份；共拆除违法建筑约5.3万平方米，收缴罚款约1524.79万元；移送公安分局涉嫌土地犯罪案件3宗（同时已全部抄备区检察院），移送区监察局土地违法违纪案件106宗，申请区法院强制执行43宗。同时，执法队处理往年未结案件66宗。

【开展主题宣传活动】

年内，区国土分局围绕围绕“珍惜地球资源、转变发展方式、倡导低碳生活”宣传主题组织开展“4.22”第41个世界地球日宣传活动；“6.25”土地日配合市国土局在“鸟巢”宣传和依法行政、行政复议、法制日宣传等宣传工作；在“12.4”全国法制宣传日，在大兴区宣传依法管地、集约用地和保护耕地为主，制作相关宣传展板、条幅，发放宣传材料800余份。

【信访工作】

年内，区国土分局在信访工作中，实行分局领导带班接访制度。全年共收到群众来信来访涉及土地问题信访件267件，受理266件。其中：市局转来128件。共办结200件。受理群众匿名电话302件，收到市局执法大队转来12336举报72件。与去年同期相比有所上升。

【全程办事代理】

年内，共受理各项业务1069件，其中，权属登记类859件。征占地类业务210件。

北京市国土资源局昌平分局

【土地资源概况】

昌平区位于北京市西北部，是北京的北大门，北与延庆区、怀柔区相连，东邻顺义区，南与朝阳区、海淀区毗邻，西与门头沟区和河北省怀来县接壤。全区地处温榆河冲积平原和燕山、太行山支脉的结合地带，地势西北高、东南低，北倚燕山西段军都山支脉，南俯北京小平原，主要河流属温榆河水系。全区辖15个镇、2个街道办事处、2个地区办事处，318个行政村，面积约1342平方公里。

昌平区2010年度土地利用情况统计表

地类		面积（公顷）	占比例%
合计		134254.9	100%
农用地	小计	91799.55	68.38
	耕地	12804.44	9.54
	园地	13142.61	9.79
	林地	64195.19	47.82
	牧草地	1657.31	1.23
建设用地	小计	40353.28	30.06
	居民点及工矿	31024.13	23.11
	交通运输用地	4900.30	3.65
	水利设施用地	4428.85	3.3
其他土地		2102.07	1.57

【机构设置】

北京市国土资源局昌平分局机关设办公室、纪检监察科、财务科、综合科（地质矿产科）、地籍科、耕保征地科、土地利用科、执法监察科，共8个行政科室，机关编制29个，机关工勤编制3个；下设北京市昌平区土地权属登记事务中心、北京市昌平区土地利用中心、北京市土地整理储备中心昌平区分中心、北京市昌平区国土资源执法监察队、北京市国土资源局昌平分局第一国土资源管理所、北京市国土资源局昌平分局第二国土资源管理所、北京市国土资源局昌平分局第三国土资源管理所、北京市国土资源局昌平分局第四国土资源管理所、北京市国土资源局昌平分局第五国土资源管理所，共9个事业单位，事业单位人员编制共计95个。

【土地利用总体规划】

年内，编制完成了《昌平区土地利用总体规划（2006—2020年）》（送审稿），经区土地利用总体规划修编工作领导小组会议和区政府、区委审议通过后，上报市国土局审查并通过了专家组的评审。昌平区17个镇（街）的土地利用总体规划（2006—2020年）也通过了市国土局专家组评审。

【建设项目用地预审】

年内，共完成建设项目用地预审110件，用地预审数量比去年增加了12件；用地总面积约1858公顷，用地面积比去年增加了136公顷。完成了25个中央国家驻京单位、部队等市局预审的建设项目初审工作。

【征地及农转用项目用地管理】

全年共审核上报国家建设征地及农转用项目23件、面积525.6公顷，审核上报集体占地2件、15.8公顷，审核上报村民建房用地17户、面积0.3公顷。获得市政府征地批复16件、总用地面积364.0公顷，获得区政府批准村民建房用地12户、面积0.2公顷。为110个建设项目出具了用地预审意见。

【土地整理与占补平衡】

1. 工程已完工、待验收的土地开发整理项目

阳坊镇基本农田整理项目、长陵镇黑山寨村改善农业生产条件项目、长陵镇上口村改善农业生产条件项目、南口镇李庄村改善农业生产条件项目、流村镇溜石港村改善农业生产条件项目已完工，待验收。

2. 工程正在实施阶段的基本农田整理和土地开发项目

流村镇马刨泉等5个村基本农田整理项目为市级投资项目，预算投资1549万元，建设规模342.95公顷，规划设计新增耕地面积23.89公顷。流村镇马刨泉村土地开发项目为市级投资项目，预算投资742.85万元，建设规模24.81公顷，新增耕地23.78公顷。

【土地供应计划及实际供地情况】

年内，全区计划供应土地830.67公顷。其中，基础设施用地3.57公顷、工业仓储用地219.89公顷、其他产业用地105.76公顷、科教文卫和行政办公用地14.74公顷、三定三限住宅用地76.25公顷，商品房住宅用地409.56公顷，商服用地0.90公顷。实际全年供应土地281.42公顷，其中住宅85.87公顷；教育、科研用地82.64公顷；商业用地16.61公顷；工业用地96.30。实现政府土地收益52.76亿元。

【保障性住房用地供应】

年内，完成了“昌平区回龙观旧村改造项目（昌平—西城第一批对接）”和“中关村科技园区昌平园东区三期联合储备开发项目03030－32－3地块限价商品住房项目”等13个保障性住房项目的土地供应工作，土地供应面积162.23公顷，建筑规模200.40万平方米。

【土地市场交易】

年内，完成了“昌平区常兴庄组团北部地区B地块居住项目用地”和“昌平区回龙观1818－028地块二类居住用地（配建限价商品住房）”等16个经营性用地项目的入市交易工作，土地总面积197.79公顷，总成交金额149.36亿元。完成了“中关村国家工程技术创新基地A－29、A－33、A－42、A－45地块高新技术产业项目用地”和“昌平区沙河镇松兰堡村西工业项目用地”9个工业用地项目的入市交易工作，土地总面积86.86公顷，总成交金额10.56亿元。

【土地储备开发】

年内，共实现土地储备开发投资112亿，完成土地储备开发面积485公顷；新增融资贷款15.66亿元。

【土地调查】

全年共完成地籍调查214件，其中，变更类131件，登记类83件；为市国土局办理国有土地地籍调查成果确认单77件；为用地单位办理权属核定48件；为用地单位办理地类核定19件；为市国土局及用地单位出具“土地权属核实函”及“土地权属证明函”7件。

配合市国土局做好2010年土地利用现状变更调查外业核查确认工作。

【土地权属登记】

年内，完成国有土地使用权日常登记发证804宗，面积1711.83公顷。其中划拨国有土地使用权登记31宗，面积108.96公顷；出让国有土地使用权登记60宗，面积228.02公顷；国有土地使用权变更登记308宗，面积193.27公顷；完成集体土地使用权设定登记2宗，面积8.68公顷；完成国有土地使用权抵押登记244宗，面积593.81公顷，完成国有土地使用权抵押注销登记150宗，面积475.71；完成政府储备土地登记发证3宗，面积64.52公顷；完成军产登记6宗，面积38.86。

档案数字化（三期）工作已全面完成，其中土地业务档案1298卷，文书档案6987卷。2010年我局产生的土地专业档案1901卷。

【土地执法监察】

1. 打击非法盗采砂石违法行为

年内，昌平区治理非法开采砂石办公室共出动执法检查5462人次，暂扣挖掘机4台、铲车4台、运输车辆35辆。立案调查处理违法案件34件，罚款共计116.96万元，没收矿产产品1050余吨。

2. 第十次卫片执法工作

利用国土资源部卫星监测成果开展第十次卫片执法检查，对核查出的71宗违法用地项目全部送达了《责令停止土地违法行为通知书》。对采取立案方式处理的66宗，65宗已全部立案；非立案方式处理的5宗已全部处理到位。

【矿产资源概况】

昌平区共发现矿产29种，其中金属矿产10种，非金属矿产19种。共发现金属、非金属矿床和矿点94处，其中经过详查或勘探，向国家提交了储量报告的矿床26处，未做地质工作但经调查肯定的矿点68处。截止到2010年底，我区开发利用的固体矿产资源4家、年产矿石量300多万吨。其中，水泥用灰岩1家、制灰用灰岩1家，建筑用白云岩1家、建筑用花岗岩1家；开发利用矿泉水企业3家，年产矿泉水1000多吨；开发利用地热资源的单位54余家，现有热水井118余眼，持有采矿许可证的35家，年消耗热水300多万吨。

【地质勘查储量管理】

完成了9家探矿权年检，开展了矿山企业的储量动态监测工作并组织了检测报告的评审：完成了矿山企业占用、消耗资源量的登记、统计工作。完成37件建设项目压覆重要矿产核查初审。

【矿产资源开发管理】

一是对矿山企业是否存在超层越界开采等行为进行自检部署和抽查。配合区安监局开展了非煤矿山安全整治，并就发现的问题督促企业按期整改；二是加大监督力度，开展打击私挖盗采砂石的专项行动，制止违法采矿行为，办结4件信访案件；三是严格采矿权管理，实施矿山环境恢复保证金制度，缴存保证金275多万元；受理了1家固体矿山的注销申请；按规定配合市局完成了3家矿山的矿产资源开发利用方案和采矿权款价评估；累计关闭固体矿山30家，占现有矿山88%；四是完成了全部矿山企业的储量动态监测工作；五是完成了4家固体矿山、3家矿泉水企业、34家地热单位的采矿权年检，建立了矿山企业开发利用台帐，完成了矿山企业占用、消耗资源量的登记、统计工作，全面足额完成了资源补偿费和采矿权使用费的征收，征收补偿费40.02万元。

【地热资源管理】

配合市局完成了35家地热利用单位日常监督检查和采矿许可证的年检初审，年检结果全部合格。征收采矿权使用费2.45万元。

【汛期地质灾害防治】

完成了涉及地质灾害隐患的6个镇、26个村、10个旅游景区、7个矿山的野外实地调查；编写地质灾害调查记录，制定并发布《昌平区2010年度地质灾害防治方案》；填写并发放突发性地质灾害隐患点明白卡417份；组建了专业人员参加的应急调查组；与相关镇签订了汛期地质灾害防治责任书，健全了群测群防网络；在汛期不定期检查各镇“四包七落实”的落实情况。年内，发生小型崩塌两次，无人员伤亡和财产损失。

【矿山环境治理】

兴寿镇矿山环境治理项目于5月开工，市财政投资328.3万元，年底已完成所有建设内容；流村镇白羊沟崩塌地质灾害治理已完成前期准备。

【宣传工作】

以第二十个全国土地日为契机，以“土地与转变发展方式——依法管地节约用地”为宣传主题，将土地日宣传口号统一制作成了46条横幅，于“土地日”在各镇进行悬挂、宣传；分局五个国土资源管理所分别设立宣传点，向过往群众发放宣传材料，共计发放宣传册和宣传折页材料1700余份，并对群众提出的有关土地政策问题做现场解答；向全区各镇、村发放印有宣传口号的文化衫；以昌平区运动会为契机，进行节约、集约利用土地和有关土地政策的宣传。

【政府信息公开】

年内，主动公开政府信息116条，全文电子化率达100%。其中其中机构职能类信息21条；业务动态类信息95条。5件均已办结。在已答复的5件申请中，“同意公开”的3件，占总数的60%；“不予公开”的0件，占总数的0%；“信息不存在”的2件，占总数的40%。

【信访工作】

年内，开展了社会矛盾排查化解工作，确定了包案领导和责任科室，制订了矛盾排查化解措施。全年受理群众来访77次、95人次，来信229件，全部办结，办结率100%。

北京市国土资源局平谷分局

【土地资源概况】

平谷区位于北京市东北部，地处燕山南麓与华北平原北端的相交地带，东西长40.61公里，南北宽38.82公里，区政府所在地距北京市区约70公里，是首都北京的卫星城，地理坐标位于东经116度55分—117度24分，北纬40度02分—40度22分之间。全区现辖1 4个镇、2个乡、2个街道办事处，全区共设275个行政村、23个社区，人口40万。

全区土地总面积为948.2659平方公里，其中耕地120.0642平方公里，占总量的12.66%；园地243.1229平方公里，占总量的25.64%；林地349.6948平方公里，占总量的36.88%；草地59.3733平方公里，占总量的6.26%；城镇村及工矿用地95.9932平方公里，占总量的10.12%；交通运输用地24.3415平方公里，占总量的2.57%；水域及水利设施用地40.6916平方公里，占总量的4.29%；其他土地14.9844平方公里，占总量的1.58%。（详见表1）

表1　平谷区2010年度土地利用情况统计表

地类		面积（公顷）	占比例%
合计		94826.59	100%
农用地	小计	77225.52	81.44
	耕地	12006.42	12.66
	园地	24312.29	25.64
	林地	34969.48	36.88
	牧草地	5937.33	6.26
建设用地	小计	16102.63	16.98
	居民点及工矿	9599.32	10.12
	交通运输用地	2434.15	2.57
	水利设施用地	4069.16	4.29
其他土地		1498.44	1.58

【机构设置】

北京市国土资源局平谷分局为北京市国土资源局的派出机构，在市国土资源局的领导下，按照管理权限，负责组织实施本行政区域内土地、地质矿产资源行政管理工作。分局机关设办公室、纪检监察科、财务科、综合科、耕保征地科、土地利用科、地籍科、地质矿产科、执法监察科等9个行政科室；下设国土资源执法监察队、土地权属登记事务中心、土地利用事务中心、土地整理储备中心和国土资源管理一、二、三、四所等8个事业单位。年末，分局人员共有107名，其中机关工作人员34名，参照公务员管理14名，规范工资人员12名，事业单位人员47名。

【土地利用总体规划修编】

我区的土地利用总体规划（2006—2020年）文本、说明、图件、矢量数据已上报市局并在进一步完善之中，在区级土地利用总体规划的框架内，各乡镇的土地利用总体规划第二稿已上报市局。

【建设项目用地预审】

2010年共计完成建设项目用地预审行政许可事项30件，审批土地面积共计170.07公顷，其中农用地78.28公顷、建设用地91.79公顷。30件事项中，科教文卫用地8宗、办公用地5宗、储备用地5宗、基础设施用地2宗、商业用地2宗、住宅用地3宗、仓储用地2宗、特殊用地2宗、工业用地1宗。（详见图1）

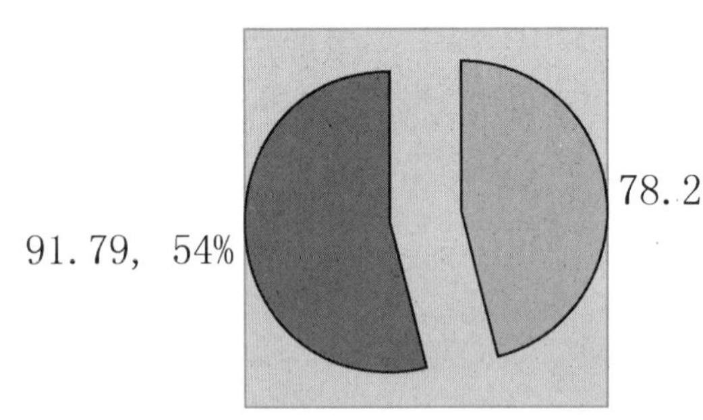

图1

【征地及农用地转用项目用地管理】

对2009年9月30日前办理的679宗出让项目进行清理，共清理出10个现状未竣工项目，一是将其中4宗地录入土地市场动态监测与监管系统、并随时关注进展情况；二是对其余未竣工和闲置用地采取了收回、纳入政府储备等办法，减少闲置用地，有2宗住宅用地已经纳入周边地块整体实施一级开发。

全年办理出让10宗，面积34.4公顷；转让9宗，面积17.7公顷；变更4宗，审核抵押手续13宗。在征地管理中扎实稳妥做好征地费用预算、调查、协议签订、公示及方案的编制，成功组织了平谷区征地区片价听证会。

按照上级的统一部署开展了工程建设领域突出问题专项治理工作，分五批对228各项目进行了全面梳理，未发现重大问题。

2010年累计已完成十一个乡镇四十六个村八十四户村民宅基地的选址调查

及审批工作。

【土地开发整理及耕地占补平衡】

2007年启动的大华山瓦官头村等4个土地开发、整理项目已通过市局的终检。2008年启动的夏各庄镇整理项目、东高村土地整理项目工程已完工，待市局验收。今年启动的镇罗营镇土地开发整理项目全部完工，通过市局终检。山东庄镇土地开发项目正在稳步推进。目前平谷区储备耕地剩余指标为20.4公顷。

2010年完成耕地补充方案共计6宗，涉及耕地面积50.5348公顷，其中基本农田42.2149公顷，收缴耕地开垦费共计1336.001万元。

【土地供应计划及实施】

2010年，平谷区土地供应计划为项目27个，总计土地面积245.34公顷，其中：基础设施用地项目3个、土地面积24.34公顷；工业仓储用地项目7个、土地面积75.42公顷；住宅用地项目11个、土地面积98.76公顷；科教文卫和行政办公用地项目2个、土地面积4.91公顷；其他用地项目4个、土地面积41.91公顷。

2010年，平谷区供应国有土地工业用地12宗，土地面积为77.0746公顷；供应国有土地经营性用地7宗，土地面积为72.564公顷，政府收益169316.79万元。（详见图2）

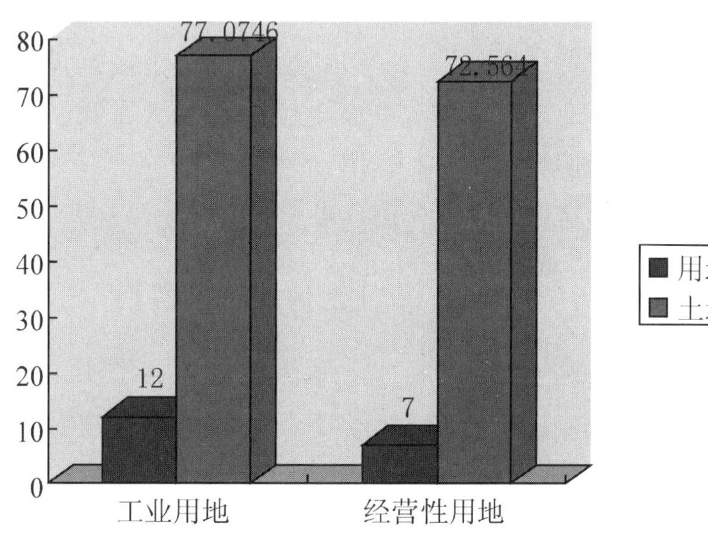

图2

【土地市场交易】

有12个地块入市交易，土地面积149.48公顷，其中经营性用地8宗，土地面积99.75公顷，工业用地4宗，土地面积49.73公顷，形成政府土地收益34.3亿元，政府土地收益再创新高。

【土地储备开发】

2010年平谷区实施土地一级开发项目共8个，土地总面积约805.36公顷，完成固定资产投资41.5亿元，超额完成年初区政府与分局签定的固定资产投资36.35亿元的任务，是平谷区多个责任部门中唯一完成固定资产投资任务的单位。

在工作中采取多策并举，保障了土地储备的顺利实施。一是一把手挂帅，逐级负责，项目落实到人；二是定期召开项目推进会，沟通情况，制定对策；三是主动服务，现场办公，做好政策指导；四是全程指导，编印并免费发放《办理用地手续服务指南》；五是横向联动，主动与相关职能部门对接，做到提早准备及时介入。

【土地调查】

以“建设土地登记规范年”活动为契机，进一步规范了土地登记工作，一是进一步明确了土地登记工作职能分工和岗位责任；二是进一步加强土地登记业务的监督检查工作；三是进一步完善了土地登记工作的奖惩制度。完成土地登记279宗，面积为543.7公顷。

镇罗营镇作为北京市农村土地确权登记试点，完成20个行政村，80.43平方公里的土地调查和确权任务，依据相关程序完成了资料准备、发布通告、外业调查复核、权属审核以及土地登记公告等工作。公路和河流的确权问题正待市国土局、市农委、市路政局、市水务局出台相应的规定。

为贯彻落实市国土资源局《北京市农村宅基地审批及登记发证情况清查统计工作方案》，结合我区的具体情况，对全区有行政村的17个乡镇的农村宅基地进行了清查统计，清查结果为户籍数9.33万，宅基地数量11.6万宗。为51户村民新批宅基地放线。完成了前三季度新增建设用地调查工作141块图斑进行了实地核查，已全部按要求完成图斑内业整理、分析和数据汇总工作。

【土地权属登记】（含档案管理）

2010年，平谷区国有土地使用权土地登记279宗，土地登记面积为543.72万平方米。其中，国有土地使用权出让登记22宗，土地面积72.18万平方米；国有土地使用权划拨登记8宗，土地面积6.45万平方米；国有土地使用权政府储备2宗，土地面积12.31万平方米；国有土地使用权变更登记45宗，土地面积54.6万平方米；国有土地使用权注销登记6宗，土地面积6.65万平方米；国有土地使用权抵押权注销登记91宗，土地面积149.69万平方米；国有土地使用权抵押登记105宗，抵押面积241.84万平方米。

档案数字化工作接近尾声，业务档案全部完成扫描录入工作，已经实现土地登记档案的电子查询。文书档案正在扫描录入。

【土地执法监察】

土地执法监察工作通过技术手段、三级动态巡查和信访渠道及时发现问题并跟进查处。在国土部下发的2009年度卫片（监测时段2008.10—2009.9）的核查工作中，分局一方面深刻领会政策，吃透精神，努力为区域经济发展做好服务。另一方面我们对违规占用基本农田、拒不悔改的给予了坚决拆除。2009年度卫片执法监察工作处罚处理到位率为100%。2010年7月国家土地督察局北京局的检查中认为我局上报数据准确，对我局的土地执法监察工作给予了肯定。

截止目前，对33宗违法用地下达了行政处罚决定，收缴罚款350余万元。同时加强重点信访件的查处，西古村委会违法占地案已申请法院强制执行，对当时人的处理已经依程序移交公安部门。

分局的涉法涉诉案件共计23件，全部经法院审核裁定准予执行，其中4件已经一、二审诉讼，判决维持我局所作的行政处罚。严格按照行政处罚法的要求进行取证、听证、告知，无论是在程序上还是适用法律上都严格把关，做到了无被撤销案件、无败诉案件。

【信息化建设】

分局将网站的栏目进行了充实，在“结果公示”栏增加10项，“办事指南”栏增加一项，“国土动态”栏增加一项，同时对网站内容及时进行更新，实现了公开信息、联系群众、为民服务的网站功能。协助市局信息中心完成前期调研工作，顺利实施视频会议系统的升级改造工程。坚持每月收集信息制度，保证主动公开政府信息20个工作日内网上公开。全年主动公开政府信息共229条，其中抵押登记96件，征地结案21件，建设项目预审24件，宅基地审批84件，合同变更4件。

【矿产资源概况】

平谷区矿产资源丰富，已知的矿物有：金、铜、铝、锌、钨、钼、锰、铁、钾、石英岩、大理石、花岗岩、水泥灰岩、重晶石、麦饭石、白垩等20多种。黄金矿线由东到西长约60公里，曾是北京市黄金主要产地，现已禁采。

【矿产资源开发管理】

黄松峪乡矿山公园10月中旬通过市局检查，地质公园建设项目按照设计要求正在建设中。

共抓获77名盗采金矿人员，没收金矿石2吨多，组织了多次大规模的集中打击盗采行动，下发《制止非法开采矿产资源行为通知书》18份。在分局的积极建议下，对盗采发生率较高的3个洞口进行爆破。

坚持重拳出击，在发生盗采白土矿、毁田挖沙现象比较严重的南独乐河镇、夏各庄镇进行了重点打击，扣缴了一批车辆和设备。

【地热资源管理】

平谷区地热调查工作外业调查、勘探、内业汇总均已完成，并通过专家评审。目前峪口地热井（平热—2号）及后北宫地热井（平热—3号）均已竣工出水，水温31.5℃～33℃，地热资源开发、利用将为经济发展将起到积极作用。

【地质灾害防治】

地质灾害防治继续落实多年来行之有效的防范措施，健全一级抓一级层层抓落实的工作机制，严格落实汛期值班制度、地质灾害报告制度、险情巡查检查制度。建立地质灾害险村、险户档案，重新发放了1025份避险明白卡。

【信访工作】其他各专项工作

平谷分局共接待人民群众来电、来信、来访及电子邮件226件次，涉及人员370人，其中受理咨询33件，已受理并答复37件，全部按照《信访条例》、《平谷分局信访事项办理程序及规定》依法受理，并在规定的期限内督促承办科室完成答复意见，真正做到按时、按质完成信访矛盾纠纷的化解工作。

分局除对市局交办的信访折子项目落实领导包案外，还加大自查力度，对排查出的信访矛盾纠纷建立台帐，局领导、主责科室领导两级包案，实行“一案双责制”，通过责任制落实推进信访问题化解。制定了《北京市国土资源局平谷分局重大决策信访风险评估办法》，从制度上规范行政行为，降低信访风险。坚持对可能引发的信访风险进行评估，认真排查信访风险点，及时制定应对预案，配合平谷区政府建立联动机制，准确掌握信息，切实将信访矛盾纠纷化解在萌芽状态，配合区政府完成国家土地督察局对我区的重点信访事项的检查工作。

北京市国土资源局怀柔分局

【土地资源概况】

怀柔区地跨山地和平原，其中平原面积约占全区土地总面积的15%，山地面积占全区土地总面积的85%。根据2008年度土地变更调查数据，全区土地总面积2122.46平方公里，其中建设用地172.22平方公里，占总量的8.11%，农用地1930.84平方公里，占总量的90.97%，其它土地19.39平方公里，占总量的0.91%。（详见表1）

表1　怀柔区土地利用情况统计表

地类		面积（公顷）	占比例%
合计		212246.71	100%
农用地	小计	193084.71	90.97
	耕地	10312.93	4.86
	园地	18072.16	8.51
	林地	163156.71	76.87
	牧草地	1542.91	0.73
建设用地	小计	17222.82	8.11
	居民点及工矿	9596.65	4.52
	交通运输用地	2736.56	1.29
	水利设施用地	4889.61	2.30
其他土地		1939.18	0.91

【机构设置】

北京市国土资源局怀柔分局成立于2005年7月（简称“市国土局怀柔分局”）分局机关设办公室、综合科、地籍科、耕保征地科、土地利用科、地质矿产科、财务科、执法监察科、纪检监察科九个行政科室，编制41人，其中工勤人员4人；下设北京市土地整理储备中心怀柔区分中心、北京市怀柔区土地权属登记事务中心（北京市怀柔区土地利用事务中心）、北京市怀柔区国土资源执法监察队及6个国土所十个事业单位，在岗职工79人。

【土地利用总体规划修编】

根据北京市国土资源局关于印发《北京市土地利用总体规划（2006—2020年）》区县指标的函，以全国二次调查的初步成果为基础数据完成了区级土地利用总体规划修编各项指标分解工作；根据《北京市区县土地利用总体规划成果编制要求（试行）》的要求，完成了土地利用总体规划修编规划基数转换工作。

【建设项目用地预审】

办理各类建设用地预审56件543.24公顷，其中农用地229.04公顷，建设用地305.05公顷，未利用地9.15公顷。

【征地及农用地转用用地管理】

筹备召开怀柔区“加强农村集体土地管理工作会议”，为确保我区耕地和基本农田保有量的实现，与区经管站通力合作，召开了怀柔区“加强农村集体土地管理工作会议”，下发了《开展清理规范农村集体经济合同工作的实施意见》，与各镇（乡）主要领导签定了《土地管理目标责任书》，进一步修改完善了《土地管理目标责任制考核办法》；合理调整基本农田保护布局，确保基本农田保护面积和质量不降低；完善基本农田保护相关措施，建立和完善区、镇、村三级基本农田保护档案，严格管理，从严控制新增建设用地占用耕地，严把用地预审关。

完成了九渡河、怀北等8个乡镇宅基地审批的外业踏勘工作，约80户；上报宅基地审批件4件，批准新建住宅30户，占地面积：7.49亩。完成征地报批9件。1千亿土地储备投资开发项目，现已完成3个项目的征地工作。

【土地整理与占补平衡】

完成2006及2007年共三个市财政投资土地开发整理项目竣工验收工作，项目建设总规模4264亩，新增耕地总面积549亩，新增可调整园地总面积131亩，总投资2666万元。

完成喇叭沟门乡等四个市财政投资土地开发整理项目立项申报工作，项目建设总规模4228亩，规划新增耕地总面积1500亩，预算总投资6517万元。

【土地供应计划】

申报土地供应计划地块22个，供应总量217.29公顷。实现供地4个53.57公顷，完成供地总量的24.7%。

【土地市场交易】

共完成入市交易项目4个，土地总面积23.95公顷。其中，经营性用地4宗，土地总面积23.95公顷，建设用地面积12.93公顷。

【土地储备开发】

梳理确定15个土地一级开发项目，总开发面积998.94公顷，预计总投资116.41亿元，目前投资落地8.6亿元。

【土地调查】

第二次全国土地调查已基本完成，正按全国土地调查办的要求将二次调查成果统一更新到2009年12月31日标准时点。完成了全区14个乡镇的4000余本发证档案和8700余本集调档案的清理工作，查清了怀柔区土地的“家底”。完成了“未批先用”和“征而未用”项目用土的清理工作。

【土地权属登记】

办结国有土地使用权登记243件，面积312.22公顷。其中国有土地初始登记发证43件，面积84.25公顷；转让变更登记发证85件，面积65.82公顷；其他登记发证115件，面积162.15公顷。

办结集体土地使用权登记43件，面积49.55公顷。

审查办结抵押登记发证156件，面积268.11公顷，贷款金额354148.04万元。

办理国有土地使用权注销登记1件，面积0.6公顷。

【土地执法监察】

加强动态巡查，全年共计巡查870车次、2510人次，行程9万公里。通过巡查共发现异常情况114起，涉嫌新增违法用地55宗，其中立案调查18宗，非立案方式处理18宗，其余19宗正在调查之中。

按照市局的要求，对2009年10月至2010年9月卫星监测的新增建设用地变化情况每个季度进行执法检查，共核查变化图斑230个，涉及230宗地，实际占地面积5130.4亩，耕地1131.4亩。其中实地未变化139宗，实际占地面积2670.9亩，含耕地499.2亩；农业结构调整用地43宗，实际占地面积895.5亩，含耕地272.8亩；新增建设用地48宗，实际占地面积1564.0亩，含耕地359.4亩。在48宗新增建设用地中，合法用地28宗，实际占地面积1107.8亩，含耕地289.2亩；违法用地20宗，实际占地面积456.2亩，含耕地70.2亩。

在区政府的高度重视和领导下，在各乡镇主动推进，积极配合下，完成2009年度土地卫片执法检查工作。共核查变化图斑127个，涉及131宗地，面积1352.93亩，实际新增建设用地占耕地面积142.8亩。经整改核查，合法用地项目32宗；实地未变化项目56宗；违法用地43宗，总面积306.74亩，其中占耕地项目7宗面积9.61亩，全区拟问责比例6.73%。截至目前，除水务局负责查处的2宗未处罚到位外，其余41宗均已下发处罚决定书。

查处2007年以来的违法居住类用地24宗，其中22宗已下发处罚决定书，还有2宗正在查处之中（全兴垂钓园、老北京四合院）。

认真贯彻落实市局对信访工作的要求，提高信访工作效率，在信访工作办理中真正做到及时化解矛盾，为群众排忧解难，全年共接待上访人员230余人次，受理信访事项51件，办结48件。

2010年通过卫片执法检查、动态巡查、群众举报等各种渠道发现的违法违规用地共立案调查81宗，面积409.5亩，其中耕地36.4亩。在81宗违法用地中，属2010年以前年度发生、本年发现的违法用地78宗，面积386.3亩，其中耕地36.4亩；2010年新增违法用地3宗，面积23.2亩。在2010年立案的81宗案件中，已下发处罚决定书38宗，自行拆除

20宗，其余23宗查处工作正在进行中。按逐步消化既往原则，对历史遗留积案，积极消化处理，继续履行处罚程序，下发处罚决定书26宗，其余案件查处工作正在进行中。按时限向法院申请执行19宗。

在全年打击盗采工作中，我分局会同区水务局、公安分局、工商分局等部门联合执法，不断开展执法行动严厉打击各类突出盗采行为，并组织区联合执法队始终保持高压打击的工作态势，以杜绝大规模盗采现象为目标，常年坚持24小时不间断的巡查检查机制，进一步遏制了全区大范围的盗采活动，确保了我区打击盗采工作形势保持稳定。据统计，2010年以来，全区共查扣盗采机械车辆135台（辆），行政处罚罚款105.3万元，拆毁、没收非法砂石厂的加工设备、房屋等36处，拆除用于非法生产、加工砂石的电力设备17处，收缴盗采铁矿石4900余吨，公安机关追究刑事责任19人，刑事拘留9人。

【信息化建设】

信息化硬件建设进一步完善。完成了六个新成立国土所计算机等设备的政府采购工作，按照日常档案数字化工作为各科级单位配备了高速扫描仪。按照市局标准完成分局机房标准化建设工作，增加消防、监控设备，更新了空调和不间断电源设备，对部分老化线路进行了重新梳理。积极做好日常运维工作，做到及时响应分局内各科级单位和大厅的计算机及网络日常维护需求，并按时做好运维登记，全年共计维护289次。

信息系统建设取得初步成果。按照国土系统的“一张图”工程要求，本着“始于地籍、最终归于地籍”的业务模式，在“地籍管理信息系统”成果的基础上，利用电子政务系统和档案数字化系统的数据成果，建立起怀柔区城镇地籍与土地利用一体化管理信息系统。完成了所有除电子政务系统及城镇地籍系统已有审批业务外的各类事项共计25项，并实现了带图审批功能，已进入双轨制运行阶段。

已有信息系统稳定运行。市局综合监管平台信息系统的日常业务、历史案卷补录工作及系统升级工作顺利开展，取得显著成果。日常案卷录入共96卷，其中26卷预审完成带图作业，完成分局历史案卷录入工作共2708卷。积极做好系统培训保障工作，全年共解决业务科室针对电子政务系统操作问题605次，针对政务系统推广组织各业务科室培训共9次。完成了档案查询系统合库、服务器升级工作。全年系统各用户共计查询档案3856卷次，为分局各项业务提供快捷、准确、及时的档案查询服务。

网站管理及政府信息公开工作。共计发布信息165条，其中：工作动态信息83条、通知公告9条、土地公告信息60条、法律法规文件13条。发布政府信息主动公开共计326条，其中，建设项目用地预审30条；有偿国有使用权抵押设定登记145条；国有土地使用权抵押注销登记150条；农村村民住宅用地批准1条。

【矿产资源概况】

怀柔区矿产资源较为丰富，有固体

矿产资源、矿泉水、地热资源等类型。其中已发现的固体矿产有四大类、八亚类，三十多个矿种。历代已开采的矿种有金、银、铜、铁、钼、萤石、粘土、石灰石、花岗岩等十余种。目前全区有矿山企业7个，开采矿种有铁、水泥灰岩、矿泉水等。

【矿产资源开发管理】

改革开放以来，怀柔区的矿业开发发展迅速，到2001年全区有各类矿山企业一百多个。近几年来，根据北京市政府关于逐步减少固体矿山企业的总体要求，怀柔区不断加大对矿山企业的管理和规范力度，从2004年6月起不再批设新的采矿权；对现有矿山企业采矿权的延续申请认真把关，原则上不再予以延续，做到逐步关闭。并且通过实行政策性关闭、部门联合执法、取缔非法采矿点、加大检查及处罚力度等多项措施，对全区的矿产资源开发秩序进行了全面清理整顿。改变了过去矿山企业“多而小，小而乱，遍地开花，无序开采”的状况。到2009年初全区有非煤矿山企业仅7个，其中铁矿3家、矿泉水3家、水泥灰岩矿1家。在生产过程中，这些企业基本上做到了依法、规范、安全、合理开发利用矿产资源。

【地质灾害防治】

突发性地质灾害主要分布在山区10个镇乡、28个行政村、16个景点、9个度假村及1个矿山，受灾害威胁1064人。按照市局及怀柔区有关工作要求，结合本区防汛工作特点和以往汛期地质灾害的基本做法，进一步健全和完善了地质灾害预案、方案、责任制等制度建设。及时通过下发文件、召开会议、实地检查、隐患点排查、加强监测和值守、应急演练等多种方式，强化地质灾害易发区域的防治工作，落实各项防治措施。同时，还以“4.22地球日”和“5.12防灾减灾日”宣传活动为契机，发送地质灾害预防指南等宣传图册、手册、折页等共近5000份，悬挂大型宣传气球和标语，大力宣传普及地质灾害防治政策法规以及预防、避险、自救和互救等地质灾害防治知识和自我防护意识，提高了应对能力。

【征收矿产资源费用】

加强对矿山企业依法缴费宣传。2010年共收费2719658.19元。其中追缴2009年度补偿费1288104.34元，征收2010年度矿产资源补偿费1431553.85元，采矿权使用费3000元，矿山环境恢复治理保证金139.2万元。

【宣传教育和党群工作】

采取多种形式对干部职工宣传教育。理论中心组率先垂范，带头学习研讨。学习《国务院全面推进依法行政实施纲要》、《中华人民共和国土地管理法》等法律法规。适时学习理论政策，深刻领会精神实质。三是联系工作实际，开展集中研讨 。加强对干部职工进行宣传教育培训。坚持学习制度化，利用每周五学习时间组织干部职工学习《干部法律知识读本》等必学教材，每月第一个周五下午收看廉政教育片。结合创建学习型机关，“争先创优”、“为政之风”大讨论活动，重点学习加强了《行政诉讼法》、《行政复议法》、《信访条例》等法律知识。加强教育培训，全面提升综合素质。组织收听收看市局各类视频学习、宣传教育片15次，参加人数900人次；组织研讨交流6次；进行党课教育5次。围绕中心工作、重要节日和专项行动，开展宣传活动。开展为期10天的国土所工作人员培训活动。领导及业务骨干30人进行了34项课程的授课。围绕重要节日开展文明建设宣传活动。“三·八”节以“展巾帼风采、创美好生活”为主题召开了座谈会；“五·一”以“激发热情，增强体魄”为主题开展健身活动；围绕建党89周年，党员干部职工百余人来到怀柔区文化创意产业基地，参观国家中影数字制作基地，深刻感受国土部门在供地与支持地方经济发展的作用。围绕“两整治一改革”专项行动，开展党风廉政宣传活动。围绕“争先创优”、“为政之风”大讨论活动，开展先进典型宣传活动。以“创先争优”活动为载体，加大对党员教育管理的宣传。

加强对外宣传力度，增强社会影响力。围绕分局职能工作及政务公开事项，编写了《北京市国土资源局怀柔分局便民服务手册》，向社会发放；利用“4.22”地球日、“6.25”土地日、“12.4”法制宣传日，围绕主题开展各类宣传活动；围绕工作变化点、服务点和闪光点，向市国土局信息办、内、外网、区级各媒体报送稿件、信息120多条。此外，我们每年还免费向区、镇政府赠送《中国国土资源报》。经常以“怀柔国土资源信息”的形式同区四大机关和镇乡政府交流情况大力营造良好的舆论宣传氛围。

【信访工作】

共接到群众信访148件，391人，其中来访122件、391人，来信28件，联名信件12件；集体访13件、194人，个体来访109件、197人，咨询101件、195人。按规定程序请求解决85件，目前办结71件，正在调查14件。信访数量比去年下降了37%。办理人大代表建议、政协委员提案7件。

【调查研究】

完成《做好土地信访矛盾调处工作的调查与思考》和《关于我区城中村改造问题的研究与思考》两篇调研报告

【政务公开和制度建设】

22项行政许可事项全部进入怀柔区行政服务大厅，实行全程办事代理制度。

制定完善了《怀柔国土分局工作制度汇编》、《怀柔国土分局党组工作制度汇编》和《北京市国土资源局怀柔分局行政服务窗口工作制度》。共计制定了56项规章制度。

北京市国土资源局密云分局

【土地资源概况】

密云县属北京市的远郊县，位于北京市东北部。北、东与河北省滦平县、承德县、兴隆县接壤；西、南、东南与本市的怀柔区、顺义区、平谷区毗邻。密云县山多地少，全县山地（丘陵、低山、中山）、平原、水域分别占土地总面积83.3%、8.3%、8.4%，故有“八山、一水、一分田”之说。该县土地总面积为2225.87平方公里，占全市总面积13.54%，为全市土地面积最大的县。其中建设用地391.03平方公里，占总量的17.57%，农业用地1798.99平方公里，占总量80.82%，其他土地35.84平方公里，占总量1.61%。（详见下表）

密云县2010年度土地利用情况统计表

地类		面积（公顷）	占比例%
合计		222587.39	100%
农用地	小计	179899.74	80.82
	耕地	16553.25	7.44
	园地	30703.54	13.79
	林地	130518.89	58.64
	牧草地	2124.06	0.95
建设用地	小计	39103.52	17.57
	居民点及工矿	13626.79	6.12
	交通运输用地	3083.59	1.39
	水利设施用地	22393.14	10.06
其他土地		3584.13	1.61

【机构设置】

北京市国土资源局密云分局（简称“市国土局密云分局”）成立于2005年5月21日。分局机关设办公室、土地利用科、耕保征地科、地籍科、财务科、执法监察科、纪检监察科等7个职能科室，其中，办公室、执法监察科、地籍科分别加挂政工科、地质矿产科、综合科牌子，编制27人；下属单位有：土地储备分中心、权属登记事务中心、土地利用事务中心、执法监察队、国土一所、国土二所、国土三所、国土四所、国土五所、国土六所等10个事业单位，编制103人。

【土地利用总体规划修编】

完成了《密云县土地利用总体规划（2006—2020）》大纲的编制工作，并顺利通过市国土资源局专家评审。经市国土资源局审查，本局报送的新一版土地利用总体规划送审稿，目前处于待报市政府审批阶段。新版密云县土地利用总体规划更具前瞻性、科学性，充分考虑：①与《密云新城控制性详细规划》完全衔接，充分满足密云新城40.24平方公里面积用地，并且参照各乡镇镇域镇区规划，满足镇域规划文本中心镇区用地需求；②针对开发区云西组团扩规范围做出用地调整；③根据密云县政府提出近期开发重点区域，对溪翁庄镇区南侧、东智东和东智西村开发、太子务矿区综合整治开发增加新的用地指标；④结合本县沟域经济、非水源保护区发展规划等，对司马台整体开发、金鼎湖旅游开发、蔡家洼旧村改造、东邵渠工业园区等留出合理建设用地指标，满足浅山区发展用地要求。

【建设项目用地预审】

全年受理并通过的预审项目51个，建设用地规模338.38公顷。

【征地及农用地转用项目用地管理】

全年上报征占地9宗，总用地面积71.58公顷，其中土地征收5宗、面积约22.12公顷；上报农用地转为建设用地4宗、49.46公顷，全部实现了耕地占补平衡。

【土地整理与占补平衡】

在施的2个土地开发整理项目，项目总规模138公顷，可新增耕地面积84.02公顷。截至12月31日，已全部通过市国土资源局验收。

【土地供应】

年内供应各类建设用地共18宗，面积99.1公顷，成交总价152578万元。其中经营性用地挂牌出让3宗、15.12公顷，合同地价款77908万元；工业用地挂牌出让15宗、83.98公顷，合同地价款74670万元。转让项目用地3宗、3.86公顷，为原经密云县人民政府批准办理国有土地使用权出让的5宗地的国有土地使用权人，依法办理了出让合同变更手续。

【土地市场交易】

完成18个地块的入市交易工作，总

用地面积99.1公顷，成交总价款152578万元。

【土地储备开发工作】

密云县本年度在施的一级开发项目共14宗、面积256公顷。目前，完成土地一级开发项目5宗、面积146公顷。

【地籍管理及土地登记】

办理土地登记发证75件，面积约351.35公顷；办理土地及在建工程抵押77宗，共计面积596.18公顷，房地抵押贷款资金累计约55.72亿元。另外，办理注销抵押登记100件，面积391.1公顷，涉及资金199.33亿元；办理地调成果确认单27件，宗地面积99.98公顷。处理土地权属纠纷类信访、行政诉讼、复议6件。为保障土地权利人合法权益，维护社会稳定做出积极贡献。

【宅基地审批】

严格管理农民宅基地审批。全年共有9个乡镇、38个村、99户农民建住宅用地申请符合用地审批条件，已经县政府批准，总占地面积1.65公顷。

【国土资源执法】

进一步加大了依法查处土地违法案件的力度，制止违法案件47起，做到发现问题立即制止、及时处理，有效降低了信访案件。全年共出动920余人次开展动态巡查，巡查面积41万亩；查处土地违法案件51件，已办结43件；接待群众来信来访43件。

按时完成遥感2号卫星2009年第四季度和2010年第一、二季度反映变化图斑核查工作。实地核查108个变化图斑、102宗地、监测面积3184亩。积极做好第10次卫片执法检查工作。实地核检187个变化图斑、128宗地、监测面积3115亩，违法违规用地蔓延的势头得到有效遏制。

通过与公安、城管、水务局、交通局、涉矿乡镇政府等部门组织联合执法行动，对非法开采运输矿产资源行为实施了有效打击。全年查扣非法开采运输矿产资源车共计120辆、大型机械18台，没收非法存放及运输的铁矿石10000余吨，拆除非法砂石料加工厂18家。

【各项基础工作】

第二次全国土地更新调查已完成统一试点调查入库和自检工作，并通过了市国土资源局二调办的检查；完成了地方数据库与80上报数据库的数据修改工作，保证了地方数据库与80上报数据库数据的一致性；细化第二次全国土地调查成果整理工作，装订整理档案8522卷。

积极推进分局信息化建设，进一步提高信息化的工作效率。一是加强分局网络的维护和检修，保护网络的畅通和正常使用；二是加强网站的维护与管理；三是加强用户终端的使用管理，最大限度地防止计算机病毒的破坏；四是制定并下发分局《计算机软件管理与使用制度》，主管局长与各部门签订了责任制，明确了各单位各部门的责任人是本部门计算机软件的使用与管理负责主体；五是做好信息公开工作；六是做好视频会议系统的使用管理；七是配合市国土资源局信息中心做了网上办公系统的安装、调试及运维工作。

【矿产资源概况】

密云县矿产资源丰富，金属矿物有铁、金、银、钨、铬、铅、锌等，其中，铁矿已探明储量9.67亿吨，占北京市铁矿储量98%以上，主要分布在水库周边地区，包括太师屯、不老屯、高岭、巨各庄、冯家峪、石城、穆家峪等7个镇。非金属矿主要以砂石、石灰石为主，其中砂石储量为最大，主要分布在我县潮白河流域和西田各庄镇、十里堡镇等地。

【矿产资源开发管理】

整顿规范取得实效。一是按时完成县域内7家矿山企业2010年度矿产资源开发利用年检工作，并相应地完善了矿产企业的矿产资源统计基础表。二是完成了对县属5家矿山企业是否存在超层越界开采行为的执法检查工作，在自检和抽检工作中，没有发现矿山企业越界开采行为。三是加强矿产资源补偿费的收缴。已完成2010年前三季度收缴矿产资源补偿费288.54万元，采矿权使用费0.7万元。

【汛期地质灾害防治】

重点做好汛期地质灾害防治工作。密云县北部山区是地质灾害的易发区，本局采取多项措施积极防范：一是成立了汛期地质灾害应急指挥部和应急调查队，逐级建立并落实防灾责任制，严格执行地质灾害险情巡查、灾害应急调查、灾情速报、汛期值班等制度，及时、有效地预防和处理地质灾害；二是认真开展宣传教育，加强防灾培训。发放防灾工作卡30份、防灾明白卡560份，发放防灾宣传资料、光盘，提高了群众的防灾避险知识；三是完善群测群防体系。对地质灾害易发地区的冯家峪、石城、北庄、新城子等乡镇的32个险村477户险户进行复查，逐一排查并落实监测责任人，建立健全防灾速报网络，并对现有6个有崩塌隐患的旅游度假村下达整改通知书，责令限期整改；四是加强巡查。对全县地质灾害易发区的稳定和不稳定隐患进行巡查，掌握隐患发展情况，提前采取措施，避免灾害发生；五是强化制度。实行汛期24小时值班制度和灾情速报制度，确保灾情得到及时处置。通过上述措施的实施，今年夏季汛期，本县的地质灾害防治工作经受住了多次强降雨的考验。

【矿山环境治理】

2010年密云县在施的矿山生态环境综合治理项目是太师屯桑园、头道岭矿山环境恢复项目、高岭鲁家沟铁矿环境恢复项目和陡岭子南沟矿区环境恢复项目，三个项目实施后可有效恢复林、耕地900余亩。截至12月31日，上述三个项目均已竣工并通过市国土资源局验收。

【普法宣传工作】

开展“4·22”世界地球日、“6·25”土地宣传日、“12·4”法治宣传日的宣传活动，采取新闻媒体播放国土普法专题知识、悬挂宣传横幅、制作宣传展板、向普法重点乡镇发放宣传资料、设立街头宣传点咨询答疑等形式开展普法宣传活动；全面完成重点镇、村干部国土资源法律知识宣传教育培训活动。①“6·25”前夕，在密云县主要乡镇太师屯、河南寨、密云镇举办迎接“土地日”普法宣传周活动，向广大群众共发放宣传手册、挂图等2000多份；在重点乡镇举办了镇、村级干部国土普法培训班。②明确组织领导。成立了第二十个全国“土地日”宣传活动领导小组，明确专人负责。③明确人员分工。明确了材料准备组、宣传活动组、教育培训组、联络协调组的工作责任，确保宣传活动扎实开展。④开展土地日咨询活动。在密云镇、太师屯、河南寨镇繁华地段设立多个土地宣传咨询台，开展土地法律、法规政策宣传活动，发放宣传材料5000余份。⑤利用县电视台、广播电台等多种媒体宣传土地法和国家的相关用地知识、政策，提高广大群众自觉依法依规用地意识。全年，宣传活动共计发放国土普法《宣传手册》6000余份；发放宣传资料1.6万余份；现场展示国土普法展版5块；现场接待群众咨询4300余人次，取得了很好的宣传效果。

【全程办事代理】

2010年，分局全程代理服务窗口共受理行政许可事项和行政服务事项1064件，办结率100%；承办报请业务公文45件，办结率100%；受理法院协执35件；接待业务咨询1860余人次；装订移交各类档案349件；收到服务对象送达的表扬锦旗1面，留言表扬卡32件、留言簿表扬留言8次。

【信访工作】

严格落实信访工作一把手负责制和信访问题限时办结制度；认真开展信访接待工作，努力提高接待工作质量；深入扎实地做好信访苗头隐患的排查化解工作；实行信访工作考核评比、量化打分制度，推动分局系统信访接待的业务建设；稳妥有序地作好突发信访事件的矛盾化解工作。全年，共受理群众来信117件，已办结110件；接待来访群众75批169人次，大部分信访问题得到有效解决，有利地维护了我县的社会稳定。

【调查研究】

完成了密云县人民政府调研课题《运用规划成果　建设生态密云》、《关于在基层党组织建设中重视党风廉政建设的几点思考》。

北京市国土资源局延庆分局

【土地资源概况】

延庆地处北京市西北部，距北京市区74公里，平均海拔500米以上，三面环山一面临水，生态环境优良，是首都西北重要的生态屏障和首都北京的生态涵养区。全县土地总面积现为1995.59平方公里，其中建设用地189.33平方公里，占总量9.49%，农业用地1779.07平方公里，占总量89.15%，其他土地27.17平方公里，占总量1.36%。（详见下表）

延庆县2010年度土地利用情况统计表

地类		面积（公顷）	占比例%
合计		199559.25	100%
农用地	小计	177907.63	89.15
	耕地	28348.70	14.21
	园地	10851.30	5.44
	林地	135846.69	68.07
	牧草地	2860.94	1.43
建设用地	小计	18933.81	9.49
	居民点及工矿	9156.84	4.59
	交通运输用地	3343.08	1.68
	水利设施用地	6433.89	3.22
其他土地		2717.81	1.36

【机构设置】

北京市国土资源局延庆分局（简称“市国土局延庆分局”）成立于2005年5月25日。分局机关设办公室、纪检监察科、综合科、地籍科、土地利用科5个职能科室，（其中办公室、综合科、地籍科、土地利用科分别加挂财务科、执法监察科、地质矿产科、耕保征地科牌子。）在编人数25人，其中工勤人员3人；下设三个中心（北京市土地整理储备中心延庆县分中心、北京市延庆县土地权属登记事务中心、北京市延庆县土地利用事务中心)、一个执法队(北京市延庆县国土资源执法监察队)、六个国土资源管理所(第一、第二、第三、第四、第五、第六国土资源管理所)共10个事业单位,在编人数94人。

【土地利用总体规划】

积极稳步推进土地利用总体规划修编工作,充分发挥闸门管控作用。延庆县土地利用总体规划(2006-2020)修编工作进展顺利。县级规划最终成果已经于11月12日封口,市国土局已于12月将县级规划成果正式上报市政府;乡镇级规划第二次完整成果于11月22日通过专家评审会。

【建设项目用地预审】

年内,完成建设项目用地预审36个,涉及土地370.0367公顷。其中建设用地面积为177.4199公顷,未利用地面积为23.8863公顷,农用地面积为168.7305公顷(其中耕地面积为120.4862公顷,占基本农田面积为9.5682公顷)。

【征地及农用地转用项目用地管理】

年内,完成集体土地征收前期以及农用地转用前期项目20宗,其中农民宅基地等民生项目11宗、交通基础设施项目3宗、产业及其它项目6宗。20宗项目征(占)地面积约183.1913公顷,新增建设用地121.0806公顷。

【土地整理及耕地占补平衡】

积极实施土地整理工作,确保耕地总量动态平衡。年内,共申报土地整理项目18个,取得立项批复12个;土地整理在施项目27个(2010年立项项目12个,上年转接项目15个),取得土地整理项目验收批复5个;年内,共为20个建设项目提供占补平衡,占补面积为144.5公顷,实现政府收益1.43亿元,其中为本县占补16个项目,为昌平异地占补4个,面积85.7公顷,异地占补实现政府收益1.28亿元。

【土地供应计划及实施】

年内,完成土地供应12宗,其中招标出让3宗,面积41.1230公顷;协议出让5宗,面积7.0167公顷;划拨4宗,面积16.702公顷,合计64.8417公顷。

【保障性住房用地供应】

年内,完成200套经济适用房,总计10041平方米;90套廉租房,总计4358平方米的保障性住房供地工作。

【土地市场交易】

年内,完成土地上市交易3宗,供地面积411230平方米,成交价款33700万元,实现政府收益7803.0037万元。其中科研及混合用地一宗,住宅及商业配套用地2宗。

【土地储备开发】

年内,共有14个项目取得一级开发授权批复。10个项目的规划意见书办理完毕,5个项目得到发改委立项核准,5个项目取得征地批复;2010年新增的6个项目进展良好,其中3个项目正在计划开展前期手续的办理，1 个项目正在办理征地手续，2 个项目已授权企业并已与储备中心签订了监管协议。

【土地调查】

年内，认真开展第二次全国土地调查成果验收准备工作。编制了《第二次全国土地调查工作报告》、《第二次全国土地调查成果分析报告》。编制了县级土地利用现状挂图 1 幅，分乡镇土地利用现状挂图 15 幅，分国土所土地利用现状挂图 5 幅，分幅分比例土地利用现状图 2300 幅。

【土地权属登记】

年内，完成国有土地使用权登记 138 宗，其中设定登记 52 宗，涉及土地面积 155.37 公顷，变更登记 82 宗，涉及土地面积 205.85 公顷，注销登记 4 宗，涉及土地面积 3.76 公顷；国有土地使用权抵押登记 82 宗，其中抵押设定登记 33 宗，抵押金额 37055 万元；抵押变更登记 2 宗，抵押金额 4360.36 万元；抵押注销登记 47 宗，抵押金额 57280.05 万元；完成权属地类认定项目 21 个，涉及土地面积 250.05 公顷。完成地籍调查前置 22 宗，涉及土地面积 44 公顷。

【土地执法监察】

年内，通过卫片监测、信访、举报、动态巡查等方式发现并拆除违法用地 34 宗，总面积 246.5 亩，恢复耕地面积 64.7 亩。另有 7 宗违法用地，总面积 45.99 亩，其中耕地面积 24.01 亩，其中 4 宗立案方式处理，共拆除建筑物 7301.064 平方米，恢复土地面积 8.39 亩，共罚没款项 9.07 万元。3 宗采取非立案方式处理，并按照市局要求整改完毕，处理到位。

【信息化建设】

年内，档案数字化（三期）项目工作共录入扫描专业档案 556 卷、文书档案 3878 卷、土地调查档案 10584 卷，共计 15018 卷。

【矿产资源概况】

延庆县矿产资源丰富。金属矿产主要有铁、铜、铅、锌、钼、铂、钯 7 个矿种；非金属矿产主要有冶金辅助原料矿产、化工原料矿产、建筑材料矿产等共计 13 个矿种；能源矿产（据现有资料）主要是泥炭和天然气的产出；水气矿产主要是含锶硅质量重碳酸钙型弱碱性微硬度低矿化度水。

【地热资源管理】

2010 年，延庆县持有采矿权许可证的单位有三家，包括北京金隅八达岭温泉度假村，北京市延庆监狱，北京市圣世苑培训中心，均已通过年检。

【地质灾害防治】

积极开展地质灾害防治和地质环境监测工作，进一步强化了对县域内地质灾害风险点等相关情况的核查力度，及时更新了地质灾害数据库，并将地质灾害排查纳入到日常动态巡查工作当中。年内，共发生四次山体崩塌事件，均无人员财产损失。

【信访工作】

年内，共受理来信92件，已处理68件，其余24件正在处理中；接待来访群众217批次，298人次，来访者反映的问题均得到答复，没有到市局申请复查的信访件，没有明显、重大不良信访隐患发生。

【宣传工作】

年内，积极开展文化共建活动，扩大国土资源法律法规等内容的宣传力度和广度。与国土资源报社、县新闻中心、县博物馆、八达岭长城博物馆等多家单位开展了“走进延庆，大地采风”、“国土杯”摄影比赛、集邮收藏展等活动。

【党风廉政建设】

年内，积极开展“党员作风建设年”、“三进两促”、“创先争优”等活动，通过抓党风廉政、政风行风建设、“工程建设领域突出问题专项治理工作”和“两整治一改革”专项行动，全面加强机关作风建设水平，切实提高履行职责能力、开拓创新能力、服务群众能力和拒腐防变能力。

北京市国土资源局北京经济技术开发区分局（开发区房屋和土地管理局）

【土地资源概况】

北京经济技术开发区（以下简称“开发区”）于1992年开始建设，1994年8月25日被国务院批准为国家级经济技术开发区，批准面积1500公顷。北京开发区经过10年的发展，土地利用集约化程度明显高于全国平均水平，经济发展形势良好，2002年8月国务院批准北京开发区向京津塘高速路东和凉水河以西扩区，北京经济技术开发区土地利用结构分地类面积详见下表：

开发区土地利用结构分地类面积汇总表

一级类	二级类	面积（公顷）	比重	
			占总面积	占一级类
合计		3994.59	100.00%	
商服用地（05）	小计	43.54	1.09%	100.00%
	批发零售用地（051）	4.62	0.12%	10.61%
	住宿餐饮用地（052）	7.84	0.20%	18.01%
	商务金融用地（053）	14.56	0.36%	33.44%
	其他商服用地（054）	16.52	0.41%	37.94%
工矿仓储用地（06）	小计	1069.06	26.77%	100.00%
	工业用地（061）	1068.45	26.75%	99.94%
	仓储用地（063）	0.61	0.02%	0.06%
住宅用地（07）	小计	324.46	8.12%	100.00%
	城镇住宅用地（071）	324.46	8.12%	100.00%
	农村住宅用地（072）	0.00	0.00%	0.00%
公共管理与公共服务用地（08）	小计	378.40	9.47%	100.00%
	机关团体用地（081）	8.35	0.21%	2.20%
	新闻出版用地（082）	0.00	0.00%	0.00%
	科教用地（083）	83.89	2.10%	22.17%
	医卫慈善用地（084）	7.36	0.18%	1.95%
	文体娱乐用地（085）	19.11	0.48%	5.05%
	公共设施用地（086）	35.95	0.90%	9.50%
	公园与绿地（087）	223.74	5.60%	59.13%
	风景名胜设施用地（088）	0.00	0.00%	0.00%

续表

一级类	二级类	面积（公顷）	比重	
			占总面积	占一级类
特殊用地（09）	小计	0.00	0.00%	
	军事设施用地（091）	0.00	0.00%	
	使领馆用地（092）	0.00	0.00%	
	监教场所用地（093）	0.00	0.00%	
	宗教用地（094）	0.00	0.00%	
	殡葬用地（095）	0.00	0.00%	
交通运输用地（10）	小计	455.79	11.41%	100.00%
	铁路用地（101）	0.00	0.00%	0.00%
	公路用地（102）	0.00	0.00%	0.00%
	街巷用地（103）	455.79	11.41%	100.00%
	机场用地（105）	0.00	0.00%	0.00%
	港口码头用地（106）	0.00	0.00%	0.00%
	管道运输用地（107）	0.00	0.00%	0.00%
水域及水利设施（11）	小计	0.00	0.00%	
	河流水面（111）	0.00	0.00%	
	内陆滩涂（116）	0.00	0.00%	
	沟渠（117）	0.00	0.00%	
	水工建筑用地（118）	0.00	0.00%	
其他土地（12）	小计	1723.34	43.14%	100.00%
	空闲地（121）	1723.34	43.14%	100.00%
	设施农用地（122）	0.00	0.00%	0.00%

（空闲土地均为新征用、正在进行拆迁和基础设施开发，尚未上市供应的储备用地）

【机构设置】

北京经济技术开发区国土资源管理机构是开发区房屋和土地管理局，下设北京市土地储备中心经济技术开发区分中心。

依据北京市人大颁布的《北京经济技术开发区条例》及《北京市人民政府关于实施〈北京经济技术开发区条例〉办法》，开发区房屋和土地管理局在北京市国土资源局的监督指导下，按照北京经济技术开发区的总体规划，对开发区内的房屋和土地依法实行统一管理，负责开发区内的土地征用、国有土地使用权出让、国有土地使用权和房屋所有权登记发证、房屋拆迁及房地产市场管理等方面的工作。

开发区房屋和土地管理局编制7人。事业单位工作人员4人。开发区局机关及其事业单位人员和经费全部纳入开发区管理委员会系统，由开发区管委会统一管理。

【土地供应】

出让土地47宗，出让面积214.07公顷，出让地价款合同金额321490.46万元。其中商服用地7宗，33.86公顷；工业用地36宗，166.39公顷；居住用地（普通商品房）1宗，9.62公顷；市政设施用地3宗，4.20公顷。其中挂牌出让37宗，175.60公顷；招标出让4宗，20.46公顷；协议出让6宗，18.01公顷。

【土地市场】

按照国家和本市的有关规定，结合开发区工业项目入区的审批程序，本着加快项目入区手续办理的原则，确定出开发区工业项目挂牌出让的流程，并在开发区土地交易分市场组织实施工业项目用地挂牌出让工作。2010年开发区土地交易分市场共挂牌出让工业用地40宗，出让面积193.07公顷，成交价款105126.61万元。

【地籍工作】

办理土地初始登记64宗，发证面积350.10公顷；办理土地转让登记16件，转让面积24.60公顷；办理土地抵押登记169件，抵押土地面积669.74公顷，抵押价款520.45亿元（包括房屋与土地），贷款金额157.53亿元。

【调研工作】

1. 对开发区规划范围内原亦庄镇工业小区的土地利用情况进行调研，对存在的问题及成因进行了分析，并借鉴其他省市及北京市其他开发区土地管理政策及经验，研究制定进一步促进该区域土地集约利用的措施，为开发区腾笼换鸟、产业调整和升级提供空间资源。

2. 对杭州、闵行等开发区土地集约利用情况进行调研，了解进一步提高土地集约利用程度及闲置土地处理的经验和措施，提出开发区推行工业用地租赁制、加强土地批后监管、加强产业用地转让管理以及完善开发区土地收购储备工作的建议。

【专项工作】

1. 完成开发区土地集约利用评价工作

国土资源部为加强开发区用地管理、促进开发区节约集约用地并为开发区扩区升级提供科学依据，开展了开发区土地集约利用评价工作。根据国土资源部的要求和市国土局部署，我局利用第二次土地调查的工作机制，对开发区土地利用现状进行了调查，在评价合作单位、数据调查单位以及管委会各部门的支持配合下，完成该工作。

2. 第二次土地调查工作

为查清开发区土地利用现状，掌握土地基础数据，根据市国土局和市二调办统一工作部署，结合开发区土地管理现状，全面完成开发区第二次全国土地调查工作。此次调查工作是在市二调办的技术指导和经费支持下，选定原承担开发区城镇地籍调查和地籍测绘工作，掌握开发区地籍现状的北京苍穹数码测绘有限公司作为作业单位开展的。调查分三组，共调查核心区、路东区和南部新区3个街道，235个街坊，2293宗国有建设用地，调查面积共计39.95平方公里，基本摸清开发区范围内国有土地现状。

3. 档案数字化工作

根据市局统一工作安排开展了局内档案数字化工作，工作由市局确定的作业队伍北京东华合创数码科技股份有限公司开展。此项工作将原我局的所有纸质档案按市局确定的工作规范重新排序、扫描后形成数字化档案，再重新装订成册，形成数字化档案馆，工作完成后利用数字化档案馆可迅捷地完成档案的查找和调阅，提高了档案管理工作效率，并最大程度保护纸质原始档案。目前此项工作已基本结束，共扫描档案2114卷，25620件共计220786页，形成电子档案33.8G。

附录

北京市国土资源局2010年大事记

一月大事

2010年1月1日－2010年1月31日

1月4日下午，刘淇书记、郭金龙市长与交通部李盛霖部长座谈，魏成林局长陪同。

1月5日上午，陈刚副市长召开会议，研究通州新城规划有关问题，魏成林局长、曾赞荣副局长参加。

1月5日上午，陈刚副市长召开会议，研究房山区新城规划建设有关问题，魏成林局长参加。

1月5日下午，吉林常务副市长主持召开2010年第一季度全市公共安全形势分析会，李燕飞副局长参加。

1月6日下午，陈刚副市长召开会议，研究轨道交通大兴线清黄区间贯通仪式及研究大兴区有关建设问题，曾赞荣副局长参加。

1月7日上午，吉林常务副市长主持召开北京市发展改革工作会议，曾赞荣副局长参加。

1月8日上午，陈刚副市长召开会议，研究郭公庄、平府车辆段及五路停车场上市准备情况有关问题，曾赞荣副局长参加。

1月8日下午，郭金龙市长召开市政府常务会，研究利用遥感二号卫片2009年度成果开展土地执法检查工作情况有关问题，魏成林局长、张维副局长参加。

1月9日上午，刘淇书记、郭金龙市长到中国航天科技集团调研，魏成林局长陪同。

1月11日上午，郭金龙市长召开市政府专题会，研究公布实施我市征地补偿指导价有关问题，魏成林局长参加。

1月11日下午，郭金龙市长召开中关村国家自主创新示范区领导小组第四次会议，张维副局长参加。

1月11日下午，国土部贠小苏副部长、住房城乡建设部齐骥副部长召开会议，研究深圳市在处理农村城市化历史遗留违法建筑方面的具体做法及经验，魏成林局长参加。

1月11日下午，陈刚副市长召开会议，研究城四区危改工作，谢俊奇副局长参加。

1月12日下午，郭金龙市长召开市政府专题会，研究2010年本市义务教育阶段入学意见和进一步深化基础教育改革提高教育质量和办学水平意见等问题，魏成林局长参加。

1月13日上午，陈刚副市长召开会议，研究朝阳区土地储备开发有关情况，魏成林局长、曾赞荣副局长参加。

1月13日下午，陈刚副市长召开会议，研究政府储备土地和入市交易土地情况，魏成林局长、曾赞荣副局长参加。

1月14日上午，刘淇书记、郭金龙市长到北汽福田公司调研并出席GTL新型节能重卡技术改造项目启动仪式，魏成林局长陪同。

1月14日下午，吉林常务副市长、苟仲文副市长召开会议，研究产业空间布局和土地储备等问题，曾赞荣副局长参加。

1月15日上午，刘淇书记召开首规委第30次全体会议，研究北京住房和房地产建设情况等问题，魏成林局长参加。

1月15日上午，吉林常务副市长召开北京财政工作会议，郭创兴副巡视员参加。

1月15日下午，刘淇书记、郭金龙市长召开北京市服务中央在京企业和科研院所工作座谈会，魏成林局长参加。

1月18日上午，蔡赴朝副市长召开北京市对外宣传工作会议，张维副局长参加。

1月18日上午，陈刚副市长出席“北京市多参数立体地质调查”成果移交仪式，李燕飞副局长陪同。

1月18日下午，苟仲文副市长召开会议，贯彻落实全国安全生产电视电话会议精神，李燕飞副局长参加。

1月19日，国土部贠小苏副部长带队来我市调研小产权房有关情况，魏成林局长、张维副局长陪同。

1月19日上午，陈刚副市长召开会议，研究生活垃圾处理循环经济园区规划选址问题，刘辉副局长参加。

1月19日上午，陈刚副市长召开会议，研究农总行从东单移至金融街等问题，刘辉副局长参加。

1月19日上午，国家土地副总督察甘藏春同志召开“保增长保红线行动”成效座谈会，曾赞荣副局长参加。

1月19日下午，王安顺副书记召开首都综治委、市流管委2010年第一次全体（扩大）会议，郭创兴副巡视员参加。

1月20日上午，陈刚副市长召开会议，研究未来科技城建设等问题，曾赞荣副局长参加。

1 月 20 日下午，苟仲文副市长召开首钢搬迁协调领导小组第 16 次会议，张维副局长参加。

1 月 21 日上午，刘淇书记、郭金龙市长召开北京市服务在京金融机构工作座谈会，魏成林局长参加。

1 月 21 日上午，刘敬民副市长召开市政府法制工作会议，张维副局长参加。

1 月 21 日上午，郭创兴副巡视员参加全市统战部长会议。

1 月 22 日上午，郭金龙市长召开市政府常务会议，研究“十二五”规划研究编制工作情况等问题，魏成林局长参加。

1 月 26 日下午，陈刚副市长召开会议，研究朝阳区立水桥经济适用房项目需搬迁北京电力公司变电站和北京市电力公司需市政府支持事项等问题，曾赞荣副局长参加。

1 月 28 日上午，国土部徐绍史部长召开全国国土资源工作会议，魏成林局长参加。

二月大事

2010 年 2 月 1 日 –2 月 28 日

2 月 1 日上午，郭金龙市长召开市政府专题会，研究“十二五”规划编制工作等问题，魏成林局长参加。

2 月 2 日上午，郭金龙市长召开北京市人民政府第三次全体会议，魏成林局长参加。

2 月 3 日上午，吉林常务副市长召开会议，研究 2009 年绿色审批通道工作总结，史贤英副巡视员参加。

2 月 3 日下午，牛有成常委、陈刚副市长、夏占义副市长召开北京市城乡结合部建设领导小组第一次会议，刘辉副局长参加。

2 月 4 日上午，夏占义副市长召开北京市水务工作会议，李燕飞副局长参加。

2 月 4 日上午，郭创兴副巡视员参加 2010 年全市信访工作电视电话会议。

2 月 4 日下午，陈刚副市长召开会议，研究轨道交通 S1 线建设有关问题，谢俊奇副局长参加。

2 月 5 日下午，王安顺副书记召开市维护稳定工作领导小组扩大会议，郭创兴副巡视员参加。

2 月 5 日下午，陈刚副市长召开北京市城建工作会，局领导班子参加。

2 月 11 日下午，郭金龙市长召开市政府常务会议，研究本市贯彻中央农村工作会议有关文件精神等问题，魏成林局长参加。

2 月 12 日上午，郭金龙市长召开首都绿化委员会第 29 次全体会，魏成林局长参加。

2 月 22 日上午，陈刚副市长召开会议，研究 2010 年 1000 亿土地储备投资新增项目有关问题，曾赞荣副局长参加。

2月22日下午，郭金龙市长召开北京汽车工业领导小组会议，魏成林局长参加。

2月22日下午，夏占义副市长召开贯彻《北京市绿化条例》座谈会，张维副局长参加。

2月23日上午，刘淇书记、郭金龙市长召开贯彻实施《中国共产党党员领导干部廉洁从政若干准则》电视电话会议，魏成林局长、周新华纪检组长参加。

2月23日下午，刘淇书记召开十届市委常委会第131次会议，研究推进燕房合作进展有关工作，魏成林局长参加。

2月25日上午，陈刚副市长召开会议，研究城四区危旧房疏解用地对接问题，曾赞荣副局长参加。

2月26日下午，苟仲文副市长召开会议，通报2009年安全生产综合考核情况，研究2010年全市安全生产大会会议材料，李燕飞副局长参加。

2月26日下午，魏成林局长参加北京市城乡结合部建设动员会。

2月28日上午，牛有成常委、陈刚副市长出席永定河绿化生态走廊建设启动仪式，张维副局长陪同。

三月大事

2010年3月1日–3月31日

3月1日上午，刘淇书记召开市委常委会第133次会议暨市委学习实践活动领导小组第8次会议，魏成林局长参加。

3月1日下午，王安顺副书记、刘敬民副市长召开学习推广崇文区“信访代理”经验交流会，张维副局长参加。

3月1日下午，刘淇书记、郭金龙市长召开2009年度首都绿化美化总结暨动员大会，郭创兴副巡视员参加。

3月2日上午，刘淇书记召开全市深入学习实践科学发展观活动总结大会，魏成林局长参加。

3月2日下午，陈刚副市长召开会议，研究土地储备问题，魏成林局长、曾赞荣副局长参加。

3月3日上午，牛有成常委到海淀区调研城乡结合部建设工作，刘辉副局长参加。

3月3日上午，陈刚副市长召开会议，研究50个城中村及北七家镇和东三乡规划问题，张维副局长参加。

3月3日上午，王安顺副书记召开社会稳定风险评估调研领导小组第一次全体会议，郭创兴副巡视员参加。

3月3日下午，苟仲文副市长召开北京市安全生产工作会议，通报2009年全市安全生产工作和安全生产综合考核工作情况，表彰安全生产先进单位和个人，部署2010年安全生产工作，李燕飞副局长参加。

3月3日下午，陈刚副市长召开会议，研究首钢厂区规划建设及产业调整有关工作，曾赞荣副局长参加。

3月4日上午，梁伟常委召开“提升首都人口承载能力，加强人口科学管理”调研课题启动会议，张维副局长参加。

3月4日上午，苟仲文副市长召开会议，研究讨论2010年本市推进社会信用体系建设重点任务和首都社会信用体系国家示范区建设方案，郭创兴副巡视员参加。

3月4日下午，王安顺副书记、苟仲文副市长召开北京市重大工业项目落地协调机制启动会及北京市帮扶工作表彰大会，刘辉副局长参加。

3月5日上午，赵凤桐常委召开会议，研究中关村国家自主创新示范区有关规划工作，张维副局长参加。

3月5日下午，李士祥秘书长召开会议，研究中办密码局工程建设工作，张维副局长参加。

3月8日下午，赵凤桐常委召开会议，研究上报示范区规划方案，张维副局长参加。

3月9日上午，吉林常务副市长召开市金融服务工作领导小组会议，曾赞荣副局长参加。

3月9日下午，牛有成常委到丰台区调研城乡结合部建设工作，刘辉副局长陪同。

3月10日下午，陈刚副市长到西城区调研旧城人口疏解有关问题，魏成林局长陪同。

3月11日下午，马志鹏常委、陈刚副市长召开北京市治理工程建设领域突出问题工作领导小组扩大会议，魏成林局长参加。

3月12日下午，陈刚副市长带队现场检查地铁15号线工程建设情况，魏成林局长陪同。

3月12日下午，牛有成常委到石景山区调研城乡结合部建设工作，刘辉副局长陪同。

3月13日上午，吉林常务副市长召开会议，研究本市2010年重点改革任务，曾赞荣副局长参加。

3月16日下午，郭金龙市长主持召开市政府工作会议，听取关于本市2010年推进重点改革任务意见的汇报；关于缓解市区交通拥堵第七阶段工作方案和采取交通管理综合措施的汇报；研究关于报审北京市2010年价格调控重点工作安排的请示，魏成林局长参加。

3月17日下午，陈刚副市长到东城区调研，魏成林局长陪同调研。

3月18日上午，刘淇书记主持召开市领导围绕“加快城乡结合部建设，推进城乡一体化发展”主题进行专题调研部署会，魏成林局长参加。

3月18日上午，吉林常务副市长、黎晓宏常委主持召开2010年北京市金融工作会，郭创兴副巡视员参加。

3 月 19 日上午，郭金龙市长、陈刚副市长、孙康林秘书长等市领导召开北京市2010 年住房保障工作会议，魏成林局长参加。

3 月 19 日上午，市委常委、市政协主席阳安江、副市长苟仲文主持召开“推进燕房合作协调小组”第六次会议，贯彻落实市委常委会、市政府专题会议精神，研究2010 年燕房合作重点工作安排专题会议，刘辉副局长参加。

3 月 19 日下午，吕锡文常委、陈刚副市长主持召开北京市支持中央企业人才创新创业基地建设工作小组专题会议，听取中国建筑设计研究院关于未来科技城设计导则的汇报；研究中国国电集团、武钢集团建筑项目设计方案；研究京能集团供热供冷规划方案；听取昌平区关于工作进展情况及 2010 年重点安排的汇报，刘辉副局长参加。。

3 月 19 日下午，丁向阳常委主持召开北京旅游发展中所存在的问题及相关建议座谈会，张维副局长参加。

3 月 22 日上午，刘淇书记、郭金龙市长等市领导在宋家庄围绕“加大保障性住房建设，着力保障和改善民生”主题进行专题调研，魏成林局长陪同。

3 月 22 日上午，吉林常务副市长召开成立北京市固定资产投资项目行政审批综合服务大厅动员部署会，郭创兴副巡视员参加。

3 月 22 日下午，郭金龙市长组织召开第 63 次市政府常务会，研究市市政市容委关于报审首都环境建设工作思路等问题，张维副局长参加。

3 月 24 日上午，刘淇书记、郭金龙市长等市领导在大兴生物医药主业基地、北京经济技术开发区，围绕“转变经济发展方式，加快产业结构优化升级”主题进行专题调研，魏成林局长陪同。

3 月 24 日上午，牛有成常委、陈刚副市长、夏占义副市长出席北京城乡结合部建设 50 个重点村党组织书记培训班会议，刘辉副局长参加。

3 月 25 日上午，吉林常务副市长主持召开 2010 年经济工作任务分解电视电话会议，郭创兴副巡视员参加。

3 月 25 日下午，郭金龙市长主持召开北京市突发事件应急委员会第四次全体会议，李燕飞副局长参加。

3 月 25 日下午，吉林常务副市长召开 2010 年首都能源与经济运行调节工作会议，曾赞荣副局长参加。

3 月 26 日上午，刘淇书记、郭金龙市长等市领导出席国家汽车质量监督检验中心（北京）顺义基地开工仪式，并围绕“加快城乡结合部建设，推进城乡一体化发展”主题进行专题调研，魏成林局长陪同。

3 月 26 日上午，市人大杜德印主任、吉林常务副市长召开会议，研究 2010 年推进城南行动计划工作安排，曾赞荣副局长参加。

3 月 27 日上午，刘淇书记、郭金龙市长带队学习考察天津市深入学习实践科学发展观，转变经济发展方式，加快滨海新区建设，推进新农村建设等方面的好经验好做法，魏成林局长陪同。

3 月 29 日上午，郭金龙市长等市领导出席“中国商飞北京民用飞机技术研究中心成立暨开工仪式”，魏成林局长参加。

3 月 29 日上午，陈刚副市长主持召开北京市住宅产业化国际高峰论坛，曾赞成荣副局长参加。

3 月 29 日下午，牛有成常委召开制止城乡结合部私搭乱建现象工作专题会议，郭创兴副巡视员参加。

3 月 30 日上午，马志鹏常委、陈刚副市长召开中央扩大内需促进经济增长政策落实暨治理工程建设领域突出问题监督检查工作电视电话会，刘辉副局长参加。

3 月 30 日下午，刘淇书记、郭金龙市长等市领导围绕“转变经济发展方式，加快推进重点产业功能区建设”主题，在朝阳区 CBD 思科（中国）有限公司进行专题调研，刘辉副局长陪同。

3 月 31 日上午，国土部徐绍史部长召开全国国土资源系统党风廉政建设工作会议，魏成林局长、周新华纪检组长参加。

3 月 31 日上午，陈刚副市长召开城四区旧城保护性修缮和人口疏解工作会议，曾赞荣副局长参加。

3 月 31 日下午，刘淇书记主持召开市委常委会第 136 次会议，研究调整和完善北京经济技术开发区行政管理体制等问题，张维副局长参加。

四月大事

2010 年 4 月 1 日 -4 月 30 日

4 月 1 日上午，牛有成常委出席北京市沟域经济发展规划征集工作动员部署会，张维副局长参加。

4 月 1 日上午，吉林常务副市长出席北京市海淀区人民政府与中国长江三峡集团公司战略合作协议签约仪式，郭创兴副巡视员陪同。

4 月 1 日上午，郭金龙市长等市领导出席中关村发展集团成立大会和中关村国家自主创新示范区北部聚集区重大产业化项目集中开工仪式，郭创兴副巡视员陪同。

4 月 1 日下午，郭金龙市长召开市政府专题会，研究市环保局关于第十六阶段控制大气污染措施等问题，张维副局长参加。

4 月 2 日上午，郭金龙市长、吉林常务副市长等市领导出席北京市固定资产投资项目行政审批综合服务大厅运行仪式，刘辉副局长陪同。

4 月 2 日上午，吉林常务副市长召开 2010 年全市应急管理工作会议暨第二季度公共安全形势分析会议，李燕飞副局长参加。

4 月 2 日下午，吉林常务副市长主持召开接待中央扩大内需促进经济增长政策落实暨治理工程建设领域突出问题检查组会议，刘辉副局长参加。

4月2日下午，刘淇书记主持召开市委专题会，研究雁栖湖国际高端会议中心项目有关问题，张维副局长参加。

4月2日下午，刘淇书记、郭金龙市长出席“北京市人民政府．华润（集团）有限公司战略合作协议签字仪式”，曾赞荣副局长陪同。

4月6日上午，刘淇书记主持召开深入实践科学发展观活动总结大会，魏成林局长参加。

4月6日下午，马志鹏常委、吉林常务副市长召开专项治理排查问题情况和区县检查问题情况会议，魏成林局长参加。

4月6日下午，郭金龙市长主持召开第64次市政府常务会议，研究2010年全国和北京市劳动模范和先进工作者评选表彰工作等问题，张维副局长参加。

4月6日下午，吉林常务副市长召开本市缓解早晚交通压力完善错时上下班措施电视电话会议，郭创兴副巡视员参加。

4月7日上午，王安顺副书记、苟仲文副市长召开会议，研究中核北京科技产业基地建设有关工作，曾赞荣副局长参加。

4月7日下午，陈刚副市长召开会议，研究中纪委纪检监察学院地块拆迁等问题，魏成林局长参加。

4月7日下午，陈刚副市长召开会议，研究怀柔区雁栖湖高端会议中心项目有关问题，张维副局长参加。

4月8日上午，黄卫副市长召开北京市环境保护委员会全体（扩大）会议，李燕飞副局长参加。

4月9日上午，陈刚副市长召开会议，研究2010年政策性住房建设有关工作，曾赞荣副局长参加。

4月9日下午，铁道部卢春房副部长、陈刚副市长召开部市联席会，研究丰台站改扩建等问题，刘辉副局长参加。

4月13日下午，郭金龙市长主持召开第65次市政府常务会议，研究报审《中关村自主创新示范区条例》等问题，魏成林局长参加。

4月14日上午，刘淇书记召开全市深入开展创先争优活动动员部署大会，魏成林局长参加。

4月15日下午，陈刚副市长召开会议，研究土地入市交易工作问题，魏成林局长、曾赞荣副局长参加。

4月15日下午，吉林常务副市长召开北京市“十二五”规划编制工作会议，张维副局长参加。

4月16日下午，刘淇书记主持召开市委市政府理论中心组学习（扩大）会，听取中国社科院可持续发展战略研究组组长牛文元教授作《关于北京的世界城市之路》辅导报告，魏成林局长参加。

4月19日上午，马志鹏常委、吉林常务副市长召开会议，通报中央扩大内需促进经济增长政策落实暨治理工程建设领域突出问题检查组来京检查有关情况，魏成林局长参加。

4月19日上午，王安顺副书记、牛有成常委召开会议，听取房山区与中粮集团合作项目进展情况等问题，刘辉副局长参加。

4月20日上午，刘淇书记、郭金龙市长召开2010年北京市劳动模范和先进工作者表彰大会，刘辉副局长参加。

4月20日上午，黄卫副市长召开本市中小学校舍安全工程专题会，李燕飞副局长参加。

4月20日上午，陈刚副市长到崇文区、宣武区调研旧城保护性修缮和人口疏解工作，曾赞荣副局长陪同。

4月20日下午，郭金龙市长召开2010年一季度经济形势分析会，刘辉副局长参加。

4月21日上午，陈刚副市长召开北京市轨道交通建设指挥部全体会议，魏成林局长参加。

4月22日上午，陈刚副市长召开会议，审核50个重点村建设实施方案，刘辉副局长参加。

4月22日上午，刘淇书记、郭金龙市长召开贯彻落实国务院批复加快推进中关村国家自主创新示范区建设大会，张维副局长参加。

4月23日上午，陈刚副市长召开会议，研究朝阳区CBD有关工作情况，曾赞荣副局长参加。

4月23日上午，吉林常务副市长到房山区调研，张维副局长陪同。

4月27日上午，苟仲文副市长召开会议，研究本市邮政工作并召开促进首都邮政科学发展调研课题结题情况，谢俊奇副局长参加。

4月27日下午，郭金龙市长召开市政府专题会，研究关于报审《建设中关村国家自主创新示范区行动计划（2010—2012年)》，魏成林局长参加。

4月28日上午，赵凤桐常委召开会议，研究海淀区知春路与学院路沿线发展规划构想，刘辉副局长参加。

4月28日下午，陈刚副市长召开会议，研究中国第一历史档案馆有关事宜，曾赞荣副局长参加。

4月29日下午，郭金龙市长召开保障性住房建设工作专题会暨北京市住房保障工作领导小组第一次会议，魏成林局长、曾赞荣副局长参加。

4月30日上午，牛有成常委、陈刚副市长召开北京市城乡结合部建设领导小组第二次会议，魏成林局长参加。

4月30日上午，苟仲文副市长召开市小煤矿整顿关闭工作领导小组成员单位第一次会议，李燕飞副局长参加。

4 月 30 日下午，吉林常务副市长、陈刚副市长召开会议，布置雁栖湖地区市级行政事业单位培训中心转制工作，魏成林局长参加。

五月大事

2010 年 5 月 1 日至 5 月 31 日

5 月 5 日上午，赵凤桐常委、陈刚副市长召开“推动城乡结合部建设，促进城乡统筹发展”议案办理督办工作座谈会和“坚持城乡统筹，促进城乡一体化建设”专题调研启动会，刘辉副局长参加。

5 月 5 日上午，曾赞荣副局长参加在上海举办的中国 2010 年上海世博会“北京周”魅力首都经济推介会。

5 月 5 日下午，刘淇书记召开国务院节能减排工作电视电话会议，魏成林局长参加。

5 月 6 日下午，郭金龙市长召开市政府专题会议，研究关于报审《2010 年土地供应计划》和《2010 年土地储备开发计划》，魏成林局长参加。

5 月 7 日上午，陈刚副市长、夏占义副市长召开永定河绿色生态发展带建设领导小组会议，张维副局长参加。

5 月 7 日下午，吉林常务副市长召开“十二五”规划专题研讨会，张维副局长参加。

5 月 8 日下午，吉林常务副市长召开会议，研究中石化北京分公司涉及本市有关工作，魏成林局长参加。

5 月 8 日下午，赵凤桐常委召开会议，研究中关村国家自主创新示范区空间范围和布局规划方案，张维副局长参加。

5 月 10 日下午，赵凤桐常委召开会议，研究中关村国家自主创新示范区研发服务和高新技术产业聚集区（昌平部分）规划工作，张维副局长参加。

5 月 11 日上午，苟仲文副市长召开会议，研究顺义北汽三厂开工准备工作有关问题，张维副局长参加。

5 月 12 日下午，刘淇书记召开十届市委常委会第 141 次会议，魏成林局长参加。

5 月 12 日下午，陈刚副市长召开会议，研究丰台火车站规划工作，魏成林局长参加。

5 月 13 日上午，刘淇书记、郭金龙市长召开会议，研究市领导围绕“落实‘绿色北京’行动计划，推进垃圾分类处理和再生利用”主题进行专题调研工作，魏成林局长参加。

5 月 13 日下午，国土部召开 2009 年度土地卫片执法检查信息系统使用视频培训会议，张维副局长参加。

5 月 13 日下午，郭金龙市长召开首都环境建设委成立大会暨第一次全体会议，郭创兴副巡视员参加。

5 月 14 日上午，刘淇书记召开会议，研究市领导围绕“加快城乡结合部建设，推进城乡一体化发展”主题进行专题调研工作，魏成林局长参加。

5 月 14 日上午，苟仲文副市长召开燕房合作专题会议，研究中石化北京石油分公司加油站有关问题，曾赞荣副局长参加。

5 月 18 日上午，刘淇书记召开会议，研究市领导围绕“落实绿色北京行动计划，推进城乡一体化新格局”主题进行专题调研工作，魏成林局长参加。

5 月 19 日上午，黄卫副市长到朝阳区调研中学校舍安全工程工作，李燕飞副局长陪同。

5 月 19 日下午，市规划委、市国土局研究“两图合一”城镇建设用地和农村建设用地统筹规划有关问题，张维副局长参加。

5 月 20 日下午，郭金龙市长召开市政府专题会，研究北京市城市轨道交通建设规划线网初步方案（2011—2020 年）有关工作，魏成林局长参加。

5 月 20 日下午，陈刚副市长召开会议，研究西郊线建设涉及空军西郊机场油库搬迁问题，魏成林局长参加。

5 月 20 日下午，蔡赴朝常委、丁向阳副市长召开通州环球影视城主题公园筹建工作协调会，刘辉副局长参加。

5 月 21 日上午，刘敬民副市长召开会议，研究进一步规范和加强行政执法工作，张维副局长参加。

5 月 21 日上午，杜德印主任、吴世雄副主任赴石景山区调研重点产业功能区，曾赞荣副局长参加。

5 月 21 日下午，刘淇书记召开市委专题会，研究北京密云“古北水镇”国际休闲旅游综合度假区项目有关工作，魏成林局长参加。

5 月 24 日上午，陈刚副市长来市国土局参加国土资源部、监察部未报即用违法用地清查整改情况通报电视电话会议，魏成林局长陪同。

5 月 25 日上午，陈刚副市长召开北京雁栖湖生态发展示范区建设有关问题会议，魏成林局长参加。

5 月 25 日下午，郭金龙市长召开第 67 次市政府常务会议，魏成林局长参加。

5 月 26 日上午，郭金龙市长召开第九届“北京市市长国际企业家顾问会议”，魏成林局长参加。

5 月 26 日上午，陈刚副市长出席中国政协文史馆奠基仪式，郭创兴副巡视员陪同。

5 月 26 日下午，陈刚副市长召开会议，研究关于将亦庄新城范围内大兴区 12 平方公里产业及配套用地授权北京经济技术开发区管理问题，张维副局长参加。

5 月 28 日上午，陈刚副市长召开会议，研究城市主干路两侧环境整治工作，刘辉副局长参加。

5月28日上午，郭金龙市长主持召开2010年北京市防汛抗旱指挥部第一次会议，张维副局长参加。

5月30日上午，郭金龙市长出席北京金融资产交易揭牌仪式，魏成林局长陪同。

5月31日下午，赵凤桐常委召开会议，研究中关村国家自主创新示范区空间范围和布局规划方案申报工作，张维副局长参加。

六月大事

2010年6月1日至6月30日

6月1日上午，国家发展改革委和国土资源部相关领导听取北京市核实高尔夫球场情况汇报，张维副局长参加。

6月1日上午，陈刚副市长召开会议，关于朝阳区市机电设备总公司及平房乡部分集体土地一级开发项目等5宗土地入市问题，张维副局长参加。

6月1日下午，郭金龙市长召开市政府专题会，听取2009年服务中央和驻京部队工作情况及2010年重点工作汇报，曾赞荣副局长参加。

6月2日上午，陈刚副市长召开全市防震减灾工作会议，李燕飞副局长参加。

6月2日上午，蔡赴朝常委、黄卫副市长召开“做文明有礼的北京人，垃圾减量垃圾分类从我做起”主题宣传实践活动领导小组全体会议，郭创兴副巡视员参加。

6月3日上午，陈刚副市长召开会议，研究城市主干路两侧遗留项目建设工作，张维副局长参加。

6月3日下午，苟仲文副市长召开会议，研究本市小煤矿整顿关闭支持政策有关事宜，李燕飞副局长参加。

6月3日下午，刘淇书记、郭金龙市长出席北京市重大工业项目签约仪式，郭创兴副巡视员陪同。

6月4日下午，陈刚副市长到中国第一历史档案馆研究工作，魏成林局长陪同。

6月7日上午，杜德印主任与部分市人大常委会组成人员、市人大代表赴崇文区对我市生活垃圾处理工作进展情况进行专题调研，刘辉副局长陪同。

6月7日下午，刘敬民副市长视察久敬庄劝返场所临时改造情况，曾赞荣副局长陪同。

6月8日下午，郭金龙市长召开第68次市政府常务会议，审议《北京市农业机械化条例（草案）》，张维副局长参加。

6月9日上午，刘淇书记、郭金龙市长到顺义区出席中航工业北京航空产业园发动机产业基地开工仪式，郭创兴副巡视员陪同。

6月10日下午，陈刚副市长召开会议，研究通州新城建设工作，魏成林局长参加。

6月11日下午，郭金龙市长召开第七届世界草莓大会筹委会第一次会议，魏成林局长参加。

6月11日下午，国务院召开全国公共租赁住房工作会议，曾赞荣副局长参加。

6月11日下午，郭金龙市长召开会议，研究筹备第九届中国国际园林博览会有关工作，魏成林局长参加。

6月11日下午，王安顺副书记召开北京市集中清理执行积案活动总结表彰大会，张维副局长参加。

6月13日上午，牛有成常委、夏占义副市长召开北京市社会力量参与新农村建设工作会议暨北京市2010年共同致富行动计划工作会议，刘辉副局长参加。

6月13日下午，王安顺副书记召开市社会稳定风险评估调研课题工作领导小组第二次会议，研究审议《北京市建立重大事项社会稳定风险评估机制的意见》，郭创兴副巡视员参加。

6月17日下午，陈刚副市长前往怀柔雁栖湖生态发展示范区调研，研究高端会议中心建设、规划控制区公共景观建设和部分市属培训机构收购及装修改造事宜，魏成林局长陪同。

6月18日上午，吕锡文常委、赵凤桐常委、陈刚副市长召开北京市支持中央企业人才创新创业基地建设工作小组专题会议，刘辉副局长参加。

6月18日上午，国土部在南京召开房地产用地管理和调控暨2009年度土地卫片执法检查工作分片座谈汇报会，张维副局长参加。

6月21日下午，吉林常务副市长召开会议，研究关于加强投资调控做好全年投资工作有关问题，曾赞荣副局长参加。

6月22日上午，刘淇书记召开市委专题会，听取并研究长安汽车集团北京基地项目有关工作，张维副局长参加。

6月22日下午，王安顺副书记、苟仲文副市长召开市重大工业项目落地协调会议，郭创兴副巡视员参加。

6月24日上午，陈刚副市长召开会议，研究又好又快推进轨道交通建设问题，魏成林局长参加。

6月24日上午，吉林常务副市长召开会议，研究北京控股集团公司第九水厂一期特许经营权有关问题，刘辉副局长参加。

6月24日上午，赵凤桐常委召开会议，研究中关村国家自主创新示范区一区十园产业布局相关工作，张维副局长参加。

6月24日下午，刘敬民副市长召开北京市行政执法与刑事司法相衔接工作联席会议，张维副局长参加。

6月24日下午，刘淇书记围绕“加强基层党组织建设，促进生态涵养发展区发展”主题进行调研，曾赞荣副局长陪同。

6月28日下午，陈刚副市长出席金隅集团国家住宅产业化基地授牌仪式，魏成林局长陪同。

6月28日下午，苟仲文副市长召开会议，研究推进北京现代三工厂项目和萨博国产化项目有关问题，刘辉副局长参加。

6月28日下午，丁向阳副市长召开北京市“推进老龄事业发展，完善养老服务和保障体系”议案办理情况通报会，曾赞荣副局长参加。

6月29日下午，陈刚副市长召开会议，研究公共租赁房建设问题，魏成林局长、曾赞荣副局长参加。

6月29日下午，丁向阳副市长召开民营医疗机构座谈会，刘辉副局长参加。

6月29日下午，刘淇书记、郭金龙市长等市领导到中国兵器装备集团公司调研并出席北京市人民政府与中国兵器装备集团公司战略合作协议签字仪式，张维副局长参加。

6月30日上午，郭金龙市长召开市政府专题会，研究城八区重要干道两侧遗留项目拆迁并整治工作意见，魏成林局长参加。

七月大事

2010年7月1日至7月31日

7月1日下午，牛有成常委到丰台区调研重点村工作进展情况，刘辉副局长陪同。

7月2日上午，徐绍史部长在大连召开全国国土资源厅局长座谈会，魏成林局长参加。

7月2日下午，吕锡文常委召开北京市支持中央企业人才创新创业基地建设工作小组第7次专题会议，刘辉副局长参加。

7月5日上午，国务院召开西部大开发工作第一次全体会议，总结西部大开发10年来取得的成绩和经验，研究部署深入实施西部大开发战略工作，市委设分会场，魏成林局长参加。

7月5日下午，吉林常务副市长、李士祥常委召开市委市政府推进行政区划调整工作会，魏成林局长参加。

7月6日上午，陈刚副市长召开会议，研究解决审计署办公及业务用房建设用地问题，刘辉副局长参加。

7月6日下午，郭金龙市长主持召开市政府专题会，研究昌平鲁疃西路、大兴新城兴华大街市政道路等工程立项问题，曾赞荣副局长参加。

7月6日下午，牛有成常委到密云县调研，谢俊奇副局长陪同。

7月7日上午，刘淇书记召开全市领导干部会议，魏成林局长参加。

7月8日上午，市领导参加北京市近期建设政策性住房规划设计方案展览开幕式，张维副局长陪同。

7月8日下午，郭金龙市长召开中关村国家自主创新示范区领导小组第五次会议，研究市财政支持创新创业税收政策实施细则，魏成林局长参加。

7 月 8 日下午，吉林常务副市长召开会议，研究解决当前行政审批存在问题，魏成林局长、曾赞荣副局长参加。

7 月 10 日上午，牛有成常委到石景山区调研重点村建设工作进展情况，刘辉副局长陪同。

7 月 12 日上午，市委常委、组织部长吕锡文、副市长陈刚到我局宣布局领导任命。根据市委、市政府决定，张国玉同志任局党组书记、副局长，魏成林同志任局党组副书记、局长。

7 月 12 日上午，吉林常务副市长召开会议，研究房山区长阳镇五个地块一级开发项目，曾赞荣副局长参加。

7 月 12 日下午，吉林常务副市长出席中关村国家自主创新示范区高成长企业股权投资及中关村发展集团与银行业银企战略合作签约仪式，张维副局长陪同。

7 月 12 日下午，郭金龙市长召开市政府专题会，研究报审北京市 2010 年国民经济和社会发展计划上半年执行情况报告，曾赞荣副局长参加。

7 月 13 日下午，陈刚副市长召开会议，研究审议北京市出让国有建设用地使用权基准地价问题，刘辉副局长、曾赞荣副局长参加。

7 月 14 日上午，陈刚副市长到朝阳区检查轨道交通城区线工程建设情况，刘辉副局长陪同。

7 月 14 日上午，赵凤桐常委召开会议，研究海淀区中关村大街、学院路、知春路沿线发展规划工作，张维副局长参加。

7 月 14 日上午，吉林常务副市长召开 2010 年第三季度公共安全形势分析会，李燕飞副局长参加。

7 月 14 日上午，吕锡文常委召开北京市支持中央企业人才创新创业基地建设工作小组第 8 次专题会议，曾赞荣副局长参加。

7 月 15 日下午，国土部就北京市 3 月 15 日挂牌出让 3 宗高价地块进展情况进行沟通，曾赞荣副局长参加。

7 月 19 日上午，吉林常务副市长、牛有成常委召开金融支持北京市城乡结合部建设 –2010 年三季度政银企沟通交流专题会，刘辉副局长参加。

7 月 19 日下午，苟仲文副市长到房山区专题调研小煤矿关闭情况及当前关闭工作中存在的问题和困难，李燕飞副局长陪同。

7 月 19 日下午，吉林常务副市长召开 2010 年上半年全市金融形势分析会暨市金融服务工作领导小组第二次会议，郭创兴副巡视员参加。

7 月 20 日下午，郭金龙市长召开市政府专题会，审议《郭金龙市长在北京市 2010 年上半年经济形势分析会上的讲话（讨论稿）》，张国玉书记参加。

7 月 20 日下午，刘淇书记召开会议，研究海淀区中关村大街、知春路、学院路沿线发展规划等有关工作，刘辉副局长参加。

7月21日下午，郭金龙市长召开市政府专题会，审议《关于贯彻落实国务院关于加快发展旅游业的意见的实施意见》，刘辉副局长参加。

7月22日下午，牛有成常委、陈刚副市长、夏占义副市长召开城乡结合部建设领导小组第三次会议，听取50个重点村土地储备融资工作汇报，曾赞荣副局长参加。

7月23日上午，刘敬民副市长召开化解行政争议、维护社会稳定工作联席会议，张维副局长参加。

7月23日上午，陈刚副市长赴门头沟区调研棚户区改造和保障性住房建设有关工作，曾赞荣副局长陪同。

7月28日上午，刘淇书记到西城区、石景山区围绕关注民生、推动保障性住房建设进行专题调研，刘辉副局长陪同。

7月28日下午，刘淇书记召开十届市委常委会第154次会议，听取关于第九届中国（北京）国际园林博览会筹备工作情况汇报，张维副局长参加。

7月29日上午，国土部召开全国国土资源调控监测工作座谈会，总结交流近年来国土资源参与宏观调控取得的进展、成效和经验，曾赞荣副局长参加。

7月29日下午，陈刚副市长召开会议，研究轨道交通S1线（西段）工作进展，刘辉副局长参加。

7月30日上午，夏占义副市长召开2010年市防汛抗旱指挥部第二次会议，李燕飞副局长参加。

7月30日上午，夏占义副市长召开“百日整治行动”工作会议，李燕飞副局长参加。

7月30日上午，郭金龙市长、吉林常务副市长出席北京市和华润集团发展医药产业签约仪式，郭创兴副巡视员陪同。

八月大事

2010年8月1日至8月31日

8月2日下午，孙康林秘书长召开北京市对外联络服务工作会议，郭创兴副巡视员参加。

8月4日上午，赵凤桐常委召开“中知学”地区规划研讨会，刘辉副局长参加。

8月4日下午，王安顺副书记召开会议，专题研究天圆广场左安一案件，魏成林局长参加。

8月5日下午，陈刚副市长召开会议，研究房山区汽车产业基地有关问题，刘辉副局长参加。

8月5日下午，吉林常务副市长召开“十二五”专项规划汇报会议，审议“十二五”时期乡镇土地资源开发利用的总体思路和主要措施，张维副局长参加。

8 月 6 日下午，苟仲文副市长召开推广市公安局“核查即录入”经验现场会，谢俊奇副局长参加。

8 月 10 日下午，郭金龙市长召开市政府专题会议，研究北京市战勤保障基地项目立项、朝阳区王四营乡住宅公共服务配套设施用地限价商品住房项目，魏成林局长参加。

8 月 11 日下午，国土部召开地质灾害防治工作紧急视频会议，市局设分会场，市局领导参加。

8 月 12 日上午，牛有成常委、夏占义副市长召开市新农村建设领导小组扩大会议，刘辉副局长参加。

8 月 12 日上午，赵凤桐常委召开会议，研究中关村展示中心有关工作，张维副局长参加。

8 月 13 日下午，刘淇召开市委市政府理论学习中心组学习（扩大）会，就胡锦涛总书记在中央政治局第 22 次集体学习时关于深入推进文化体制改革的重要讲话精神进行专题学习，张国玉书记参加。

8 月 13 日下午，苟仲文副市长召开市安全生产委员会专题会议，研究讨论《北京市关于集中开展严厉打击非法违法生产经营建设行为的工作方案》，李燕飞副局长参加。

8 月 13 日下午，陈刚副市长召开会议，研究丰台区青龙湖国际文化会都建设问题，曾赞荣副局长参加。

8 月 14 日上午，刘淇书记、郭金龙市长到北京青龙湖国际文化会都项目所在地，围绕“推进永定河绿色生态发展带建设”主题进行专题调研，魏成林局长陪同。

8 月 16 日上午，吉林常务副市长召开“十二五”区县规划汇报会，张维副局长参加。

8 月 16 日上午，苟仲文副市长召开会议，听取我市推进重大工业项目落地总体情况，王宏胜副巡视员参加。

8 月 16 日下午，刘淇书记、郭金龙市长参加科技部和北京市人民政府共建国家现代农业科技城签约仪式，魏成林局长陪同。

8 月 17 日下午，郭金龙市长召开市政府专题会，审议关于贯彻实施住房城乡建设部等部委《关于加快发展公共租赁住房的指导意见》有关问题，魏成林局长参加。

8 月 18 日上午，赵凤桐常委召开会议，研究中关村科学城有关工作，刘辉副局长参加。

8 月 18 日下午，郭金龙主持召开市政府专题会，审议《关于首都功能核心区区别轻重缓急行政区划调整后政府机构编制工作和人员安置工作的指导意见（送审稿）》，魏成林局长参加。

8 月 18 日下午，牛有成常委到昌平区调研城乡结合部重点村建设进展情况，刘辉副局长参加。

8月18日下午，夏占义副市长主持召开第九届园博会筹建指挥部第一次会议，审定园博会筹建总体方案，曾赞荣副局长参加。

8月19日上午，陈刚副市长召开会议，研究雁栖湖生态发展示范区建设有关问题，王宏胜副巡视员参加。

8月19日下午，刘淇书记主持召开十届市委常委会第156次会议，传达中央联席会议第十五次全会精神，研究我市贯彻意见，李军副局长参加。

8月19日下午，徐绍史部长主持召开深入开展国土资源领域腐败问题治理工作电视电话会议，局领导参加。

8月20日下午，国土部召开会议，研究北京市城乡结合部改造和公租房建设用地问题，魏成林局长参加。

8月20日下午，国土部贠小苏副部长主持召开地质灾害防治工作视频会议，局领导参加。

8月20日下午，郭金龙市长主持召开贯彻落实《国务院关于进一步加强企业安全生产工作的通知》精神电视电话会，张维副局长参加。

8月20日下午，赵凤桐常委召开会议，研究中关村国家自主创新示范区展示交易中心有关工作，刘辉副局长参加。

8月21日上午，国务院召开加快保障性安居工程建设工作座谈会，曾赞荣副局长参加。

8月22日上午，赵凤桐常委召开会议，研究中关村科学城有关工作，刘辉副局长参加。

8月23日下午，陈刚副市长与辽宁省副省长赵国红一行就京沈客运专线建设有关问题进行座谈，魏成林局长参加。

8月24日上午，李士祥常委召开会议，研究北京育英中学、首都医科大学有关用地调整工作，刘辉副局长参加。

8月25日上午，杜德印主任召开会议，听取市人大常委会专题调研组成果汇报，魏成林局长参加。

8月25日上午，陈刚副市长召开会议，研究行政区划调整后北京历史文化名城保护问题，曾赞荣副局长参加。

8月25日下午，刘淇书记、郭金龙长市长到北京规划展览馆审看CBD规划设计方案展，魏成林局长陪同。

8月26日上午，牛有成常委、夏占义副市长出席房山区龙门台新村建设现场交流会，刘辉副局长参加。

8月26日上午，国土部召开会议，深入学习贯彻中央第五次西藏工作座谈会精神，总结国土资源系统“十一五”援藏工作，研究部署全国国土资源系统“十二五”援藏工作，启动援助西藏地勘系统工作，李局副局长参加。

8 月 26 日上午，王安顺副书记出席以“社会管理创新”为主题的首都综治论坛，王宏胜副巡视员参加。

8 月 26 日下午，刘淇书记召开市委专题会，研究《中关村国家自主创新示范区发展规划纲要（2010—2020 年）》，魏成林局长参加。

8 月 27 日上午，刘淇书记召开市委专题会，听取关于我市古都风貌保护有关情况汇报，魏成林局长参加。

8 月 27 日上午，国务院召开全国依法行政工作电视电话会议，市政府设分会场，魏成林局长参加。

8 月 27 日下午，赵凤桐常委召开会议，研究海淀北部地区建设有关工作，魏成林局长参加。

8 月 27 日下午，苟仲文副市长召开全市“8. 20“安全生产电视会议贯彻落实工作专题会，李燕飞副局长参加。

8 月 27 日下午，陈刚副市长召开会议，研究中纪委办案业务用房项目建设有关事宜，刘辉副局长参加。

8 月 28 日上午，陈刚副市长赴海淀区调研，魏成林局长陪同。

8 月 31 日上午，夏占义副市长召开集体林权制度改革工作汇报会，谢俊奇副局长参加。

8 月 31 日下午，吉林常务副市长听取门头沟、房山、平谷、怀柔区、密云、延庆县关于“十二五”区县规划汇报，张维副局长参加。

九月大事

2010 年 9 月 1 日至 9 月 30 日

9 月 1 日上午，赵凤桐常委听取科博园方案汇报，张维副局长参加。

9 月 1 日下午，刘淇书记召开十届市委常委会第 158 次会议，听取关于推进城市南部地区发展情况汇报，魏成林局长参加。

9 月 1 日下午，苟仲文副市长召开会议，研究昌平区修正药业、神雾热能、北京现代三工厂项目、北汽高端乘用车基地项目，张维副局长参加。

9 月 2 日上午，魏成林局长、戴孟东副主任出席北京地铁 15 号线一期一段开通试运行启动仪式。

9 月 3 日上午，郭金龙市长召开第 73 次市政府常务会，审议关于“科技北京”行动计划进展情况报告，魏成林局长参加。

9 月 6 日上午，程红副市长召开加快产业结构调整提高城市综合管理水平座谈会，王宏胜副巡视员参加。

9 月 6 日下午，吉林常务副市长、陈刚副市长召开会议，研究丰台区火车站改扩建设投资比例划分问题，魏成林局长参加。

9月6日下午，李士祥常委召开市联席会议第二十一次全体会议，传达中央联席会议第十五次全体会议精神，总结北京市联席会议工作情况，部署下阶段工作任务，张维副局长参加。

9月7日下午，郭金龙市长召开第九届中国（北京）国际园林博览会组委会第一次会议，魏成林局长参加。

9月7日下午，蔡赴朝常委到房山区调研，王宏胜副巡视员陪同。

9月8日上午，丁向阳副市长出席平谷桃花深处汽车营地开营仪式，张维副局长陪同。

9月8日上午，陈刚副市长召开会议，研究完善北京市住房保障制度体系基本思路及房地产价格统计有关工作，王宏胜副巡视员参加。

9月8日下午，郭金龙市长召开市政府专题会，研究建设中关村科学城相关工作、首都医科大学附属北京天坛医院迁建工程立项问题，魏成林局长参加。

9月9日上午，赵凤桐常委召开会议，研究中船重工选址问题，刘辉副局长参加。

9月10日上午，陈刚副市长召开会议，研究在四惠桥建设智能电网科技研发与交流中心问题，刘辉副局长参加。

9月11日上午，郭金龙市长召开会议，部署调研交通工作，魏成林局长参加。

9月12日上午，王安顺副书记召开市维护稳定工作领导小组（扩大）会议，专门研究部署涉日维稳工作，王宏胜副巡视员参加。

9月13日下午，郭金龙市长等市领导到亦庄开发区调研公租房项目建设情况，魏成林局长陪同。

9月14日上午，赵凤桐常委与贠小苏副部长举行会谈，张维副局长陪同。

9月14日下午，郭金龙市长召开市政府常务会议，研究《关于修改〈北京市房屋租赁管理若干规定〉的决定（草案）》，魏成林局长参加。

9月15日下午，赵凤桐常委召开会议，研究中关村国家自主创新示范区展示交易中心有关工作，张维副局长参加。

9月16日上午，郭金龙市长到丰台区、房山区调研城南基础设施和重大工程建设情况，刘辉副局长陪同。

9月20日下午，王安顺副书记召开推进首都群防群治工作促进社会管理创新工作会，总结首都治安志愿者协会成立四年来的群防群治工作，部署工作，推进群防群治工作管理创新，郭创兴副巡视员参加。

9月20日下午，刘敬民副市长召开2010年第四季度全市公共安全形势分析会，王宏胜副巡视员参加。

9月27日上午，赵凤桐常委召开《中关村国家自主创新示范区条例》立法领导小组会议，王宏胜副巡视员参加。

9月28日上午，牛有成常委出席北京海外联谊会第七届理事会第四次会议暨“桑梓心、北京情，三个一行动”启动仪式，郭创兴副巡视员参加。

9月29日上午，郭金龙市长出席战略合作签约仪式暨第一届北京海外论坛主题报告会，张国玉书记陪同。

9月29日上午，李士祥常委、陈刚副市长召开筹建中国纪检监察学院第七次联席会议，曾赞荣副局长参加。

9月30日上午，刘淇书记、郭金龙市长出席长安汽车北京基地奠基仪式，曾赞荣副局长陪同。

9月30日下午，刘淇书记、郭金龙市长出席海淀区北坞村北坞嘉园入住仪式，魏成林局长陪同。

十月大事

2010年10月1日至10月31日

10月8日下午，刘淇书记召开会议，听取关于CBD规划设计方案汇报，魏成林局长参加。

10月9日下午，陈刚副市长召开会议，研究2010年第四季度本市土地供应情况有关问题，魏成林局长、曾赞荣副局长参加。

10月9日上午，陈刚副市长在京会见李连杰，研究太极大业文化产业项目，刘辉副局长陪同。

10月11日下午，刘淇书记召开市委专题会议，研究通州现代工业新城建设有关问题，魏成林局长参加。

10月12日下午，郭金龙市长召开市政府专题会，审议《关于进一步推进交通事业发展缓解市区交通拥堵工作意见》，魏成林局长参加。

10月12日下午，陈刚副市长召开会议，研究房山区建设项目问题，魏成林局长参加。

10月12日下午，赵凤桐常委召开会议，研究中关村国家自主创新示范区展示交易中心有关工作，张维副局长参加。

10月13日上午，刘淇书记、郭金龙市长出席通州现代化国际新城核心区开工启动仪式，刘辉副局长参加。

10月13日下午，中纪委何勇常务副书记召开全国工程建设领域突出问题专项治理工作电视电话会议，总结工程治理工作开展一年来的情况，研究部署下一阶段工作，魏成林局长参加。

10月13日下午，陈刚副市长召开会议，研究西城旧城保护居民住房改善工程和西城区前三门大街整治情况，曾赞荣副局长参加。

10月15日上午，丁向阳副市长召开会议，研究协调民政部所属北京社会职业学院新校区回迁建设相关问题，郭创兴副巡视员参加。

10月15日上午，陈刚副市长召开会议，研究北京大学肖家河教师住房问题，王宏胜副巡视员参加。

10月18日上午，赵凤桐常委、陈刚副市长赴大兴区、丰台区实地视察“推动城乡结合部建设，促进城乡统筹发展”议案办理情况并召开座谈会，王宏胜副巡视员陪同。

10月18日下午，陈刚副市长召开会议，研究丰台区重点项目建设有关问题，曾赞荣副局长参加。

10月19日上午，刘淇主持召开市委常委扩大会议，传达学习党的十七届五中全会精神，张国玉书记参加。

10月20日下午，陈刚副市长召开会议，听取城六区重要交通干道两侧遗留项目整治情况汇报，研究北京历史文化名城保护有关工作，刘辉副局长参加。

10月20日下午，苟仲文副市长到密云县调研帮扶工作，郭创兴副巡视员陪同。

10月21日上午，赵凤桐常委召开会议，听取中关村科学城第一批项目规划指标落实情况汇报，张维副局长参加。

10月21日上午，刘淇书记、郭金龙市长召开北京历史文化名城保护委员会第一次会议，曾赞荣副局长参加。

10月22日上午，郭金龙市长召开会议，研究中关村自主创新示范区展示与交易中心建设情况，刘辉副局长参加。

10月22日上午，吉林常务副市长召开三季度经济形势分析会，曾赞荣副局长参加。

10月22日下午，夏占义副市长召开会议，听取《北京市“十二五”时期新型农村社区建设规划》汇报，刘辉副局长参加。

10月22日下午，刘淇书记召开市委专题会，听取市规划委关于城六区重要交通干道两侧遗留项目整治工作意见汇报，曾赞荣副局长参加。

10月23日上午，刘淇书记、郭金龙市长等市领导出席鲁家山垃圾分类处理焚烧发电项目奠基仪式，张国玉书记陪同。

10月25日上午，郭金龙主持召开会议，市委市政府向中央检查组汇报本市扩大内需和专项治理工作情况，刘辉副局长参加。

10月26日上午，刘淇书记、郭金龙市长等市领导出席北京市人民政府与中国航空集团公司战略合作框架协议签约仪式和中央企业院校重大科技成果在京转化落地项目签约仪式，张国玉书记陪同。

10月26日上午，刘淇书记召开会议，听取中关村国家自主创新示范区科技创新博览园设计方案汇报，张维副局长参加。

10月26日下午，郭金龙市长召开市政府专题会，审议《关于〈城市总体规划（2004—2020年）〉》实施情况评估工作报告》，曾赞荣副局长参加。

10月27日下午，陈刚副市长召开会议，审议通州区和大兴区土地利用总体规划，研究进一步完善本市土地储备开发管理工作、前三门大街整治、CBD土地入市和泛海公司项目用地有关问题，刘辉副局长、张维副局长、曾赞荣副局长参加。

10月28日下午，国务院安委会办公室牵头，8部门联合召开全国深入开展严厉打击非法违法生产经营建设行为专项行动视频会议，李燕飞副局长参加。

10月30日上午，国土部在四川省召开2010年全国地质灾害防治工作现场会，李燕飞副局长参加。

十一月大事

2010年11月1日至11月30日

11月1日上午，郭金龙市长主持召开市政府专题会，研究马家堡西路南延（西红门路—春和路）道路和大兴新城金星路（芦求路—西旺路）市政道路工程立项事项，魏成林局长参加。

11月2日上午，国务院召开全国煤矿瓦斯防治工作电视电话会议，苟仲文副市长主持市政府分会，李军副局长参加。

11月2日下午，郭金市长龙主持召开第77次市政府常务会议，研究《“首钢搬迁、矿山关停后开发替代产业，促进西部地区经济发展”议案办理情况报告》，魏成林局长参加。

11月2日下午，赵凤桐常委主持召开会议，研究中关村国家自主创新示范展示交易中心有关工作，张维副局长参加。

11月3日上午，蔡赴朝常委主持召开市文化创意产业领导小组办公室会议，研究审议2010年度市文化创意产业发展专项资金支持方案，王宏胜副巡视员参加。

11月3日下午，郭金龙市长主持召开十届市委常委会第163次会议，听取关于《北京城市总体规划（2004年—2020年）》实施情况评估工作的汇报，魏成林局长参加。

11月4日下午，刘淇书记、郭金龙市长主持召开会议，通报今年前三季度我市经济社会发展形势，研究部署下一阶段重点工作，魏成林局长参加。

11月5日下午，郭金龙市长主持召开中央检查组检查意见通报会，向北京市委、市政府通报扩大内需政策落实暨工程领域专项治理检查意见，魏成林局长参加。

11月8日上午，刘淇书记召开会议，听取关于“首钢搬迁、矿山关停后开发替代产业，促进西部地区经济发展”议案办理情况汇报，曾赞荣副局长参加。

11月8日下午，郭金龙市长召开会议，听取《“十二五”规划纲要（初稿）》编制工作的汇报，张维副局长参加。

11月9日上午，市政协领导召开会议，督办“回民公墓备用地问题”提案工作，刘辉副局长参加。

11 月 9 日下午，政协副主席黎晓宏召开会议，研究推进保险资金投资本市基础设施建设有关工作，魏成林局长参加。

11 月 10 日上午，牛有成常委、夏占义副市长召开会议，听取九个区市级重点村建设进展情况汇报，刘辉副局长参加。

11 月 10 日下午，吉林常务副市长召开本市重点工程调度会，曾赞荣副局长参加。

11 月 10 日下午，吉林常务副市长召开会议，研究我市行政审批服务中心规划建设有关问题，曾赞荣副局长参加。

11 月 11 日上午，郭金龙市长主持召开市政府专题会，研究本市集体林权制度改革下步重点工作，魏成林局长参加。

11 月 12 日下午，赵凤桐常委召开北部地区项目建设协调会，曾赞荣副局长参加。

11 月 15 日上午，郭金龙市长召开会议，研究《中共北京市委关于制定北京市国民经济和社会发展第十二个五年规划的建设》（讨论稿），张维副局长参加。

11 月 15 日下午，郭金龙市长等市领导召开市十三届人大四次会议前代表集中视察活动座谈会，魏成林局长参加。

11 月 16 日上午，郭金龙市长主持召开市政府专题会，研究关于引入保险资金投资北京市土地储备项目债权计划方案，魏成林局长参加。

11 月 16 日上午，国土部召开 2010 年中国国际矿业大会，李燕飞副局长参加。

11 月 16 日下午，郭金龙市长主持召开市政府常务会，研究本市贯彻落实国务院鼓励和引导民间投资健康发展文件实施意见及分工方案，魏成林局长参加。

11 月 17 日上午，刘淇书记、郭金龙市长等市领导出席北京市人民政府与中粮集团有限公司战略合作框架协议签约仪式和西南热电中心草桥二期工程奠基仪式，魏成林局长陪同参加。

11 月 18 日下午，刘淇书记主持召开市委专题会，研究北京密云京承沿线旅游休闲产业带龙湾水乡国际旅游休闲度假区项目有关工作，魏成林局长参加。

11 月 22 日上午，郭金龙市长主持召开市政府专题会，研究城乡结合部地区 50 个重点村城市化改造相关项目下放审批权限的问题，魏成林局长参加。

11 月 23 日下午，吉林常务副市长召开“十二五”规划座谈会，张维副局长参加。

11 月 24 日下午，刘敬民副市长主持召开向中央信访工作督导组汇报会，魏成林局长参加。

11 月 24 日下午，陈刚副市长召开会议，研究奥林匹克中心区景观塔建设、行政审批权限下放有关问题，刘辉副局长参加。

11 月 24 日下午，赵凤桐常委召开会议，研究中关村科技创新和产业化促进中心组建方案，张维副局长参加。

11 月 25 日下午，文化部欧阳坚副部长、市委蔡赴朝常委召开中国动漫游戏城项目推进协调小组第二次工作会议，张维副局长参加。

11 月 26 日上午，丁向阳副市长到通州区调研旅游产业发展相关工作，刘辉副局长陪同参加。

11 月 26 日下午，刘淇书记、郭金龙市长参加“生态新城·绿色生活”研讨会，并会见瑞典主要参会代表，见证我市与瑞方合作框架协议签约仪式，郭创兴副巡视员陪同参加。

11 月 28 日下午，苟仲文副市长和三一集团梁稳根召开座谈会，刘辉副局长参加。

11 月 29 日上午，中国共产党北京市委第十届委员会第八次全体会议在北京会议中心召开，张国玉书记、魏成林局长、刘辉副局长参加。

11 月 30 日下午，陈刚副市长召开会议，研究关于观林园转商品房相关问题，魏成林局长、刘辉副局长参加。

十二月大事

2010 年 12 月 1 日至 12 月 31 日

12 月 1 日上午，赵凤桐常委召开会议，听取《中关村国家自主创新示范区条例》审议情况和主要修改内容，张维副局长参加。

12 月 2 日上午，郭金龙市长召开 2010 年北京市山区工作会议，魏成林局长参加。

12 月 2 日上午，广州市邬毅敏常务副市长带队到我市就简政放权、扩大区政府管理权限方面进行考察交流，张维副局长参加。

12 月 2 日下午，刘淇书记主持召开市委常委会，听取关于北京市“十二五”时期文化发展改革规划编制情况的汇报，魏成林局长参加。

12 月 2 日下午，牛有成常委召开北京市党外领导干部座谈会，谢俊奇副局长参加。

12 月 3 日下午，郭金龙市长主持召开市政府专题会，研究关于加快我市城市和国有工矿棚户区改造工作实施方案，魏成林局长参加。

12 月 3 日下午，吉林常务副市长召开会议，研究本市 2011 年固定资产投资调控思路及市政府投资和重点工程计划安排的建议，曾赞荣副局长、王宏胜副巡视员参加。

12 月 6 日上午，刘淇书记主持召开市委专题会，听取关于北京市“十二五”时期中关村国家自主创新示范区发展建设规划编制情况汇报，魏成林局长参加。

12 月 6 日上午，赵凤桐常委召开会议，研究《关于〈中关村国家自主创新示范区条例〉立法情况的汇报（讨论稿）》，张维副局长参加。

12 月 6 日下午，吉林常务副市长召开会议，研究本市 2011 年固定资产投资调控思路及市政府投资和重点工作计划安排的建议，曾赞荣副局长、王宏胜副巡视员参加。

12 月 7 日下午，郭金龙市长主持召开市政府专题，审议《北京市中长期教育改革和发展规划纲要（2010—2020 年）》，魏成林局长参加。

12 月 7 日下午，郭金龙市长召开中关村国家自主创新示范区领导小组第六次会议，审议中关村科技创新和产业化促进中心（简称首都创新资源平台）组建方案，魏成林局长参加。

12月8日上午，郭金龙市长主持召开第79次市政府常务会议，研究《北京市国民经济和社会发展第十二个五年规划纲要》编制工作，魏成林局长参加。

12月9日上午，牛有成常委到丰台区调研城乡结合部重点村建设情况，刘辉副局长陪同参加。

12月10日上午，黄卫副市长召开会议，就《北京市关于进一步推进首都交通科学发展加大力度缓解交通拥堵工作的意见》（征求意见稿）征求人大代表的意见和建议，张维副局长参加。

12月10日下午，吉林常务副市长召开市金融服务工作领导小组会议，审议《北京市“十二五”时期金融业发展规划》，王宏胜副巡视员参加。

12月11日上午，国土部召开全国国土资源宣传工作会议暨办公室工作座谈会，贯彻落实部党组关于加强新闻宣传工作的要求，研究分析当前国土资源新闻宣传工作面临的形势，总结交流近年来国土资源新闻宣传工作经验，研究部署一个时期的国土资源新闻宣传工作，更好地为国土资源管理工作服务，张维副局长参加。

12月13日上午，郭金龙市长主持召开市政府专题会，研究固定资产投资调控思路及市政府投资和重点工程计划安排，魏成林局长参加。

12月14日上午，国务院安委会督查组听取北京市政府安全生产工作情况汇报，李燕飞副局长参加。

12月14日上午，全国党的基层组织党务公开工作会议在京召开，部署贯彻落实《关于党的基层组织实行党务公开的意见》，周新华组长参加。

12月14日下午，苟仲文副市长召开首钢停产工作指挥部第一次会议，听取指挥部有关工作情况汇报，王宏胜副巡视员参加。

12月15日上午，刘淇书记、郭金龙市长召开全市领导干部会议，传达中央经济工作会议精神，魏成林局长参加。

12月16日上午，刘淇书记、郭金龙市长与中国工程院院士就北京交通问题进行会谈，魏成林局长参加。

12月16日上午，王安顺副书记、刘敬民副市长召开全市推进建立社会稳定风险评估机制工作部署会，刘辉副局长参加。

12月16日上午，牛有成常委召开会议，研究“中国北京农业生态谷”建设工作进展情况，刘辉副局长参加。

12月16日下午，国土资源部、监察部、人力资源和社会保障部共同召开2009年度土地卫片执法检查工作电视电话会议，张国玉书记、魏成林局长等局领导参加。

12月16日下午，刘淇书记、郭金龙市长等市领导到石景山区、丰台区，围绕“加快重点村整治，推动重点工程落实”主题进行调研，魏成林局长陪同。

12月17日上午，吉林常务副市长召开会议，研究全市土地收益分配体制调整有关问题，魏成林局长参加。

12 月 17 日上午，陈刚副市长召开会议，听取怀柔雁栖湖生态发展示范区和 S1 线工程最新进展情况，魏成林局长参加。

12 月 17 日下午，陈刚副市长召开会议，听取各部门提高履职效率、强化管理效能、提升服务效果、推进创新创优等方面的工作汇报，刘辉副局长参加。

12 月 17 日下午，国务院安委会督查组向市政府反馈安全生产综合检查督查意见，苟仲文副市长主持会议，李燕飞副局长参加。

12 月 18 日下午，刘淇书记、郭金龙市长等市领导出席北京雁栖湖生态发展示范区项目建设开工奠基仪式，魏成林局长陪同。

12 月 18 日下午，郭金龙市长、吉林常务副市长出席新华社金融信息交易所开业，王宏胜副巡视员陪同。

12 月 19 日上午，中央政法委召开全国政法工作电视电话会议，刘淇书记主持召开市委分会，并针对贯彻全国政法工作会议精神进行部署，张国玉书记参加。

12 月 20 日上午，郭金龙市长主持召开第 80 次市政府常务会议，审议 2010 年国民经济和社会发展计划执行情况及 2011 年计划草案，审议 2010 年预算执行情况和 2011 年预算草案，魏成林局长参加。

12 月 20 日下午，贠小苏副部长主持召开加强房地产用地管理和调控视频会议，局领导参加分会。

12 月 21 日上午，李士祥秘书长与中办有关领导研究部署北京育英中学、首都医科大学相关用地调整工作，刘辉副局长参加。

12 月 21 日下午，刘淇书记召开中央领导来京视察座谈会，魏成林局长参加。

12 月 22 日上午，郭金龙市长主持召开市政府第 81 次常务会议，研究《政府工作报告（讨论稿）》起草工作，魏成林局长参加。

12 月 22 日上午，全国政协召开人口资源环境委员会全体会议，学习贯彻中共十七届五中全会精神，研讨人口资源环境领域宏观问题，谢俊奇副局长参加。

12 月 22 日上午，吉林常务副市长、赵凤桐常委、陈刚副市长出席海淀区北部研发服务和高新技术产业聚集区产业功能区启动暨中关村壹号等重点工程开工奠基活动，丁晓总规划师陪同。

12 月 22 日上午，市政协赵文芝副主席召开会议，就委员会 2011 年重点工作及参政议政内容征求政府各相关部门意见，王宏胜副巡视员参加。

12 月 22 日下午，国土部召开部分省市“两整治一改革”工作汇报会，周新华组长参加。

12 月 22 日下午，苟仲文副市长出席平谷区与中国石化北京石油分公司合作发展签约仪式，丁晓总规划师陪同。

12 月 23 日下午，赵凤桐常委、苟仲文副市长召开北京市新能源汽车联席会议，研究2010年新能源汽车总体工作进展及2011年研发及示范工作计划，张维副局长参加。

12月23日下午，赵凤桐常委、苟仲文副市长召开北京市重大科技成果转化和产业项目第四次联席会议，研究重大科技成果转化和产业项目第二批统筹资金情况，张维副局长参加。

12月23日下午，刘淇书记召开北京市党史工作会议，张川北副巡视员参加。

12月24日下午，全国政协社会和法制委员会主任张福森率“行政执法与刑事司法衔接机制”专题调研组一行12人来京调研，张维副局长陪同。

12月28日上午，全国政协召开第三届中国人口资源环境发展动态分析会，谢俊奇副局长参加。

12月28日下午，阳安江主席、苟仲文副市长召开推进燕房合作协调小组第八次会议，总结2010年重点工作情况，研究部署明年工作安排，丁晓总规划师参加。

12月29日下午，刘淇书记、郭金龙市长出席北京市人民政府与国家电网公司关于联合推进坚强智能电网建设战略合作协议签约仪式，丁晓总规划师陪同。

12月30日上午，刘淇书记、郭金龙市长出席五条轨道交通新线和三条城市高等级道路开通仪式，魏成林局长陪同。

12月30日上午，赵凤桐常委召开会议，研究进一步推动组建中关村科技创新和产业化促进中心，张维副局长参加。

12月30日下午，郭金龙市长主持召开市政府专题会，研究北京市贯彻《国务院关于进一步促进中小企业发展的若干意见》实施意见，魏成林局长参加。

12月30日下午，王安顺副书记召开会议，传达贯彻全国政法工作会议和市委十届八次会议精神，总结2010年全市政法工作，部署2011年工作，张维副局长参加。

12月31日上午，刘淇书记、郭金龙市长出席中关村航空科技园和航天科技创新园奠基仪式、中关村科技创新和产业化促进中心及中关村国际标准大厦揭牌仪式，丁晓总规划师陪同。

2010年北京市国土资源相关法律法规汇编目录

第一部分 综合类

中华人民共和国侵权责任法
中华人民共和国主席令第21号

中华人民共和国国家赔偿法
中华人民共和国主席令第29号

国务院关于加强法治政府建设的意见
国发［2010］33号

国务院关于同意北京市调整部分行政区划的批复
国函［2010］55号

国务院关于第五批取消和下放管理层级行政审批项目的决定
国发［2010］21号

国务院办公厅关于做好政府信息依申请公开工作的意见
国办发［2010］5号

北京市实施《中华人民共和国节约能源法》办法
北京市人民代表大会常务委员会公告第9号

北京市人民政府关于废止《北京市中、小学学生学籍管理办法》等五项规章的决定
北京市人民政府令第220号

北京市人民政府关于修改《北京市河道砂石开采管理暂行规定》等24项规章部分条款的决定

北京市人民政府令第226号

国土资源行政复议规定

国土资源部令第46号

国土资源部规章和规范性文件后评估办法

国土资源部令第47号

国土资源部关于修改部分规章的决定

国土资源部令第49号

国土资源部关于进一步贯彻落实温家宝总理重要批示严格国土资源管理工作的通知

国土资发［2010］51号

国土资源部关于印发《国土资源数据管理暂行办法》的通知

国土资发［2010］142号

北京市人民政府关于进一步加强本市行政应诉工作的意见

京政办发［2010］19号

北京市人民政府关于进一步加强和改善行政执法工作的意见

京政发［2010］27号

北京市人民政府办公厅关于成立北京市固定资产投资项目行政审批综合服务大厅有关事宜的通知

京政办发［2010］7号

北京市人民政府办公厅转发市应急委关于进一步加强基层应急管理工作意见的通知

京政办发［2010］21号

北京市人民政府关于实施北京市突发事件总体应急预案的决定

京政办发［2010］12号

北京市国土资源局关于在办理各类具体行政事项中完整准确接受申请材料的通知
京国土法［2010］607号

北京市国土资源局关于印发《北京市国土资源局依申请提供政府公开信息收费实施方案（试行）》的通知
京国土办［2010］608号

第二部分　土地管理

国务院关于坚决遏制部分城市房价过快上涨的通知
国发［2010］10号

国务院办公厅关于促进房地产市场平稳健康发展的通知
国办发［2010］4号

北京市人民政府贯彻落实国务院关于坚决遏制部分城市房价过快上涨文件的通知
京政办发［2010］13号

国土资源部、住房和城乡建设部关于进一步加强房地产用地和建设管理调控的通知
国土资发［2010］151号

住房和城乡建设部关于进一步加强房地产市场监管完善商品住房预售制度有关问题的通知
建房［2010］53号

国土资源部关于加强房地产用地供应和监管有关问题的通知
国土资发［2010］34号

国土资源部关于严格落实房地产用地调控政策促进土地市场健康发展有关问题的通知
国土资发［2010］204号

北京市地方税务局关于遏制房价快速上涨强化房地产税收监管有关工作的通知
京地税地［2010］87号

住房和城乡建设部关于加强经济适用住房管理有关问题的通知
建保［2010］59号

北京市人民政府关于促进沟域经济发展的意见
京政发［2010］36号

北京市人民政府办公厅关于印发农村土地确权登记颁证试点工作方案及确认农村土地所有权和集体建设用地使用权办法（试行）的通知
京政办函［2010］7号

国土资源部关于修改《土地估价师资格考试管理办法》的决定
国土资源部令第48号

国土资源部关于废止《国家基础地理信息数据使用许可管理规定》的决定
国土资源部令第51号

国土资源部进一步完善农村宅基地管理制度切实维护农民权益的通知
国土资发［2010］28号

国土资源部关于切实加强耕地占补平衡监督管理的通知
国土资发［2010］6号

国土资源部关于进一步做好征地管理工作的通知
国土资发［2010］96号

国土资源部、农业部关于完善设施农用地管理有关问题的通知
国土资发［2010］155号

国土资源部关于加快做好报国务院批准单独选址建设用地项目用地审查工作的通知
国土资发［2010］192号

北京市国土资源局关于进一步规范土地登记工作行为的通知
京国土籍［2010］174号

北京市国土资源局关于加强闲置土地清理处置有关问题的通知

京国土用［2010］181号

北京市国土资源局北京市发展和改革委员会北京市规划委员会关于印发北京市2010年度土地供应计划的通知

京国土市［2010］218号

北京市国土资源局关于实施国有建设用地开发利用申报和信息公示制度的通知

京国土用［2010］222号

北京市国土资源局关于进一步加强土地证书管理的通知

京国土籍［2010］320号

北京市国土资源局转发北京市地方税务局关于完善土地增值税涉税证明管理制度有关问题的通知

京国土籍［2010］366号

北京市国土资源局关于转发国土资源部办公厅关于为公司债券持有人办理国有土地使用权抵押登记有关问题的复函的通知

京国土籍［2010］394号

北京市国土资源局北京市农村工作委员会关于印发《关于加强土地管理推进小城镇建设的意见》的通知

京国土研［2010］395号

北京市国土资源局关于城镇私有房屋国有土地使用权登记发证有关问题的意见

京国土籍［2010］462号

北京市国土资源局关于转发国土资源部办公厅《军用土地登记有关问题的复函》的通知

京国土籍［2010］481号

北京市国土资源局关于进一步加强日常土地登记工作有关问题的通知

京国土籍［2010］489号

北京市国土资源局关于北京市农垦系统国有农场土地确权登记有关问题的意见
京国土籍［2010］491号

北京市国土资源局关于加强土地出让合同批后监管的通知
京国土用［2010］519号

北京市国土资源局关于为北京农村商业银行股份有限公司机构网点办理土地登记手续的通知
京国土籍［2010］591号

北京市国土资源局关于印发《北京市国土资源局地籍管理办法》的通知
京国土籍［2010］597号

北京市园林绿化局北京市国土资源局关于印发《北京市代征城市绿化用地移交建设管理办法》的通知
京绿城发［2010］19号

北京市人民政府关于印发关于建立制止和查处违法用地违法建设联动工作机制意见的通知
京政办发［2010］15号

国土资源部、国家发改委等十部委《关于联手整治重点项目建设违法用地的通知》
2011年6月9日发

国土资源部关于印发《土地矿产卫片执法检查工作规范（试行）》的通知
国土资发［2010］21号

国土资源部办公厅关于印发《关于进一步加强和规范对违反国土资源管理法律法规行为报告工作的意见》的通知
国土资厅发［2010］58号

北京市国土资源局关于转发《关于建立制止和查处违法用地违法建设联动工作机制意见》的通知
京国土监［2010］310号

北京市国土资源局关于转发国土资源部依法加快房地产闲置土地查处工作的通知
京国土用［2010］358 号

第三部分　矿产资源管理

古生物化石保护条例
国务院令第 580 号

国务院办公厅关于进一步加强地质灾害防治工作的通知
国办发明电［2010］21 号

国土资源部关于印发《国土资源部地质灾害应急专家管理暂行办法》的通知
国土资厅发［2010］105 号

国土资源部办公厅关于加强全国矿产资源潜力评价成果管理的通知
国土资厅发［2010］45 号

国土资源部关于印发《地质勘查资质监督管理办法》的通知
国土资发［2010］14 号

国土资源部关于构建地质找矿新机制的若干意见
国土资发［2010］59 号

国土资源部关于进一步加强地质勘查行业服务与管理的若干意见
国土资发［2010］60 号

国土资源部关于促进国有地勘单位改革发展的指导意见
国土资发［2010］61 号

地质矿产调查评价专项项目管理暂行办法
国土资发［2010］84 号

国土资源部关于进一步做好建设项目压覆重要矿产资源审批管理工作的通知
国土资发［2010］137 号

国土资源部关于建立健全矿业权有形市场的通知

国土资发［2010］145号

北京市国土资源局关于转发《地质勘查资质监督管理办法》的通知

京国土勘［2010］177号

国土资源部关于开展进一步推进矿产资源开发整合工作检查验收的通知

国土资发［2010］179号

北京市国土资源局关于印发《北京市矿业权出让和转让公开交易办法（试行）》的通知

京国土矿［2010］256号

北京市国土资源局关于进一步规范矿产资源勘查年度检查的通知

第四部分　司法解释和文件

最高人民法院、最高人民检察院关于废止部分司法解释和规范性文件的决定

法释［2010］17号

最高人民法院关于运用《中华人民共和国侵权责任法》若干问题的通知

法发［2010］23号

最高人民法院关于开展行政诉讼简易程序试点工作的通知

法［2010］446号

最高人民法院关于审理房屋登记案件若干问题的规定

法释［2010］15号

2010 年北京市国土资源局政府信息公开年度报告

调控和监测处

引言

北京市国土资源局政府信息公开年度报告是根据《中华人民共和国政府信息公开条例》（以下简称《条例》）要求，由北京市国土资源局编制的 2010 年度政府信息公开年度报告。

全文包括概述，主动公开政府信息的情况，依申请公开政府信息和不予公开政府信息的情况，政府信息公开的人员、收费及减免情况，政府信息公开咨询情况，因政府信息公开申请行政复议、提起行政诉讼的情况，政府信息公开工作存在的主要问题、改进情况和其他需要报告的事项。

本局政府网站 www. bjgtj. gov. cn 上可下载本报告的电子版。如对本报告有任何疑问，请联系：北京市国土资源局政府信息公开受理室 64409795。

一、概述

《条例》施行近 3 年以来，本局开展了认真细致的工作，进一步理顺工作流程，建立并逐步完善政府信息公开配套制度，强化管理和服务，细化主动公开政府信息分类，及时梳理并研究解决依申请公开工作中遇到的难点问题，加强对市国土资源系统政府信息公开工作的指导和协调，信息公开体系正常运转，在不断规范的同时深化建设。

二、政府信息主动公开情况

（一）主要公开渠道

在主动公开工作上，注重发挥政府网站作为政府信息公开的主渠道作用。严格落实国有建设用地开发利用申报和信息公示制度，通过建立土地开发利用信息监管系统，及时向社会公示出让土地的详细信息。

截至 12 月底，共主动公开政府信息 3448 条，其中市局主动公开政府信息 265 条，各分局主动公开政府信息3183条，全文电子化率100%。主动公开信息中，机构职能32条，占0.9%；法规文件12条，占0.3%；规划计划2条，占0.06%；行政职责2条，占0.06%；业务动态3400条，占98.7%。

（二）公共查阅场所

为方便公众了解信息，本局机关和所属分局均在办公地点的受理大厅开辟了专门场地，设立了“北京市国土资源局政府信息公开受理室”，配备了专用电脑、电话、打印机、传真机、电子显示屏、资料栏等专用设备，主动摆放并派发了便民手册、服务指南等宣传品。

2010年，本局共接受公民、法人及其他组织政府信息公开方面的咨询8423人次。其中，现场咨询4760人次，占总数的56.5%；电话咨询3663人次，占总数的43.5%；网上咨询尚无内容。

在便民服务方面，主动对公开信息进行了检索目录编制、并安排专职受理人员负责受理公众的咨询和申请。在内部管理方面，本局要求受理部门对申请信息的申请人，努力做到热情服务，耐心解释。并主动与他们及时沟通，了解其真实需求，协助他们规范填写申请表。对于申请人对回复结果有疑义的，尽可能安排部门经办人员出面进行解释，化解矛盾，解决问题。

（三）设立了新闻宣传部门

2010年10月中旬，我局设立了新闻宣传办公室，加强与媒体沟通合作，主动向社会公开重要信息，解读宣传政策；建立健全新闻宣传工作机制，关注舆情，追踪热点问题，及时发现不实报道，进行澄清。进一步拓宽公开渠道，加强主动公开。

三、政府信息依申请公开情况

（一）申请情况

本局2010年度共收到政府信息公开申请2254件。

其中，当面申请2144件，占总数的95.1%；通过互联网提交申请有0件，占总数的0%；以传真形式申请31件，占总数的1.4%；以信函形式申请79件，占总数的3.5%。

（二）答复情况

本局2010年度共答复政府信息公开申请1941件，其中：

“同意公开”的1356件，占总数的69.9%，主要涉及法规、征地、土地出让合同、土地登记等信息。

“同意部分公开”的7件，占总数0.4%，主要涉及土地储备等信息。

“不予公开”的25件，占总数1.3%，主要涉及征地、土地执法、土地利用等信息。

“信息不存在”的291件，占总数的15%。

“非本机关掌握”的180件，占总数的9.3%。

“申请内容不明确”的59件，占总数的3%。

“非政府信息”的18件，占总数的0.9%。

“涉及第三方”的5件，占总数的0.3%。

（三）依申请公开政府信息收费情况

2010年拟定了依申请公开政府信息收费实施方案（试行），组织对全局系统相关人员进行了培训，并于12月30日启动收费工作。

（四）其他需要说明的问题

对分局的业务工作进行了规范。11月份开始，组织各分局启用了政府信息公开管理系统，提高了行政效率和信息公开服务水平。

综合分析依申请公开信息内容，绝大部分与征地拆迁、房地产开发项目密切相关。

四、行政复议和行政诉讼情况

按照《条例》第33条规定，公民、法人或者其他组织认为行政机关不依法履行政府信息公开义务的，可以向上级行政机关、监察机关或者政府信息公开工作主管部门举报。

公民、法人或者其他组织认为行政机关在政府信息公开工作中的具体行政行为侵犯其合法权益的，可以依法申请行政复议或者提起行政诉讼。

（一）行政复议

2010年，针对政府信息依申请公开发生行政复议36件。截止12月31日，审结33件。其中维持29件，终止4件。

（二）行政诉讼

2010年，针对政府信息依申请公开发生行政诉讼案71件。其中未审结5件，驳回诉讼请求和驳回起诉64件，原告撤诉1件，撤销答复限期重新答复1件。

五、主要问题和改进措施

经过近三年的实践，本局政府信息公开工作取得了一定的成效，但是还存在着一些不足，主要是表现为：主动公开信息的力度需进一步加强；各分局依申请公开信息的规范性和完整性需要进一步完善。

为依法实施政府信息公开工作，本局将进一步做好以下工作：

（一）深化主动公开信息，积极研究主动公开政府信息的界定、公开范围、公开形式，提高服务水平。

（二）加强调查研究，解决依申请公开政府信息的疑难问题，进一步规范依申请信息公开收费工作，提高工作水平。

（三）加强对分局信息公开工作的检查指导和培训，及时总结，确保依申请公开答复规范、及时、合法。

六、说明与附图附表

（一）说明

统计时间区间为2010年1月1日至2010年12月31日，统计范围为全局系统。

（二）附图与附表

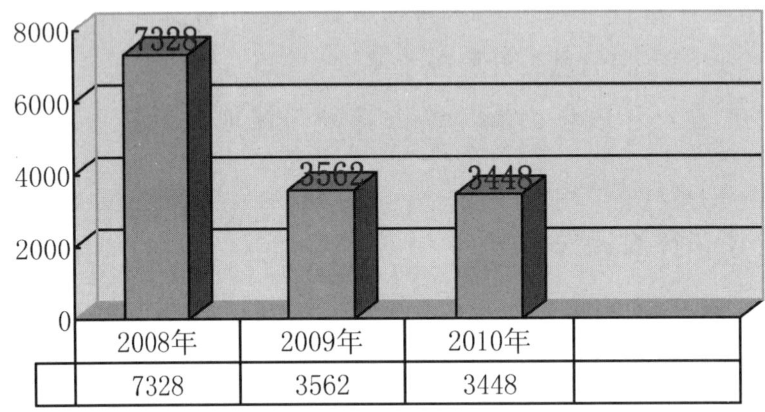

附图一：主动公开政府信息数据对比

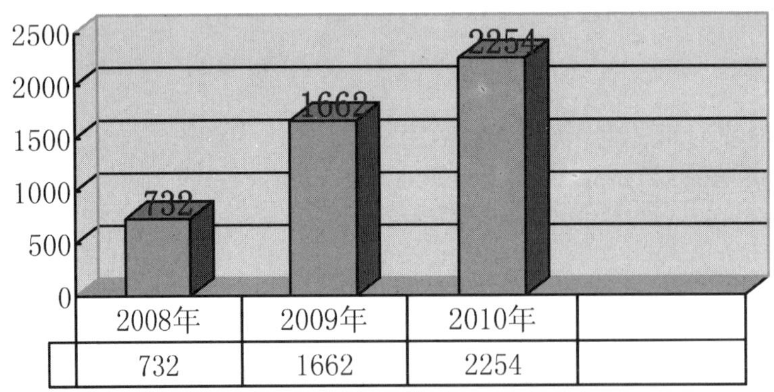

附图二：依申请公开政府信息数据对比

附表一：主动公开情况统计

指　　标	单位	数量
主动公开信息数	条	3448
其中：全文电子化的主动公开信息数	条	3448
新增的行政规范性文件数	条	12

附表二：依申请公开情况统计

指　标	单位	数量
本年度申请总数	条	2254
其中：1. 当面申请数	条	2144
2. 传真申请数	条	31
3. 互联网申请数	条	0
4. 信函申请数	条	79
对申请的答复总数	条	1941
其中：1. 同意公开答复数	条	1356
2. 同意部分公开答复数	条	7
3. 不予公开答复总数	条	25
4. 信息不存在数	条	291
5. 非本机关掌握	条	180
6. 申请内容不明确	条	59
7. 非政府信息	条	18
8. 涉及第三方	条	5

附表三：咨询情况统计

指　标	单位	数量
现场咨询数	次	4760
电话咨询数	次	3663
网上咨询数	次	0
政府信息公开专栏页面访问量	次	0

附表四：复议、诉讼、申诉情况统计表

指　标	单位	数量
行政复议数	件	36
行政诉讼数	件	71
行政申诉数	件	0

附表五：人员与支出情况统计

指　标		单位	数量
依申请提供政府信息收取费用总额		元	0
依申请提供政府信息减免收费总额		元	0
与行政诉讼有关的费用支出总额		元	0
政府信息公开指定专职人员总数		人	111
其中	1. 全职人员数	人	22
	2. 兼职人员数	人	89

2010年度北京市国土资源局荣获奖励情况

研究室

集体荣誉

东城分局

1. 荣获首都文明单位
2. 获团市委和谐北京温暖之都突出贡献奖
3. 市国土资源管理先进集体
4. 市国土资源系统文明单位
5. 东城区文明单位标兵
6. 东城区直机关“学习型机关”创建工作先进单位
7. 东城区“创建学习型领导集体”先进单位
8. 东城区级交通安全先进单位
9. 东城区落实行政执法责任制工作良好单位

西城分局

1. 西城区先进基层党组织
2. 西城区直属机关先进基层党组织
3. 市国土资源系统文明单位
4. 市国土局财务管理综合业绩突出单位、预算管理业绩突出单位

朝阳分局

1. 朝阳分局被人力资源和社会保障部、国土资源部评为“全国国土资源管理系统先进集体”
2. 荣获全国国土资源系统“五五”普法先进单位
3. 朝阳分局被市局评为“本系统文明单位”
4. 朝阳分局被朝阳区精神文明建设委员会评为“朝阳区文明单位”

5. 朝阳分局被区政府评为“2009 年度朝阳区政府系统优秀调查研究成果一等奖”

6. 朝阳分局被区政府评为“朝阳区 2009 年目标管理双百考核先进单位”

7. 朝阳分局被区委、区政府评为“统筹协调工作表现突出单位”

海淀分局

1. 被国土资源部授予全国国土资源统计工作先进集体荣誉称号

2. 荣获北京市政府 2006 年至 2010 年信访排查调查工作先进单位荣誉称号

3. 荣获海淀区“五比一争当”演讲、征文、诗歌朗诵活动优秀组织奖

4. 荣获海淀区人民政府防汛抗旱指挥部优秀单位荣誉称号

5. 荣获海淀区政府区级机关首届运动会精神文明风采奖荣誉称号

6. 荣获市国土资源局 2010 年度财务核算管理及预算管理方面业绩突出单位荣誉称号

7. 荣获 2010 年度海淀区税源建设工作先进单位荣誉称号

8. 荣获 2010 年度海淀区人民代表大会常务委员会先进信息单位荣誉称号

9. 荣获市国土资源系统 2010 年度文明单位荣誉称号

10. 荣获市国土局 2010 年度信访工作先进单位荣誉称号

丰台分局

1. 市国土资源系统文明单位标兵

2. 市局 2010 年度财务核算管理荣誉科室

石景山分局

1. 全国国土资源管理系统推进依法行政先进单位

2. 首都精神文明标兵单位

3. 市国土资源系统文明单位标兵

4. 市国土局年度财务决算编报工作先进单位、财务管理先进单位、财务制度建设先进单位

5. 石景山区招商引资工作突出贡献奖

6. 华夏杯第六届全国人口普查有奖知识竞答活动优秀组织奖

8. 石景山区依法行政工作标兵单位

昌平分局

1. 全国国土资源信访工作先进集体

2. 北京市无偿献血先进单位

3. 昌平区安全生产先进单位

4. 市国土局授予昌平分局“财务综合管理先进单位”荣誉称号

通州分局

1. 被国土资源部评为全国“双保工程”2010年行动成效显著单位
2. 分局执法监察队被国土资源部评为全国国土资源执法监察工作先进集体
3. 市国土资源系统文明单位标兵
4. 被区委、区政府评为“2010年度区政府有关行政处罚权的绩效突出政府工作部门”
5. 市国土资源系统财务管理综合业绩和财务管理单项核算管理业绩突出单位
6. 市整理储备中心通州分中心被授予“通州区2010年度纳税千万元以上企业”奖牌

大兴分局

1. 全国国土资源执法监察工作先进集体
2. 市国土资源系统文明单位

门头沟分局

1. 北京市单位内部安全保卫集体嘉奖
2. 北京市无偿献血工作突出贡献奖
3. 市国土资源系统文明单位
4. 区爱国卫生先进集体
5. 区交通安全先进单位

顺义分局

1. 区交通安全优秀单位
2. 市国土资源系统财务管理业绩突出单位、融资管理方面业绩突出单位

房山分局

1. 2006－2010年北京市法制宣传教育先进集体
2. 区委、区政府授予“地铁房山线工程建设先进集体”
3. 区委、区政府授予服务“三化两区”建设特殊贡献奖
4. 市国土系统“文明单位标兵”
5. 市国土系统“财务管理先进单位”
6. 市国土系统“资产管理先进单位”
7. 房山区交通安全先进单位

8. 分局党总支被房山区直机关工委评为“先进基层党组织”

9. 分局团支部被房山区直机关工委评为“2010 年度先进团组织”

10. 分局被市法制宣传教育领导小组、市人力社保局评为市直机关系统“2006—2010 年北京市法制宣传教育先进集体”

平谷分局

1. 被北京市人民政府首都绿化委员会评为 2010 年度首都全民义务植树先进单位

2. 被北京市公安局评为 2009 年度北京市单位内部安全保卫工作集体嘉奖；

3. 被市局评为 2010 年度财务综合管理先进单位

4. 被市局评为 2010 年度财务决算先进单位

5. 平谷区信访排查调处工作先进单位

6. 被平谷区委、区政府评为社会治安综合治理先进单位；

密云分局

1. 分局被首都精神文明办再次评为“首都文明单位标兵”

2. 市国土资源系统“文明单位标兵”

3. 市国土资源系统“财务预算管理方面业绩突出单位”

4. 被县机关工委推荐为“创建学习型机关先进单位”

5. 全程办事代理服务窗口被密云县人民政府评为“红旗窗口”

6. 密云县“信访工作优秀单位”

7. 密云县“交通安全先进单位”

延庆分局

1. 全国国土资源管理系统推进依法行政先进单位

2. 地质灾害群测群防十有县

3. 优秀市县双管单位

4. 市国土资源系统文明单位标兵

怀柔分局

被北京市献血办评为 2010 年度无偿献血工作突出贡献奖

局机关及直属事业单位

1. 市局荣获全国国土资源系统“五五”普法先进单位

2. 市局荣获全国国土资源系统信访工作先进集体

3. 市局被国土资源部授予全国国土资源统计工作先进单位荣誉称号

4. 市局荣获首都文明单位

5. 市局荣获首都社会治安综合治理先进单位

6. 市局荣获“市综治办联系点 2008－2010 年优秀单位”

7. 市局荣获北京市内保先进单位

8. 市局荣获北京市爱国卫生先进单位

9. 市局荣获北京市计划生育先进单位

10. 市局荣获东城区交通安全先进单位

11. 局办公室被市信访办评为信访工作先进单位

12. 《地籍管理信息系统》获 2010 年中国地理信息系统优秀工程银奖

13. 征地处、市土地整理储备中心被评为全国国土资源系统先进集体

14. 登记中心获得全国国土资源统计工作先进集体荣誉称号

15. 地环处荣获北京市十一五时期防汛工作先进单位

16. 财务处被北京市财政局评为“2009 年度财务决算优秀单位”

17. 办公室、耕保处、征地处、地环处获得 2010 年度“本系统文明处室标兵”

18. 研究室、调控和监测处、科技与对外合作处、矿产储量处、矿开处、地籍处、利用处、规划处、法制处、财务处、离退休干部处被评为市国土系统文明处室

19. 储备中心被市国土局、市人力社保局授予“北京市 2009 年度国土资源管理先进集体”称号

20. 储备中心被市直机关工委评为 2009 年度“市直机关文明单位”

21. 信息中心荣获“2010 年度省级国土资源政务信息网上公开示范单位”荣誉称号

22. 信息中心荣获 2010 年度“专项应用突出奖”

23. 执法大队、土地利用中心、土地储备中心、后勤中心获得 2010 年度“本系统文明单位标兵”

24. 登记中心、规划中心、信息中心、受理中心被评为市国土系统文明单位

25. 储备中心工会分会被中华全国总工会授予“全国模范职工小家”称号

26. 储备中心被市住房保障工作领导小组授予“北京市 2010 年住房保障工作先进单位”称号

27. 储备中心荣获“2010 年度西城区交通安全先进单位”称号

28. 储备中心被市局评为财务制度建设和融资管理业绩突出单位

29. 储备中心党支部被市直机关工委授予“市直机关先进基层党组织”荣誉称号

30. 储备中心团支部被市直机关团工委授予“市直机关五四红旗团支部”荣誉称号

31. 执法大队《关于我市城乡结合部土地监管存在问题及对策》获 2010 年度首都综治工作重点调研成果一等奖

32. 执法大队获 2010 年度市直机关文明单位

个人奖项

东城分局

1. 雷雪荣获全国国土资源管理系统“五五”普法工作先进个人

2. 刘翠华荣获2006－2010年北京市法制宣传教育先进个人

3. 朱生平、张志斌、徐卫华、贾建华被市局党组评为“群众心目中的好党员”

4. 马淳朴获“区内保工作优秀管理干部”

5. 李琳获“区演讲比赛三等奖”

6. 邢广胜获“区交通安全优秀管理干部”

西城分局

1. 张文泉被北京市总工会评为2010年北京市劳动模范、先进工作者

2. 阎建国被北京市人民政府首都绿化委员会评为“2010年度首都绿化美化积极分子”

3. 师宏亚、李淑芳、刘如、刘文燕被市局党组评为“群众心目中的好党员”

4. 刘玉峰被西城区委评为“西城区优秀党员”

5. 刘如被西城区委评为“西城区优秀党务工作者”，被西城区委区直属机关工作委员会评为“西城区直属机关优秀党务工作者”

6. 刘玉峰、陈培源被区直机关工委评为“西城区直属机关优秀共产党员”

7. 黄东华被共青团北京市西城区直属机关工作委员会评为“青年之友”

8. 栗腊月被共青团北京市西城区直属机关工作委员会评为“优秀青年志愿者”

朝阳分局

1. 王国韬同志被市国土局、市人事局评为“北京市2009年度国土资源管理先进工作者”

2. 李燕、赵光耀、欧晓颖、张伟被市国土局党组评为“群众心目中的好党员”

3. 尚志远同志被区委、区政府评为“2009年度朝阳区社会治安综合治理先进个人”

海淀分局

1. 杜乐同志荣获海淀团区委授予的“青年岗位能手”称号；

2. 刘春生、谢良同志荣获海淀区2010年度安全度汛工作先进个人荣誉称号

3. 彭仲宇同志荣获海淀区“知识型职工”领导小组办公室知识型职工标兵荣誉称号

4. 张凯、张继安、张婧、张润继被市国土局党组评为“群众心目中的好党员”

丰台分局

1. 李向成被国土资源部评为全国地质灾害防治优秀群测群防监测员
2. 王晶被市局评为2010年度财务管理荣誉个人
3. 董树立、郝德贵、姜新焕、李刚被市国土局党组评为“群众心目中的好党员”
4. 岳立洋被丰台区评为2010年度城乡结合部建设先进个人
5. 任政伟被市献血办评为2010年度北京市无偿献血突出贡献奖

石景山分局

1. 张坚同志被评为全国国土资源信访工作先进个人、石景山区先进专业技术人才
2. 刘丽娟荣获全国国土资源管理系统推进依法行政先进个人
3. 赵晓宾同志被评为全国地质灾害优秀群测群防监测员
4. 唐瑞文被评为北京市计划生育先进个人
5. 靳薇、马桂兰、唐瑞文被市局党组评为“群众心目中的好党员”
6. 鹿崇娥同志被评为市局财务管理工作先进个人
7. 吕振库同志被授予石景山区学习型城区建设“学习之星”
8. 祝宝森同志被评为石景山区依法行政十佳先进个人
9. 孟庆展同志被评为石景山区依法行政先进个人

昌平分局

1. 梁英同志被区委评为优秀党务工作者
2. 王淑珍、王艳、袁平、张万生被市局党组评为“群众心目中的好党员”
3. 王艳被评为2010年度北京市无偿献血先进个人
4. 李晓林获昌平区委颁发的“学习感悟实践”主题征文二等奖
5. 张晓丽、刘素红被评为市国土局财务管理工作先进个人

通州分局

1. 马选军同志被评为全国国土资源执法监察工作先进个人
2. 李辉同志被北京市城乡结合部建设领导小组评为“2010年度北京市城乡结合部建设先进个人”
3. 张彦茹，张清同志被市局评为财务管理业绩突出的个人
4. 刘占恩、胡桂兰、张洪兴、温永刚被市局党组评为“群众心目中的好党员”

大兴分局

1. 张莹同志被国土资源部评为2009年度全国国土资源信访先进工作者

2. 朱德良、刘丽梅、芦亚静、景文成被市局党组评为“群众心目中的好党员”

门头沟分局

1. 金建伟获得国土资源部全国国土资源信访工作先进工作者
2. 杨立新获得市治安保卫个人嘉奖
3. 杨冀获得门头沟区群众心目中的好党员
4. 金建伟、杨华、苏云峰、李金生被市局党组评为“群众心目中的好党员”
5. 梁秋来获得门头沟区安全生产工作先进个人
6. 申月英被评为市无偿献血工作突出贡献奖

顺义分局

1. 孙桂祥被市政府授予“北京市先进工作者”荣誉称号
2. 白润友获北京市公安局个人嘉奖、被区交通安全委员会评为交通安全管理优秀干部
3. 吴宝金、徐桂英、李中权、王英梅被市局党组评为“群众心目中的好党员”
4. 田红涛被市局评为财务管理业绩突出个人
5. 李德华被顺义区环境建设委员会办公室评为2010年区级环境建设先进个人
6. 吴宝金、徐桂英、李中权、王英梅被市局党组评为“群众心目中的好党员”

房山分局

1. 任振秋同志被国土部、人力资源和社会保障部评为“全国国土资源管理系统先进工作者”；被区委、区政府评为“为农服务先进个人”；荣获2010年度房山区优秀调查研究成果一等奖；
2. 纪文同志荣获“全国国土资源管理系统推进依法行政先进个人”
3. 李永健同志被国土部评为“全国优秀地质灾害群测群防监测员”；
4. 马桂清、刘克海被市国土局评为“2010年财务管理业绩突出个人”
5. 李爱萍、王振军、李庆军、隗淑云、刘克海五位同志被房山区直机关工委评为“优秀工作者”
6. 温宪平同志被市国土局评为“2010年信访先进个人”
7. 解颖同志被房山区委、区政府评为“地铁房山线工程建设先进个人”
8. 李国忠同志被房山区安委会评为“安全生产先进个人”
9. 刘辉同志被房山区直机关工委评为“2010年度优秀团干部”
10. 祝赛男同志被房山区直机关工委评为“2010年度优秀团员”
11. 李庆军同志被房山公安分局评为“内保工作先进个人”
12. 任振秋、王慧文、王学桥、方涛被市局党组评为“群众心目中的好党员”

平谷分局

1. 景尉卿被国土资源部评为2010年度全国地质灾害优秀群测群防监测员
2. 姚军航荣获全国国土资源系统“五五”普法先进个人
3. 张雅民、郭立军、王永刚、王庆明等同志被市局党组评为2009－2010年度群众心目中的好党员
4. 张雅民同志被市局评为2010年度财务管理工作先进个人
5. 朱长福同志被北京市公安局授予2010年度企事业单位内部治安工作嘉奖

6、赵福春同志被平谷区委、区政府评为信访排查调查工作先进个人

7、王庆明同志被北京市国土资源局、人力社保局评为国土资源管理先进工作者

密云分局

1. 张义臣被国土资源部评为全国国土资源执法监察工作先进个人
2. 王国辅荣获全国国土资源管理系统推进依法行政先进个人
3. 邢可利被市政府评为“北京市信访排查调处工作先进个人”
4. 季宝林被市国土局评为“个人财务管理业绩突出”
5. 张金凤、罗金宇被密云县人民政府评为“先进工作者”
6. 王显荣、祁爱华、娄艳生、常恒波被市局党组评为“群众心目中的好党员”
7. 张金凤获密云县巾帼文明服务标兵
8. 张金凤、崔亮被密云县委评为优秀共产党员

延庆分局

1. 房秀利荣获全国国土资源管理系统推进依法行政先进个人
2. 刘东升获国土部“地质灾害群测群防先进个人”
3. 张少伟、孙仲军、段春凤、赵晨虎被市局党组评为“群众心目中好党员”
4. 丁立川获北京市“交通安全优秀管理员”称号
5. 李娟获延庆县“政府信息公开工作先进个人”

怀柔分局

1. 潘连钧荣获全国国土资源管理系统推进依法行政先进个人
2. 彭兴剑被北京市献血办评为2010年度北京市无偿献血工作突出贡献奖
3. 赵永升、王长柱、康贤明、张金全被市局党组评为“群众心目的好党员”
4. 贾伟被评为2010年度怀柔区信访工作先进个人
5. 林凤娥被区委区政府评为2010年度信息工作先进个人
6. 杜玉芹被区政法委、综治委等四部门评为2010年度平安稳定工作先进个人

市局机关及直属事业单位

1. 张建国被评为全国国土资源系统先进工作者；北京市十一五时期防汛工作先进个人

2. 朱兵被国土资源部评为信访工作先进个人

3. 李静被国土资源部评为全国国土资源统计工作先进个人

4. 王瑾荣获北京市“三八”红旗奖章荣誉称号

5. 胡业华被评为北京市信访工作先进个人

6. 刘汉英被评为北京市科普工作先进个人

7. 孙洋被评为“首都学习之星”

8. 朱 兵、苏贤清、张兴国、刘翠华、马庆绥、杨 挺、孟文菊、张洪克、张福民、梁贵明、王震雪、于 波、付立恒、陈一昕、张建国、贾宏刚、刘维媛、王维舟、付 博、房仕庭、刘宇飞、赵玉虎、常 亮、王慧珍、王京铭、赵燕妮、叶向忠、孙立刚、刘海鹏、陶志红、潘家文、李红艳、张克锋、尹 岷、张英兆、曹国维、刘兰柱、刘 毓等38人荣获市国土系统“群众心目中的好党员”称号

崔志新、狄 从、张一峰、董新菊、鲁广元、王桂勤、黄宇徽、卢慧华、王焕祥、亢继明、郭学文、王晚成、高玉芳、杨志坚等14位离退休干部荣获市国土系统“群众心目中的好党员”称号

9. 王黎明同志被市直机关工委授予“市直机关优秀党务工作者”荣誉称号

10. 周同伟、李文忠同志被市城乡结合部建设领导小组授予“2010年度北京市城乡结合部重点村建设先进个人”荣誉称号

11. 杨智敏同志被市局评为2010年度市国土资源系统财务管理业绩突出个人

统计资料

统计资料

2010年北京市国土资源主要统计指标分析

调控和监测处

一、建设项目土地预审情况

2010年全市用地已通过预审项目1404个，预审总面积18911.64公顷，同比增长6.78%。其中，建设用地10668公顷，同比增长20.44%；农用地7879.04公顷，同比下降6.27%；未利用地364.6公顷，同比下降18.59%。（详见图1）。

从空间分布看，用地需求进一步向城市功能拓展区和发展新区集中的态势更加明显，空间布局不断优化。2010年预审规模比较大的分别是朝阳、丰台和顺义等区县（详见图2）。

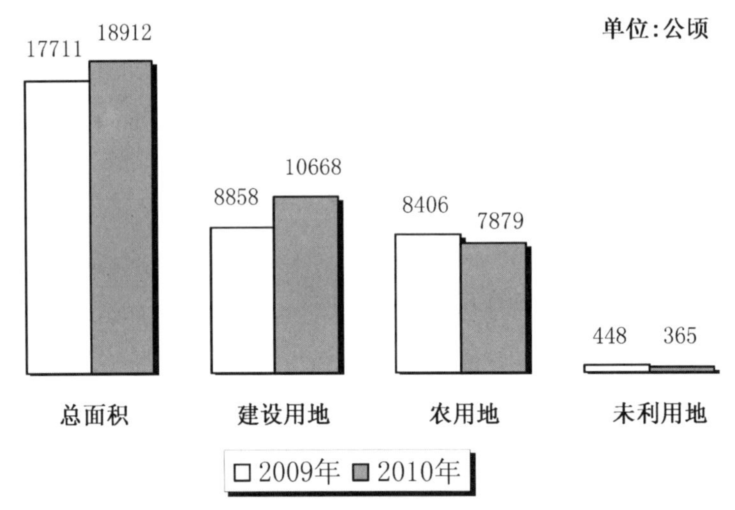

图1　2009年和2010年土地预审情况图

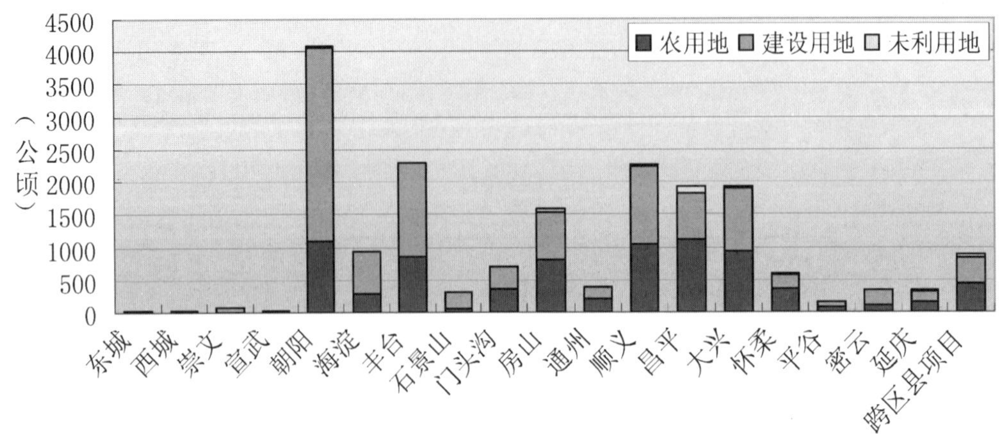

图2　2010年土地预审面积空间分布图

从项目的用途结构看，储备类项目一直位居首位。2010 年预审批复储备类项目 11485.26 公顷，占预审总面积 60.73%（详见图 3）。

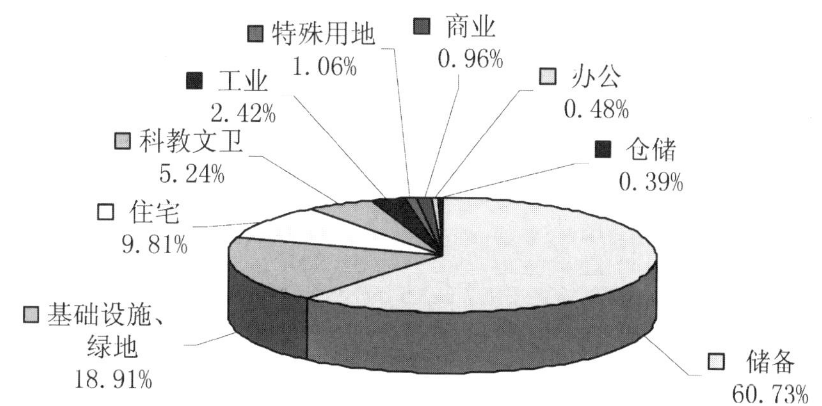

图 3　2010 年土地预审用地类型情况图

二、审批建设用地情况

2010 年，国务院和市政府共批准征（占）地及农用地转用项目 284 个，总用地面积 4955.35 公顷，同比下降 41.14%。其中，农用地转用 2897.57 公顷，含耕地 1806.52 公顷，同比分别下降 47.86% 和 49.15%。

批准建设用地面积同比减少的主要原因是 2009 年"保增长、扩内需"的政策下，加大投资规模，审批项目大幅增长，批准建设用地面积基数较大，而 2010 年批准的大项目数量较少。但是从 2010 年土地征收审批总面积与 2008 年、2007 年等历年相比，还是呈上升趋势（详见图 4）。

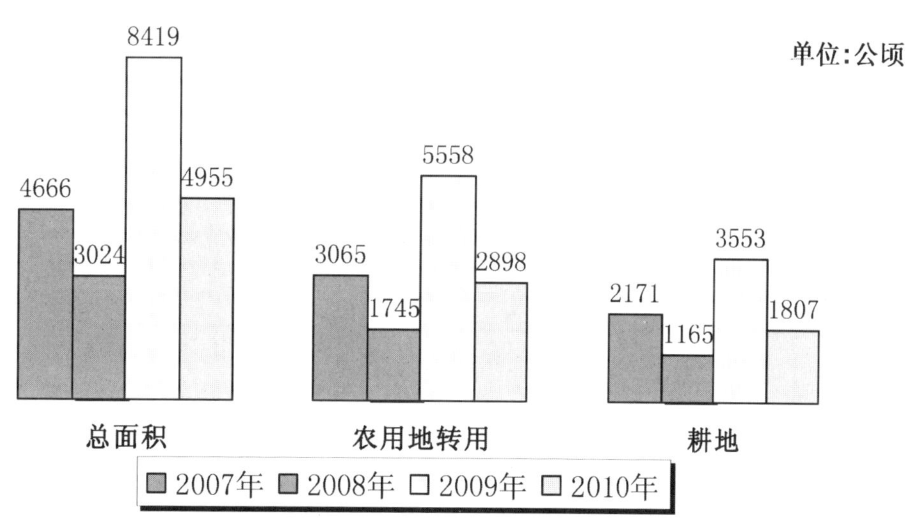

图 4　2007～2010 年审批建设用地情况图

从空间分布看，2010 年审批建设用地主要集中在大兴、顺义、昌平等区县（详见图 5）。

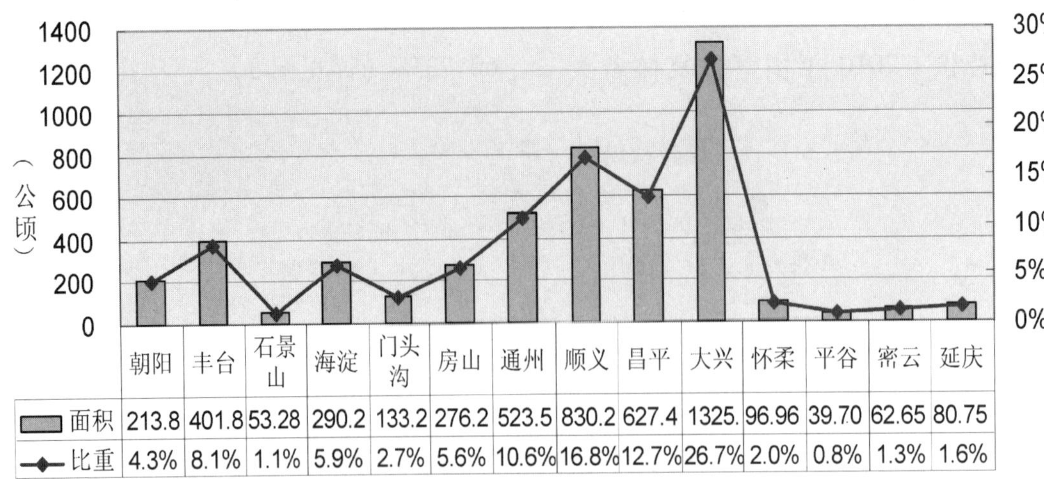

图5　2010年审批建设用地空间分布图

从项目用地类型看，审批用地主要是交通运输用地和住宅用地，分别占审批用地总面积的30%和26%（详见图6）。

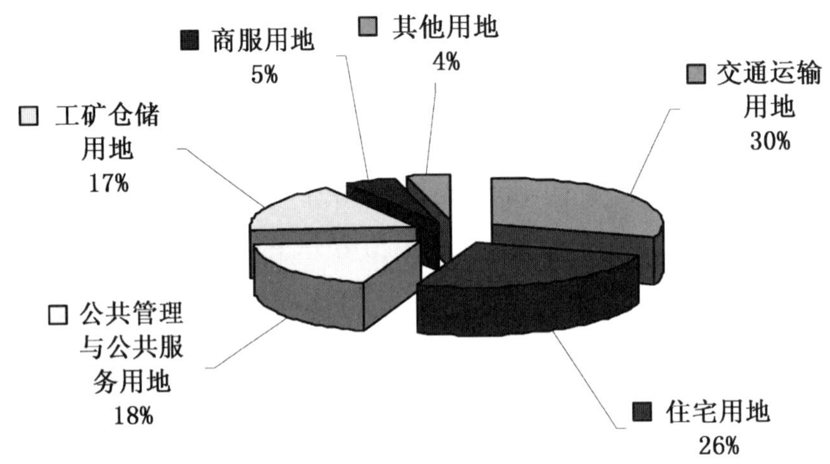

图6　2010年审批建设用地类型情况图

三、土地供应总量情况

2010年我市供应土地4534.11公顷，同比下降28.06%。其中，出让（签订合同）2129.02公顷，同比增长35.65%；划拨264公顷，同比下降63.42%；以征代划2141.09公顷，同比下降46.63%。出让、划拨和以征代划分别占土地供应总量的46.96%、5.82%和47.22%（详见图7）。

从各类用地供应情况看，2010年工矿仓储用地、住宅用地和代征道路用地供应量所占比重较大（详见图8）。

（一）土地供应情况——出让（签订合同）

2010年全市共出让土地2129.02公顷（不含现状补办项目），同比增长35.65%。其中，招拍挂方式出让土地1806.84公顷，已达到出让总面积的85%，协议方式出让土地322.18公顷，仅占出让土地总面积的15%，通过市场配置土地资源已成为我市土地供应的主导方式。

从用地类型看，公共管理与公共服务用地和商服用地较去年同期增幅较大，同比分别增长 64.73% 和 63.67%（详见图 9）。

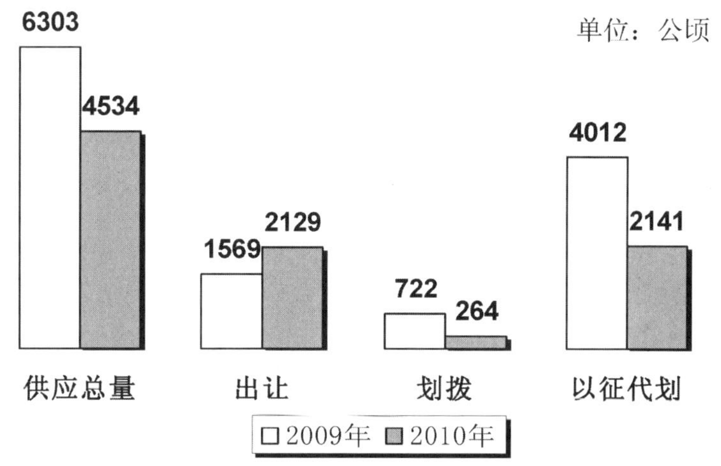

图 7　2009、2010 年土地供应总量情况图

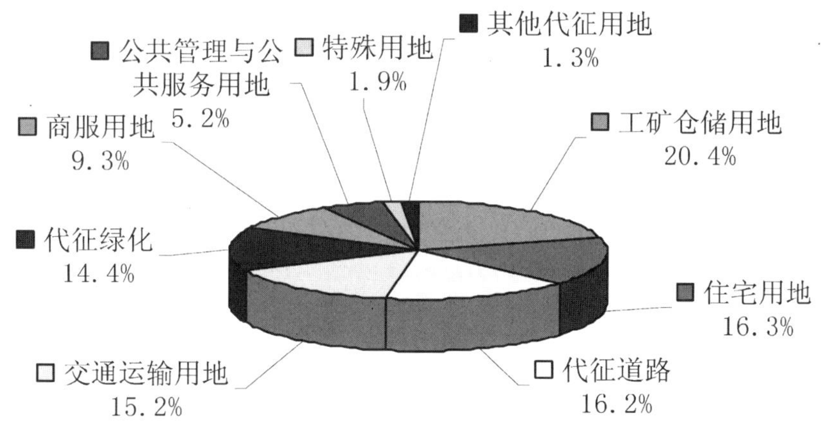

图 8　2010 年各类用地供应情况图

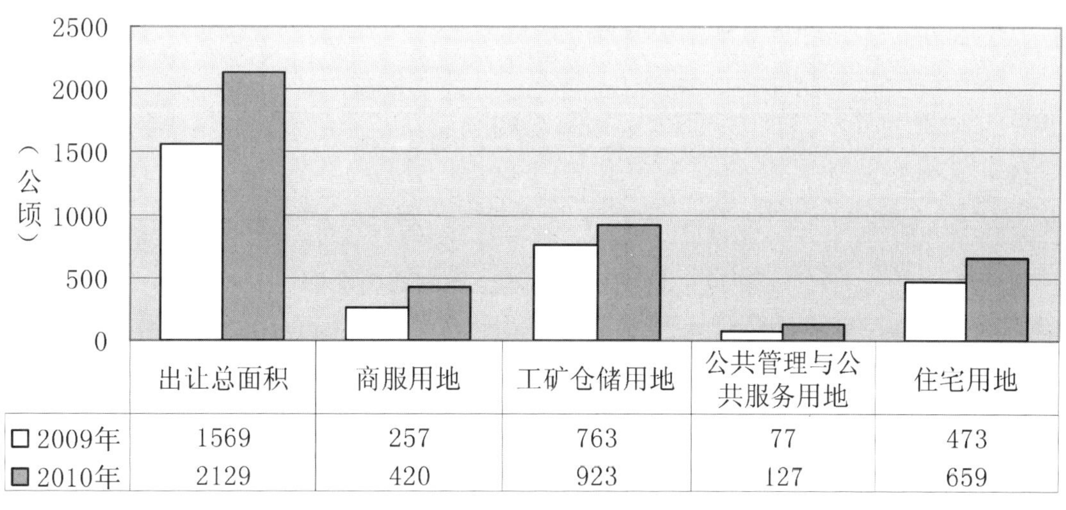

	出让总面积	商服用地	工矿仓储用地	公共管理与公共服务用地	住宅用地
□2009年	1569	257	763	77	473
■2010年	2129	420	923	127	659

图 9　2009、2010 年土地出让情况图

从空间分布看，主要集中在顺义、大兴、昌平等区县（详见图 10）。

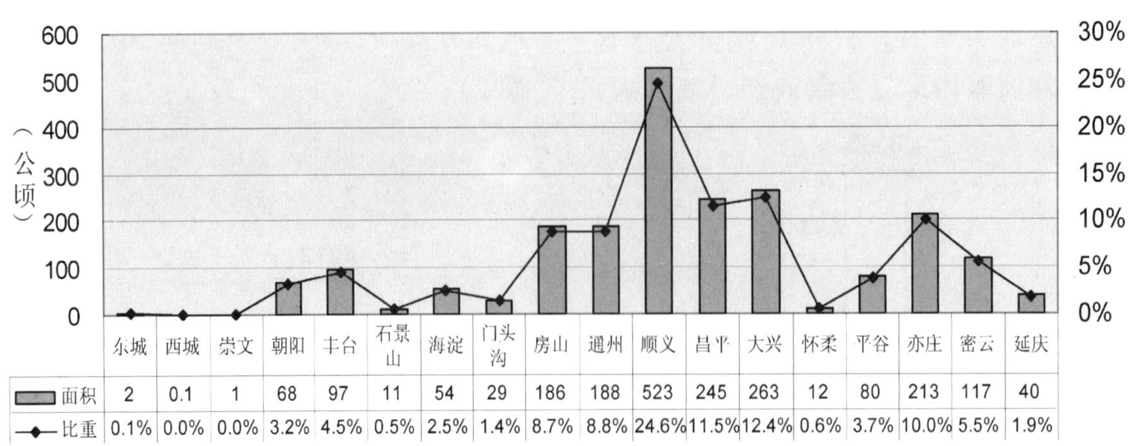

	东城	西城	崇文	朝阳	丰台	石景山	海淀	门头沟	房山	通州	顺义	昌平	大兴	怀柔	平谷	亦庄	密云	延庆
面积	2	0.1	1	68	97	11	54	29	186	188	523	245	263	12	80	213	117	40
比重	0.1%	0.0%	0.0%	3.2%	4.5%	0.5%	2.5%	1.4%	8.7%	8.8%	24.6%	11.5%	12.4%	0.6%	3.7%	10.0%	5.5%	1.9%

图 10　2010 年土地出让空间分布图

2010 年土地出让成交价款 1436.01 亿元，同比增长 1 倍。土地收益上缴金额 1314.44 亿元，同比增长 1.7 倍，扣除土地储备前期成本 311.21 亿元，净收益 1003.23 亿元。主要原因：一是受金融危机影响，2009 年同期收入基数较小；二是 2009 年大规模的联合储备项目在 2010 年接连上市，进入资金回笼期，成交量大幅增长，促使土地收入不断攀升。

（二）土地供应情况——划拨

2010 年全市共划拨土地 264 公顷，较去年同期大幅度减少，同比下降 63.42%（详见图 11）。主要原因是由于拟建项目用地尚未完成拆迁工作，无法形成实际供应。

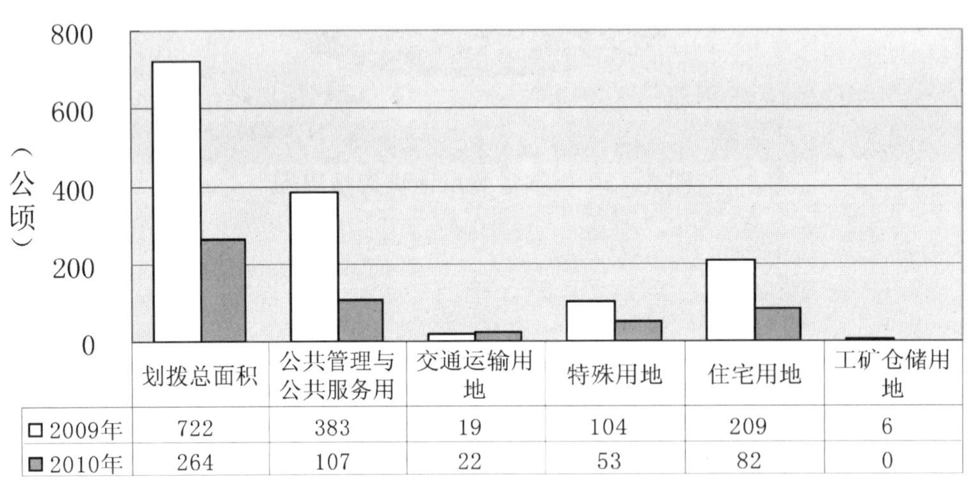

	划拨总面积	公共管理与公共服务用	交通运输用地	特殊用地	住宅用地	工矿仓储用地
2009年	722	383	19	104	209	6
2010年	264	107	22	53	82	0

图 11　2009、2010 年土地划拨情况图

（三）土地供应情况——以征代划

2010 年全市以征代划土地 2141.09 公顷，同比下降 46.63%，主要是交通运输用地和代征道路、代征绿化用地，分别占以征代划总面积的 31% 和 65%。

四、现状补办项目协议出让情况

2010 年现状补办协议出让项目 262 宗，面积 238.32 公顷，成交价款 22.46 亿元，出让面积同比下降 16.13%。空间上主要集中在大兴、昌平和朝阳等区县，地类以工矿仓储用地、公共管理与公共服务用地和商服用地为主（详见图12）。

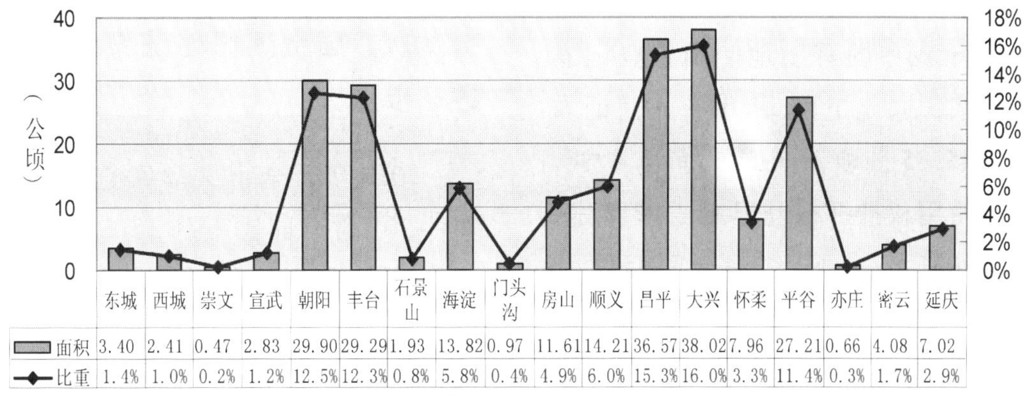

图12 2010年现状补办协议出让空间分布图

五、国有土地入市交易成交情况

2010年全市国有土地入市交易成交280宗，成交面积3012.06公顷，同比增长53.27%。住宅用地的成交面积1277.95公顷，与去年相比增长31.24%（加快了保障性住房配建工程，配建254.33万平方米），商服用地和工矿仓储用地的成交量比去年有较大增长，同比分别增长108.57%和62.49%（详见图13）。

从入市交易成交土地的空间分布看，主要集中在顺义、房山和大兴等区县（详见图14）。

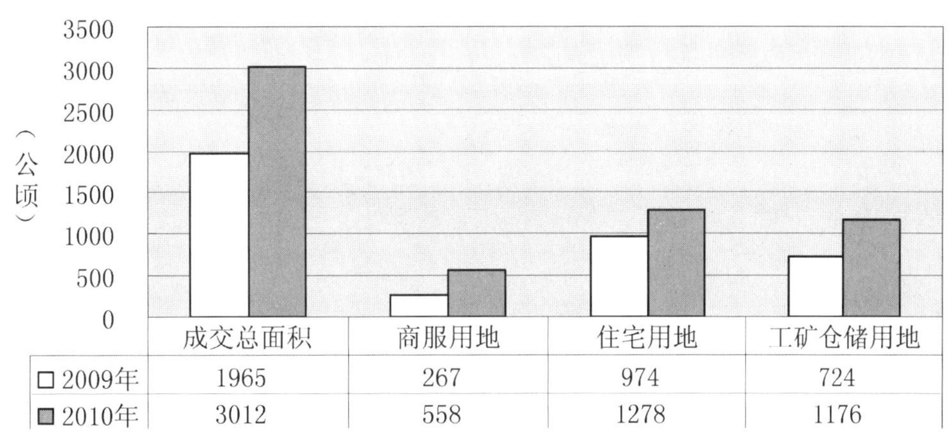

图13 2009、2010年土地入市交易成交量对比图

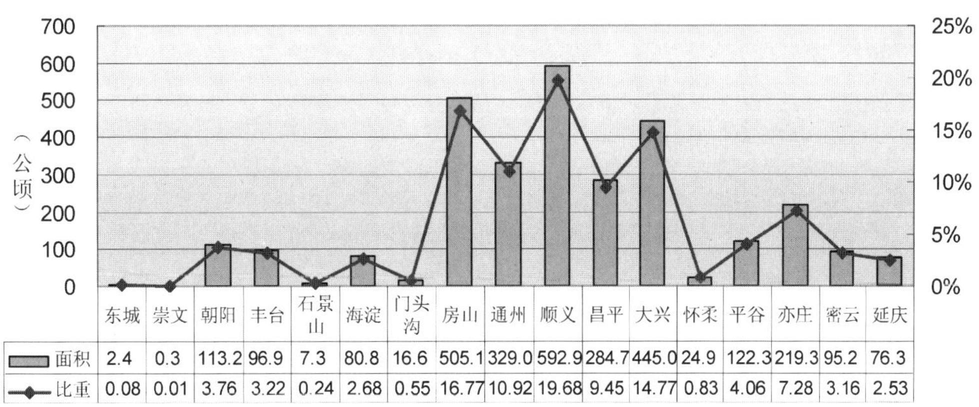

图14 2010年土地入市交易空间分布图

六、国有土地登记发证情况

2010年我市国有土地使用权登记发证14722宗，同比下降24.01%，登记发证面积9145.85公顷，同比下降33.49%。国有土地使用权抵押权登记发证9232宗，抵押面积7056.63公顷，贷款金额4569.18亿元，抵押面积同比下降41.97%，贷款金额同比下降6.7%。

七、矿产资源情况

截至2010年，全市矿产资源勘查有效许可证36件，勘查矿种均为地热资源，其中新立16件；主要矿种采矿有效许可证211件，其中新立6件，均为地热资源，注销32件。2010年全市发生7起小型地质灾害，没有造成人员伤亡和直接经济损失。

八、国土资源违法案件查处力度进一步加大

2010年，全市共立案查处土地违法案件501件，同比下降18.54%，主要特点是以企事业单位和个人违法为主体，以非法占用土地为主要形式。通过开展卫片执法检查，加大动态巡查力度，违法违规用地数量显著下降。

按照北京市生态涵养发展功能定位，我市已关闭和取缔了大量采矿点，同时加大了执法检查力度，2010年全市共立案查处地矿违法案件133件，结案135件（含去年2件），处理案件罚没款244.56万元。

表 1 北京市土地利用情况统计表

地类		面积（公顷）	
合计		1640771.16	占比例%
农用地	小计	1197470.2	72.98
	耕地	227136.13	13.84
	园地	141625.37	8.63
	林地	743825.84	45.33
	牧草地	84882.86	5.17
建设用地	小计	409478.84	24.96
	居民点及工矿	284792.32	17.36
	交通运输用地	44450.17	2.71
	水利设施用地	80236.35	4.89
其他土地		33822.12	2.06

表 2　建设项目预审批复情况

（按区县分列）

计量单位：公顷

	项目个数	建设用地规模						备　注
			农用地			建设用地	未利用地	
				耕　地	占用基本农田			
甲	1	2	3	4	5	6	7	8
合　计	1404	18911.6400	7879.0400	4982.5200	646.0400	10668.0000	364.6000	
东城区	19	34.4300				34.4300		
西城区	23	25.4700				25.4700		
崇文区	13	76.0400				76.0400		
宣武区	13	28.5900				28.5900		
朝阳区	191	4082.3600	1085.2900	634.5400	10.3900	2980.2800	16.7900	
海淀区	173	947.7000	283.9100	164.7000	20.7700	653.8900	9.9000	
丰台区	129	2292.9800	863.8900	500.7500	217.4200	1424.1200	4.9700	
石景山区	35	304.6800	49.7600	11.4400		254.9200		
门头沟区	53	699.5500	366.3300	129.9100		328.9400	4.2800	
房山区	107	1590.7900	807.9800	633.8000	47.9600	720.0300	62.7800	
通州区	53	396.5900	215.8800	147.0200	0.8000	166.7800	13.9300	
顺义区	195	2253.0400	1039.9000	719.6100	16.3600	1205.8200	7.3200	
昌平区	128	1919.1900	1107.0500	802.1100	246.5900	722.0700	90.0700	
大兴区	121	1937.0000	930.1800	681.9200	76.0200	971.8700	34.9500	
怀柔区	31	600.2600	361.3500	99.3800	0.0600	214.3800	24.5300	
平谷区	30	164.3100	74.7500	44.2700		89.5600		
密云县	51	338.3800	98.3800	57.7800		232.5300	7.4700	
延庆县	30	333.7800	144.6500	99.4000	9.5700	167.8600	21.2700	
跨区县项目	9	886.5000	449.7400	255.8900	0.1000	370.4200	66.3400	

表 3 建设项目预审批复情况

（按用途分列）

计量单位：公顷

	项目个数	建设用地规模						备 注
			农用地			建设用地	未利用地	
				耕 地	占用基本农田			
甲	1	2	3	4	5	6	7	8
合 计	1404	18911.6400	7879.0400	4982.5200	646.0400	10668.0000	364.6000	
办 公	57	90.8100	15.8200	13.0000		74.6200	0.3700	
科教文卫	320	990.7300	174.6000	98.8000	1.3900	808.8100	7.3200	
工 业	61	456.9500	181.6100	121.3700	4.5200	273.3300	2.0100	
基础设施、绿地	334	3575.4700	1781.0800	1118.0700	146.8800	1610.8900	183.5000	
商 业	54	181.9500	58.5100	24.5500		122.1400	1.3000	
储 备	330	11485.2600	5216.9300	3308.6400	449.9500	6105.8200	162.5100	
住 宅	157	1855.7900	416.2800	279.3800	43.0100	1432.3700	7.1400	
仓 储	15	73.5600				73.5600		
特殊厈地	76	201.1200	34.2100	18.7100	0.2900	166.4600	0.4500	

表4 审批建设用地情况（一）

计量单位：公顷

	批准建设用地合计					国务院批准					省级政府审批				
		新增建设用地					新增建设用地					新增建设用地			
			农用地转用		未利用地			农用地转用		未利用地			农用地转用		未利用地
				耕地					耕地					耕地	
甲	1	2	3	4	5	7	8	9	10	11	13	14	15	16	17
合　计	4955.3554	3026.2059	2897.5728	1806.5247	128.6331	712.7112	344.8534	324.3178	194.9263	20.5356	4242.6442	2681.3525	2573.2550	1611.5984	108.0975
市辖区	4811.9582	2917.7400	2795.3210	1736.9761	122.4190	712.7112	344.8534	324.3178	194.9263	20.5356	4099.2470	2572.8866	2471.0032	1542.0498	101.8834
朝阳区	213.8275	121.7913	118.0607	90.1540	3.7306	213.8275	121.7913	118.0607	90.1540	3.7306					
丰台区	401.8338	164.4091	156.9348	108.9366	7.4743	191.7465	47.0880	47.0880	30.5731		210.0873	117.3211	109.8468	78.3635	7.4743
石景山区	53.2835	38.8197	38.8197	2.7735		15.2408	7.8981	7.8981	2.0959		38.0427	30.9216	30.9216	0.6776	
海淀区	290.2163	174.1920	173.7320	48.1069	0.4600	100.8694	35.6871	35.6871	0.2040		189.3469	138.5049	138.0449	47.9029	0.4600
门头沟区	133.2680	70.5504	70.2429	39.0712	0.3075						133.2680	70.5504	70.2429	39.0712	0.3075
房山区	276.2545	192.7074	178.0583	114.2415	14.6491						276.2545	192.7074	178.0583	114.2415	14.6491
通州区	523.5669	314.5942	301.8098	254.5231	12.7844	34.1853	25.7225	25.7225	23.2605		489.3816	288.8717	276.0873	231.2626	12.7844
顺义区	830.2724	585.9801	558.6175	269.6357	27.3626	96.0147	77.5402	70.7829	42.0949	6.7573	734.2577	508.4399	487.8346	227.5408	20.6053
昌平区	627.4654	318.2273	286.5763	172.8281	31.6510	60.8270	29.1262	19.0785	6.5439	10.0477	566.6384	289.1011	267.4978	166.2842	21.6033
大兴区	1325.3097	852.2620	833.6412	585.5698	18.6208						1325.3097	852.2620	833.6412	585.5698	18.6208
怀柔区	96.9586	56.9169	51.5382	29.1410	5.3787						96.9586	56.9169	51.5382	29.1410	5.3787
平谷区	39.7016	27.2896	27.2896	21.9947							39.7016	27.2896	27.2896	21.9947	
县	143.3972	108.4659	102.2518	69.5486	6.2141						143.3972	108.4659	102.2518	69.5486	6.2141
密云县	62.6463	40.5053	37.4792	36.3457	3.0261						62.6463	40.5053	37.4792	36.3457	3.0261
延庆县	80.7509	67.9606	64.7726	33.2029	3.1880						80.7509	67.9606	64.7726	33.2029	3.1880

表 4 审批建设用地情况（二）

计量单位：公顷

	城镇村建设用地							单独选址建设用地				
		商服用地	工矿仓储用地	住宅用地	公用管理与公共服务用地	交通运输用地其他	其他		交通运输用地	水利设施用地	能源用地	其他
甲	1	2	3	4	5	6	7	8	9	10	11	12
合　计	4415.9007	255.4188	836.9079	1273.0422	907.7251	983.7875	159.0192	539.4547	496.9165			42.5382
市辖区	4343.4071	250.2361	836.9079	1233.2167	890.4140	973.6132	159.0192	468.5511	426.0129			42.5382
朝阳区	142.5826		29.3366	28.7570	15.0694	68.4826	0.9370	71.2449	54.9009			16.3440
丰台区	401.8338	39.4777	5.4349	216.2392	43.8606	87.6292	9.1922					
石景山区	53.2835	28.0007		1.9982	12.9536	10.3310						
海淀区	290.2163	3.5335	58.4915	104.3498	51.1146	60.1414	12.5855					
门头沟区	133.2680	16.5319		63.2407	9.6518	36.1742	7.6694					
房山区	276.2545	13.9645	16.5107	36.4171	113.2038	94.9281	1.2303					
通州区	443.7044	30.9523	31.8210	172.6622	64.1870	126.8606	17.2213	79.8625	79.8625			
顺义区	539.0229	68.9650	281.9632	19.6574	42.7947	86.3929	39.2497	291.2495	291.2495			
昌平区	601.2712	11.2200	27.5242	183.0592	239.5693	102.4962	37.4023	26.1942				26.1942
大兴区	1325.3097	32.3898	385.8258	356.4220	271.0176	269.4013	10.2532					
怀柔区	96.9586	5.2007		24.9636	23.6437	19.8723	23.2783					
平谷区	39.7016			25.4503	3.3479	10.9034						
县	72.4936	5.1827		39.8255	17.3111	10.1743		70.9036	70.9036			
密云县	62.6463	5.1827		33.3255	14.9309	9.2072						
延庆县	9.8473			6.5000	2.3802	0.9671		70.9036	70.9036			

表5 国有土地供应（签订合同）情况（一）

（按区县分列）

计量单位：宗、公顷、万平方米、万元

	出让小计					协议出让				
	宗地数	面积		规划建筑面积	成交价款	宗地数	面积		规划建筑面积	成交价款
			新增					新增		
	1	2	3	4	5	7	8	9	10	11
合计	360	2129.0220	1767.0534	3381.6014	14360093.06	88	322.1819	266.8807	550.0072	264985.58
市辖区	335	1971.7493	1682.4848	3163.2941	13880033.06	87	315.3326	260.0314	542.7850	263273.26
东城区	1	2.4146		3.7547	82050.00					
西城区	1	0.1009		0.4583	482.79	1	0.1009		0.4583	482.79
崇文区	2	0.5594		2.2064	35800.00					
宣武区										
朝阳区	24	67.9523	36.5748	240.9823	2904318.41	7	8.3159	1.9971	24.8592	35949.76
丰台区	22	96.8318	76.5983	226.3433	1409173.64	14	41.9991	35.2082	121.2723	67617.64
石景山区	6	10.5185	6.3867	31.5375	152047.77	1	3.2304	3.2304	9.0452	4522.60
海淀区	17	54.0721	46.3708	98.1194	906118.13	9	25.3587	25.3587	32.1393	26188.13
门头沟区	4	29.2189	10.9613	45.4189	108479.35	2	9.6454	7.5171	25.4376	8700.35
房山区	26	185.5884	144.0214	357.9183	1676226.51	5	15.4858	15.4858	13.9006	3211.50
通州区	29	188.3448	155.8527	349.6144	1374348.97	4	9.1128	9.1128	21.3855	4728.13
顺义区	67	522.8266	519.5548	519.0337	1305422.87	18	59.4612	59.4612	56.6902	6879.56
昌平区	34	244.8565	202.3418	372.4735	1183497.71	11	81.3361	62.1523	134.2037	66496.33
大兴区	42	263.4576	232.0762	373.8703	2068560.95	7	25.5498	23.1495	54.8115	9372.51
怀柔区	3	12.0038	11.5151	8.6863	38872.00					
平谷区	11	79.5882	26.8160	153.7537	313996.32	3	18.3782		21.0464	1349.24
亦庄开发区	46	213.4149	213.4149	379.1231	320637.64	5	17.3583	17.3583	27.5352	27774.72
县	25	157.2727	84.5686	218.3073	480060.00	1	6.8493	6.8493	7.2222	1712.32
密云县	21	117.3830	48.4711	177.4709	444647.68					
延庆县	4	39.8897	36.0975	40.8364	35412.32	1	6.8493	6.8493	7.2222	1712.32

表 5　国有土地供应（签订合同）情况（二）

（按区县分列）

计量单位：宗、公顷、万平方米、万元

	招标出让					拍卖出让						挂牌出让				
	宗地数	面积		规划建筑面积	成交价款	宗地数	面积		规划建筑面积	成交价款	纯收益	宗地数	面积		规划建筑面积	成交价款
			新增					新增						新增		
	13	14	15	16	17	19	20	21	22	23	24	25	26	27	28	29
合　计	67	485.8695	422.2104	953.0766	5608652.65							205	1320.9706	1077.9623	1878.5176	8486454.83
市辖区	61	427.3803	367.5134	869.9185	5226344.65							187	1229.0364	1054.9400	1750.5906	8390415.15
东城区	1	2.4146		3.7547	82050.00											
西城区																
崇文区	1	0.3094		1.4564	26700.00							1	0.2500		0.7500	9100.00
宣武区																
朝阳区	9	32.1772	19.5049	124.4490	1004868.65							8	27.4592	15.0728	91.6741	1863500.00
丰台区												8	54.8327	41.3901	105.0710	1341556.00
石景山区	3	5.5163	3.1563	16.9115	107425.17							2	1.7718		5.5808	40100.00
海淀区	4	21.1321	21.0121	48.6077	610280.00							4	7.5813		17.3724	269650.00
门头沟区												2	19.5735	3.4442	19.9813	99779.00
房山区	10	69.7118	60.8524	148.5289	907084.36							11	100.3908	67.6832	195.4888	765930.65
通州区	12	104.4187	74.1000	187.4288	927413.03							13	74.8133	72.6399	140.8001	442207.81
顺义区	7	85.6148	85.6148	126.5226	657690.00							42	377.7506	374.4788	335.8209	640853.31
昌平区	6	46.2323	43.4198	80.0736	444994.24							17	117.2881	96.7697	158.1962	672007.14
大兴区	3	34.6600	34.6600	64.6437	256108.20							32	203.2478	174.2667	254.4151	1803080.24
怀柔区	1	4.7316	4.7316	5.5819	17310.00							2	7.2722	6.7835	3.1044	21562.00
平谷区												8	61.2100	26.8160	132.7073	312647.08
亦庄开发区	4	20.4615	20.4615	61.9597	184421.00							37	175.5951	175.5951	289.6282	108441.92
县	6	58.4892	54.6970	83.1581	382308.00							18	91.9342	23.0223	127.9270	96039.68
密云县	3	25.4488	25.4488	49.5439	348608.00							18	91.9342	23.0223	127.9270	96039.68
延庆县	3	33.0404	29.2482	33.6142	33700.00											

表 5 国有土地供应（签订合同）情况（三）

（按区县分列）

计量单位：宗、公顷、万平方米、万元

	划拨				租赁					其他供地方式				
	宗地数	面积		规划建筑面积	宗地数	面积		规划建筑面积	租金	宗地数	面积		规划建筑面积	收入
			新增				新增					新增		
	1	2	3	4	5	6	7	8	9	10	11	12	13	14
合　计	93	264.0018	204.2341	320.4426										
市辖区	85	241.3865	182.7823	305.0426										
东城区	3	0.8626		2.2815										
西城区	7	22.2539		11.1677										
崇文区	1	0.1803		0.9965										
宣武区	5	7.4999		11.0618										
朝阳区	8	6.6392	1.2712	15.1455										
丰台区	6	6.8314	2.4442	16.9588										
石景山区	2	1.2841	0.6175	0.8400										
海淀区	7	53.8079	48.4146	63.1839										
门头沟区	4	7.8953	6.0549	11.8580										
房山区	10	27.6302	22.1174	67.0406										
通州区	6	10.2226	7.7558	5.6516										
顺义区	7	13.2320	12.8987	6.7902										
昌平区	6	42.8217	40.9826	71.3126										
大兴区	3	28.2429	28.2429	16.3593										
怀柔区	5	2.6112	2.6112	0.8893										
平谷区	5	9.3713	9.3713	3.5053										
亦庄开发区														
县	8	22.6153	21.4518	15.4000										
密云县	4	5.9133	4.7498	4.6219										
延庆县	4	16.7020	16.7020	10.7781										

表5 国有土地供应（签订合同）情况（四）

（按用地类型分列）

计量单位：宗、公顷、万平方米、万元

	出让小计					协议出让				
	宗地数	面积	面积：新增	规划建筑面积	成交价款	宗地数	面积	面积：新增	规划建筑面积	成交价款
	1	2	3	4	5	7	8	9	10	11
合计	360	2129.0220	1767.0534	3381.6014	14360093.06	88	322.1819	266.8807	550.0072	264985.58
商服用地	93	419.9369	309.7192	881.3515	4080126.76	24	26.4089	20.1162	68.7943	54089.74
工矿仓储用地	155	923.4352	819.1425	993.8634	704004.25	21	76.5545	58.1763	70.3599	8637.42
住宅用地	86	658.8685	533.3179	1325.5949	9492876.29	17	92.4371	83.7144	230.0614	119172.66
其中：高档住宅用地										
其中：普通商品住房用地	57	449.0658	391.5492	908.5774	6536274.24	5	38.5430	38.5430	88.3338	40937.61
其中：中低价位、中小套型用地	1	3.6000	3.6000	9.0000	17000.00					
其中：经济适用住房用地										
其中：廉租住房用地										
其中：其他住房用地	29	209.8027	141.7687	417.0175	2956602.05	12	53.8941	45.1714	141.7276	78235.05
公共管理与公共服务用地	26	126.7814	104.8738	180.7916	83085.76	26	126.7814	104.8738	180.7916	83085.76
特殊用地										
交通运输用地										
水利设施用地										

表5 国有土地供应（签订合同）情况（五）

（按用地类型分列）

计量单位：宗、公顷、万平方米、万元

	招标出让					拍卖出让						挂牌出让				
	宗地数	面积	面积：新增	规划建筑面积	成交价款	宗地数	面积	面积：新增	规划建筑面积	成交价款	纯收益	宗地数	面积	面积：新增	规划建筑面积	成交价款
	13	14	15	16	17	19	20	21	22	23	24	25	26	27	28	29
合计	67	485.8695	422.2104	953.0766	5608652.65							205	1320.9706	1077.9623	1878.5176	8486454.83
商服用地	29	181.7441	142.6086	377.0690	1965602.02							40	211.7839	146.9944	435.4882	2060435.00
工矿仓储用地												134	846.8807	760.9662	923.5035	695366.83
住宅用地	38	304.1254	279.6018	576.0076	3643050.63							31	262.3060	170.0017	519.5259	5730653.00
其中：高档住宅用地																
其中：普通商品住房用地	33	253.6176	229.0940	485.8706	3189083.63							19	156.9052	123.9122	334.3730	3306253.00
其中：中低价位、中小套型用地	1	3.6000	3.6000	9.0000	17000.00											
其中：经济适用住房用地																
其中：廉租住房用地																
其中：其他住房用地	5	50.5078	50.5078	90.1370	453967.00							12	105.4008	46.0895	185.1529	2424400.00
公共管理与公共服务用地																
特殊用地																
交通运输用地																
水利设施用地																

表 5　国有土地供应（签订合同）情况（六）

（按用地类型分列）

计量单位：宗、公顷、万平方米、万元

	划拨				租赁					其他供地方式				
	宗地数	面积	面积：新增	规划建筑面积	宗地数	面积	面积：新增	规划建筑面积	租金	宗地数	面积	面积：新增	规划建筑面积	收入
	1	2	3	4	5	6	7	8	9	10	11	12	13	14
合计	93	264.0018	204.2341	320.4426										
商服用地														
工矿仓储用地														
住宅用地	21	81.7612	65.8746	210.9722										
其中：高档住宅用地														
其中：普通商品住房用地														
其中：中低价位、中小套型用地														
其中：中小套型用地														
其中：经济适用住房用地	18	81.1362	65.8746	207.6136										
其中：廉租住房用地	3	0.6250		3.3586										
公共管理与公共服务用地	63	107.0897	83.9175	76.4536										
特殊用地	5	52.9475	52.9475	23.8128										
交通运输用地	4	22.2034	1.4945	9.2040										
水域及水利设施用地														

表6　国有土地使用权交易情况（一）

（按区县分列）

	转让			出租		
	宗数（宗）	面积（公顷）	转让金（万元）	宗数（宗）	面积（公顷）	租金（万元）
	1	2	3	4	5	6
合　计	97	226.7589	457870.98			
市辖区	89	213.6937	452232.46			
东城区						
西城区						
崇文区						
宣武区	2	3.2557	118176.12			
朝阳区	5	14.9987	117220.06			
丰台区	2	2.1111	27900.00			
石景山区						
海淀区	2	3.6676	12336.84			
门头沟区						
房山区	1	1.3414	538.00			
通州区	19	55.9965	48371.94			
顺义区	13	30.2417	25433.43			
昌平区	3	4.6720	33217.57			
大兴区	14	10.7727	4257.87			
怀柔区	9	5.2189	2265.41			
平谷区	10	25.3101	18168.57			
亦庄开发区	9	56.1073	44346.65			
县	8	13.0652	5638.52			
密云县	3	3.8587	2211.02			
延庆县	5	9.2065	3427.50			

表 6 国有土地使用权交易情况（二）

（按用地类型分列）

		转让			出租		
		宗数（宗）	面积（公顷）	转让金（万元）	宗数（宗）	面积（公顷）	租金（万元）
		1	2	3	4	5	6
合计		97	226.7589	457870.98			
商服用地		11	8.6466	55922.19			
工矿仓储用地		70	183.1155	122899.75			
住宅用地		13	31.8272	272385.38			
其中	别墅、高档公寓	1	3.9318	13140.00			
	普通商品房	10	26.6099	257956.66			
	经济适用房						
	其他住房	2	1.2855	1288.72			
公共管理与公共服务用地		1	1.9212	6399.62			
特殊用地							
综合用地		2	1.2484	264.04			
储备用地							
其他用地							

表 7　北京市城镇国有土地使用权登记发证情况

计量单位：宗、万平方米

项目	合计		国有土地使用权初始登记														国有土地使用权变更登记								国有土地使用权注销登记	
					出让		划拨		政府储备		入股		授权经营		国家租赁				转移登记				其他			
																			大业主		小业主					
	宗数	面积	宗数	面积	宗数	面积	宗数	面积	宗数	面积	宗数	面积	宗数	面积	宗数	面积	宗数	面积	宗数	面积	宗数	面积	宗数	面积	宗数	面积
甲	1	2	3	4	5	6	7	8	9	10	11	12	13	14	15	16	17	18	19	20	21	22	23	24	25	26
合　计	14722	9145.85	2074	5268.35	643	1979.96	1305	2069.95	124	1216.95			2	1.49			12648	3877.50	631	830.77	11010	81.31	1007	2965.42	74	187.65
土地权属登记中心	8	70.03	8	70.03			8	70.03																		
东城区	870	83.70	230	39.39	34	5.50	196	33.89									640	44.31	35	40.22	568	1.82	37	2.27		
西城区	365	117.22	111	48.87	2	0.26	109	48.61									254	68.35	59	44.11	135	0.65	60	23.59		
崇文区	551	78.85	214	67.36	9	0.91	199	63.29	6	3.16							337	11.49	21	3.76	307	0.42	9	7.31		
宣武区	608	67.65	84	40.78	29	8.62	55	32.16									524	26.87	15	3.16	484	0.34	25	23.37	29	1.13
朝阳区	6855	2207.11	317	913.35	78	112.37	172	392.38	65	407.11			2	1.49			6538	1293.76	74	94.83	6209	24.16	255	1174.77	9	126.17
丰台区	1086	416.08	114	287.24	45	96.29	67	152.43	2	38.52							972	128.84	17	10.09	884	11.88	71	106.87	7	8.36
石景山区	295	506.62	101	301.49	5	5.97	90	221.04	6	74.48							194	205.13			105	0.31	89	204.82		
海淀区	1744	592.85	123	334.47	34	49.47	89	285.00									1621	258.38	90	54.85	1479	5.20	52	198.33		
门头沟区	190	214.99	134	102.80	9	26.93	124	74.05	1	1.82							56	112.19	11	10.92			45	101.27		
房山区	131	464.91	71	299.01	38	141.55	21	42.50	12	114.96							60	165.90	23	67.16			37	98.74		
通州区	263	504.36	76	400.66	58	190.61	11	80.93	7	129.12							187	103.70	30	102.43	157	1.27				
顺义区	501	509.03	92	405.44	70	305.36	22	100.08									409	103.59	23	50.19	363	14.56	23	38.84		
昌平区	408	633.63	97	431.82	60	228.02	34	139.28	3	64.52							311	201.81	44	33.55	223	20.30	44	147.96		
大兴区	251	854.35	77	597.62	45	236.91	17	149.94	15	210.77							174	256.73	45	37.31	96	0.40	33	219.02	19	41.58
怀柔区	221	383.31	45	110.83	8	38.55	35	45.82	2	26.46							176	272.48	57	112.03			119	160.45		
平谷区	77	145.54	32	90.94	22	72.18	8	6.45	2	12.31							45	54.60	29	43.73			16	10.87	6	6.65
密云县	70	343.67	33	289.03	16	129.29	14	26.02	3	133.72							37	54.64	20	24.24			17	30.40		
延庆县	134	361.22	52	155.37	18	49.32	34	106.05									82	205.85	23	33.55			59	172.30	4	3.76
北京经济技术开发区	94	590.73	63	281.85	63	281.85											31	308.88	15	64.64			16	244.24		

表 8　北京市城镇国有土地使用权抵押权登记发证情况（一）

（按区县分列）

计量单位：宗、万平方米、万元

	宗数	抵押面积	评估金额	贷款金额
甲	1	2	3	4
合　计	9232	7056.63	112287711.91	45691814.53
土地权属登记中心				
东城区	307	29.90	4648601.53	1502358.68
西城区	104	45.45	3767231.58	2117514.70
崇文区	253	13.87	1084516.72	543165.77
宣武区	396	14.22	1128330.49	394982.26
朝阳区	4282	1235.62	53051028.56	21065482.22
丰台区	756	226.80	5487589.37	1942339.56
石景山区	148	309.29	3588841.99	1195928.30
海淀区	1082	199.80	6192105.81	2966376.55
门头沟区	34	105.21	269960.99	167059.43
房山区	96	207.37	1907460.40	948571.99
通州区	381	917.87	6936584.80	2830910.40
顺义区	426	912.00	6397766.44	2997672.69
昌平区	244	593.81	3881168.26	1701129.60
大兴区	206	588.00	5370647.37	2471543.64
怀柔区	155	264.97	644042.02	353092.04
平谷区	105	241.84	674098.40	452057.58
密云县	77	596.18	1005667.43	557238.56
延庆县	35	85.87	98046.90	41415.36
北京经济技术开发区	145	468.56	6154022.85	1442975.20

表8　北京市城镇国有土地使用权抵押权登记发证情况（二）

（按用地类型分列）

计量单位：宗、万平方米、万元

	宗数	抵押面积	评估金额	贷款金额
甲	1	2	3	4
合　计	9232	7056.63	112287711.91	45691814.53
商服用地	998	706.47	18900348.99	7816800.83
工矿仓储用地	894	2170.01	6692384.92	3515937.76
公用管理与公共服务用地	17	180.82	3656043.80	273959.60
住宅用地	6579	1411.97	24408800.61	10916365.21
高档住宅用地	2480	183.19	6074030.35	2218314.55
普通商品住房用地	4081	1150.77	17771190.32	8456350.66
经济适用住房用地	6	20.49	122468.76	76800.00
廉租住房用地				
其他住房用地	12	57.52	441111.18	164900.00
交通运输用地	1	2.09	2019.00	1000.00
政府储备用地	190	1839.16	33932763.47	12106249.48
综合用地	546	732.81	24406310.12	10977983.65
特殊用地				
其他土地	7	13.30	289041.00	83518.00

表9 勘查许可证发放情况

计量单位：个、宗、万元

矿种	勘查许可证发证		勘查许可证取得方式						
			探矿权出让						
			合计		申请在先出让	协议出让		招拍挂出让	
	新立	有效	个数	价款金额	个数	个数	价款金额	个数	价款金额
甲	1	2	4	5	6	7	8	9	10
合计	16	36	36		36				
地热	16	36	36		36				

表10　主要矿种采矿许可证发放情况

计量单位：个、宗、万元

矿种	采矿许可证发证					采矿许可证取得方式				
							采矿权出让			
	许可证数			矿山生产规模		探矿权转采矿权	协议出让方式		招拍挂出让方式	
	新立	有效	注销	新立	注销	个数	个数	价款金额	个数	价款金额
甲	1	2	3	4	5	6	7	8	9	10
合计	6	211	32				6	139.00		
铁矿		9								
煤		5	28							
地热	6	151	4				5	127.00		
矿泉水		46					1	12.00		

表 11 北京市矿产种类统计表

<table>
<tr><td colspan="2" rowspan="2">矿类</td><td colspan="3">探明有资源储量并编入储量表的矿种</td><td colspan="2">已发现但尚未探明资源储量的矿种</td></tr>
<tr><td>名称及矿产地数</td><td colspan="2">矿种数</td><td>名称</td><td>矿种数</td></tr>
<tr><td colspan="2">合计</td><td>363</td><td colspan="2">67</td><td></td><td>60</td></tr>
<tr><td colspan="2">能源矿产</td><td>煤（28）</td><td colspan="2">1</td><td>地热、石油、天然气</td><td>3</td></tr>
<tr><td rowspan="2">金属矿产</td><td>黑色金属矿产</td><td>铁（47）、锰（1）、铬铁矿（2）、钒（2）、钛（2）</td><td>5</td><td rowspan="2">19</td><td></td><td></td></tr>
<tr><td>有色、贵金属及稀有稀散元素矿产</td><td>铜（8）、铅（6）、锌（8）、铝土矿（1）、钨（3）、铋（1）、钼（8）、镁（2）、铂（1）、钯（1）、金（10）、银（5）、镓（2）、镉（1）</td><td>14</td><td>镍、钴、锡、汞、锑、铑、铱、钌、锇、铌、钽、铍、锆、锶、铈、锗、铟、铊、铼、硒、碲、铀、钍</td><td>23</td></tr>
<tr><td rowspan="3">非金属矿产</td><td>冶金辅助原料非金属矿产</td><td>红柱石（1）、普通萤石（1）、熔剂用灰岩（12）、冶金用白云岩（13）、冶金用石英岩（4）、铸型用砂（1）、冶金用脉石英（4）、耐火粘土（7）、铁矾土（1）</td><td>9</td><td rowspan="3">47</td><td>兰晶石、矽线石、堇青石</td><td>3</td></tr>
<tr><td>化工原料非金属矿产</td><td>硫铁矿（3）、电石用灰岩（8）、制碱用灰岩（1）、含钾砂页岩（2）、含钾岩石（1）、泥炭（28）</td><td>6</td><td>磷、硼、重晶石、蛇纹岩</td><td>4</td></tr>
<tr><td>建筑材料及其他非金属矿产</td><td>石棉（2）、石墨（2）、滑石（1）、长石（2）、叶腊石（1）、透辉石（3）、玉石（4）、水泥用灰岩（26）、建筑石料用灰岩（4）、制灰用灰岩（11）、泥灰岩（1）、玻璃用石英岩（1）、玻璃用砂岩（1）、水泥配料用砂岩（5）、建筑用砂（9）、砖瓦用砂（3）、水泥配料用脉石英（1）、天然油石（2）、陶粒页岩（3）、砖瓦用页岩（6）、水泥配料用页岩（2）、陶瓷土（3）、砖瓦用粘土（8）、水泥配料用粘土（6）、饰面用角闪岩（1）、饰面用辉长岩（1）、饰面用闪长岩（1）、铸石用辉绿岩（2）、建筑用花岗岩（1）、饰面用花岗岩（4）、饰面用大理岩（15）、饰面用板岩（1）</td><td>32</td><td>兰石棉、石膏、高岭土、蛭石、沸石、石榴子石、伊利石、累托石、海泡石、冰洲石、云母、电气石、方解石、方柱石、板岩、陶粒用粘土、白垩、砚石、光学水晶、熔炼水晶、压电水晶、刚玉、麦饭石、透闪石</td><td>24</td></tr>
<tr><td colspan="2">水气矿产</td><td></td><td colspan="2"></td><td>地下水、矿泉水、医疗矿泉水</td><td>3</td></tr>
</table>

注：矿种后括号内数字为矿产地数

表 12 2010 年矿产资源勘查登记情况通报表

填报单位：北京市

序号	许可证号	项目名称	探矿权人	勘查单位	勘查矿种	经纬度极值坐标	有效期限
1	T11120080301002310	北京市朝阳区北京海德休闲酒店地区地热勘探	北京慧海投资有限公司	北京华清荣昊新能源开发有限责任公司	地热	116°30′15″~116°30′30″ 39°55′45″~39°56′00″	2010. 02. 02~ 2012. 02. 02
2	T11120100201038620	北京市朝阳区高碑店兴隆湖景区别墅区地热勘探	北京鑫农源房地产开发有限公司	北京市地热研究院	地热	116°31′10″~116°31′40″ 39°54′30″~39°55′00″	2010. 02. 02~ 2012. 02. 02
3	T11120100301039525	北京市昌平区小汤山镇东官村地热勘探	中国人民武装警察部队特种警察学院	北京市地热研究院	地热	116°28′15″~116°28′45″ 40°11′00″~40°11′30″	2010. 03. 15~ 2012. 03. 15
4	T11120100301039526	北京市通州区永顺镇运通人和良园二期项目地热勘探	北京古城房地产开发有限公司	北京华清双泉水井工程有限公司	地热	116°40′15″~116°40′45″ 39°55′15″~39°55′45″	2010. 03. 15~ 2012. 03. 15
5	T11120100301039527	北京市房山区良乡镇梨村地热勘探	中国人民解放军总后勤部农副业科技服务站	北京市地质工程勘察院	地热	116°10′00″~116°10′15″ 39°41′45″~39°42′15″	2010. 03. 15~ 2011. 07. 15
6	T11120100401039939	北京市通州区西集镇地热勘探	派力工程有限公司	派力工程有限公司	地热	116°47′00″~116°52′45″ 39°47′15″~39°50′30″	2010. 04. 02~ 2013. 04. 02
7	T11120100401040031	北京市海淀区清华大学地区地热资源勘探	清华大学	北京华清地热开发有限责任公司	地热	116°19′30″~116°20′00″ 40°00′00″~40°00′30″	2010. 04. 06~ 2012. 04. 06
8	T11120100401040032	北京市昌平区小汤山世纪慧点科技研发中心地热勘探	北京世纪慧点科技发展有限公司	北京华清双泉水井工程有限公司	地热	116°27′45″~116°28′15″ 40°10′45″~40°11′15″	2010. 04. 07~ 2012. 04. 07
9	T11120100401040180	北京市通州区宋庄镇泉兴农牧园地热勘探	北京泉兴农牧园有限责任公司	北京华清荣昊新能源开发有限责任公司	地热	116°45′00″~116°45′30″ 39°55′15″~39°55′45″	2010. 04. 16~ 2012. 04. 16

续表

序号	许可证号	项目名称	探矿权人	勘查单位	勘查矿种	经纬度极值坐标	有效期限
10	T11120100401040408	北京市通州区运河东大街地区地热勘探	北京运河源酒店有限公司	北京市地质工程勘察院	地热	116°40′30″～116°41′00″ 39°53′15″～39°53′45″	2010.04.29～ 2012.04.29
11	T11120100401040409	北京市朝阳区京顺路大雨饭店地热勘探	北京京顺路大雨饭店有限公司	派力工程有限公司	地热	116°28′00″～116°28′30″ 39°59′00″～39°59′30″	2010.04.29～ 2012.04.29
12	T11120080101000509	北京市朝阳区姚家园村地区地热勘探	中国人民解放军总参谋部通信部器材供销站	北京市地热研究院	地热	116°30′30″～116°31′00″ 39°56′00″～39°56′30″	2010.05.07～ 2011.05.07
13	T11120100501040640	北京市海淀区永定路东方悉尼港国际商务会馆地热勘探	北京东方悉尼港国际商务会馆有限公司	北京华清荣昊新能源开发有限责任公司	地热	116°15′15″～116°15′45″ 39°55′00″～39°55′30″	2010.05.21～ 2012.05.21
14	T11120100801041638	北京市昌平区小汤山镇总政军事监狱地热勘探	中国人民解放军总政治部军事监狱	北京市地质工程勘察院	地热	116°27′45″～116°28′15″ 40°09′15″～40°09′30″	2010.08.06～ 2012.08.06
15	T11120100801041665	北京市昌平区小汤山镇土沟地区地热勘探	神华房地产有限责任公司	北京市地质工程勘察院	地热	116°27′45″～116°28′15″ 40°07′15″～40°08′00″	2010.08.09～ 2011.11.09
16	T11120100801041668	北京市顺义区北小营镇北京怡生园国际会议中心地热勘探	北京怡生园国际会议中心有限公司	北京市地热研究院	地热	116°40′45″～116°41′15″ 40°11′45″～40°12′15″	2010.08.11～ 2012.08.11
17	T11120101101042754	北京市丰台区南苑乡大红门村地区地热勘探	北京市丰台区大红门农工商联合公司	北京华清双泉水井工程有限公司	地热	116°24′15″～116°24′45″ 39°48′45″～39°49′15″	2010.11.24～ 2012.11.24
18	T11120101201043326	北京市通州区永顺镇北马庄地区地热资源勘探	北京同马物业管理有限公司	派力工程有限公司	地热	116°38′30″～116°39′00″ 39°56′00″～39°56′30″	2010.12.30～ 2012.12.30

表13　截止到2010年12月31日国土资源部颁发的北京地区地质勘查资质证书统计表

序号	资质证号	单位名称	有效期起	法人名称	单位地址	邮编	电话	批准（申请）资质
1	11200911100003	北京市地质工程勘察院	2009－1－5	张安京	北京市海淀区北洼路8号	100037	010－51166518	地球物理勘查：丙级。
2	11200911100005	北京地大地质科技公司	2009－1－5	薛清鹏	北京市海淀区学院路29号	100083	010－82328932	地质钻探：乙级。 水文地质、工程地质、环境地质调查：丙级。
3	11200911100009	北京航天勘察设计研究院	2009－1－5	郭中泽	北京市丰台区西四环南路83号8号楼	100071	010－68749287	液体矿产勘查：乙级；水文地质、工程地质、环境地质调查：乙级；地质钻探：乙级。
4	11200911100018	北京京煤集团地质勘探队	2009－1－5	汤振祥	北京市门头沟区门头沟路24号	102300	010－69842472	固体矿产勘查：丙级；地质钻探：丙级。
5	11200911100033	北京市地质勘察技术院	2009－1－5	刘长林	北京市朝阳区立水桥甲2号	102218	010－84812649	液体矿产勘查：乙级；水文地质、工程地质、环境地质调查：乙级；地球化学勘查：乙级。
6	11200911100034	北京市地质矿产勘查开发总公司	2009－1－5	付刚	北京市宣武区南纬路4号	100050	010－62264552	地球物理勘查：乙级。
7	11200911100040	北京万地地质工程公司	2009－1－5	夏孟	北京市海淀区北洼路90号	100037	010－51166238	地质钻探：乙级。
8	11200911100049	北京中煤大地技术开发公司	2009－1－5	邢树亭	北京市朝阳区亚运村安苑北里5号	100073	010－63825566－8317	液体矿产勘查：乙级；气体矿产勘查：乙级；固体矿产勘查：乙级；水文地质、工程地质、环境地质调查：乙级；地质钻探：乙级。
9	11200911100054	核工业北京地质研究院	2009－1－5	李子颖	北京市朝阳区安外小关东里10号院	100029	010－64914830	水文地质、工程地质、环境地质调查：乙级；地球物理勘查：乙级；地球化学勘查：乙级。

续表

序号	资质证号	单位名称	有效期起	法人名称	单位地址	邮编	电话	批准（申请）资质
10	11200911100059	神华（北京）遥感勘查有限责任公司	2009－1－5	刘波坤	北京市海淀区上地信息产业基地上地四街1号	100085	010－62978070	水文地质、工程地质、环境地质调查：乙级；地球物理勘查：乙级。
11	11200911100060	首钢地质勘查院地质研究所	2009－1－5	邓斌	北京市石景山区晋元庄路23号	100144	010－68865021	水文地质、工程地质、环境地质调查：乙级；地球物理勘查：乙级；地质钻探：乙级。
12	11200911100063	有色金属矿产地质调查中心	2009－1－5	王京彬	北京市朝阳区安定门外北苑五号院四区	100012	010－84922233	水文地质、工程地质、环境地质调查：丙级；地球物理勘查：丙级；地球化学勘查：丙级。
13	11200911100065	中兵勘察设计研究院	2009－1－5	贺美	北京市宣武区西便门内大街79号	100053	010－83117601	水文地质、工程地质、环境地质调查：乙级；地球物理勘查：乙级。
14	11200911100066	中材地质工程勘查研究院	2009－1－5	田震远	北京市朝阳区望京西路甲50号1号楼401、402	100102	010－64733180	区域地质调查：乙级；水文地质、工程地质、环境地质调查：乙级；地球物理勘查：乙级。
15	11200911100069	中国地质科学院地质力学研究所	2009－1－5	龙长兴	北京市海淀区民族学院南路11号	100081	010－68412325	区域地质调查：乙级；固体矿产勘查：乙级；水文地质、工程地质、环境地质调查：乙级。
16	11200911100070	中国地质科学院矿产资源研究所	2009－1－5	王瑞江	北京市百万庄大街26号	100037	010－68335862	区域地质调查：乙级；液体矿产勘查：乙级；地球物理勘查：乙级；地球化学勘查：乙级；地质实验测试（岩矿鉴定）：乙级。
17	11200911100071	中国地质矿业总公司	2009－1－5	宋永祺	北京市朝阳区安贞西里三区26楼浙江大厦7层	100029	010－64446979	固体矿产勘查：乙级；地质钻（坑）探：乙级。
18	11200911100072	中国建筑材料工业地质勘查中心北京总队	2009－1－5	田震远	北京市朝阳区望京西路甲50号－1卷石天地大厦A座	100102	010－64733180	区域地质调查：乙级；地质实验测试（岩矿测试）：乙级。水文地质、工程地质、环境地质调查：丙级。

续表

序号	资质证号	单位名称	有效期起	法人名称	单位地址	邮编	电话	批准（申请）资质
19	11200911100073	中国煤炭地质总局地球物理勘探研究院	2009－1－5	霍全明	北京市丰台区靛厂299号	100039	010－81201114－3684221	液体矿产勘查：乙级；水文地质、工程地质、环境地质调查：乙级。
20	11200911100074	中国煤炭地质总局勘查总院	2009－1－5	徐水师	北京市丰台区靛厂299号	100039	010－88246147	地球化学勘查：乙级。
21	11200911100075	中国冶金地质总局矿产资源研究院	2009－1－5	闫学义	北京市朝阳区姚家园路105号2座	100029	010－64444539	遥感地质调查：乙级。
22	11200911300021	北京奇陆地质矿产研究所	2009－1－5	方明	北京市昌平区北七家镇宏翔鸿信息中心419	102209	010－64117305	固体矿产勘查：乙级。
23	11200911500004	北京思源建井有限责任公司	2009－1－5	张安京	北京市怀柔区雁栖工业开发区	101400	010－51166230	液体矿产勘查：乙级；水文地质、工程地质、环境地质调查：乙级；地质钻探：乙级。
24	11200911500007	北京地调地质勘查有限公司	2009－1－5	陈雪敏	北京市朝阳区芳园里小区22楼	100020	010－65383504	固体矿产勘查：丙级。
25	11200911500008	北京恩地科技发展有限责任公司	2009－1－5	唐长钟	北京市朝阳区安华西里1区13号楼附楼310	100081	010－64251139	固体矿产勘查：乙级。
26	11200911500010	北京合地威技术开发有限公司	2009－1－5	魏芳友	北京市通州区郎府工业区	100078	010－58076149	地球物理勘查：乙级。
27	11200911500011	北京华昌新业物探技术服务有限公司	2009－1－5	侯树麒	北京市平谷区黄松峪乡政府东侧	100021	010－85801850	地球物理勘查：乙级。

续表

序号	资质证号	单位名称	有效期起	法人名称	单位地址	邮编	电话	批准（申请）资质
28	11200911500012	北京华地四维勘测技术有限公司	2009－1－5	徐秀力	北京市海淀区建材城中路3号楼2层201（程远大厦B座201）	100096	010－62920262	地球物理勘查：乙级。
29	11200911500015	北京华夏建龙矿业科技有限公司	2009－1－5	苑占永	北京市丰台区南四环西路188号七区五号楼	100070	010－51103290	固体矿产勘查：乙级。
30	11200911500016	北京城建勘测设计研究院有限责任公司	2009－1－5	金准	北京市朝阳区安慧里五区六号	100101	010－64922389	水文地质、工程地质、环境地质调查：乙级。
31	11200911500017	中色金地资源科技有限公司	2009－1－5	王京彬	北京市丰台区科学城星火路10号180室（园区）	100012	010－84921115	固体矿产勘查：乙级。
32	11200911500023	北京聚正中能源工程技术服务有限公司	2009－1－5	孙丽青	北京市朝阳区惠新里甲10号4号楼208、209室	100029	010－84651976	地质钻探：乙级。
33	11200911500024	北京金百通矿产技术开发有限公司	2009－1－5	解永宽	北京市朝阳区安定路35号安华发展大厦726室	100029	010－64410467	固体矿产勘查：丙级。
34	11200911500025	北京佳奥特矿产技术有限公司	2009－1－5	季素兰	北京市朝阳区立水桥北苑家园莲葩园202号楼2－201室	100012	010－84959538	固体矿产勘查：丙级。
35	11200911500026	北京瑞丰勘查有限责任公司	2009－1－5	郁成惠	北京市东城区朝阳门北大街1号新保利大厦17层17A3	100010	010－64082030	固体矿产勘查：丙级。
36	11200911500027	北京盛世蓝筹矿业投资有限公司	2009－1－5	黄鹏	北京市朝阳区工体东路丙2号红街大厦3栋1206室	100027	010－84400666	固体矿产勘查：乙级。

续表

序号	资质证号	单位名称	有效期起	法人名称	单位地址	邮编	电话	批准（申请）资质
37	11200911500028	北京盛特伟业科技发展有限公司	2009－1－5	王杰	北京市海淀区西三旗沁春家园6号楼1门602号	100096	010－82957550	固体矿产勘查：丙级。
38	11200911500029	北京石大开元石油技术有限公司	2009－1－5	任志刚	北京市海淀区学院路20号北京石油学院15楼120室	100083	010－82375601	地质钻探：丙级。
39	11200911500030	北京市大地开源地质工程有限公司	2009－1－5	赵华永	北京市海淀区田村路39号	100039	010－88623813	固体矿产勘查：乙级。
40	11200911500036	北京市华清地热开发有限责任公司	2009－1－5	黄学勤	北京市朝阳区立水桥甲2号	102218	010－84840477	固体矿产勘查：乙级；地球物理勘查：乙级； 地球化学勘查：乙级。 地质坑探：丙级。
41	11200911500037	北京市华清源泉地质勘查有限责任公司	2009－1－5	胡艳兵	北京市朝阳区安外立水桥甲2号	102218	010－84810621	地质钻探：丙级。
42	11200911500038	北京市勘察设计研究院有限公司	2009－1－5	沈小克	北京市海淀区羊坊店路15号2号楼203房间	100038	010－63961694	水文地质、工程地质、环境地质调查：乙级； 地质钻（坑）探：乙级。 液体矿产勘查：丙级。
43	11200911500039	北京市水工环地热工程勘察有限公司	2009－1－5	贾成庆	北京市海淀区阜成路42号院6D－5	100036	010－51717948	地质钻探：丙级。
44	11200911500042	北京西域纵横能源科技有限公司	2009－1－5	赵明城	北京市朝阳区广渠门外大街北侧富力城富力家园办公1－2105号	100022	010－65212116	固体矿产勘查：乙级。
45	11200911500043	北京鑫德地质勘探有限公司	2009－1－5	张嘉曦	北京市朝阳区东三环中路9号2604	100020	010－85910540	固体矿产勘查：丙级。

续表

序号	资质证号	单位名称	有效期起	法人名称	单位地址	邮编	电话	批准（申请）资质
46	11200911500045	北京元亨利贞投资管理有限公司	2009－1－5	王芳	北京市大兴区庞各庄镇甜园路2号204房间	100097	010－96096068	固体矿产勘查：乙级。
47	11200911500046	北京中核大地矿业投资有限公司	2009－1－5	李德连	北京市东城区和平里七区乙十二楼401－408号	100013	010－64220815	固体矿产勘查：乙级；水文地质、工程地质、环境地质调查：乙级；地球物理勘查：乙级。
48	11200911500047	北京中交工程勘察有限公司	2009－1－5	逯一新	北京市海淀区车公庄西路20号东区14栋办公楼215室	100044	010－65128365	水文地质、工程地质、环境地质调查：丙级。
49	11200911500048	北京中金泰科勘探技术有限公司	2009－1－5	段文岗	北京市海淀区西三环北路87号国际财经中心A座802	100089	010－63284260	固体矿产勘查：乙级。
50	11200911500053	北京众博达石油科技有限公司	2009－1－5	何顺利	北京市昌平区科技园区白浮泉路10号2号楼北控大厦417－1室	100012	010－64856065	地质钻探：丙级。
51	11200911500064	正元国际矿业有限公司	2009－1－5	丁传锡	北京市海淀区创业中路36号5层501室	100028	010－59282121	水文地质、工程地质、环境地质调查：丙级；地球化学勘查：丙级。
52	11200911500067	中地宝联（北京）建设工程有限公司	2009－1－5	董桂海	北京市西城区后广平胡同38号国英大厦21	100035	010－66503286－8035	固体矿产勘查：乙级。
53	11200911500068	中地地矿建设有限公司	2009－1－5	王愉吾	北京市通州区芳草园1205号－15号	101113	010－51095562	固体矿产勘查：乙级；地质钻探：乙级。水文地质、工程地质、环境地质调查：丙级。
54	11200911900001	北京三泰通地勘察技术发展有限公司	2009－1－5	尹冰川	北京市海淀区万柳怡水园1#楼1001	100089	010－82563499	地球物理勘查：乙级；地质钻探：乙级。
55	11200913300057	明科矿业（中国）有限公司	2009－1－5	蔡之凯	北京市海淀区知春路9号坤讯大厦1207室	100191	010－82335198	固体矿产勘查：乙级。

续表

序号	资质证号	单位名称	有效期起	法人名称	单位地址	邮编	电话	批准（申请）资质
56	11200913400055	凯地地质勘查（北京）有限公司	2009-1-5	杰米·登姆普西·库克	北京市西城区高梁桥路6号A座办公楼8A1单元	100044	010-58302160	地质钻探：丙级。
57	11200911300006	北京地大捷飞物探与工程检测研究院	2009-1-6	曾校丰	北京市海淀区学院路29号84栋7号	100083	010-82359168	固体矿产勘查：乙级；水文地质、工程地质、环境地质调查：乙级。
58	11200911100082	北京市地热研究院	2009-8-10	张勇	北京市海淀区田村路39号	100143	010-88622751	液体矿产勘查：乙级；水文地质、工程地质、环境地质调查：乙级。
59	11200911100083	北京市地质工程设计研究院	2009-8-10	齐如明	北京市密云县滨河路46号	101500	010-69041723	液体矿产勘查：乙级；水文地质、工程地质、环境地质调查：乙级。
60	11200911500076	中矿（北京）国际地质矿业有限责任公司	2009-8-10	戴韶生	北京市朝阳区安贞西里三区26楼9层901室	100029	010-64418257	固体矿产勘查：乙级。 地球物理勘查：丙级；地质钻（坑）探：丙级。
61	11200911500077	中科远航矿业有限公司	2009-8-10	朱日祥	北京市海淀区金庄1号院1号楼305p	100029	010-82998063	固体矿产勘查：乙级；地球物理勘查：乙级。
62	11200911500080	北京金有地质勘查有限责任公司	2009-8-10	杨志刚	北京市丰台区星火路10号203室（园区）	100070	010-51337638	地质钻（坑）探：乙级。 水文地质、工程地质、环境地质调查：丙级。
63	11200911500086	北京依科瑞德地源科技有限责任公司	2009-8-10	苏存堂	北京市昌平区科技园区超前路37号	102200	010-69728906	地质钻探：丙级。
64	11200911600079	北京华清双泉水井工程有限公司	2009-8-10	王月洁	北京市通州区新华北街75号（京华科技园）	101149	010-84965875	地球物理勘查：乙级；地质钻探：乙级。 液体矿产勘查：丙级；水文地质、工程地质、环境地质调查：丙级。
65	11200911600084	北京天地鸿图测绘有限公司	2009-8-10	王文辉	北京市房山区良乡西潞大街3号	102488	010-89356027	固体矿产勘查：丙级。

续表

序号	资质证号	单位名称	有效期起	法人名称	单位地址	邮编	电话	批准（申请）资质
66	11200921500087	北京中色地科矿产勘查研究院有限公司	2009－8－10	王京彬	北京市朝阳区大屯路科学园南里风林绿洲Ⅰ乙号楼1102号（北京市朝阳区安定门外北苑五号院四区）	100101	010－84927639	地球化学勘查：乙级。
67	11201011100004	国土资源实物地质资料中心	2010－3－2	顾晓华	北京市海淀区东升乡双泉堡125号	100083	010－61591727	区域地质调查：乙级；固体矿产勘查：乙级。
68	11201011100008	北京市地质研究所	2010－3－2	刘连刚	北京市西城区德外黄寺大街24号	100120	010－51632050	水文地质、工程地质、环境地质调查：乙级；地球物理勘查：乙级；遥感地质调查：乙级。
69	11201011500001	北京奥瑞安能源技术开发有限公司	2010－3－2	杨陆武	北京市海淀区科学院南路2号融科资讯中心C座南楼1207－1210室	100190	010－51652229	固体矿产勘查：乙级。
70	11201011500002	明达化工地质有限责任公司	2010－3－2	谭志来	北京市方庄芳星园三区甲2号302、404、405、408室	100078	010－67672647	固体矿产勘查：乙级；地质钻探：乙级。
71	11201011500005	北京众合兴勘查技术有限公司	2010－3－2	张巨伟	海淀区复兴路乙12号927室	100814	010－63963689	地质钻探：乙级。
72	11201011500006	北京华清荣昊新能源开发有限责任公司	2010－3－2	王进荣	北京市平谷区金海湖镇工业小区10号	101200	010－84841266	地质钻探：乙级。 液体矿产勘查：丙级；水文地质、工程地质、环境地质调查：丙级。
73	11201011700003	北京海地人资源咨询有限责任公司	2010－3－2	张振凯	北京市西城区西四羊肉胡同地质博物馆618室	100034	010－66557499	固体矿产勘查：丙级。

续表

序号	资质证号	单位名称	有效期起	法人名称	单位地址	邮编	电话	批准（申请）资质
74	11201013100007	派力工程有限公司	2010-3-2	陈进	北京市海淀区香山丰户营38号	100093	010-52960303	液体矿产勘查：乙级；固体矿产勘查：乙级；水文地质、工程地质、环境地质调查：乙级。
75	11201021500009	北京西蒙矿产勘查有限责任公司	2010-3-2	邓国祥	北京市朝阳区南沙滩35号楼618室	100012	010-84934051	固体矿产勘查：乙级。
76	11201021500010	北京星辰地质勘查有限责任公司	2010-3-2	赵建钦	北京市通州区玉桥西里72号院16号楼1517室	101100	010-60521200	液体矿产勘查：丙级；水文地质、工程地质、环境地质调查：丙级；地质钻探：丙级。
77	11201021500011	北京中色物探有限公司	2010-3-2	张少云	北京市海淀区长春桥路11号2号楼401室	100089	010-63360249	固体矿产勘查：乙级。
78	11201021500012	北京勘察技术工程有限公司	2010-4-23	罗壮伟	北京市海淀区学院路31号（办公地址：北京市海淀区知春路丙18号中地商务楼）	100190	010-62586889	区域地质调查：乙级；水文地质、工程地质、环境地质调查：乙级；地球化学勘查：乙级。
79	11201021500013	北京科若思技术开发有限公司	2010-4-23	张　雪	北京市海淀区西直门北大街32号院1号楼1705A	100082	010-62278226	地球物理勘查：丙级。
80	11201011100018	北京市地质调查研究院	2010-8-17	蔡向民	北京市昌平区沙河镇沙阳路11号	102206	010-51529220	液体矿产勘查：乙级；水文地质、工程地质、环境地质调查：乙级；地球化学勘查：乙级。地球物理勘查：丙级。
81	11201011500014	北京布鲁兰德资源科技有限公司	2010-8-17	张宇波	北京市海淀区上地信息路11号彩虹大厦一层103、105号	100085	010-62982707	固体矿产勘查：丙级。
82	11201011500015	北京惠友达勘察有限公司	2010-8-17	曹建江	北京市门头沟区门头沟路3号二层228房间	100078	010-60702609	地球物理勘查：丙级。

续表

序号	资质证号	单位名称	有效期起	法人名称	单位地址	邮编	电话	批准（申请）资质
83	11201011500016	北京捷奥斯地质勘查有限公司	2010－8－17	孙方勇	北京市朝阳区北苑路13号院1号楼C单元306号	100012	010－52086966	固体矿产勘查：丙级；地球物理勘查：丙级。
84	11201011500019	北京通拓工程科技有限公司	2010－8－17	胡鹏兴	北京市西城区车公庄大街乙5号2号楼5A	100044	010－68310632	固体矿产勘查：丙级。
85	11201011500020	北京雅友通路政管网技术有限公司	2010－8－17	贺胜	北京市海淀区清河永泰园25号楼－711	100085	010－82750802	地球物理勘查：丙级。
86	11201011600017	北京桔灯地球物理勘探股份有限公司	2010－8－17	赵育刚	朝阳区立清路7号院8号楼13层2单元1601	100085	010－82894216	地球物理勘查：丙级。
87	11201011600023	中矿资源勘探股份有限公司	2010－8－17	王平卫	北京市丰台区丰台路口139号西附楼103号	100071	010－58815527	水文地质、工程地质、环境地质调查：乙级；地质坑探：乙级。地球物理勘查：丙级。
88	11201021100022	中航勘察设计研究院有限公司	2010－8－17	陈昌富	北京市海淀区知春路56号	100098	010－82118591	水文地质、工程地质、环境地质调查：乙级。
89	11201021500021	天元矿业有限责任公司	2010－8－17	刘建舟	北京市通州区新华北路55号二层226室	101149	010－61599514	固体矿产勘查：丙级。
90	11201021500024	北京中色资源环境工程有限公司	2010－11－12	刘跳民	北京市朝阳区北苑5号院4区19号楼2层东区	100012	010－63702715	固体矿产勘查：乙级；水文地质、工程地质、环境地质调查：乙级；地质钻探：乙级。
91	11201043300025	维克特地质勘查（北京）有限公司	2010－11－12	迈克尔·约翰·哈德森	北京市西城区德胜门外新风街1号天成科技大厦A座505号	100088	010－82273040	地质钻探：丙级。

表14　截止到2009年12月31日国土资源部颁发的北京地区地质勘查资质证书统计表

序号	资质证号	单位名称	地址	法定代表人	邮政编码	联系电话	传真	资质类别	有效期限
1	01200811100005	北京市地质工程设计研究院	北京市密云县滨河路46号	齐如明	101500	010-69041772	69041772	固体矿产勘查：甲级；地质钻探：甲级。	2008年12月30日至2013年12月29日
2	01200811100007	北京市地质勘察技术院	北京市朝阳区立水桥甲2号	刘长林	102209	84812087	84812649	地球物理勘查：甲级。	2008年12月30日至2013年12月29日
3	01200811100008	北京中煤大地技术开发公司	北京市朝阳区亚运村安苑北里5号	邢树亭	100029	010-65751790	68325566-8317	气体矿产勘查：甲级；固体矿产勘查：甲级；地质钻探：甲级。	2008年12月30日至2013年12月29日
4	01200811100009	中国煤炭地质总局勘查总院	北京市丰台区靛厂299号	徐水师	100039	88246147	88246147	区域地质调查：甲级；液体矿产勘查：甲级；气体矿产勘查：甲级；固体矿产勘查：甲级；水文地质、工程地质、环境地质调查：甲级；地球物理勘查：甲级；遥感地质调查：甲级；地质钻（坑）探：甲级。	2008年12月30日至2013年12月29日
5	01200811100012	中国建筑材料工业地质勘查中心北京总队	北京市朝阳区望京西路甲50号1号楼	田震远	100102	010-64795817	64795806	固体矿产勘查：甲级。	2008年12月30日至2013年12月29日
6	01200811100013	核工业北京地质研究院	北京市朝阳区安外小关东里10号院	李子颖	100029	010-64914830	64917143	区域地质调查：甲级；固体矿产勘查：甲级；遥感地质调查：甲级；地质实验测试（岩矿鉴定、岩矿测试）：甲级。	2008年12月30日至2013年12月29日
7	01200811100015	中材地质工程勘查研究院	北京市朝阳区望京西路甲50号1号楼401、402	田震远	100102	010-64733180	64795806	固体矿产勘查：甲级；地质实验测试（岩矿鉴定、岩土试验、选冶试验）：甲级。	2008年12月30日至2013年12月29日
8	01200811100016	有色金属矿产地质调查中心	北京市朝阳区安外北苑五号院四区	王京彬	100012	010-84934706	84934706	区域地质调查：甲级；固体矿产勘查：甲级；遥感地质调查：甲级。	2008年12月30日至2013年12月29日
9	01200811100019	北京市地热研究院	北京市海淀区田村路39号	张勇	100143	010-88622738	88622807	地质钻探：甲级。	2008年12月30日至2013年12月29日

续表

序号	资质证号	单位名称	地址	法定代表人	邮政编码	联系电话	传真	资质类别	有效期限
10	01200811100022	中国国土资源航空物探遥感中心	北京市海淀区学院路29号	王平	100083	010－82329070	62060000	航空地质调查：甲级；遥感地质调查：甲级。	2008年12月30日至2013年12月29日
11	01200811100024	北京市地质矿产勘查开发总公司	北京市宣武区南纬路4号	付刚	101500	010－62264552	62264552	液体矿产勘查：甲级；固体矿产勘查：甲级；水文地质、工程地质、环境地质调查：甲级；地质钻（坑）探：甲级。	2008年12月30日至2013年12月29日
12	01200811100025	中国煤炭地质总局地球物理勘探研究院	北京市丰台区靛厂299号	霍全明	100039	0312－3684294		固体矿产勘查：甲级；地球物理勘查：甲级。	2008年12月30日至2013年12月29日
13	01200811100027	北京市地质工程公司	北京市海淀区田村路39号	张勇	100143	010－88622738	88622807	地质钻探：甲级。	2008年12月30日至2013年12月29日
14	01200811100030	中国地质科学院地质研究所	北京市西城区百万庄大街26号	侯增谦	100037	68999668	68997803	区域地质调查：甲级。	2008年12月30日至2013年12月29日
15	01200811100035	神华（北京）遥感勘查有限责任公司	北京市海淀区上地信息产业基地上地四街三号	刘波坤	100085	010－62978070	58134998	固体矿产勘查：甲级；遥感地质调查：甲级。	2008年12月30日至2013年12月29日
16	01200811500003	北京中资环钻探有限公司	北京市海淀区中关村东路66号1号楼2004室	黄震	100190	010－62670350	62670350	地质钻探：甲级。	2008年12月30日至2013年12月29日
17	01200811500010	北京金有地质勘查有限责任公司	北京市丰台区星火路10号203室（园区）	杨志刚	100070	010－51337638	51337638	固体矿产勘查：甲级。	2008年12月30日至2013年12月29日
18	01200811500011	北京市华清地热开发有限责任公司	北京市朝阳区安外立水桥甲2号	黄学勤	102209	010－84840477	84845049	液体矿产勘查：甲级；水文地质、工程地质、环境地质调查：甲级；地质钻探：甲级。	2008年12月30日至2013年12月29日
19	01200811500023	正元国际矿业有限公司	北京市海淀区创业中路36号5层501室	丁传锡	100028	010－59282713	59282112	固体矿产勘查：甲级。	2008年12月30日至2013年12月29日
20	01200811500028	中国黄金集团地质有限公司	北京市东城区安定门外青年湖北街1号808室	周仁照	100080	010－84871287	84871287	固体矿产勘查：甲级。	2008年12月30日至2013年12月29日

续表

序号	资质证号	单位名称	地址	法定代表人	邮政编码	联系电话	传真	资质类别	有效期限
21	01200811500032	北京中金泰科勘探技术有限公司	北京市海淀区长春桥路7号万柳亿城大厦第C2座12A层	段文岗	100089	010－63284260	63284260	地质钻探：甲级。	2008年12月30日至2013年12月29日
22	01200811600006	中矿资源勘探股份有限公司	北京市丰台区丰台路口139号西附楼103号	王平卫	100071	010－58815527	58815527	固体矿产勘查：甲级；地质钻探：甲级。	2008年12月30日至2013年12月29日
23	01200813100020	派力工程有限公司	北京市海淀区志新西路14号	陈进	100083	010－82373640	52960300	地质钻探：甲级。	2008年12月30日至2013年12月29日
24	01200911100001	中国石油天然气集团公司	北京市西城区六铺炕	蒋洁敏	100724	010－62094157		石油天然气矿产勘查（陆地）：甲级。 石油天然气矿产勘查（海洋）：乙级。	2009年02月12日至2014年02月11日
25	01200911100003	中国海洋石油总公司	北京市东城区朝阳门北大街25号	傅成玉	100010	010－84521593		海洋地质调查：甲级；石油天然气矿产勘查（海洋）：甲级。 石油天然气矿产勘查（陆地）：乙级。	2009年02月12日至2014年02月11日
26	01200911100199	北京市地质调查研究院	北京市昌平区沙河镇沙阳路11号	蔡向民	102206	010－51529220	51632499	区域地质调查：甲级；固体矿产勘查：甲级。	2009年09月27日至2014年09月26日
27	01200911300004	北京地大捷飞物探与工程检测研究院	北京市海淀区学院路29号84栋7号	曾校丰	100083	010－82359168	82359169	地球物理勘查：甲级。	2009年02月12日至2014年02月11日
28	01200911500005	北京三泰通地勘察技术发展有限公司	北京市海淀区万柳怡水园1幢10层1001号	尹冰川	100089	82563499	82563499	固体矿产勘查：甲级。	2009年02月12日至2014年02月11日
29	01200911500200	中联煤层气有限责任公司	北京市东城区安定门外大街3号	孙茂远	100011	010－64299989	64298388	气体矿产勘查：甲级。	2009年09月27日至2014年09月26日
30	01200911500201	北京华清双泉水井工程有限公司	北京市通州区新华北街75号（京华科技园）	王月洁	101149	010－84965875	84965877	地质钻探：甲级。	2009年09月27日至2014年09月26日

续表

序号	资质证号	单位名称	地址	法定代表人	邮政编码	联系电话	传真	资质类别	有效期限
31	01200911500202	北京奥瑞安能源技术开发有限公司	北京市海淀区科学院南路2号融科资讯中心C座南楼1207－1210室	杨陆武	100190	010－51652229	82862863	气体矿产勘查：甲级。	2009年09月27日至2014年09月26日
32	01200911500203	北京中核大地矿业投资有限公司	北京市东城区和平里七区乙十二楼401－408号	李德连	100013	010－64223593	64220815	区域地质调查：甲级；固体矿产勘查：甲级；地质钻探：甲级。	2009年09月27日至2014年09月26日
33	01200911500204	北京市大地开源地质工程有限公司	北京市海淀区田村路39号	赵华永	100039	010－88623813	88622833	地质钻探：甲级。	2009年09月27日至2014年09月26日
34	01200911500205	中石油煤层气有限责任公司	北京市西城区六铺炕街6号1号楼417室	接铭训	100724	010－51278703		气体矿产勘查：甲级。	2009年09月27日至2014年09月26日
35	01200921100025	中国石油化工集团公司	北京市朝阳区朝阳门北大街22号	苏树林	100029	010－64990562		石油天然气矿产勘查（陆地）：甲级。石油天然气矿产勘查（海洋）：乙级。	2009年03月23日至2014年02月11日
36	01200921500244	北京中色物探有限公司	北京市海淀区长春桥路11号2号楼401室	张少云	100090	010－63284260	88820317	地球物理勘查：甲级。	2009年12月25日至2013年12月29日
37	01200921600023	中色地科矿产勘查股份有限公司	北京市朝阳区大屯路科学园南里凤林绿洲I乙号楼1102号	王京彬	100101	010－84927639	84927639	固体矿产勘查：甲级；地球物理勘查：甲级。	2009年03月23日至2013年12月29日
38	01200921700241	中昊海外建设工程有限公司	北京市朝阳区祁家豁子2号（南院）城业大厦305室	田潮	100195	010－88431606	88462153	地质钻探：甲级。	2009年12月25日至2013年12月29日
39	01201011100011	中国地质科学院地质力学研究所	北京市海淀区民族学院南路11号	龙长兴	100081	010－68412325	68412325	固体矿产勘查：甲级；水文地质、工程地质、环境地质调查：甲级。	2010年04月19日至2015年04月18日
40	01201011100012	北京市地质研究所	北京市西城区黄寺大街24号	刘连刚	100120	51632050	51632499	区域地质调查：甲级；固体矿产勘查：甲级；遥感地质调查：甲级。	2010年04月19日至2015年04月18日

续表

序号	资质证号	单位名称	地址	法定代表人	邮政编码	联系电话	传真	资质类别	有效期限
41	01201011100013	首钢地质勘查院地质研究所	北京市石景山区晋元庄路23号	邓斌	100144	010－68865021	68838743	固体矿产勘查：甲级；地质钻探：甲级。	2010年04月19日至2015年04月18日
42	01201011100014	中国地质矿业总公司	北京市朝阳区安贞西里三区26楼浙江大厦7层	宋永祺	100029	010－64446979	64449898	固体矿产勘查：甲级。	2010年04月19日至2015年04月18日
43	01201011100015	中国地质工程集团公司	北京市海淀区西五道口45号乙	郑起宇	100081	010－82408447	82408544－517，548	水文地质、工程地质、环境地质调查：甲级；地质钻探：甲级。	2010年04月19日至2015年04月18日
44	01201011100016	中煤地质工程总公司	北京市朝阳区定福庄南里8号	王真奉	100024	010－83298899－8430		气体矿产勘查：甲级；固体矿产勘查：甲级；地质钻探：甲级。	2010年04月19日至2015年04月18日
45	01201011100125	北京矿冶研究总院	北京市西城区西外文兴街1号	蒋开喜	100044	010－88399014	68321362	地质实验测试：甲级。	2010年10月25日至2015年10月24日
46	01201011100128	中国地质科学院矿产资源研究所	北京市西城区百万庄大街26号	王瑞江	100037	010－68999027	68327263	固体矿产勘查：甲级。	2010年10月25日至2015年10月24日
47	01201011100129	中国冶金地质总局矿产资源研究院	北京市朝阳区姚家园路105号2座	闫学义	100025	010－59282775	59282773	区域地质调查：甲级；固体矿产勘查：甲级；遥感地质调查：甲级。	2010年10月25日至2015年10月24日
48	01201011500123	北京宝地益联地质勘查工程技术有限公司	北京市西城区黄寺大街24号院22号楼429室（德胜园区）	王东升	100011	010－51633962	51633962	固体矿产勘查：甲级；水文地质、工程地质、环境地质调查：甲级；地球物理勘查：甲级。	2010年10月25日至2015年10月24日
49	01201011500124	北京华清荣昊新能源开发有限责任公司	北京市平谷区金海湖镇工业小区10号	王进荣	101200	010－84841266	84845244	地质钻探：甲级。	2010年10月25日至2015年10月24日

续表

序号	资质证号	单位名称	地址	法定代表人	邮政编码	联系电话	传真	资质类别	有效期限
50	01201011500126	中地宝联（北京）建设工程有限公司	北京市平谷区韩庄镇政府院内	董桂海	100035	010-66503869	66503205	固体矿产勘查：甲级。	2010年10月25日至2015年10月24日
51	01201011500127	中地国际工程有限公司	北京市昌平区十三陵镇泰湖路2号	刘永亮	202200	010-82408426	82408402	地质钻探：甲级。	2010年10月25日至2015年10月24日
52	01201011500130	中色金地资源科技有限公司	北京市丰台区科学城星火路10号180室（园区）	王京彬	100012	010-84922493	84922224	固体矿产勘查：甲级。	2010年10月25日至2015年10月24日
53	01201011500131	中铁资源地质勘查有限公司	北京市门头沟区石龙南路6号1幢6-49室	姚敬金	102300	010-88212589	88212613	固体矿产勘查：甲级。	2010年10月25日至2015年10月24日
54	01201021100089	中国煤炭地质总局特种技术勘探中心	北京市丰台区西局南街甲15号	王真奉	100073	010-63825566-8521		液体矿产勘查：甲级；固体矿产勘查：甲级；水文地质、工程地质、环境地质调查：甲级；地球物理勘查：甲级。	2010年07月12日至2013年12月29日
55	01201021100106	北京市地质工程勘察院	北京市海淀区八里庄北洼路90号	李宝和	100037	010-51166346	68428346	液体矿产勘查：甲级；水文地质、工程地质、环境地质调查：甲级；地质钻探：甲级。	2010年08月12日至2014年04月07日
56	01201021100111	中国电力工程顾问集团华北电力设计院工程有限公司	北京市西城区黄寺大街甲24号	刘朝安	100011	010-59382901		水文地质、工程地质、环境地质调查：甲级。	2010年08月12日至2013年12月29日
57	01201021100119	北京市水文地质工程地质大队	北京市海淀区北洼路38号	叶超	100037	010-51560309	51560309	液体矿产勘查：甲级；水文地质、工程地质、环境地质调查：甲级。	2010年09月29日至2014年04月07日
58	01201021500056	北京勘察技术工程有限公司	北京市海淀区学清路9号汇智大厦1205-1209	罗壮伟	100080	010-62586889	62586885	固体矿产勘查：甲级；地球物理勘查：甲级。	2010年04月22日至2013年12月29日

创新机制，优化管理，推进首都土地储备事业发展

昌平区回龙观村旧村改造回迁安置房项目奠基仪式

组织“学党史、强党性、精业务、当表率”知识竞赛

张仪村对接安置房项目奠基仪式

开展“献一片爱心，绿一片北京”植树活动

参加市局纪念建党90周年文艺演出

北京市土地整理储备中心于2001年4月28日正式成立，主要承担全市土地储备开发、土地市场交易实施管理、土地储备库建立等职能，人员编制100人。2011年适逢中心成立10周年。10年来，中心在市局党组的关怀指导下，健全工作机制，优化队伍管理，创新工作思路，在主动实现城市规划、增强政府调控土地市场能力和保障民生用地需求等方面发挥了重要作用，被授予“全国国土资源管理系统先进集体”、“全国模范职工小家”、“北京市支持政策性住房建设先进单位”、“市直机关先进基层党组织”、“市直机关文明单位”、“市直机关五四红旗团支部”等多项荣誉称号。

发挥土地储备开发推动经济发展作用。近年来土地储备开发工作制定了《北京市土地储备和一级开发暂行办法》等40余项规章制度，涉及各个工作环节，搭建了绿色审批通道信息平台和土地储备项目信息监测平台，利用信息化手段实现科学管理，为首都经济建设和城市发展发挥了重要作用。

一是有效拉动经济增长。近年来全市累计通过土地储备投资约3000亿元，其中2009年投资1165亿元，2010年实现投资1470亿元，对拉动经济增长发挥了重要作用，并有效保障了居住尤其是民生工程用地的需求。

二是主动实现城市规划。近年来土地储备投资主要投向轨道交通沿线、新城和城乡结合部等发展热点区域，不仅引导了城市建设的布局，加速重大产业项目的落地，也通过启动城乡结合部地区的土地储备，推进了城乡统筹、一体化进程。其中2009–2010年完成农居民搬迁改造约10万户。

三是形成充足土地储备库。2009–2010年累计完成土地开发面积约8300公顷，通过北京市土地交易市场推出土地约5500公顷，充足的土地储备有效保障了土地市场的正常用地需求，增强了政府对房地产市场的调控能力。

落实调控政策，保障经济发展和民生用地需求。土地市场经过9年的孕育发展，建立了“高端需求有市场，中端需求有支撑，低端需求有保障”的多层次住宅供应模式，通过完善土地招拍挂措施，保障了房地产市场土地供应的平稳有序。

一是确保民生、首都发展用地需求。提高土地市场供应计划性，优先确保政策性住房用地的供应。2009–2010年全市土地交易市场推出土地约5500公顷，其中经营性用地约3460公顷，工业用地约2040公顷。供应政策性住房用地约2600公顷。

二是完善土地招拍挂新措施。落实宏观调控措施，积极应对经济形势，北京市土地市场创新工作思路，建立了用地预申

新春联欢会

土地市场竞价现场

请制度、提高竞买保证金比例、缩小用地出让规模、加强合同履约监管、试点“不设评标委员会”招标、“限房价、竞地价”和“限地价，竞政策性住房面积”等一系列措施，实现政府调控地价、惠民生的双重目标。

全市政策性住房土地供应调度会

稳步推进用地收购储备工作。针对项目情况复杂、历史遗留问题众多、牵涉多方利益等问题，主动服务沟通，深入研究规范制度，先后运作了朝阳区惠新西街立交桥北侧项目等20余个项目，建立了储备土地库，制定了出入库规则等23个工作制度，为北京做好“四个服务”、改善民生居住条件、完善土地储备工作做出了一定贡献。其中2009-2010年，新增收储项目13个，完成土地供应面积约75公顷，办理储备土地证148宗，面积1737公顷，可实现抵押贷款额约1681亿元。

市直机关文明单位

加强土地储备开发资金管理。一是多途径筹措资金，近两年通过争取财政土地收益基金、银行贷款和前期成本返还等方式，筹措资金700余亿元，尝试引入保险基金方式，拓展融资渠道，为土地储备开发投资落地提供了资金保障。二是规范融资程序，采取公开招标、竞争性谈判方式确定贷款银行及额度，与多家银行建立资金合作关系，近两年获得授信额度近1650亿元。三是建立监管保障机制，制定《北京市联合土地储备开发项目资金监管指导意见》等制度，形成国土、财政、审计和监察部门及银行机构的联动监管保障机制。四是建立财务信息统计平台，全面掌握全市土地储备开发项目投融资进度、资金回笼、资金使用等情况。

市直机关共青团五四红旗团支部

市直机关先进基层党组织

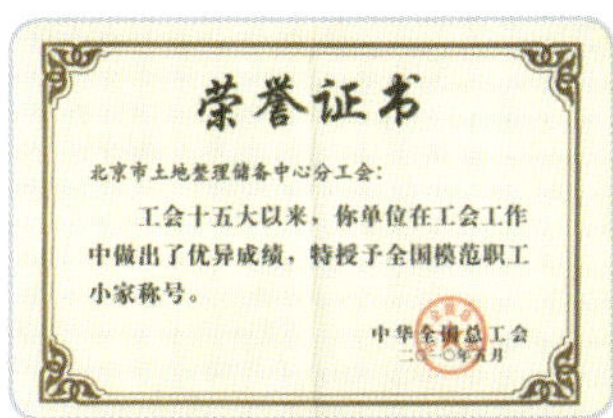

全国模范职工小家

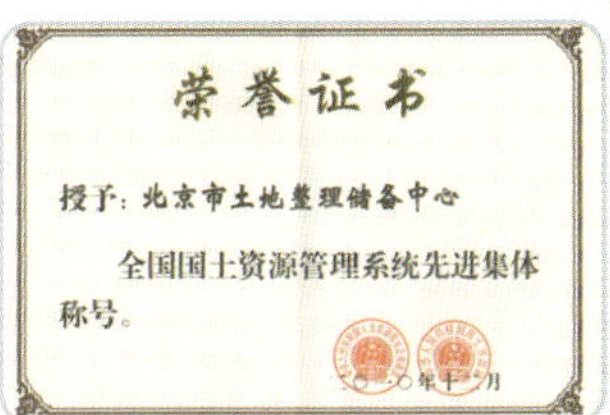

全国国土资源管理先进集体

北京市支持政策性住房建设先进单位

夯实工作基础，优化队伍管理。一是加强信息化建设，完成综合管理信息系统、中心内外网开发、开展档案数字化等工作，加强土地储备基础性工作建设。二是加强队伍建设，为适应土地储备工作的快速发展，10年来中心人员队伍通过公开选拔、公开招聘、基层选调、竞争上岗等方式，从成立初的十几人发展到目前的100人，干部结构和人员队伍进一步优化。三是加强廉政风险防范管理，认真学习党的方针政策、理论精神，落实“三进两促活动”、深入开展“两整治一改革”专项行动、“小金库”和工程建设领域突出问题专项治理等工作，建立一支政治修养和业务素质过硬的阳光团队。

北京市土地整理储备中心将按照市局工作部署，以保障土地供应和落实土地储备开发计划为着力点，团结务实、开拓创新，以求真务实的工作作风，细致扎实的工作态度全力开创首都土地储备工作新局面，推动首都土地储备事业新发展。

北京市国土资源局西城分局

2010年10月20日，根据北京市区划调整工作部署，原北京市国土资源局西城分局与原北京市国土资源局宣武分局合并为北京市国土资源局西城分局。分局机关设办公室、财务科、政工科、纪检监察科、综合科、执法监察科、国土资源利用科、重点工程科、地籍科9个职能科室和北京市土地整理储备中心西城区分中心、北京市西城区土地权属登记事务中心（北京市西城区土地利用事务中心）2个事业单位，在编人员79人。

分局成立以来，在市国土局和区委、区政府的正确领导下，围绕国土系统“稳供应、保民生”的工作目标，以“加快融合，夯实基础，规范审批，优化服务”为工作重点，提高行政效能，提升服务水平，2010年，被市局评为“文明单位”、“政务信息工作优秀单位”、“财务管理综合业绩突出单位”、“预算管理业绩突出单位”。

规范审批监管，节约集约上水平。深入落实工程建设领域突出问题专项治理工作，建立辖区闲置土地专项台账，健全批后监管长效机制。大力开展国土资源节约集约模范县（市）创建活动。将古都风貌保护与人口疏解相结合,实现土地资源利用经济、环境和社会效益三效统一。在全市创建活动达标考核暨申报推优工作会上，西城区国土资源集约度分值位列全市3个创建活动试点单位之首，得到与会领导和专家好评，被推荐参加全国国土资源节约集约模范县（市）评选。

夯实工作基础，地籍管理有成效。完成第二次全国土地调查，共调查15个街道22371宗地，调查率100%。地籍管理信息系统建设走在全市前列,实现即时档案数字化。完成1964年版418幅老蓝图扫描矢量化工作，深入推进“以图管地”。出台《关于办理司法协助执行工作流程》、《关于拆迁区收回、注销国有土地使用证工作流程》，创新土地管理制度化建设。

推进储备开发，强化调控求发展。坚持重点区域和存量土地优先储备，开拓进取、创新思路。近年来，先后完成西长安街拓展土地一级开发、府右街危旧房改造和古都风貌保护重点工程、马连道采购中心区1号地和骡马市大街南侧公建用地收储及入市交易等重点项目，推进我市首批以政府为主导，市、区联合一级开发的广安联合储备一期项目。2010年共完成土地储备项目投资24.32亿元。加强辖区44个土地一级开发、25个“城中村”环境整治项目月监管。圆满完成辖区保障性住房建设用地对接相关工作。

转变工作职能，服务发展树新风。多次调解中央、市、区重点项目土地权属纠纷，主动提供解决思路，提升服务水平。完成《我市人口疏解和危旧房改造模式思考》、《新西城文保区土地开发利用模式探讨》等多项调研，为领导科学决策提供参考。其中，《我市人口疏解和危旧房改造模式思考》被被市局评为2010年度优秀调研信息。结合进驻区行政服务大厅，加强业务培训，统一工作流程，完善机制体制，促进行政提速，便民高效服务获办事群众好评。

提高管理水平，依法行政建机制。开展信访矛盾纠纷排查调处，健全局长信访接待日、月信访专题会、信访值班制度，做到来访有记录、问题有答复、处理有反馈，有效化解矛盾纠纷。坚持以每年“4.22”世界地球日、“6.25”全国土地日为契机，通过场地宣传、媒体报道等多样化形式宣传国土法规政策。

西城分局将继续围绕市、区工作重心，不断提高统筹保障发展与保护资源的能力，加快融合进程、实现优势互补，创新服务理念，规范行政管理，为促进区域经济社会平稳较快发展做出新的贡献。

北京市国土资源局海淀分局简介

分局优秀党员合影

魏成林局长来海淀区调研工作

局领导带队到园区调研工作

“6.25土地日”大型宣传活动现场互动知识问答

参观爱国主义教育基地

拆除违章建设

北京市国土资源局海淀分局成立于2005年5月31日，其前身分别为“北京市海淀区房屋土地管理局”、“北京市海淀区国土资源和房屋管理局”。现设行政机构为7个科室，即：办公室、纪检监察科、财务科、综合科（执法监察科）、资源规划科、地籍科、土地利用科（耕保征地科）。事业单位机构为7个部门，即：土地权属登记事务中心、土地利用事务中心、土地整理储备中心海淀区分中心、国土资源执法监察队、国土资源管理所3个。分局共有98人，其中行政编制人员31名，事业单位编制人员67名。

近年来，分局党组在市国土资源局党组和海淀区委、区政府的领导下，牢固树立科学发展观，紧密围绕国土资源管理参与宏观调控的工作要求，统一思想、加强领导、开拓创新、锐意进取，着眼于加快区域经济建设特别是中关村国家级自主创新示范区核心区建设的需要，加大土地储备开发投资力度，促进重大项目落地，调整土地供应结构，加快推进城乡一体化发展，全力保发展、保稳定、保民生、保红线、促转变，为海淀区经济、资源和环境做出了应有的贡献。

夯实国土资源管理基础工作，发挥政府宏观调控职能。

“十一五”期间海淀区辖区内共办理建设用地预审项目700多件，涉及土地总面积近4000公顷，其中占用耕地500多公顷。为了加强政府宏观调控能力，改善区域基础设施状况和投资环境，促进中关村国家级自主创新示范区核心区建设，在用地结构上，分局加大对基础设施项目和储备开发类项目的用地预审，这两种类型项目的土地面积占全区预审项目总面积的40%以上；在项目分布上，引导建设项目以内涵挖潜为主，尽量不占、少占耕地或其它农用地。南部建成区预审项目占全区预审项目总面积的45%以上，促进了区域土地资源的集约节约利用，提高了全区土地利用的综合效益。

土地利用总体规划修编是近些年土地管理的龙头工作，修编过程中，分局确定了“两个确保、一个优先、一个明确”的原则，提高规划的可操作性，顺利完成工作任务。北京市人民政府已于2011年2月份批复了海淀区土地利用总体规划，下一步分局将根据市政府批复继续完善后续工作，充分发挥土地规划对土地资源的统筹及调控作用。

摸清家底，顺利完成第二次全国土地调查工作。

海淀区自2008年3月至2010年5月底开展了第二次全国土地调查工作，历时两年两个月，分局主要完成了以下五方面工作：一是开展农村土地调查，查清全区农村各类土地的利用状况和权属状况；二是开展城镇土地调查，掌握城市建成区、建制镇的土地权属和使用状况；三是开展基本农田状况调查，查清本区基本农田状况；四是在完成城乡地籍调查的基础上，全面开展土地总登记工作，提高土地登记发证率，逐步实现土地登记全覆盖；五是建设土地调查数据库及信息系统，实现调查信息的互联共享。根据海淀区第二次全国土地调查数据，海淀区土地总面积为43076.87公顷，国有土地7997宗，面积24235.21公顷。集体土地所有权602宗，面积18841.66公顷。“十一五”期间分局共完成日常国有土地登记业务2859件，其中土地使用权登记1379件，抵押登记1480件。完成小业主土地登记业务3779件，其中变更登记2411件，抵押设定登记1638件。

切实做好征地工作，促进区域经济建设稳定发展。

随着海淀区建设发展的速度急剧加快，“十一五”期间征地工作办理的建设项目主要有南水北调工程、六环路道路工程、城中村环境整治项目、中关村科技园区开发项目、玉泉地区回迁安置房项目、配套基础设施项目、军事设施项目、园区开发项目以及国家各大部委的重点工程项目、保障房项目等。在办理建设审查报批工作中，分局认真贯彻执行国家法律、法规和部、市级国土资源部门的有关规章，做到“有法必依，从严规范”，加大办理结案工作力度，采取“二证明、二把关”措施，坚决杜绝用地单位拖欠农民征占地款的行为，为区域经济建设稳定发展做出贡献。在此期间共办理征地项目97件，用地总面积1376公顷，办理农转非人数9007人，安置劳动力5390人。

加大土地供应，改善供应结构，确保重点民生项目实现供地。

“十一五”期间海淀区共有357个建设项目办理了土地供应手续，实现土地供应面积1859.21公顷，其中有偿出让土地成交总价款2451457.34万元。全区以划拨方式供应土地187宗，总面积1376.78公顷。在土地供应中，分局坚决贯彻“有保有压”的原则，优先保证重点项目建设，特别是基础设施和民生类项目的用地需求。在供地结构上，加大对经济适用房、两限房等保障性性住房的土地供给力度，2010年实际完成保障性住房供应项目4.5个，总面积45.9266公顷，占计划供应量的51%，占住宅项目供应量的70%。为了改善海淀区基础设施水平，优化区域投资环境，充分保障基础设施项目的土地供应，“十一五”期间分局共供应基础设施类用地面积约145公顷，为建设宜居城市、和谐海淀奠定了良好基础。

强化市场配置资源的基础性作用，积极推进土地储备招拍挂制度的落实和城乡一体化建设。

“十一五”期间分局按照国家和北京市相关要求，加强市场配置资源的基础性作用，经营性用地和工业用地的招拍挂工作稳步向前推进，通过招标拍卖挂牌方式供应的土地占全区土地供应总量的比例呈上升趋势。辖区内的经营性用地严格履行招标拍卖挂牌程序，做到工作规范化、程序公开化。组织完成海淀区第一个土地一级开发招标项目—大西山风景旅游区西埠头土地一级开发项目投标开标会，招标工作获得北京市土地整理储备中心颁发的《一级开发招标工作突出贡献奖》。从2007年至今，采用“招拍挂”制度已完成包括蓟门饭店改造项目、西北旺三期南项目、温泉D1、D2项目等28宗经营性用地地块上市工作。

为推进城乡一体化建设，做好腾退土地的整理供应工作，分局按照“政府主导、农民主体、政策创新”的思路，加快推进唐家岭等重点村改造步伐及八家地区整理工作，积极推进城乡一体化建设，改善群众工作生活条件，提升地区形象。截止目前，八家项目拆迁工作基本完成，累计完成投资31.2亿元，该项目的开发模式是市、区两级土储中心联合作为开发主体，并授权八家村集体经济组织成立的八家嘉苑房地产开发有限公司具体实施，该项目的亮点是建立了土地储备资金监察制度，保障了资金的安全有效地使用，并受到市联合审查小组的一致好评。2009年以来，分局共完成35个土地储备项目，为保障全区经济持续发展提供了有力保障。

高度重视土地违法的查处工作，效果显著。

分局高度重视土地执法工作，对违法用地保持了高压态势，建立了查违长效机制，加强与公安、监察、规划、城管、农委、查违办等部门联动，土地执法取得显著效果。同时为遏制新生违法用地行为，分局还建立完善了国土资源动态巡查机制，在及时发现和制止土地违法违规方面取得了明显成果。大宗土地违法大幅下降，违法占地总量大幅减少，违法占用耕地的现象也在逐年减少，违法占用耕地的比例由2008年的25%，2009年的19%，2010年的4.75%，到2011年的1.2%。

分局成立6年来，先后多次被评为市局系统和区级“文明单位”，并获得多项荣誉。因为信访工作管理突出，被北京市人民政府评为2006年至2010年信访工作排查调查先进单位。由于耕地保护工作业绩显著，2011年被国土资源部土地督察局北京局评为耕地保护先进单位。在2007年度国土资源部开展的查处土地违法违规百日行动中，受到通报表彰。

企业送来感谢锦旗

召开2011年党风廉政建设部署会

局领导参加台湾商人代表团土地开发工作

参加市局秋季运动会拔河比赛

分局青年文明号活动

工作人员现场办公

北京市国土资源局丰台分局

北京市国土资源局丰台分局成立于2005年6月，是北京市国土资源局的派出机构。分局设有办公室、纪检监察科、综合科、地籍科、耕保征地科、土地利用科、地质矿产科、执法监察科、财务科等职能科室，以及土地权属登记事务中心、土地利用事务中心、土地储备分中心、执法监察大队、国土所等下属事业单位。在北京市国土资源局和丰台区委、区政府的领导下，按照管理权限，负责组织实施丰台区305.65平方公里土地和矿产资源的行政管理工作。

国家土地督察北京局蔡可军专员带队检查执法监察工作情况

成立至今，丰台分局始终坚持贯彻国家及北京市国土资源管理的法律、法规、规章和相关政策，认真执行土地基本国策、国土资源可持续发展战略和宏观调控政策，在管辖区域内广泛开展基本农田保护、土地用途管制、地籍管理、国有土地利用和储备、矿产资源管理及执法监察等工作，为全区经济可持续发展做出了不懈努力和突出贡献。

市国土局曾赞荣副局长到分局部署清理土地一级开发项目工作

近年来，随着“城南行动计划”和丰台区“一轴两带四区”布局的确立，分局更将以饱满的热情投身到区域建设当中，致力于全区土地储备开发及土地资源矿产执法监察工作，为丰台区和谐稳定、全面发展、经济腾飞提供了动力和保障。

一、加大土地开发储备力度，保障区域发展用地

分局全面落实中央、市委调控要求和丰台区今年土地储备开发目标任务，积极调整供地节奏，确保了土地资源合理释放。全区建立各职能部门及乡镇政府联合办公机制，积极发挥协调作用，推动一级开发工作，对项目前期手续办理及征地拆迁等工作重点督促，扎实推进丰台区的土地一级开发和储备工作，2010年实现了突破性进展。区储备分中心作

李昌安副区长亲临现场参加国土分局“全国土地日”宣传活动

建党九十周年白洋淀参观活动

分局党总支成立大会

2008奥运会丰台国土分局精神饱满参加奥运圣火传递仪式

分局足球队参加丰台区全运动会足球比赛合影

为8个重点村整治项目的主体，积极协调相关部门办理项目前期手续，解决融资问题，全力推进重点村整治工作。

2011年在编制完成2011年丰台区土地储备开发计划和2011至2015年中长期土地储和开发计划基础上，积极推进储备项目供地相关工作。上半年实现供地71.53公顷，总成交额89.31亿元，实现政府收益65.74亿元。

二、加大执法力度，严厉打击违法用地行为

几年来，分局一方面通过卫星遥感、群众举报、日常巡查等方式及时发现和严厉打击了各类违法用地行为，另一方面分局通过加强宣传教育，使得乡村干部群众依法用地的意识得到了提高。特别是2010年度卫片核查工作中，分局积极推进整改查处工作，采取政府主责、分类查处、现场办公、坚决拆除等措施，使得违法用地的形势得到了有效遏制。

三、做好日常工作，创建服务型机关

分局依据工作职能，积极做好日常土地登记发证、土地审批、征地、耕地保护、地矿管理等各项工作，服务办事企业和群众，受到了区域内办事企业和群众的好评。分局认真做好信访接访，及时化解矛盾，通过市局领导下访和分局每周领导信访值班制度，积极主动约访，对重大信访案件实行领导包案制，做好不同阶段的矛盾排查和重点案件的办理工作，信访案件做到件件有回音。

四、狠抓党风廉政建设，推进“两整治一改革”工作

按照党风廉政建设责任制要求，分局在“一把手”负总责的基础上，领导班子、中层领导、工作人员逐级签订了党风廉政建设责任书和廉政保证书，确保党风廉政建设工作一级抓一级，层层抓落实。

市局领导实地检查地质灾害防治工作

西庄店石灰石地质矿山整治前

西庄店石灰石地质矿山整治后

参加市局秋季运动会拔河比赛

交通运输部公路科学研究院

公路交通环境工程研究中心

交通运输部公路科学研究院公路交通环境工程研究中心成立于1989年，是面向政府、服务行业，专门从事环境保护科学研究、咨询、设计的综合性环境工程技术中心。我院为交通运输部环境保护标准化技术委员会等学术机构的挂靠单位，交通运输部公路交通环境保护交通行业重点实验室、国家环境保护道路交通噪声控制工程技术中心也依托我中心设立运行。持有环境影响评价（甲级）、水土保持方案编制（甲级）、规划环境影响评价、工程竣工环境保护验收调查、水土保持监测（甲级），土地规划机构（乙级）等资质证书。

公路交通环境工程中心为我国规模最大、专业面最广的公路交通环境保护研究机构之一，业务范围涉及公路交通行业环境保护基础研究、公路交通环境保护标准与规范制修订、技术开发与成果推广、环保高新产品研发，规划环境影响评价、建设项目环境影响评价、建设项目工程竣工环境保护验收调查、建设项目水土保持方案编制、建设项目工程环境监理、交通建设项目水土保持监测、建设项目环境后评价，景观及生态恢复工程设计、噪声防治工程设计，声屏障等环保材料检测，景观及生态恢复工程施工、噪声防治工程施工等16个领域。二十年多来，公路交通环境工程中心依托公路院主持或参与的科研项目70余项。已承担了29个省、市、自治区的公路建设项目环境影响评价、水土保持方案、工程竣工环境保护验收调查等咨询类项目600余项。承担路域生态恢复工程项目14项。为交通环保事业发展做出了突出贡献。一直是我国高速公路环境影响评价，水土保持方案编制及景观设计等方面的主力军，承担了交通行业大量公路建设项目的环境影响评价、水土保持编制咨询和景观设计工作，为我国交通环保事业做出了重要贡献。

本中心技术人员专业范围涉及土壤、气象、生态、环境、水土保持、工程绿化、植物、园林、建筑、工程、给排水、艺术、噪声与振动控制、交通信息与控制等诸多学科，涵盖了公路环境保护所涉及的所有专业。技术人员中博士8人、硕士30人，基本形成了以博士和硕士为主的技术团队。拥有一批年富力强且经验丰富的技术专家队伍，为行业提供了强有力的技术支撑，其中包括交通运输部环境影响评价评审专家、环境保护部环境工程评估中心环境影响评价常聘评审专家、水利部水土保持方案评审专家、中国公路学会青年专家委员会委员、交通运输部公路勘察设计典型示范工程专家等。

公路交通环境工程中心在交通运输部和公路院的支持下，先后建设完成了支撑开展“公路工程边坡及生态修复新技术”、“公路工程水土保持综合效益评价理论及方法”、“公路工程土壤侵蚀机理及规律”研究的水土保持实验室、生化实验室、温室、半地下暖室等。

我中心不断加强国际交流与合作，先后与美国、加拿大、日本、韩国、澳大利亚、新西兰、英国、德国、芬兰、瑞典、俄罗斯、南非、巴西等国家的科研机构或政府部门进行了技术合作与交流。

环保实验室大楼

京平高速公路（机场南线—市界）生态修复工程

赴日本考察公路边坡生态修复技术

韶关市曲江至南雄公路生态修复效果

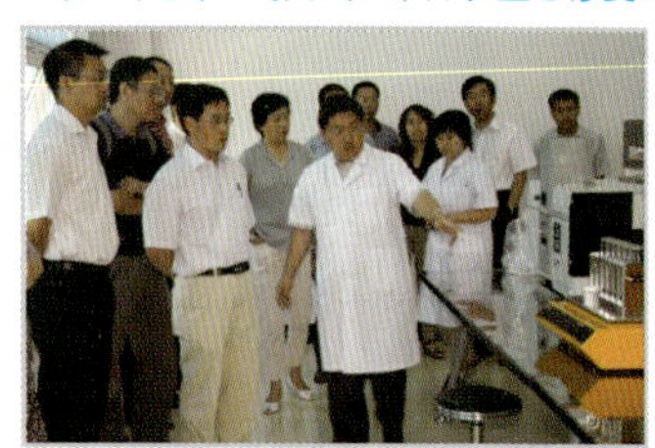
先进的土壤检测、分析设备

丹拉国道宣化至冀蒙界高速公路生态修复工程